Dedico este livro à Eliane Gomes Carneiro Souto (*in memoriam*), minha madrinha, guerreira, aquela que ajudou, com seu exemplo, na formação do meu caráter.

AGRADECIMENTOS

À Mariana, amada esposa, aos meus filhos Estêvão e Isadora, aos meus pais, Libêncio J. M. Fonseca e Elisabeth M. C. Fonseca e ao Paulo Eduardo, Maria Paula e Giovana. Ao Professor Doutor Cláudio Brandão pelos grandes e raros ensinamentos quanto a um Direito penal baseado na segurança jurídica da mais pura e aprofundada dogmática jurídico penal.

PREFÁCIO

> "Os que se encantam com a prática sem a ciência são
> como os timoneiros que entram no navio sem timão nem bússola,
> nunca tendo certeza do seu destino".
>
> Leonardo da Vinci

Pedro Henrique Carneiro da Fonseca investigou, no seu Doutoramento, cursado no Programa de Pós-graduação em Direito da Pontifícia Universidade Católica de Minas Gerais, o tema da Tipicidade Material e Bem Jurídico, a partir do caso limite do tipo penal de Lavagem de Dinheiro. A tese, defendida no ano de 2018, desdobrou-se em frutos, sendo um deles esse livro que agora vem ao lume.

O autor, desde sua entrada na primeira turma da linha de pesquisa O Direito Penal nas Sociedades Democráticas, da referenciada PUC Minas, até o seu ingresso e posterior conclusão do doutoramento, mostrou-se um pesquisador de proa. Inquieto como todo bom cientista, buscou investigar um tópico que fizesse convergir ao direito penal econômico o injusto penal, visto tanto no seu aspecto formal quanto no seu significado material.

Com reflexividade e dedicação, que são duas das características acadêmicas que revelam o autor deste livro, o resultado galgado foi a realização de uma obra teórica que proporciona ao leitor um mergulho na ciência penal, para descortinar o tema da lavagem de dinheiro.

Deve ser ressaltado que a investigação reflexiva já faz parte da história acadêmica de Pedro Fonseca. Com efeito, dois de seus livros precedentes, que versam sobre o direito médico e sobre a teoria significativa da ação, ilustram bem os bons frutos da sua inquietude. Aqui, podemos contemplar os resultados, não de uma pesquisa, mas sim de uma trajetória. Parafraseando Oliver Wendell Holmes, sabemos que a mente que se abre a uma nova ideia jamais volta ao seu tamanho original. Por conseguinte, há uma linha ascendente de densidade reflexiva e verticalização do objeto do conhecimento na trajetória de Pedro Henrique Carneiro da Fonseca.

Por fim, mais uma palavra.

O autor tem uma profícua vivência na prática do direito e a experiência é uma das suas bases para a produção e o desenvolvimento do conhecimento. Todavia, a sua inquietação fez com que ele unisse às bases da experiência prática o conhecimento metodológico, o qual confere os fundamentos da epistemologia penal. A ciência, pois, foi a bússola – como alertou Leonardo da Vinci – que orientou a produção e a crítica do conhecimento em face do objeto pesquisado no presente livro.

A Lavagem de Dinheiro é um dos mais recorrentes e complexos temas da ciência penal, sendo um tipo de aplicação frequente na praxis forense. Contudo, sua investigação só pode enfrentar os desafios contemporâneos do direito se for metodologicamente orientada no âmbito da ciência penal.

Tal é o caso desse livro! Por tal razão, proemiá-lo é uma alegria, em face da qualidade intrínseca que a pesquisa representa.

Belo Horizonte, junho de 2018

Cláudio Brandão

Professor Titular de Direito Penal. Professor do Programa de Pós-graduação em Direito da PUC Minas. Professor Visitante, ao abrigo do Programa Erasmus, da Faculdade de Direito da Universidade de Lisboa.

LISTA DE QUADROS

QUADRO 1 – MODELO DE DELITO 157

QUADRO 2 – CRITÉRIO ESTRUTURAL DA TEORIA DO DELITO PARA VIVES ANTÓN .. 160

QUADRO 3 – SISTEMA DOGMÁTICO TELEOLÓGICO DE SÁNCHEZ 145

SUMÁRIO

AGRADECIMENTOS V

PREFÁCIO VII

LISTA DE QUADROS IX

1. INTRODUÇÃO 1

2. O BEM COMO SUBSTÂNCIA VALORATIVA DE PROTEÇÃO JURÍDICO-PENAL – ΟΥΣΙΑ NA LAVAGEM DE DINHEIRO 9

    2.1   Introdução 9

    2.2   O bem-jurídico penal como critério material do injusto na lavagem de dinheiro 14

3. INVESTIGAÇÃO HISTÓRICA: EMERGENCIALISMO DO TIPO DE INJUSTO DO PROCESSO DE LAVAGEM DE DINHEIRO E A QUESTÃO SUBSTANCIAL DO DELITO 27

    3.1   Introdução 27

    3.2   Ordem internacional 30

    3.3   Brasil – Lei de Lavagem de dinheiro e aspectos técnicos – distanciamento do critério material de construção dos tipos penais 37

        3.3.1   Lei de Terceira Geração 39

        3.3.2   Lavagem de dinheiro e o vínculo fático – dogmático com infração penal antecedente – princípio da acessoriedade e aspectos doutrinários ... 39

        3.3.3   Etapas de realização do crime de lavagem de capitais 42

            3.3.3.1   *Placement* 44

            3.3.3.2   *Layering* 45

            3.3.3.3   *Integration* 46

    3.4   Aspectos conclusivos da análise histórica-estrutural do processo de lavagem de dinheiro 46

4. A IDEIA DO BEM JURÍDICO E A CORRELAÇÃO COM A CRIMINOLOGIA NA LAVAGEM DE DINHEIRO 49

    4.1   Introdução 49

    4.2   Teoria dos Rótulos e a relação com a lavagem de dinheiro – "Outsiders" 51

4.3	A lavagem de dinheiro e a criminologia crítica – Exercito Industrial de Reserva...	53
4.4	Escola de Chicago – Ghetto: análise do processo de lavagem de dinheiro e a ecologia criminal.....................	55
4.5	A lavagem de dinheiro do ponto de vista da teoria da Subcultura do Delinquente – Delinquente boys.....................	57
4.6	A Teoria da Anomia – Robert King Merton e o delito como fragilidade moral da sociedade: correlação com a lavagem de dinheiro.....................	59
4.7	Teoria da Associação Diferencial – Sutherland e os crimes de colarinho branco...	61
4.8	Aspectos conclusivos da lavagem de dinheiro na Criminologia – Escolas Sociológicas do Crime.....................	67

5. CORRELAÇÃO DOGMÁTICA-SISTÊMICA DO BEM JURÍDICO NA ESFERA DO PROCESSO DE LAVAGEM DE DINHEIRO – DO PRÉ-ILUMINISMO À JOHANN BIRNBAUM..................... 69

5.1	Introdução.....................	69
5.2	Pré-Iluminismo: vácuo conceitual do conceito do bem jurídico para a lavagem de dinheiro.....................	70
5.3	Iluminismo e a luz do bem jurídico como fonte substancial para a (a)tipicidade da lavagem de dinheiro.....................	72
5.4	Paul Johann Anselm Rittter von Feuerbach e o a concepção material do delito: considerações quanto ao processo de lavagem de dinheiro e o direito subjetivo.....................	77
5.5	Johann Birnbaum, a crítica à tese Feuerbach e a correlação do bem jurídico quanto ao branqueamento de capitais.....................	80

6. ANÁLISE DOGMÁTICA-POSITIVISTA DO BEM JURÍDICO NA LAVAGEM DE DINHEIRO – DA CONCEPÇÃO POSITIVISTA NORMATIVA DE BINDING AO PENSAMENTO POSITIVISTA SOCIOLÓGICO DE LISZT 85

6.1	Introdução.....................	85
6.2	Karl Binding, a segunda metade do Século XIX: abordagem formal do conceito do bem jurídico na lavagem de dinheiro.....................	86
6.3	Franz von Liszt, bem jurídico, viés de concepção material e a proximidade substancial ao processo de lavagem de dinheiro.....................	89

7. ANÁLISE DO TIPO DE LAVAGEM DE DINHEIRO A PARTIR DO NEOKANTISMO E A NOVA ESTRUTURA DOGMÁTICA FINALISTA..................... 97

7.1	Introdução.....................	97
7.2	Bem jurídico e o neokantismo – Visão cultural-valorativa relacionada ao processo de lavagem de dinheiro.....................	98

7.3	Hans Welzel e os valores ético-sociais: o bem jurídico na lavagem de dinheiro sob viés finalista	104

8. ANÁLISE FUNCIONALISTA DE UMA ABORDAGEM DO PROCESSO DE LAVAGEM DE DINHEIRO QUANTO AO BEM JURÍDICO 111

8.1	Introdução	111
8.2	Normativismo monista funcional-sistêmico de Günther Jakobs e a sua relação com o bem jurídico penal na lavagem de dinheiro	111
8.3	Funcionalismo Sistêmico de Knut Amelung e sua visão quanto ao bem jurídico penal em conexão com Binding e Jakobs	117
8.4	O bem jurídico penal pessoal independente-sociológico na concepção funcionalista do controle social de Winfried Hassemer e sua abordagem no processo de lavagem de dinheiro	120
8.5	A relação do processo de lavagem de dinheiro e a identificação da noção do bem jurídico no Funcionalismo teleológico de Claus Roxin	124
8.6	A lavagem de dinheiro sob viés do funcionalismo reducionista de Zaffaroni e o bem jurídico	134
	8.6.1 A antinormatividade como elemento da tipicidade conglobante e o princípio do non olet no crime de lavagem de dinheiro	140
	8.6.2 O bem jurídico na tipicidade material, o princípio da insignificância e a antinormatividade como excludentes do crime de branqueamento de capitais na dogmática funcionalista reducionista, por ausência de tipicidade conglobante	142
8.7	Proposta dogmática funcionalista de Silva Sánchez, o bem jurídico e o branqueamento de capitais	143

9. A VIOLAÇÃO DO BEM JURÍDICO COMO EXIGÊNCIA DA PRETENSÃO DE OFENSIVIDADE, ELEMENTO DA PRETENSÃO DE RELEVÂNCIA NA ESTRUTURA SIGNIFICATIVA DO DELITO – POR TOMÁS SALVADOR VIVES ANTÓN 149

9.1	Introdução	149
9.2	Elementos da estrutura significativa do delito e o bem jurídico	151
9.3	O bem jurídico lesionado como requisito de relevância para formação do delito de lavagem de dinheiro	155
	9.3.1 Estrutura significativa do delito – identificação do bem jurídico	156
9.4	A concepção procedimental do bem jurídico e o branqueamento de capitais .	161

10. DOGMÁTICA ESTRUTURAL FINALISTA COMO MARCO DE ANÁLISE DA CONSCIÊNCIA DE LESIVIDADE DO BEM JURÍDICO NO CRIME DE LAVAGEM DE DINHEIRO NO ATUAL CONTEXTO CONSTITUCIONAL 163

10.1	Introdução	163

10.2 Do identificação do bem jurídico no crime de lavagem de dinheiro do período pré-iluminista ao funcionalismo de Silva Sánchez e a fundamentação da adoção finalista como estrutura dogmática de partida para verificação do crime de lavagem de dinheiro como pós fato impunível 164

11. A LESIVIDADE NO ÂMBITO DO DELITO DE LAVAGEM DE CAPITAIS: ACEITAÇÃO FINALISTA E A ADEQUAÇÃO SOCIAL 179

11.1 Introdução 179

11.2 Vício de tipicidade material no delito de lavagem de capitais: inconsistência constitucional e o Finalismo 183

11.3 Dogmática jurídico-penal, importância sistemática do bem jurídico como instrumento de supralegalidade no Direito penal no âmbito do crime de lavagem de dinheiro 184

11.4 Apontamentos dogmáticos e a relação quanto à natureza jurídica do branqueamento de capitais na condição de post factum impunível 190

12. O PRINCÍPIO DA LEGALIDADE MATERIAL E O BRANQUEAMENTO DE CAPITAIS 195

12.1 Introdução 195

12.2 Crítica garantística quanto ao bem jurídico e o crime de lavagem de dinheiro 201

13. O BEM JURÍDICO REVELADO NOS CRIMES DE LAVAGEM DE DINHEIRO E O VÍNCULO FINALISTA – CRISE DOGMÁTICA 215

13.1 Introdução 215

13.2 Bem jurídico do branqueamento de capitais – bem jurídico do crime antecedente 217

13.3 Bem jurídico do branqueamento de capitais – bem jurídico administração da justiça 222

13.4 Bem jurídico do branqueamento de capitais – bem jurídico e ordem econômico-financeira 226

13.5 Considerações conclusivas quanto ao bem jurídico da lavagem de dinheiro em relação ao crime antecedente, à administração da justiça e à ordem econômica 233

14. ASPECTOS SUBJETIVOS, DOLO, DOLO EVENTUAL E A CEGUEIRA DELIBERADA, A CONSCIÊNCIA E O ERRO NO CRIME DE LAVAGEM DE DINHEIRO 237

14.1. Introdução 237

14.2 Teoria psicológica da culpabilidade e a lavagem de dinheiro 242

14.3 Teoria psicológico normativa da culpabilidade e a lavagem de dinheiro 243

- 14.4 Teoria normativa pura da culpabilidade e a lavagem de dinheiro 243
- 14.5 Culpabilidade no funcionalismo teleológico e sistêmico e a lavagem de dinheiro 244
- 14.6 Teoria da motivabilidade da culpabilidade e a lavagem de dinheiro 246
- 14.7 Pretensão de reprovabilidade em Vives Antón e a lavagem de dinheiro 248
- 14.8 Sancionabilidade penal como elemento de delito da reprovabilidade no crime de Lavagem de Dinheiro... 251

15. CONSCIÊNCIA DA ANTIJURIDICIDADE E O ERRO NO CRIME DE LAVAGEM DE DINHEIRO: POSIÇÃO FINALISTA 253

- 15.1. Introdução 253
- 15.2 Consciência da antijuridicidade no crime de lavagem de dinheiro: aspecto dogmático e o bem jurídico.. 256

16. A LAVAGEM DE DINHEIRO COMO REFLEXO DO DIREITO PENAL DA SOCIEDADE DE RISCO E A RELAÇÃO COM O MOVIMENTO DE LEI E ORDEM COMO SÍMBOLO DO EXPANSIONISMO PENAL E DO DIREITO PENAL MÁXIMO 259

- 16.1 Introdução 259
- 16.2 A relação da lavagem de dinheiro com os crimes de perigo abstrato e o princípio da lesividade na sociedade de risco – inconsistência constitucional....... 268

17. INVESTIGAÇÃO QUANTO À CONSTITUCIONALIDADE DA LAVAGEM DE DINHEIRO NO ESTADO DEMOCRÁTICO DE DIREITO – BEM JURÍDICO COMO MATÉRIA DO TIPO ENQUANTO OBJETO DE PROTEÇÃO 279

- 17.1 Introdução 279
- 17.2 Considerações do iter criminis e post-factum impunível e o processo de lavagem de dinheiro 287
- 17.3 Instrumentos de viabilidade prática da tese... 290

18. CONCLUSÃO 295

REFERÊNCIAS 309

1
INTRODUÇÃO

Riciclaggio di denaro sporco ou *Geldwäscherei* ou *blanchiment dárgent blanqueo de dinero* ou *lavado de capitales*, são sinônimos de "lavagem de dinheiro", na Itália, na Alemanha, na França e na Espanha, respectivamente. Apesar de estar presente nestes países por longa data, foi a partir da década de 1920, nos Estados Unidos, que a expressão *money laundering* surgiu, em decorrência da existência de lavanderias na cidade de Chicago utilizadas por *gangsters* para despistar a origem ilegal do dinheiro decorrente de fatos criminosos. Por meio da abertura do legalizado comércio de lavanderias, buscava-se justificar, a quem fosse necessário, a origem delinquente do dinheiro recebido com a venda ilegal[1] de bebidas e drogas, conferindo aos valores pecuniários a aparência lícita, sem deixar rastro de sua origem espúria.

No Brasil, foi publicada no Diário do Senado Federal, em 25 de novembro de 1997, a Exposição de Motivos 692, de 18 de dezembro de 1996, que trouxe a opção do legislador pelo termo "lavagem ou ocultação de bens, direitos e valores" para tipificar a conduta que justifica ou oculta por diversos meios a origem ilícita de dinheiro e bens arrecadados com a prática de uma outra atividade criminosa.[2] Em 1998 foi publicada a Lei 9.613 dispondo sobre o crime de lavagem de dinheiro. Por meio do Decreto 154/91[3], o Brasil ratificou a convenção das Nações Unidas, que entrou em vigor internacional em 11 de novembro de 1990, se comprometendo a criminalizar a lavagem de capitais oriunda do tráfico ilícito de entorpecentes. Sem exigir vultuosas somas de bens ou valores ou complexas operações como requisito para a ocorrência do crime, verifica-se que o crime de lavagem de capitais pode ser definido por um conjunto de atos ou procedimentos praticados, por determinado agente, com o objetivo de dar aparência licita a bens, direitos e valores adquiridos pela prática de outros crimes, denominados delitos antecedentes.

Com uma nova roupagem trazida pela redação da Lei 12.683/12, o crime de lavagem de dinheiro passou a ser definido do seguinte modo: "Ocultar ou dissimular a natureza, origem, localização, disposição, movimentação ou propriedade de bens,

---

1. STESSENS, Guy. Money laudering: *a new international law enforcement model*. Cambridge: Cambridge Studies in International and Comparative Law, 2000. p. 82-83.
2. BRASIL. Conselho de Controle de Atividades Financeiras. *Diário do Senado Federal*, Brasília, 25 nov. 1997.
3. BRASIL. Decreto n. 154, de 26 de junho de 1991. Promulga a Convenção Contra o Tráfico Ilícito de Entorpecentes e Substâncias Psicotrópicas. *Diário Oficial da União*, Brasília, 27 jun. 1991.

direitos ou valores provenientes, direta ou indiretamente, de infração penal."[4]. Para incorrer nas iras da sanção penal cominada de três a dez anos e multa, basta que o agente tenha tentado ou tenha obtido êxito em "lavar" dinheiro proveniente de qualquer infração penal, de modo que oculte origem ilícita de valor decorrente de outro ato reputado delito. Para o indivíduo praticar o crime de lavagem de dinheiro, basta que se utilize de ganhos relativos a bens, direitos ou valores que tenham origem em atividade criminosa antecedente, considerando esta, contravenções penais ou crimes. A lei exige que seja praticada uma infração penal antecedente, e que este crime ou contravenção penal gere bens, direitos ou valores. Depois disso, o agente que, de alguma maneira, obter êxito em justificar, por meio de uma atividade legal, tais vantagens materiais, seria considerado autor do crime de lavagem de dinheiro. Conforme a legislação pátria, é possível entender que o simples fato de conferir legalidade aos bens, direitos ou valores originados da prática de uma infração penal antecedente seja considerado crime, nos moldes do art. 1º da Lei 9.613/98.

No entanto, é necessário registrar que para que seja admitida uma conduta com a natureza jurídica de crime, no Estado Democrático de Direito, em vista de um Direito penal construído pela dogmática jurídico penal atual, não basta que apenas e unicamente, o legislador tipifique condutas e o juiz ou operador do Direito realize o juízo de tipicidade.

A tipicidade penal não é formada somente pela tipicidade formal, em que ocorre a adequação do fato ao modelo legal. Além desta, há que se considerar a tipicidade material do crime, momento em que se verifica lesão a um bem jurídico. É preciso que haja um critério material de seleção dos bens a serem protegidos. A conduta do agente deve necessariamente ser ofensiva a bens de relevo para o Direito penal, para assim ter a atenção desta ciência, legitimando a sanção penal. É indispensável que haja o preenchimento de requisitos dogmáticos tal como a lesão a bem jurídico, após identificação do sistema dogmático adotado pelo interprete.

O recorte indicativo do presente trabalho se direciona para o problema quanto o saber se há possibilidade científica, no âmbito dogmático penal, em relação à compatibilização da tipicidade material, assim como as exigências constitucionais, com referência ao bem jurídico, e o *Leitbild* do delito de lavagem de dinheiro aos moldes do ordenamento jurídico pátrio.

Nesta investigação, há atenção histórica, científica e estudo quanto à criminalização do processo de lavagem de dinheiro sob o aspecto emergencialista histórico do Direito penal, dando relevância ao aprofundamento da questão histórica dogmática-penal do bem jurídico como requisito essencial para configuração do delito nos sistemas penais desde o pré-iluminismo à estrutura significativa no pós-funcio-

---

4. BRASIL. Lei n. 12.683, de 9 de julho de 2012. Altera a Lei 9.613, de 3 de março de 1998, para tornar mais eficiente a persecução penal dos crimes de lavagem de dinheiro. *Diário Oficial da União*, Brasília,12 jul. 2012.

nalismo e a análise do procedimento de branqueamento. Há ainda a construção da análise do princípio da lesividade, bem como da tipicidade material no tipo em relevo.

Temos como meta a comprovação da identificação de vício científico, e, portanto, constitucional, no crime de branqueamento, sob uma análise crítica à luz da estrutura substancial do injusto do procedimento de lavagem de dinheiro diante do ordenamento pátrio, tendo como referência o Estado Democrático de Direito e o Finalismo.

Para tanto, revela-se importância na investigação histórica do bem jurídico e sua relação com os sistemas penais, assim considerando o Positivismo de Karl Binding, o Positivismo de Franz von Liszt, o Neokantismo, o Finalismo de Welzel, os Funcionalismos teleológico, sistêmico, reducionista, social e a posição de Silva Sánchez, assim como no Pós Funcionalismo com base na estrutura significativa de Vives Antón, para então identificar a sua importância para a estrutura moldura do delito de lavagem de dinheiro diante do Direito penal constitucional.

Além disso, há necessária reflexão investigativa: a) quanto a escolha adequada de um sistema que atende a tipicidade material e também o Constitucionalismo atual para admissão de um comportamento como delito e que sirva também para a lavagem de dinheiro; b) quanto a investigação criminológica do delito de lavagem de dinheiro e a tipicidade material; c) quanto a investigação histórica do delito de branqueamento propriamente dito; d) quanto a investigação relativa ao emergencialismo penal decorrente de um Direito penal simbólico; e) quanto a investigação da colocação da lesividade e princípios correlatos no âmbito finalista e a lavagem de capitais; f) quanto às questões relativas ao *iter criminis* e a consideração do comportamento instrumental da lavagem de capitais no âmbito do Direito penal constitucionalizado e as consequências dogmáticas da análise relativa a ausência de tipicidade material.

Há importantes quatro questionamentos sobre esta investigação, que são: a) relação do bem jurídico e a dogmática penal quanto ao branqueamento de capitais; b) a questão do bem jurídico no âmbito da dogmática penal e a tipicidade material do tipo da lavagem de dinheiro; c) a questão do bem jurídico da lavagem de dinheiro e o aspecto histórico e criminológico; d) a questão do bem jurídico do tipo da lavagem de dinheiro com base no Finalismo e o Estado Democrático de Direito.

A proteção do bem jurídico consiste em um critério "material" de construção dos tipos penais, constituindo sua base de estrutura e interpretação. O bem jurídico deve ser utilizado como princípio de interpretação do Direito penal em um Estado Democrático de Direito, sendo ponto de origem da estrutura do delito. O bem jurídico tem um sentido material próprio, anterior à lei e independente dela. Significa dizer que ele não deve ser somente criação abstrata da lei no atual sistema finalista, mas que representa algo significativo numa sociedade organizada muito antes da construção da norma penal, que vem ao mundo como instrumento de proteção daquele bem jurídico. O bem jurídico sob análise no Direito penal representa uma figura anterior a lei e deve atender princípios caros à sociedade como um todo, ou aos indivíduos que a compõem, assim inserindo a análise da estrutura modular do tipo de lavagem de dinheiro neste âmbito.

O fato de praticar condutas, sejam por meio de vários atos complexos ou não, em que dinheiro, bens ou direitos decorrentes da prática de outros crimes ou contravenções penais, sejam inseridos no mercado, no comércio, no sistema financeiro, enfim, na economia como um todo, somente ofenderá bem jurídico tutelado por lei ao depender do contexto dogmático a ser analisado, representando ausência da própria identificação do crime, dependendo do âmbito de análise sistemática do bem jurídico.

Francisco Muñoz Conde[5], aponta que o bem jurídico decorre de bem protegido que permite satisfazer a auto realização individual no meio social, mas também há proteção de bem comunitário, e que em decorrência disso, pode ser direcionada a possibilidade de proteção de bem no branqueamento de capitais. Lembra ainda[6] que é possível encontrar entendimentos diversos quanto ao bem jurídico no branqueamento de capitais.

A análise do conteúdo material da lavagem dinheiro exige observação investigativa histórica quanto a questão do bem jurídico na dogmática-penal. Nesse sentido, conforme Cláudio Brandão[7], por mais de dois séculos, as construções dogmáticas giraram em torno do conceito de bem jurídico, registrando assim sua importância para a construção típica a partir de Anselm von Feuerbach e a crítica de Johann Michael Franz Birnbaum conforme se verá em capitulo próprio.

Contrariando a essência do desenvolvimento histórico da dogmática penal, nos parece que a consideração do procedimento de lavagem de dinheiro como delito, diante da atualidade jurídica brasileira, identifica-se volta ao formalismo extremo de Karl Binding. A construção de moldura penal lastreada por simples escolha do Estado, sem vinculação do princípio da legalidade material identifica tal fato.

No contexto atual, verifica-se que a violação do bem jurídico (*Rechtsgut*) seja considerada critério necessário para que ocorra crime, assim também o delito de lavagem de dinheiro, ao depender do modelo dogmático a ser adotado.

Neste âmbito de desenvolvimento do conceito de bem jurídico, em paralelo aos estudos sobre o sistema penal, historicamente investigado, busca-se responder com a tese, questões de supra importância em relação ao tipo de lavagem de dinheiro e sua relação com o ordenamento jurídico e a adequada dogmática penal no Estado Democrático de Direito.

---

5. MUÑOZ CONDE, Francisco. *Introducción al derecho penal*. 2.ed. Buenos Aires: Bosch, 2001. p. 90-91.
6. MUÑOZ CONDE, Francisco. *Derecho penal*: parte especial. Duodécima edición, completamente revisada y puesta al día. Valencia: Tirant lo blanch, 1999. p. 521
7. BRANDÃO, Cláudio. *Tipicidade penal*: dos elementos da dogmática ao giro conceitual do método entimemático. 2. ed. Coimbra: Almedina, 2014. p. 115.

Em que pese Gonzalo Quintero Olivares[8] entender que "[...] *el blanqueo de capitales es un delito que afecta al orden socioeconómico* [...]" e Francisco Muñoz Conde[9] admitir o crime de branqueamento de capitais dentre "*delitos contra el orden socioeconómico*", verifica-se que o fato da lei exigir a existência de um crime antecedente para configurar a infração penal de lavagem de dinheiro, por si só, não comprova lesividade de bem jurídico pelo comportamento posterior.

Diante disso, é preciso ficar atento ao princípio da lesividade, que exige, para ocorrência de crime, a existência de condutas desviadas que violam bem jurídico. Para que se tipifique delitos, no sentido material, fica indispensável que exista, ao menos, um perigo concreto, efetivo e real de dano a um bem jurídico penalmente protegido.

Assim considerando, como método, operacionalização e justificativa do trabalho, há indicação de que existe vício na estrutura substancial do injusto no tipo de lavagem de dinheiro em relação ao princípio da lesividade e o sistema finalista constitucionalizado. A relação do tema nos sistemas penais será desenvolvida adiante, com a análise do conceito valor do bem jurídico no pré-Iluminismo e o vácuo conceitual; no iluminismo; em Paul Johann Anselm Rittter von Feuerbach; em Johann Birnbaum, e a crítica à tese Feuerbach; em Karl Binding e a segunda metade do Século XIX; em Franz von Liszt, o bem jurídico e a viés de concepção material; quanto ao bem jurídico no Neokantismo como visão cultural-valorativa; em Hans Welzel e os valores ético-sociais no Finalismo e a consideração posta do bem jurídico como objeto de proteção; no Normativismo monista funcional-sistêmico de Günther Jakobs e a sua relação com o bem jurídico penal; no Funcionalismo Sistêmico de Knut Amelung e sua visão quanto ao bem jurídico penal em conexão com Binding e Jakobs; quanto ao bem jurídico penal pessoal independente-sociológico na concepção funcionalista do controle social de Winfried Hassemer; no Funcionalismo teleológico de Claus Roxin e a identificação do bem jurídico; na concepção do bem jurídico a partir de Luigi Ferrajoli; no Funcionalismo reducionista de Zaffaroni e o bem jurídico; na violação do bem jurídico como exigência da pretensão de ofensividade como elemento da pretensão de relevância na estrutura significativa do delito por Vives Antón; na proposta dogmática funcionalista de Silva Sánchez, o bem jurídico e o branqueamento de capitais; na dogmática jurídico-penal, a importância sistemática do bem jurídico como instrumento de supralegalidade no Direito penal no âmbito do crime de lavagem de dinheiro.

O Direito penal atual admite existência de infração penal quando houver o efetivo e concreto perigo de lesão a um bem jurídico determinado. Sem violar o bem jurídico, ou ao menos o colocar em risco efetivo, não pode haver infração penal no

---

8. OLIVARES, Gonzalo Quintero; PRATS, Fermín Morales. *Comentarios a la parte especial del derecho penal*. 4. ed. rev. ampl. y puesta al día. Thomson: Aranzadi, 2004. p. 929.
9. CONDE, Francisco Muñoz. Derecho penal: *parte especial*. Duodécima edición, completamente revisada y puesta al día. Valencia: Tirant lo blanch, 1999. p. 463.

Estado Democrático de Direito, pois esta é a regra da concepção do atual Direito penal constitucional. *Nullum crimen sine iniuria*. Por este brocardo principiológico, não existe crime sem ofensa (lesão ou perigo concreto de lesão) ao bem jurídico, pois, para que o agente responda penalmente, deverá o resultado jurídico ser desvalioso. Não há tipicidade penal sem a tipicidade material na pátria concepção atual do Direito penal.

Nesse caso, busca-se demonstrar a crise gerada por eventual ausência de tipicidade material no crime de lavagem de dinheiro, ao levar em conta o conjunto de condutas que envolve a justificação de bens e valores de origem ilícita, o que pretende-se identificar e justificar dogmaticamente.

Nesse sentido, a justificativa do presente texto encontra-se na investigação dos sistemas jurídicos dogmáticos e na formulação histórica do conceito do bem jurídico, para verificar com precisão o âmbito de análise do bem jurídico do delito de lavagem de capitais, em que se identifica a desestrutura substancial no injusto penal da moldura em questão. A relevância na busca de solução apresenta importância, diante do vigor da legislação atualmente aplicada de forma contrária aos princípios apontados. A justificativa está presente diante da relevância do tema em estudo e da ausência dogmática explicativa da identificação precisa e concreta do bem jurídico no crime de lavagem de capitais.

Uma vez registrado que o bem jurídico representa imprescindível elemento dogmático dentro do sistema penal constitucional, alinhado aos bens e direitos de ordem valorativa construída pela sociedade, resta saber a origem dogmática penal do conceito de bem jurídico e sua relação com a teoria do delito, para somente então, identificar, com precisão, a relação de tipicidade com o delito de branqueamento de capitais.

A partir dos objetivos gerais e específicos, tem-se como breve resposta, em face do critério dogmático do bem jurídico e dos princípios constitucionais lastreados pelo Estado Democrático de Direito, vício na estrutura substancial do injusto no crime de lavagem de dinheiro como está formulado nas leis pátrias, quanto ao problema levantado em questão, em relação a constitucionalidade do tipo de lavagem de dinheiro pela tipicidade material do delito.

Há relevância penal dogmática e prática, pois, cientificamente, há indicação também de vício constitucional da estrutura modular do delito de lavagem de dinheiro, e a prática revela inúmeras e notórias condenações pelo Poder Judiciário por branqueamento de capitais, sendo tais as razões de relevância para a realização do trabalho. A importância para o leitor também revela justificativa para o trabalho, pois ainda não há identificação de conteúdo similar quanto ao direcionamento tomado nesta investigação dogmática jurídico penal, lastreada por apontamentos sistemáticos científicos da matéria relacionada ao tipo de lavagem de dinheiro. A metodologia investigativa revela pesquisa do bem jurídico com base nos sistemas dogmáticos da ciência penal em paralelo à pesquisa histórica e de viés criminológico quanto à origem do tipo de lavagem de dinheiro, tendo como marco teórico dogmático Hans Welzel, Manuel Cobo Del Rosa e Carlos Zabala Lopez Gómez e João Carlos Castelar.

Resta saber agora, pela leitura da obra, o seguinte: a) há crise no Direito penal? b) há vício constitucional no delito de lavagem de dinheiro? c) qual o meio processual para revelar ausência de legalidade material no tipo de branqueamento? d) a história da construção da lavagem de dinheiro como delito comprova defeito científico dogmático do crime de branqueamento de capitais? e) qual o papel científico do bem jurídico e a sua relação com o tipo de lavagem de capitais? f) é possível confirmar que o procedimento de lavagem de capitais constitui moldura revelada pelo emergencialismo penal? Estas e outras questões serão reveladas neste texto, que busca trabalhar a dogmática penal, o bem jurídico, a criminologia, o Direito penal de gestão de riscos e a relação com a lavagem de dinheiro.

2
O BEM COMO SUBSTÂNCIA VALORATIVA DE PROTEÇÃO JURÍDICO-PENAL – ΟΥΣΙΑ NA LAVAGEM DE DINHEIRO

2.1 INTRODUÇÃO

O conceito de bem jurídico penal exige a noção substancial de bem. No grego *agathón*, em latim *bonum*, decorrente do verbo arcaico *beare*, que significa causar felicidade, sendo tudo o que tem valor para o homem. O conceito de bem adequado para esta investigação se relaciona com o termo οὐσία, ou ousía, que representa o sentido de essência ou substancia. Trata-se de um substantivo da língua grega, de origem do feminino do particípio presente decorrente do verbo ser εἶναι, em que a tradução origina do latim para o português como algo que tenha substancia ou essência em sua existência, em seu ser perante o mundo.

Para a identificação do bem jurídico, o conceito de bem que se busca para o âmbito do Direito penal é aquele representado pela οὐσία, tomando distância do conceito de bem referente a um significado de conteúdo distante de signos materiais e morais valorados pela sociedade como matéria de proteção. Assim, como exemplo, a beleza do pôr do sol distancia da οὐσία.

O conceito de bem para formação do conteúdo do bem jurídico penal está ligado à substancia, à matéria, à essência de algo ou do ser, οὐσία. O conceito de bem fora e distante da substancia/matéria exigida para a formação do sentido significativo para a complementação estrutural do conceito exigido para o Direito penal foge da essência do bem jurídico. Registra Abbagnano[1] que o bem para Kant somente é bem em relação ao homem em face do seu interesse.

Οὐσία – "ussía", do grego, traduzido para o português do latim, é a representação da substância/matéria exigida para a formação do conceito de bem jurídico no âmbito estrutural dogmático penal.

O que permite uma estrutura limitada para a argumentação retórica sobre os objetos é a substância, οὐσία, que expressava essência. Nesse sentido, a axiologia, como valoração, confere predicado às coisas. Assim, pois, como exemplo, o dinheiro

---

1. ABAGGNANO, Nicola. *Dicionário de filosofia*. São Paulo: Martins Fontes, 2007. p. 109.

é bonito, tem-se que bonito é predicado. São signos positivos ou negativos atribuídos às substancias. O objeto material tem substancia, não sendo o predicado. É substantivo. A partir desta ideia, é permitido afirmar que o objeto material dá condição de se compreender o valor atribuído ao objeto. Com isso, ao identificar que os Neokantistas têm esse conceito como puro valor, afastando da essência e substancia decorrente da oὐσία, tem-se que esta crença estabelece o bem jurídico como valor objetivo e permite a manipulação do valor como predicado que se atribui essência, não tendo substancia, ou seja, faltando oὐσία e tornando o discurso manipulável. Por isso o Finalismo delimita a função do Direito penal como afirmação de condutas que conferem proteção ao bem jurídico. Portanto, o objeto material tem substancia e não pode ser predicado. É ele substantivo. O objeto material dá condição de se compreender o valor atribuído ao objeto. Percebe-se, aqui, a absoluta importância da substancia, essência, oὐσία, para a estrutura do conceito do bem jurídico. Para Abbagnano[2], a essência revela-se como "natureza" que compreende tudo que está expresso na definição das coisas; logo, não somente a forma, mas também a matéria como oὐσία, alma do conceito do bem jurídico.

O conceito e a noção de bem estão ligados àquilo que tem importância à utilidade e satisfação do ser humano. O bem tem relação com o que é útil, necessário, valioso, relevante, digno de consideração pelo homem, podendo ter ou não valor econômico, ser moral, espiritual, individual ou coletivo. A partir daí verifica-se a necessidade da noção de bem para extrair a ideia do conceito de bem jurídico penal. A concepção de bem está conectada essencialmente à noção de utilidade, como condição para satisfazer os interesses do homem[3].

Em termos gerais, o bem é aquilo que tem importância para a sociedade, para o homem individual, para o grupo, independente do aspecto valorativo, no âmbito econômico, pois pode ter o bem, no seu aspecto moral, espiritual, orgânico, material. O bem é algo que o homem considera relevante para si, tendo muita, pouca, ou nenhuma utilidade, importando, na verdade, o conteúdo de relevância que o bem possui. A noção de bem está estritamente vinculada à importância dada pelo homem àquilo que considera ter destaque e valor aos seus interesses, sejam eles individuais ou coletivos. O bem é consequência do valor dado ao que é importante para o homem.

No aspecto econômico[4], o bem é tudo o que tem utilidade e que tem o poder de satisfazer uma necessidade, além de suprir carências. Claro que este conceito de bem foi ordenado para atender um Direito vinculado às relações jurídicas econômicas. Não podemos afirmar que o Direito privado tem conceito de bem desprendido do Direito público, uma vez que todo o ordenamento se vincula à Constituição e seus valores. O bem vida, o bem honra, o bem moral, o bem dignidade, o bem coisa, são

---

2. ABAGGNANO, Nicola. *Dicionário de filosofia*. São Paulo: Martins Fontes, 2007. p. 362.
3. ISHIDA, Válter Kenji. *Bem jurídico penal moderno*. Salvador: Jus Podivm, 2017. p. 18.
4. SANDRONI, Paulo (Org.). *Novíssimo dicionário de economia*. São Paulo: Best Seller, 1999. p.51.

bens protegidos tanto pelo Direito privado quanto pelo Direito público, considerando inserido neste o Direito penal, sob a luz da Constituição. Com isso, verifica-se que o conceito de bem não pode ser vinculado estritamente ao que tem sentido econômico. Mas muito além disso, o conceito de bem, para ser inserido no conceito de bem jurídico, tem que ter amplitude suficiente para atender amplamente o ser humano e as suas necessidades.

Numa visão entre o Direito e a Economia, há distinção econômica entre bens. Trata-se da distinção entre o bem público e o particular do ponto de vista da eficiência. Nesse campo, utiliza-se a distinção entre bem público e particular para diferenciar os recursos que são utilizados com máxima eficiência se forem de propriedade privada, e os recursos que serão utilizados com o máximo de eficiência se forem de propriedade pública. Os bens privados, do ponto de vista econômico são caracterizados pelo uso por uma pessoa, impedindo seu uso por outras. Do outro lado, o bem público, não se verifica rivalidade no uso, sendo compartilhado. A eficiência exige que o bem privado não seja propriedade pública e o bem público seja propriedade compartilhada. Assim, por ausência de rivalidade, o bem privado não pode ser desfrutado pela coletividade. A visão apontada do bem é relacionada ao aspecto econômico, coisificando o bem e delimitando seu aspecto estritamente material.[5] Contudo, ampliando o entendimento de Robert Cooter e Thomas Ulen, o conceito de bem para vislumbrar a noção de bem jurídico deve estar além do aspecto material de algo valorado.

O Direito civil aponta divergência quanto à origem da noção de bem, se decorre ou não de coisa, havendo discussão doutrinária a respeito. Também é possível verificar que no Direito civil, há vinculação da noção de bem com o valor econômico daquilo que se considera relevante. Há entendimento tradicional de que os bens são coisas que, por serem úteis e raras, são passíveis de apropriação, contendo valor econômico[6]. Contudo, o Código civil, no Livro II da Parte Geral, refere-se ao termo bem compreendendo os objetos materiais e imateriais. Em geral, o bem significa aquilo que tem utilidade ao ser humano, não sendo, na verdade, um conceito de Direito. O bem decorre de plurissignificações, revelando a utilidade física ou imaterial, podendo ainda ser objeto de relação jurídica, seja pessoal ou real.

Como dito, não existe consenso doutrinário em relação à distinção entre bem e coisa. O bem envolve a coisa, sendo gênero da espécie, uma vez que a coisa restringe-se às utilidades patrimoniais. Para além desta conclusão, verifica-se que há na doutrina civil, pensamento no sentido de que o conceito de coisas corresponde ao de bens, não havendo sincronização entre estes dois termos. Às vezes, coisas são

---

5. COOTER, Robert; ULEN, Thomas. *Direito e economia*. Trad. Luis Marcos Sander, Francisco Araújo da Costa. 5.ed. Porto Alegre: Bookman, 2010. p.120.
6. RODRIGUES, Sílvio. *Direito civil*: parte geral. 32. ed. São Paulo: Saraiva, 2002. v. 1. p. 110.

o gênero, e bens, a espécie. Outras, finalmente, são os dois termos usados como sinônimos, havendo então entre eles coincidência de significados[7].

Clóvis Beviláqua faz referência ao conceito sob o prisma filosófico, de forma que o bem pode ser tudo aquilo que corresponde à solicitação dos desejos do homem[8]. João Manuel de Carvalho Santos, mais apegado ao conceito materialista, aponta que o bem, no sentido lato, é aquilo suscetível de se tornar objeto de direito, contudo, em sentido estrito, bem é aquilo que pode formar nosso patrimônio ou a nossa riqueza[9]. Miguel Maria de Serpa Lopes, também no mesmo sentido, adota a ideia materialista do bem, afirmando que "sob a denominação de bens, são designadas todas as coisas, que, podendo proporcionar ao homem uma certa utilidade, são suscetíveis de apropriação privada." Entende ainda que o termo coisa não tem o mesmo significado de bem. A coisa possui um sentido mais amplo, atendendo aos bens materiais e àquilo que não são consideradas pela ordem jurídica, tal como o sol, a lua, o mar etc., não sendo bens por serem insuscetíveis de apropriação pelo homem[10].

A teoria subjetiva, empírica, volitiva ou emocional, composta, dentre outros, por Aristóteles, Locke e Leibniz tem o bem como algo que é desejado, havendo inclusive hierarquia entre bens, onde o bem soberano é de natureza política e social. Kant inaugura a teoria dos valores, colocando o bem sobre o crivo do valor, e a partir daí, a axiologia moderna passa a trabalhar com valores. A teoria dos valores é intermediária entre a teoria subjetiva e a teoria metafísica, espiritualista ou idealista. A teoria metafísica busca identificar o bem com a própria realidade. A teoria subjetiva procura ver o bem naquilo que é desejado pelo homem. Em que pese a teoria dos valores encontrar o bem em valores lógicos, estéticos, místicos, éticos e eróticos, como, respectivamente, a verdade, a beleza, a santidade, a moral e o direito, o prazer e a felicidade, Nicolai Hartmann aponta a indefinibilidade do bem, pois se o bem é valor, "falando a rigor, todos os valores são indefiníveis". Contudo, afirma[11], em conclusão, que "o bem deve muito bem conter todo um sistema de valores". Assim, ele subordina ao bem todos os valores existentes. Na mesma medida, segundo a Escola de Marburgo, cujo fundador foi o filósofo alemão Windelband, o bem é um valor, e, como todo valor, desprendido do fato, da experiência. De acordo com a Teoria dos Valores de Max Scheler, os valores são captados por uma intuição emocional, sendo objetivos e tem suas próprias leis[12].

---

7. MONTEIRO, Washington de Barros. *Curso de direito civil*. 37. ed. São Paulo: Saraiva, 2000. p. 144. v.1.
8. BEVILÁQUA, Clóvis. *Teoria geral do direito civil*. São Paulo: RED Livros, 1999. p. 213.
9. SANTOS, João Manuel de Carvalho. *Código civil brasileiro interpretado*: parte geral. 10. ed. Rio de Janeiro: Livraria Freitas Bastos S.A. 1977. p.7-8. v. 2.
10. LOPES, Miguel Maria de Serpa. *Curso de direito civil*: introdução, parte geral e teoria dos negócios jurídicos. 3. ed. Rio de Janeiro: Livraria Freitas Bastos, 1960. p.23-25. v. 1.
11. HARTMANN apud FRANÇA, Ruben Limongi (Coord.). *Enciclopédia saraiva de direito*. São Paulo: Saraiva, 1977. p. 396. [Edição comemorativa do Sesquicentenário da Fundação dos Cursos Jurídicos no Brasil, 1827-1977].
12. FRANÇA, Ruben Limongi (Coord.). *Enciclopédia saraiva de direito*. São Paulo: Saraiva, 1977. p. 396. [Edição comemorativa do Sesquicentenário da Fundação dos Cursos Jurídicos no Brasil, 1827-1977].

Há várias espécies de bens. Bem metafísico *Bonum, verum et unum convertuntur* (Santo Tomás)[13], bem moral, bem estético, bem jurídico, bem privado, bem público e outros tantos.

O termo bem deve ser compreendido como tudo que agrada ao homem, contabilizando nisso, desde o show do pôr do sol, à integridade moral, passando pela propriedade, uma herança, o nome, o corpo humano, até os animais e o meio ambiente. A ideia amplificada da noção cível do bem se aproxima do conceito de bem necessário ao aspecto penal para atender o conceito de bem jurídico. A essência do que se considera bem, principalmente para a formação do conceito de bem jurídico, não foge do valor dado ao que uma sociedade considera valorado. Portanto, bem é valor, conforme apontado por Nicolai Hartmann.

Por outro lado, a ideia de valor conecta o conceito de bem à noção de bem jurídico. Conforme Cláudio Brandão[14], o valor é sempre um predicado. Trata-se de realização de constantes atribuições de signos positivos ou negativos sobre um substantivo. Essa atribuição de signos positivos ou negativos sobre um objeto é a valoração. O valor é um signo a título de predicado que o objeto tem. Realiza-se consideração no sentido de que o objeto possa ser considerado num plano positivo ou negativo. Considerando que a cultura é, em parte, uma criação da sociedade, o valor, consequentemente, é conceito cultural e precisa ser separado do objeto material, logo o bem jurídico é um conceito cultural e tem que ser separado do bem material. O Direito penal faz a diferenciação entre o objeto e o valor subsumido a este objeto.

Na visão de Navarrete[15], o bem deve ser entendido como tudo aquilo que for suscetível de conferir valor de modo individual ou coletivo, constituindo objeto idôneo de valoração jurídica. Há representação de um pressuposto lógico e um antecedente necessário a um bem jurídico enquanto categoria normativa portadora de valor, e com isso, encontra-se a tutela jurídica decorrente de um bem valor. Além disso, por bem cabe entender tudo que for suscetível de utilidade individual e que tenha valor coletivo. Nesse sentido, todo conceito socialmente estimado como bem, constitui objeto idôneo de valoração jurídica e representa um pressuposto lógico e necessário do bem jurídico enquanto categoria normativa portadora de valor.

Para além disso, o interesse não é identificado na dogmática penal com a categoria conceitual do bem nem com a categoria do bem jurídico, pois a noção de interesse não reflete a condição ou propriedade da utilidade de um objeto para a satisfação de uma necessidade humana. Não serve de expressão a uma valoração social recaída sobre determinados bens ou valores socialmente estimados como tais. A delimitação

---

13. FRANÇA, Ruben Limongi (Coord.). *Enciclopédia saraiva de direito*. São Paulo: Saraiva, 1977. p. 396. [Edição comemorativa do Sesquicentenário da Fundação dos Cursos Jurídicos no Brasil, 1827-1977].
14. Anotações de aula (Doutorado) do prof. Cláudio Brandão em 6 de abril de 2017 na PUC Minas.
15. NAVARRETE, Miguel Polaino. *El injusto típico en la teoría del delito*. Buenos Aires: Editora Mario A. Viera Editor, 2000. p. 320-329.

dogmática da noção do interesse representa simples expoente da singular situação subjetivo-objetiva medida entre uma pessoa e um bem.

Nesse sentido, há diversos conceitos, como o que for naturalmente suscetível de consideração pela consciência humana e foi constituído de algum modo em matéria de valoração pelo ordenamento jurídico, sendo o objeto constitutivo. Quanto ao objeto de ação ou objeto material, trata-se de conceito inevitável de base naturalista. Uma vez que o bem tem um significado técnico preciso, a estrutura da ação punível exige a produção de um resultado sensorialmente perceptível. O objeto jurídico e objeto de proteção representa objeto de tutela de cada norma penal, constituindo o bem jurídico integrante de elemento essencial da juridicidade material das figuras dos delitos. O objeto de bem jurídico integra um conceito baseado numa concepção que entende que o singular objeto ôntico condiciona a pretensão jurídica, que é inerente ao objeto de proteção típica e que, faticamente, pode ser lesionado ou posto em perigo. Entre o bem jurídico, enquanto objeto de garantia de um lado, e objeto de ação, sobre o qual recai o movimento corporal, de outro, se reconhece a presente categoria do objeto de bem jurídico, que é concebida como o concreto objeto suscetível de lesão posto em perigo, mas estimado na medida em que foi vinculada a pretensão jurídica de garantia prevista pela norma penal.

A ideia de objeto material é a ideia de bem. A ideia de valor é a ideia de bem jurídico. Com efeito, o fim do Direito penal não é tutelar bem, mas tutelar bens jurídicos, que significa tutelar valores. Portanto, a ideia de bem jurídico serve para atribuir significado, ou seja, o bem jurídico atribui significado a um bem. É a partir desta ideia de bem como substancia que se busca investigar o conteúdo do valor como critério material de construção do tipo de injusto na lavagem de dinheiro.

2.2 O BEM-JURÍDICO PENAL COMO CRITÉRIO MATERIAL DO INJUSTO NA LAVAGEM DE DINHEIRO

Após identificar o conceito e noção do bem, além de considerar o bem jurídico na condição de valor conferido em delimitada cultura, necessariamente é preciso recorrer à sua abordagem no Direito penal, levando em conta sua natureza jurídica, origem e considerações atuais, delineando o conteúdo do conceito e seu aspecto histórico, além de verificar a absoluta importância do bem jurídico na dogmática penal. Navarrete[16] lembra a importância do bem jurídico como valor de coexistência humana, devendo ser base substancial para regulação jurídica da realidade social.

Com efeito, é preciso contextualizar que a estrutura da organização estatal deve atender às necessidades dos indivíduos, colocando a pessoa e os direitos que lhe asseguram dignidade no alvo de atenções do Estado. Não é sem motivos, que a

---

16. NAVARRETE, Miguel Polaino. *El injusto típico en la teoría del delito*. Buenos Aires: Editora Mario A. Viera Editor, 2000. p. 319.

Constituição da República prescreve no título I, art.1º, que a República Federativa do Brasil constitui-se em Estado Democrático de Direito e tem como fundamento a dignidade da pessoa humana. A dignidade da pessoa humana, em vista do atual Direito constitucional, é valor supremo. Considerando isso, o bem jurídico analisado, no âmbito do Direito penal, tem conexão com a finalidade de preservar as condições necessárias para viabilizar a coexistência livre e pacífica dos indivíduos que compõem a sociedade, de forma que haja o respeito devido aos direitos fundamentais dos indivíduos integrantes do corpo social, com vista para atingir a proteção do valor dignidade da pessoa humana, onde o homem está no centro do ordenamento protetivo. Considerando isso, até mesmo a criação de um tipo penal deve obedecer o aspecto dogmático constitucional, sobretudo a análise dos valores que devem ser aplicados para criar um delito. Pois bem, não é certo que o Estado Legislador crie um tipo penal para proteger um valor inferior ao valor dignidade da pessoa humana, sem critério dogmático de segurança.

A proteção do bem jurídico consiste em um critério material de construção dos tipos penais, constituindo sua base de estrutura e interpretação. O bem jurídico deve ser utilizado como princípio de interpretação do Direito penal no Estado Democrático de Direito, sendo ponto de origem da estrutura do delito.

Anterior à lei, pode se dizer que o bem jurídico tem um sentido material próprio, significando dizer que ele não deve ser criação abstrata do legislador, mas que representa algo significativo na cultura de uma sociedade organizada muito antes da construção da norma, que vem ao mundo como instrumento de proteção daquele bem jurídico. Desse modo, o bem jurídico vem/existe antes da lei, atendendo a cultura valorativa de um povo em determinado tempo cultural. Em complemento, a cultura decorre de criação da sociedade. Em vista disso, a cultura, internamente, tem elencada verdadeiros valores que devem ser protegidos, ao olhar dos seus criadores.

O conceito de um bem jurídico somente surge na dogmática penal no início do século XIX. Seguindo a linha histórica, do ponto de vista da análise dogmática-penal, é preciso que seja lembrado que os iluministas definiam o fato punível a partir da lesão de direitos subjetivos.

Anselm von Feuerbach[17] tinha como objeto de proteção das normas penais tipificadas, os bens particulares ou estatais. Posteriormente, Franz von Liszt[18], após dar seguimento ao pensamento de Karl Binding, viu no bem jurídico um conceito central da estrutura do delito. Deslocou o centro de gravidade do conceito do bem jurídico do direito subjetivo para colocá-lo à posição de objeto de necessário interesse juridicamente protegido.

---

17. FEUERBACH apud BRANDÃO, Cláudio. *Tipicidade penal*: dos elementos da dogmática ao giro conceitual do método entimemático. 2. ed. Coimbra: Almedina, 2014. p. 116.
18. LISZT apud BRANDÃO, Cláudio. *Tipicidade penal*: dos elementos da dogmática ao giro conceitual do método entimemático. 2. ed. Coimbra: Almedina, 2014. p. 135.

É necessário perceber que o bem jurídico, culturalmente elencado valor objeto de proteção pelo Direito penal, faz parte de uma construção prévia e natural à norma penal, que traz tipos penais com finalidade de identificar tais bens com o fim de assegurar-lhes proteção. Desse modo, o bem jurídico pode representar bens ou direitos considerados importantes a uma sociedade, ao ponto de serem elementos centrais dos tipos penais estruturados. O valor deve ser objeto de proteção.

Considerando o bem jurídico e o aspecto dogmático, em absoluto, importa perceber que, apesar da matéria de proibição estar presente em um tipo penal, não se confunde com ele. A indagação é comum, pois a matéria considerada objeto de proibição engloba o resultado do injusto, ou seja, a soma do desvalor da ação adicionada ao desvalor do resultado para constituir o injusto penal.

A violação ao valor bem jurídico encontra seu cerne na conduta que representa o desvalor do resultado. O tipo penal tem maior abrangência do que a matéria de proibição, uma vez que o tipo de injusto é proprietário de todos os elementos que rodeiam a imagem do delito. O bem jurídico está alocado no tipo de injusto, sendo iluminado no instante em que ocorre, por uma conduta, a identificação do desvalor do resultado.

No momento em que o Poder Legislativo aponta, por meio da lei, uma conduta tipificada, necessariamente, ocorre uma análise fria de um juízo de desvalor, mesmo que inicial. O fato de a lei conferir a violência pena para o indivíduo que realiza uma conduta que viola o bem jurídico representa um juízo de valor inicial. Portanto, a criação do tipo penal representa uma decisão política de um determinado momento histórico cultural, em que um valor é elencado como algo que merece ser protegido. Reinhart Maurach[19] afirma que:

> O bem jurídico constitui o núcleo da norma e do tipo. Todo delito ameaça um bem jurídico; o critério, em situações apontadas por Frank, considerando haver delitos sem ofensa a um bem jurídico, se encontra hoje superado. Não é possível interpretar, nem conhecer a lei penal, sem manter a ideia de bem jurídico. (Tradução nossa)[20]

O fato de identificar a realização de uma conduta típica, indica uma conduta baseada no desvalor da ação e no desvalor do resultado. Isso ocorre porque o bem jurídico, valor objeto de proteção da norma penal, é violado pela prática da conduta desviante. Resta saber se há desvalor da ação e desvalor do resultado, a realização de

---

19. MAURACH, Reinhart. *Tratado de derecho penal*. Barcelona: Ariel, 1962. p. 253-254.
20. "El bien jurídico constituye el núcleo de la norma y del tipo. Todo delito amenaza un bien jurídico; el critério, em ocasiones defendido por Frank, de cabe pensar también em delitos no referidos a um bien jurídico, se encontra hoy superado. No es posible interpretar, ni por tanto conocer, la ley penal, sin acudir a la ideia de bien jurídico."

conduta de inserir capital na economia decorrente de suposto crime anteriormente praticado, como ocorre com a lavagem de capitais.

Hans Welzel[21] acredita que o tipo tem um conteúdo amplificado em relação à matéria de proibição, de modo que o tipo (*Tatbestand*) significa um tipo de injusto (*Unrechtstypus*). Considerando o posicionamento de Hans Welzel[22], José Cerezo Mir[23] se posiciona no sentido de que o tipo de injusto é mais abrangente do que a matéria de proibição. Diante disso, não há outra conclusão, senão a de que o resultado possui relevância penal do ponto de vista da ofensa de um valor bem jurídico. Considera-se ainda, a importância do desvalor da ação e a valoração inicial na criação do tipo penal. Assim, o bem jurídico é substrato material da tipicidade, sendo sua substância valorativa. O conteúdo material do tipo de injusto é o bem jurídico. Dessa forma, importa afirmar que a norma penal tem a função de proteção do objeto de valoração, que é o valor culturalmente importante à sociedade, e que foi valorado previamente à elaboração do tipo de injusto.

A colocação do valor bem jurídico em perigo ou sua violação direta acarreta o desvalor do resultado, o que gera conexão do bem jurídico com a antinormatividade.

Além da relação intrínseca existente entre o bem jurídico e a tipicidade, é possível verificar, portanto, sua ligação com a antinormatividade penal. Considerando que a norma penal seja criada por meio de um juízo de valor prévio ou inicial, e que a intenção seja de que específico bem jurídico venha a ser protegido pela lei, a conduta que violar a norma criada para proteção do bem jurídico elencado, consequentemente, viola esse bem jurídico, sendo essa conduta, naturalmente, denominada antinormativa. Daí a relação entre o bem jurídico e a antinormatividade penal. Sendo assim, violar a norma penal é violar o valor bem jurídico.

Conforme colocado, o legislador deve realizar a valoração de algo para considerar a criação de um tipo penal. Seguindo a natureza normal da criação de um tipo, é preciso que o legislador considere um valor a ser protegido pela norma. Portanto, se quiser criar um tipo penal, tem que antes saber considerar qual valor está protegendo. Nesse sentido, é importante saber o valor bem jurídico sob proteção do Estado. Com relação à lavagem de dinheiro, resta saber se há bem jurídico a ser protegido. Resta saber se há bem jurídico sob proteção da norma. Resta saber qual o valor a ser protegido com a norma por detrás do tipo penal.

Luis Gracia Martin[24] já se colocou no sentido de que há divisão da norma penal em norma de determinação e norma de valoração. A norma penal de valoração se refere ao desvalor do resultado, sendo este atingido com a violação ou exposição

---

21. WELZEL, Hans. *El nuevo sistema del derecho penal*. Montevideo: BdF, 2002. p. 72.
22. WELZEL, Hans. *El nuevo sistema del derecho penal*. Montevideo: BdF, 2002. p. 72.
23. CEREZO MIR, José. *Curso de direito penal*. Madrid: Tecnos, 1993. p. 319-320.
24. GRACIA MARTIN, Luis. *Fundamentos de dogmática penal*: una introducción a la concepción finalist de la responsabilidad penal. Barcelona: Atelier, 2006. p. 297-298.

ao perigo dos bens jurídicos. A norma penal de determinação, na visão do autor, tem função de proteção das normas de valoração. A lesão ou perigo de violação das normas de valoração, ou seja, dos bens jurídicos, se posicionam no mesmo endereço do desvalor do resultado.

Adiante, o valor bem jurídico está inserido no tipo, na condição de objeto de proteção. Considerando o Direito penal na condição de instrumento necessário para efetivar a proteção dos valores elencados bens jurídicos, não se pode esquecer que há conexão direta entre o Direito penal e a Política. Esse ramo do Direito dá permissão à consequência da violência praticada pelo Estado, ao aplicar a sanção penal naquele indivíduo que viola a norma penal, ao agredir o bem jurídico sob tutela criminal.

Diante do Direito penal constitucionalizado, considerando os princípios constitucionais e seus valores em relação ao homem no centro do ordenamento jurídico, a inserção destes princípios constitucionais que impõem limites ao Direito penal está localizada no princípio da legalidade ou na antinormatividade, conforme já expôs Hans Welzel[25]. A norma deve proteger o valor genuinamente considerado pela cultura criada por determinada sociedade. Nada além disso.

Nesse sentido, não há possibilidade de realizar uma interpretação do tipo penal, no âmbito da dogmática penal do Estado Democrático de Direito, sem dar relevância à figura do bem jurídico. Cabe concluir que o bem jurídico representa termômetro para verificação da dogmática penal no âmbito do Estado Democrático de Direito, sendo expressão política do Estado. Uma análise do valor e aquilo que culturalmente deve e merece ser protegido.

Sabendo que o bem jurídico é identificado diante de bens e direitos de ordem valorativa construída pela sociedade, resta saber a origem dogmática penal do conceito de bem jurídico. Nesse caso, verifica-se, conforme Cláudio Brandão[26], que, por mais de dois séculos, as construções dogmáticas giraram em torno do conceito de bem jurídico.

Em 1801, Anselm von Feuerbach[27] possibilitou a estruturação do conceito de bem jurídico, ao buscar o objeto de proteção do Direito penal. Entendeu que uma das funções do Direito penal era a tutela de direitos externos, especificamente, os direitos subjetivos, que representavam os direitos individuais dos indivíduos.

Pelo fato de a aplicação do Direito penal resultar numa violência, que é a sanção penal, como consequência jurídica pela ofensa de um indivíduo a um objeto de proteção, deve haver lei que legitima esta conduta do Estado. Desse modo, a proteção a direitos externos (privados ou individuais) pelo Direito penal teria que ter conexão

---

25. WELZEL, Hans. *Derecho penal*: parte geral. Traducción de Carlos Fontán Balestra. Buenos Aires: Roque Depalma Editor. 1956. p. 25.
26. BRANDÃO, Cláudio. *Tipicidade penal*: dos elementos da dogmática ao giro conceitual do método entimemático. 2. ed. Coimbra: Almedina, 2014. p. 115.
27. FEUERBACH, Anselm von. *Tratado de derecho penal*. Buenos Aires: Hammurabi. 1989. p. 63.

com o princípio da legalidade. O mal da pena necessita da existência de uma norma penal (*nulla poena sine lege*)[28].

Verifica-se, portanto, que o princípio da legalidade deve estar presente para que seja permitida a aplicação de sanção penal e seus efeitos, sobretudo um efeito psicológico de intimidação notório, representado pela prevenção geral negativa. Por isso, há legitimidade em dizer que, tanto a legalidade, quanto o objeto protegido pelo Direito penal surgiram na versão dogmática, em decorrência da teoria da coação psicológica de Anselm von Feuerbach[29]. Assim, a pena prevista pela norma penal serviria, também, para que fossem evitadas ofensas aos direitos subjetivos elencados pela lei como objetos de proteção.

Apesar de Anselm von Feuerbach ter dado início a uma discussão técnica, quanto ao significado do bem jurídico sob o aspecto dogmático, houve um giro conceitual com a introdução formal da discussão trazida por Johann Michael Franz Birnbaum, na primeira metade do Século XIX, que acabou por deixá-lo com o título de pai do conceito de bem jurídico[30]. Ele estrutura sua teoria, partindo de Anselm von Feuerbach, que afirmava que o objetivo do Direito Penal seria proteger os interesses e direitos subjetivos. Ocorre que Johann Michael Franz Birnbaum não concordou com a ideia de que, o direito em si mesmo, teria caráter de bem jurídico, uma vez que o direito não poderia ser lesionado, mas somente o bem jurídico considerado como tal. Conforme posiciona, o direito deve ser materializado em bens, que são considerados objeto do direito por serem suscetíveis de lesão. O direito não pode ser subtraído ou diminuído, somente o bem. Portanto, para o autor, somente os bens em si próprios ou os bens decorrentes do direito podem ser violados. Não se pune pela violação do direito à incolumidade física, mas pela lesão à integridade física. Não se pune pela violação do direito à vida, mas pela tentativa ou agressão à vida considerada no seu singular. O que o crime lesiona é o bem, não o direito.

Com Johann Michael Franz Birnbaum[31], os direitos subjetivos saem do centro da discussão do crime, passando a ser foco da discussão, o bem pertencente ao aspecto concreto e objetivo, sem análise de direitos subjetivos. Embora sua contribuição em seu texto intitulado *Ueber das Erfordeniẞeiner Rechtsverlezung zum Begriffe der Verbrechens,* exposto por Cláudio Brandão[32], não tenha trazido perfeição do conceito de bem jurídico, foi uma definição que possibilitou modificação do centro de gravidade da tutela penal.

---

28. FEUERBACH, Anselm von. *Tratado de derecho penal*. Buenos Aires: Hammurabi. 1989. p. 63.
29. FEUERBACH, Anselm von. *Tratado de derecho penal*. Buenos Aires: Hammurabi. 1989. p. 63.
30. BRANDÃO, Cláudio. *Tipicidade penal*: dos elementos da dogmática ao giro conceitual do método entimemático. 2. ed. Coimbra: Almedina, 2014. p. 120.
31. BIRNBAUM apud BRANDÃO, Cláudio. *Tipicidade penal*: dos elementos da dogmática ao giro conceitual do método entimemático. 2. ed. Coimbra: Almedina, 2014. p. 122.
32. BRANDÃO, Cláudio. *Tipicidade penal*: dos elementos da dogmática ao giro conceitual do método entimemático. 2. ed. Coimbra: Almedina, 2014. p. 124;128.

Numa evolução histórica, o pensamento de Johann Michael Franz Birnbaum permitiu que a investigação fosse direcionada para um plano objetivo quanto à lesão concreta de um objeto jurídico palpável. Gerou a possibilidade da discussão sobre o conceito de bem jurídico percorrer um caminho de desenvolvimento histórico dogmático penal.

Em seguida, Karl Binding[33], representando o positivismo normativo, já na segunda metade do século XIX, apresentou pensamento contrário ao modelo atual sobre o conceito de bem jurídico. Em *Die Normen und ihre übertretung*, na primeira edição, mesma data da entrada em vigor do Código Penal do Império Alemão de 1872, expressou pensamento no sentido de que existe um vínculo entre o bem jurídico e a escolha do Estado sobre o que seja e o que não seja bem jurídico. A ideia de bem jurídico como valor cultural criado pela sociedade não imperava para o autor. Cabia ao Estado a atribuição de escolher quais os bens deveriam ser objetos de tutela penal, uma vez que o Poder Legislativo construía a criação do Direito Penal. A ideia de Binding está em completa conexão com a criação de tipos penais sem observação do aspecto valorativo cultural, pois o que define a relevância de algo a ser protegido não é a cultura social, mas o produtor da Lei. O Poder Legislativo dava o conceito do crime, criava elementos do tipo penal e conceituava a lesão sob o aspecto penal.

Nesse sentido, o entendimento de que o bem jurídico deve ser anterior à lei não era admitido por Karl Binding. Para ele, a criação do conceito do bem jurídico (*Rechtsgut*) era uma criação puramente legislativa. Admitia que a norma era originada do tipo penal criado pelo legislador, e desse modo, o bem jurídico, atingido com a prática do crime também era criação dele. Conclui-se que a norma é a única fonte do bem jurídico. É a norma que identifica o bem jurídico, apontando qual é o objeto de proteção.[34] A norma cria o valor que deve ser protegido pelo Direito penal.

A norma delimita o tipo de lesão que atinge o bem jurídico. Nesse caso, a lesão estaria situada, também, no plano da norma, e não no plano do Tatbestand (no sentido de tipicidade). Até porque o conceito sobre *Tatbestand*, decorrente do processo penal, somente veio surgir na estrutura penal dogmática, tempos depois, com a teoria da tipicidade de Ernst von Beling.[35]

Caminhando por um lado oposto ao de Karl Binding, Franz von Liszt,[36] no positivismo sociológico, não concordou em afirmar que o bem jurídico seria criado

---

33. BINDING apud JESCHECK, Hans-Heinrich. *Tratado de derecho penal*. Trad. Mir Puig e Muñoz Conde. Barcelona: Bosch, 1981. p. 350. v.1.
34. JESCHECK, Hans-Heinrich. *Tratado de derecho penal*. Trad. Mir Puig e Muñoz Conde. Barcelona: Bosch, 1981. p. 350. v.1.
35. BELING, Ernst von. *Esquema de derecho penal*: la doctrina del delito tipo. Tradução de Carlos M. De Eliá. Buenos Aires: Libreria "El Foro", 2002. p. 76;89.
36. LISZT apud BRANDÃO, Cláudio. *Tipicidade penal*: dos elementos da dogmática ao giro conceitual do método entimemático. 2. ed. Coimbra: Almedina, 2014. p. 124;133.

pelo legislador. Trouxe pensamento inovador, para a época, ainda no final do Século XIX, em seu tratado, conforme exposto por Cláudio Brandão. É necessário lembrar que o conceito de tipicidade ainda não existia. Franz von Liszt, portanto, trabalhando apenas com os elementos da antijuridicidade e da culpabilidade, realizou a separação de ambos os conceitos, alocando o bem jurídico na antijuridicidade. Por acreditar que o bem jurídico não era criação do legislador, mas um bem da vida, externo ao direito, ele apresentou o entendimento de que o ilícito penal tinha um conteúdo material, e que o legislador teria a incumbência de identificar esse conteúdo material e valorá-lo, para que fosse realizada sua tutela. Nesse sentido, característica material do ilícito não seria criação do legislador, mas acontecimento da vida. O legislador deveria apenas pincelar esse conteúdo a ser protegido e dar a ele valor, para que assim, houvesse a tutela pela via penal.

Afirma também a existência da antijuridicidade sob dois vieses, sendo a antijuridicidade formal e a antijuridicidade material. A antijuridicidade formal faz sentido com a ocorrência de uma ação que viola uma norma jurídica, o direito. Por outro lado, a antijuridicidade material acontece com uma ação proveniente de um comportamento socialmente nocivo a um bem jurídico preexistente. A antijuridicidade material ocorre com a violação de um bem jurídico, ou seja, com a violação do valor, do signo de relevância cultural estabelecido pela sociedade.

Os bens jurídicos podem ser visualizados como aqueles interesses da vida de um indivíduo ou de interesse de uma sociedade, de forma que quem o cria não é a lei, mas a criação cultural. O legislador não cria o bem jurídico, apenas o identifica, após criado pela sociedade na produção constante da cultura.

O ilícito por violação à matéria bem jurídico existe previamente à criação da lei. É um acontecimento da vida. O que o legislador faz é a identificação e a formalização da sua existência, por meio da norma, dando a ele a condição de bem com caráter de interesse juridicamente protegido. Assim, fica evidente a percepção de que a antijuridicidade material é conceituada sob o aspecto do bem jurídico, não encontrando este, origem de sua existência na norma, como apoiava as crenças de Karl Binding. O bem jurídico está alojado numa realidade exterior ao direito, tendo o reconhecimento do Estado para a formalização da antijuridicidade material. Nesse sentido, o bem jurídico, na condição de valor cultural que é, vem a ser protegido pelo ordenamento.

A importância da contribuição de Franz von Liszt é imensa para a atualidade, pois, a inexistência de bem jurídico a ser protegido, pode gerar exclusão da tipicidade. Claro que o autor deu início ao aspecto material do bem jurídico na tipicidade, pois, no seu momento histórico, ainda não havia a tripartição dos elementos. Ao separar a culpabilidade da antijuridicidade, havia alojado a questão do bem jurídico no âmbito da antijuridicidade. Com isso, o afastamento da antijuridicidade material em razão da inexistência de lesão ou perigo de lesão ao bem jurídico é de extrema relevância para a dogmática penal atual.[37]

Nesse sentido, Cláudio Brandão[38] aponta o teor da antissocialidade da conduta antijurídica, ao considerar que o conteúdo material do ilícito é criado pela vida e pincelado pelo legislador, e não pela norma. Com isso, a antissocialidade passa a representar o conteúdo material do ilícito, permitindo esclarecer que a antijuridicidade material é traduzida pela ação de comportamento nocivo socialmente.

> Nesta toada, é a antissocialidade o próprio conteúdo material do ilícito, já que a ação antijurídica atingirá um interesse da vida (Lebensinteressen), violando ou expondo a perigo o bem jurídico. Assim, 'a ação antijurídica é um ataque, através do que é protegido pela norma jurídica, ao interesse da vida, individual ou da coletividade, com ela há a violação ou o perigo a um bem jurídico.[39]

Como já visto, tanto Karl Binding, quanto Franz von Liszt foram destaques da face positivista do Direito Penal[40]. Em ambos, o bem jurídico tinha atributos valorativos. Franz von Liszt estruturou o conceito de bem jurídico a partir de interesses juridicamente protegidos, de maneira que o bem jurídico seria violado, se houvesse uma ação socialmente danosa, ou seja, baseada no desvalor da ação.

Karl Binding também apontou que o bem jurídico tinha relação com o conteúdo de valor, na medida em que se verificou que o bem jurídico seria resultado da construção do legislador, após este determinar a ele um valor social. Deste ponto de vista, o bem jurídico também seria considerado valor, contudo, não seria este valor o fruto da construção cultural da sociedade, mas sim, da mera criação do Legislador.

Tanto Franz von Liszt quanto Karl Binding trabalharam com a relação entre bem jurídico e valor. Diante disso, é possível concluir que não foi contribuição única do Neokantismo, a ligação do conceito de bem jurídico ao conceito de valor, o que seria um equívoco conclusivo da história evolutiva da dogmática penal.

O valor destacado no positivismo de Franz von Liszt e Ernst von Beling tem origem diferente do valor no Neokantismo. O valor no Positivismo está conectado à atividade do legislador, à criação dele. Quanto ao Neokantismo, revela surgimento em face de uma reação ao Positivismo, baseando, no ponto de estudo, em uma separação metodológica estabelecida no sentido de que a investigação dos objetos ligados às ciências da natureza tem tratamento diferente da investigação dos objetos ligados às ciências culturais. O objeto, para as ciências da natureza, é diferente do objeto para as ciências da cultura. Para as ciências da natureza, o objeto é explicado sem

---

37. JESCHECK, Hans-Heinrich. *Tratado de derecho penal*. Trad. Mir Puig e Muñoz Conde. Barcelona: Bosch, 1981. v. 1. p. 350.
38. BRANDÃO, Cláudio. *Tipicidade penal*: dos elementos da dogmática ao giro conceitual do método entimemático. 2. ed. Coimbra: Almedina, 2014. p. 133.
39. BRANDÃO, Cláudio. *Tipicidade penal*: dos elementos da dogmática ao giro conceitual do método entimemático. 2. ed. Coimbra: Almedina, 2014. p. 133.
40. BITENCOURT, Cezar Roberto. *Tratado de direito penal*: parte geral 1. 20. ed. São Paulo: Saraiva, 2014. p. 348.

pressupor a relação dele com o *sujeito cognoscendi*. Para as ciências da cultura, não há explicação do objeto, mas compreensão deste, além de haver a conexão entre o objeto de conhecimento e o *sujeito cognoscendi*. Nesse sentido, o Neokantismo analisa o Direito penal sob o aspecto de uma ciência cultural. Por isso, há a vinculação, no Neokantismo, do bem jurídico à esfera cultural, sem conectar seu surgimento à mera atividade do legislador, como é feito no Positivismo. No Neokantismo, o valor do bem jurídico é cultural, e não atribuição exclusiva do legislador. É nessa estrutura de pensamento que se analisa a criação do crime de lavagem de dinheiro, pois, foi por necessidade estatal que se viu a necessidade de criação deste delito. A norma penal que criou o crime de lavagem de dinheiro não tipificou conduta com aplicação de pena para proteger valor criado pela cultura da sociedade, mas para atender vontade política, sendo criação pura do Estado Legislador.

Edmund Mezger[41], em *Strafrecht*, como expressão do Neokantismo, chegou a definir o bem jurídico "como o valor objetivo protegido pela lei penal". Nesse caso, o conteúdo material do injusto seria a lesão ou colocação em perigo de um bem jurídico. Aponta Cláudio Brandão[42], que na visão de Mezger, toda interpretação supralegal do Direito Penal depende do bem jurídico, pois não há lei que consiga esgotar a totalidade do direito.

Edmund Mezger[43] já afirmou que há diferença entre bem jurídico e objeto da ação, pois, é possível que ambos os conceitos sejam tratados a partir de diferentes caminhos. O objeto da ação é representado pelo objeto corpóreo em que uma conduta típica se realiza. O bem jurídico é uma valoração em face do objeto da ação. Desse modo, imagine um crime de furto. O objeto da ação é a coisa furtada, e o bem jurídico, o patrimônio. Por outro lado, no crime de homicídio, tanto o bem jurídico, quanto o objeto da ação são vinculados à mesma coisa, ou seja, a vida.

O Neokantismo foi de grande importância para a dogmática penal, principalmente ao desvincular a ideia da origem legislativa dos valores, como foi enquadrado pelo Positivismo, cujas raízes ainda estão inseridas, tanto no finalismo, quanto no funcionalismo. É importante destacar que o bem jurídico tem a função teleológica no Neokantismo, de permitir abertura de interpretações, refletindo, por consequência, na dogmática penal, como por exemplo, a possibilidade da aplicação interpretativa supralegal no Direito penal, pois nenhuma lei esgota o Direito. Fora das normas, no mundo real, encontram-se valores que devem ser levados em consideração. A cultura cria tais valores que merecem ter proteção. A postura do Neokantista é no sentido de atribuir valores. Bem jurídico, nesta linha, é valor objetivo para Edmund

---

41. MEZGER apud BRANDÃO, Cláudio. *Tipicidade penal*: dos elementos da dogmática ao giro conceitual do método entimemático. 2. ed. Coimbra: Almedina, 2014. p. 139.
42. MEZGER apud BRANDÃO, Cláudio. *Tipicidade penal*: dos elementos da dogmática ao giro conceitual do método entimemático. 2. ed. Coimbra: Almedina, 2014. p. 141.
43. MEZGER apud BRANDÃO, Cláudio. *Tipicidade penal*: dos elementos da dogmática ao giro conceitual do método entimemático. 2. ed. Coimbra: Almedina, 2014. p. 140.

Mezger, que quis apresentar algo que fosse produto de consenso entre as pessoas. Infelizmente, ele buscou utilizar o conceito do bem jurídico como valor objetivo, para afirmar a supremacia ariana, tratando-se, na verdade, de conceito antidemocrático.

O pensamento neokantiano também deixou marcas no Finalismo de Hans Welzel. Prova disso é que a função do Direito penal no Finalismo é a proteção dos valores mais importantes e relevantes da vida. Mais especificamente, o Finalismo percebe que a função do Direito penal é afirmar as condutas que conferem proteção ao bem jurídico. Consequentemente, não foi diferente com o Funcionalismo, uma vez que essa linha de condução do Direito penal exige que a imputação objetiva seja feita com fundamento em um juízo de valor.

Hanz Welzel, na década de 1930, com o Finalismo e um pensamento jusnaturalista pós-guerra, com o fim do nacional-socialismo, buscou superar o positivismo naturalista e sociológico, além de ter o objetivo de ofertar crítica sobre a influência do Neokantismo no Direito penal. Desenvolveu o Finalismo com apoio na fenomenologia de Nicolai Hartmann. Para ele, o injusto pessoal tinha atenção direcionada ao desvalor da ação, ou seja, o centro de gravidade do injusto pessoal estava localizado no desvalor da ação, de modo que a punição de uma conduta desvalorada impedia o desvalor do resultado. Por meio de uma ameaça decorrente de uma sanção penal, valores culturalmente criados por uma sociedade deveriam ser protegidos.

Quanto ao bem jurídico, no Finalismo de Hanz Welzel, está em segundo plano, pois o autor tem a crença de que a missão do Direito penal não é proteger diretamente bens jurídicos, mas sim defender valores éticos-sociais como a liberdade, a vida, a propriedade, o corpo humano, a honra. Portanto, no Finalismo, a proteção de bens jurídicos não é a missão direta e única do Direito penal. No Finalismo, o objetivo do sistema penal é defender e proteger valores éticos-sociais. A proteção do bem jurídico é consequência da aplicação do Direito penal, contudo ficando em um segundo plano.

O Finalismo busca proteger valores elementares da consciência no sentido de valores de uma conduta correta, de forma que dá importância ao valor da ação. Se há desvalor na ação, violando o valor ético-social da ação, o fato punível representa violação da norma, que por sua vez, representa valores éticos de uma sociedade. Por isso que o Finalismo dá destaque ao desvalor da ação.

Havendo desvalor da ação, ocorre fato punível, que viola a norma e que representa valores éticos-sociais. O bem jurídico violado seria a consequência do desvalor do resultado decorrente do desvalor da ação. Portanto, para Hanz Welzel, a ideia de crime não estava numa concepção ética de resultado e consequentemente na violação de bens jurídicos, mas na violação de um dever, de uma conduta correta. O bem jurídico violado decorre do desvalor do resultado de uma ação antijurídica. Considerava o bem jurídico em sua significação social, girando em torna da vida social, de modo que a soma de bens jurídicos é que teria importância. O bem jurídico não era considerado na sua forma isolada. Era apreciado em conjunto e em conexão com toda a ordem social. O bem jurídico, inserido na função da ordem social, é o estado social desejável que o Direito penal deve proteger. Por isso o crime, para ele, leva em conta muito mais a violação do dever do que a violação do bem jurídico isoladamente[44], pois o foco do Finalismo está na ética da ação e não na ética do resultado.

Pois bem, o bem jurídico é de importância relevante para um indivíduo e sociedade e, por ter um significado social, deve ser protegido juridicamente. Com isso, pode-se concluir que o bem jurídico é conceito cultural, que se constrói culturalmente[45]. Por isso é correto afirmar também que o bem jurídico é valor. Os valores não são, os valores valem. Os valores não se definem, os valores valem, atribuindo-se ao signo, o que o argumento desejar, o que a cultura criar. Bem jurídico é fruto de criação cultural, fazendo parte do tipo de injusto, sendo princípio de interpretação do Direito penal no Estado Democrático de Direito além de representar critério material de construção dos tipos penais. Considerando isso, a criação do tipo da lavagem de dinheiro não pode fugir ao presente contexto de regras, importando apontar a partir daqui, a colocação histórica e criminológica deste delito como apoio probatório de uma necessidade de criação de um tipo de injusto muito mais como reflexo do emergencialismo penal, do simbolismo penal, do que como necessidade jurídica de proteção de valores sociais.

---

44. ISHIDA, Válter Kenji. *Bem jurídico penal moderno*. Salvador: Jus Podivm, 2017. p. 39.
45. NAVARRETE, Miguel Polaino. *El injusto típico en la teoría del delito*. Buenos Aires: Editora Mario A. Viera Editor, 2000. p. 348.

3
INVESTIGAÇÃO HISTÓRICA: EMERGENCIALISMO DO TIPO DE INJUSTO DO PROCESSO DE LAVAGEM DE DINHEIRO E A QUESTÃO SUBSTANCIAL DO DELITO

3.1 INTRODUÇÃO

Uma vez verificada a importância do elemento bem jurídico na alma do delito, notadamente como matéria do tipo enquanto objeto de proteção, de forma que o crime de lavagem de dinheiro, cientificamente, deve ter um bem jurídico especificamente lesado para ser admitido pela dogmática penal como delito, é relevante desnudar a sua origem histórica, justificando assim, a existência do branqueamento de capitais como fruto do emergencialismo penal, e como meio ou instrumento de combate a outras infrações penais.

A partir da década de 1920, nos Estados Unidos da América, *gangsters* utilizavam, frequentemente, as lavanderias da cidade de Chicago para camuflar ou esconder a origem ilegal de capitais provenientes da venda ilícita de drogas e bebidas alcóolicas[1]. As lavanderias de roupas e acessórios eram utilizadas para que o dinheiro passasse pela contabilidade de um negócio aparentemente legal, uma vez que havia dificuldade na identificação da quantidade de clientes que geravam lucros para a atividade econômica referente à lavagem e secagem de roupas. Afirmar que o dinheiro tinha origem numa atividade legal, para pagar tributos, justificar às autoridades fazendárias sua boa e limpa origem, interessou àqueles que tinham suas atividades consideradas delituosas. Trata-se de mecanismo de inteligência para dar aparência legal a patrimônio construído com base em bens e valores adquiridos mediante a prática de delitos. A partir daí veio à tona o emprego do termo lavagem de dinheiro, que foi utilizado pela primeira vez em um processo judicial nos Estados Unidos, no ano de 1982.[2]

---

1. BLANCO CORDERO, Isidoro. *El delito de blanqueo de capitales*. 3. ed. Navarra: Thomson Reuters Arazandi, 2012. p.106-108.
2. BADARÓ, Gustavo Henrique; BOTTINI, Pierpaolo Cruz. *Lavagem de dinheiro*: aspectos penais e processuais penais. 3. ed. São Paulo: Ed. RT, 2016. p. 29.

Alphonse Capone, imigrante italiano nos Estados Unidos, ficou famoso e entrou para a história como caso embrionário de lavagem de capitais. Al Capone, no final da década de 20 do século passado, ficou milionário comercializando bebidas alcoólicas. Tal atividade, na época, era crime nos EUA, sendo ele condenado por sonegação fiscal após aprofundada investigação em suas declarações de renda[3].

Meyer Lansky, em 1932, integrante de organização criminosa nos Estados Unidos, atuando em Las Vegas, Flórida e Lousiana, na atividade criminosa relacionada à jogos, tráfico de drogas e outros crimes, utilizava os recursos ilícitos das infrações penais que organizava e ocultava em instituições financeiras na Suíça, tendo o dinheiro de volta por meio de empréstimos lícitos. Foi considerado também um dos casos que chamou a atenção para a inteligência da criminalidade em relação à ocultação de produtos de delito e sua formalização legal[4].

Cureau[5] lembra o caso de repercussão nos EUA em relação ao branqueamento, denominado conexão pizza, em que os agentes de organização criminosa utilizaram pizzarias de fachada para lavar dinheiro decorrente do tráfico de drogas.

Importante ressaltar que não há registro de um caso único e específico que gerou, historicamente, a criação deste delito, pois a atividade de camuflar ilicitude de recursos beirava às atividades negociais da pirataria no século XVII, quando os piratas tornavam a venda de produtos ilícitos em recursos lícitos para, inclusive, uso próprio.[6]

Blanco Cordero[7] ensina que o termo lavagem de dinheiro ou money laundering foi utilizado no âmbito judicial, nos Estados Unidos, em 1982, pela primeira vez, em que pese a atividade de lavagem de capitais, na sua versão mais simples, tenha sido fruto de engenho humano por longos anos.

As lavanderias de roupas eram utilizadas para camuflar a origem ilícita dos recursos provenientes das atividades criminosas, gerando a famosa expressão, portanto, do *money laundering*. Em 1989 foi realizada uma operação internacional denominada Green Ice, coordenada pelo órgão do Departamento de Justiça dos EUA, DEA (Drug Enforcement Administration), que envolveu os Estados unidos, a Itália, Canadá, Inglaterra, Espanha e Costa Rica em um trabalho conjunto dos seus respectivos órgãos de combate ao crime organizado em que foram presas quase 200 pessoas e a apreensão de cinquenta milhões de dólares aproximadamente[8]. Antes

---

3. BARROS, Marco Antonio de. *Lavagem de capitais e obrigações civis correlatas*. 2. ed. São Paulo: Ed. RT, 2007.p. 40.
4. BARROS, Marco Antonio de. *Lavagem de capitais e obrigações civis correlatas*. 2. ed. São Paulo: Ed. RT, 2007.p. 40.
5. CUREAU, Sandra. Lavagem de dinheiro. *Revista da Procuradoria-Geral da República*, n. 6, 1995. p.187-210.
6. BONACCORSI, Daniela Villani. *A atipicidade do crime de lavagem de dinheiro*: análise crítica da Lei 12.684/12 a partir do emergencialismo penal. Rio de Janeiro: Editora Lumen Juris, 2013. p. 97.
7. BLANCO CORDERO, Isidoro. *El delito de blanqueo de capitales*. Navarra: Aranzadi, 1997. p. 92.
8. MAIEROVITCH, Walter Fanganiello. As associações criminosas transnacionais. In: PENTEADO, Jaques de Camargo (Coord.). *Justiça penal 3*: o crime organizado. São Paulo: Ed. RT, 1995. p.57-75.

disso, os Estados Unidos investiu ação repressiva contra esta nova ordem de criminalidade, tornando obrigatório o registro diário dos depósitos bancários superiores a dez mil dólares, norma esta burlada por depósitos maciços, em diversos bancos, com valor menor.

O desenvolvimento do crime organizado mundo a fora e a utilização de estruturas organizadas, a impessoalidade da atividade delituosa, os grupos de inteligência criados para praticar toda sorte de infração penal, empresas forjadas para ocultar ativos ilícitos e mais, chamaram a atenção internacional para a atividade de branqueamento de capitais e o direcionamento de uma política criminal voltada para tanto, permitiram a criação de legislação penal para apenar a atividade de inserir dinheiro, bens, direitos no âmbito legal e formal do sistema econômico financeiro.

Em que pese a origem histórica dar nascimento ao termo "lavagem de dinheiro" pela tradução de "money laundering", em Portugal, se expressa a conduta como *"branqueamento de capitais"*; na Alemanha, *"geldwäscherei"*; na Itália, *"riciclaggio di denaro sporco"*; na Argentina, "lavado de dinero"; na França, "blanchiment de l'argent"; na Áustria, "geldwäscherei"; na Suíça, "geldwäscherei"; na Bulgária, "izchistvane na parite"; na China, "hsi ch'ien"; na Grécia, "To plysimo chrimaton"; no Japão, "Shikin no sentaku"; Na Espanha, "blanqueo de capitales"; na Rússia, "Otmyvanige deneg". No Brasil, a justificativa para denominar a atividade de inserção de recursos provenientes de infrações penais no âmbito legal e formalizado, como "lavagem de dinheiro", tem sua fundamentação na Exposição de Motivos 692, de 18 de dezembro de 1996, publicada no Diário do Senado Federal, de 25 de novembro de 1997.

Muito embora o delito de lavagem de capitais ter sido alvo de atenção internacional por famosos casos, primeiramente nos Estados Unidos, com a figura de Al Capone e Meyer Lansky, a Itália veio legislar sobre o conteúdo da conduta de branqueamento de capitais[9], nos termos do art. 3º do Decreto-Lei, em de 21 de março de 1978[10], art. 648 do Código Penal, em 1978[11]. Nos Estados Unidos, somente foi formalizada legislação em 1986, denominada "Money Laundering Control Act".

Nos Estados Unidos não foi somente um ato legislativo de intenção de combate à lavagem de capitais. Houve a Lei de Sigilo Bancário de 1970, a Lei de Controle de Lavagem de Dinheiro em 1986, a Lei Contra o Abuso de Drogas em 1988, a Seção 2532 da Lei de Controle do Crime em 1990, a Seção 206 da Lei Federal de Aperfeiçoamento Corporativo dos Seguros em Depósito de 1990, o parágrafo XV da Lei de Desenvolvimento Habitacional e Comunitário em 1992[12]. Após este movimento

---

9. SILVA, César Antonio da. *Lavagem de dinheiro*: uma nova perspectiva penal. Porto Alegre: Livraria do Advogado, 2001. p. 34.
10. Art. 3º do Decreto-Lei de 21 de março de 1978. Foi modificado pelo art. 1º de 18 de maio de 1978, do Dec. 191 e publicado na Gazzetta Ufficiale, n. 80, em 22 de marco de 1978.
11. ITÁLIA. Código penal. *Revista Electrónica de Ciencia Penal y Criminología*, 10 out. 2002.
12. BONACCORSI, Daniela Villani. *A atipicidade do crime de lavagem de dinheiro*: análise crítica da Lei 12.684/12 a partir do emergencialismo penal. 1.ed. Rio de Janeiro: Editora Lumen Juris, 2013. p. 110.

histórico e contínuo de combate à lavagem de capitais, nos Estados Unidos, entrou em vigor a *USA Patriot Act* em 2001, tratando da lavagem de dinheiro e o terrorismo. Na Alemanha, a lavagem de dinheiro está legislada e presente no título III do Código Penal desde 1992, no § 262, sob o título traduzido para espanhol como *Lavado de dinero; ocultamiento de bienes mal habidos*.[13]. Na Espanha, o crime de lavagem de capitais consta no Código Penal de 1973, reformado em 1988, 1995, 2003 e 2010 Título XIII, artigo 301[14].

3.2 ORDEM INTERNACIONAL

Na ordem internacional, como instituição formal de combate à lavagem de capitais, apontou destaque o FATF[15] – "Financial Action Task Force" ou GAFI – "Grupo de Ação Financeira Internacional", formado inicialmente por 33 países, além do Conselho de Cooperação do Golfo e uma Comissão Europeia, que apresentou 40 normas de recomendações repressivas ao branqueamento de capitais, que acabou influenciando a legislação de vários países e as normas deontológicas da declaração dos princípios da Basileia[16]. O GAFI foi criado pelo antigo Grupo G-7, em 1989, em Paris, sendo composto pela Alemanha, Estados Unidos, Japão, França, Itália, Reino Unido e Canadá, dentre outros, tendo o objetivo de tentar frear a lavagem de dinheiro decorrente do tráfico de drogas, dando origem a uma cooperação internacional na luta contra o branqueamento de capitais, quando então, mais de 130 países adotaram as recomendações[17]. A Recomendação do Conselho da Europa, de 1980, denominada *Measures Against the Transfer and Safekeeping of Funds os Criminal Origin*, conferiu importantes contribuições para o desenvolvimento do FATF, quanto à lavagem de dinheiro. Importa lembrar, além de tudo, que a Recomendação do Conselho da Europa, de 1980, foi o primeiro instrumento normativo internacional sobre a lavagem de dinheiro.

Na América Latina, foi criado o GAFISUD – "Grupo de Acción Financera de Sudamerica Contra el Lavado de Actios" com o objetivo de adaptar as regras do GAFI ou FATF à realidade dos Estados do Grupo Sul – Americano de Ação Financeira contra a Lavagem de Dinheiro, Uruguai, Peru, Equador, Paraguai, Chile, Colômbia, Brasil, Argentina e Bolívia.

Em 2006, o GAFI deu fim à lista fechada dos países que não faziam parte dos Estados-membros parceiros do GAFI, denominados NCCT – Non-cooperative Cou-

---

13. ALEMANHA. Código Penal *Alemán del 15 de mayo de 1871, con la última reforma del 31 de enero de 1998*. Tractora de Claudia López Diaz. [S. l.]: Universidad Externado de Colombia, 1998.
14. ESPANHA. *Código penal*. Madri: [s. d.], 2003.
15. GILMORE, William C. *Dirty money*: the evolution of money laundering. Bruxelas: Council of Europe Publishing, 1999. p.93-94.
16. BRAGA, Romulo Rhemo Palitot. *Lavagem de dinheiro*: fenomenologia, bem jurídico protegido e aspectos penais relevantes. 2. ed. Curitiba: Juruá.2013. p.45.
17. THE FINANCIAL ACTION TASK FORCE. *Who we are*. [S. l.]: FATF, 2017.

ntries and Territories, deixando o processo de combate à lavagem de dinheiro aberto para adesão internacional. Se o país que não for membro do GAFI tiver interesse em ter acesso aos mercados financeiros dos países que fazem parte do GAFI, terão que também cooperar no combate ao branqueamento de capitais.

Em 1990, o GAFIC – (Grupo de Ação Financeira do Caribe) elaborou mais de vinte tópicos adicionais às recomendações do GAFI, direcionados para a região do Caribe. Estas recomendações tem origem do encontro em Aruba, pela Conferência do Caribe sobre Lavagem de Dinheiro proveniente das Drogas[18].

Presidentes dos Bancos Centrais do G-10 (Grupo dos Dez países mais industrializados do mundo), integrado também por autoridades bancarias de supervisão da área financeira da Itália, Bélgica, França, Alemanha, Japão, Luxemburgo, Canadá, Suécia, Suíça, Holanda, Estados Unidos e Reino Unido, lançaram o Comitê sobre Regulamentação e Práticas de Controle das Operações Bancárias, com o objetivo de criar normas principiológicas, sem força de lei, deontológicas, mas que sejam aplicadas como recomendação no âmbito bancário para colocar em prática procedimentos eficazes que garantam que o sistema bancário não seja utilizado para operações de lavagem de capitais.[19] A Declaração de Princípios de Basileia[20]-[21], assim reconhecida[22], ofereceu orientações para que os bancos estabelecessem formas instrumentais contra a lavagem de capitais, determinando que os gestores de bancos atuassem de acordo com as recomendações. Por meio desta convenção, foi publicado o texto "Prevenção do uso ilícito do sistema bancário para atividades de lavagem de dinheiro."

Em 1988 ocorreu a convenção das Nações Unidas contra o tráfico de drogas em Viena, Áustria. Esta convenção foi formada para combater o narcotráfico, impondo aos países participantes a obrigação de criar tipos penais em relação à organização e financiamento do tráfico de drogas e as atividades de cobertura dos frutos deste crime[23]. Inicialmente, não foi objeto de preocupação dos países signatários da convenção, as condutas de lavagem de capitais. Foi editada a Resolução 39/141 na 101ª Sessão da Assembleia Geral das Nações Unidas com a ordem de repressão ao narcotráfico tendo sido denominada de Campanha Internacional contra o tráfico de drogas. O relatório da *President's Comissiono on Organized Crime,* documento estratégico de criminalização da lavagem de dinheiro criado em 1984, e a lei de 1986

---

18. CORRÊA, Luiz Maria Pio. *O Grupo de Ação Financeira Internacional (GAFI)*: organizações internacionais e crime transnacional. Brasília: FUNAG, 2013.
19. MARTÍNEZ, Luis Miguel Hinojosa. *La regulación de los movimientos internacionales de capital desde una perspectiva europea.* Madrid: McGraw-Hill.1997. p.17-18.
20. PASTOR, Daniel Alvarez; PALACIOS, Fernando Eguidazu. *La prevención del blanqueo de capitales.* Pamplona: Aranzadi. 1998. p.56-58.
21. SOUTO, Miguel Abel. *El blanqueo de dinero en la normative internacional.* Santiago de Compostela: Universidad de Santiago de Compostela. 2002. p.69.
22. VIVIANI, Ana Karina. Combate à lavagem de dinheiro. *Revista Jus Navigandi*, Teresina, ano 10, n. 684, 20 maio 2005.
23. ORGANIZAÇÃO DAS NAÇÕES UNIDAS. *Convenção das Nações Unidas contra a corrupção.* [S. l.]: ONU, 2017.

denominada Money Laundering Control Act, foram a base para as disposições da Convenção de Viena em 1988.

Cordero Blanco lembra que esta campanha não deixou de preocupar diretamente com o tráfico, em que pese ter sido anexado um projeto que trabalhasse questões conexas à atividade do tráfico[24]. No ano de 1997, em junho, foi publicado o projeto de convenção contra o tráfico de drogas, quando foi avaliado pela Comissão de Estupefacientes das Nações Unidas a necessidade de colocar a lavagem de dinheiro na condição de crime autônomo. Trata-se do Projeto de Convenção contra o Tráfico Ilícito de Estupefacientes e Substâncias Psicotrópicas, em seu art. 2º a importância de criminalizar a conduta da lavagem de dinheiro como meio de combater o tráfico de drogas, nos seguintes termos "A aquisição, posse, transferência ou lavagem do produto derivado do tráfico ilícito ou utilizado nesse tráfico."

A Convenção de Estrasburgo inovou com a ampliação do rol de crimes antecedentes, ampliando para outros delitos que não fosse o narcotráfico, em 1990, no âmbito do Conselho da Europa, tratando-se da Convenção sobre Lavagem de Dinheiro, Busca, Apreensão e Confisco dos Produtos do Crime, que veio a ser implantada na prática somente em setembro de 1993, tendo em vista a enorme quantidade de retificações introduzidas no texto originalmente produzido[25,26]. Em 2005, a Convenção de Estrasburgo foi substituída pela Convenção de Varsóvia[27] quanto aos instrumentos e medidas de prevenção e repressão da lavagem de dinheiro e o financiamento do terrorismo.

Em 1991, o Conselho das Comunidades Europeias veio aprovar diretrizes regionais quanto à implementação obrigatória de documentos de caráter preventivo e repressivo quanto ao delito de lavagem de dinheiro. A primeira diretiva[28], Diretiva 91/308/CEE, de 10 de junho de 1991, como marco legal da prevenção à lavagem de dinheiro na União Europeia, tratou da prevenção da utilização de instituições financeiras como instrumento para dificultar a lavagem de capitais e a adoção da definição de lavagem de capitais criada na Convenção de Viena, contudo indicada para admitir outros delitos como crime antecedente, justificando assim a repressão idealizada na convenção. A segunda diretiva, Diretiva 2001/97/CE, de 04 de dezembro de 2001, obteve destaque em vista do Conselho das Comunidades Europeias ampliar o rol de crimes antecedentes ao branqueamento de capitais ao reformar o

---

24. BLANCO CORDERO, Isidoro. *El delito de blanqueo de capitales*. 2.ed. Navarra: Aranzadi. 2002. p. 99.
25. PORTUGAL. Resolução da Assembleia da República 70/97, de 13 de dezembro. *Diário da República*, n. 287, Série I-A de 1997.
26. CONSELHO DA UNIÃO EUROPEIA. Pacto de pré-adesão sobre criminalidade organizada entre os Estados-membros da União Europeia e os países candidatos da Europa central e oriental e *Chipre Jornal Oficial*, n. C 220, 15 jul. p. 1-5, 1998. [Texto aprovado pelo Conselho JAI em 28 de Maio de 1998].
27. COMISSÃO EUROPEIA, DIREÇÃO-GERAL DA MIGRAÇÃO E DOS ASSUNTOS INTERNOS. *Proposta de diretiva do Parlamento Europeu e do Conselho relativa ao combate ao branqueamento de capitais através do direito penal*. Bruxelas: COM, 2016.
28. DE CARLI, Carla Veríssimo. *Lavagem de dinheiro*: ideologia da criminalização e análise do discurso. Porto Alegre: Verbo Jurídico. 2008.p.142.

texto originário após os ataques às torres gêmeas do Word Trade Center em 11 de setembro de 2001, nos Estados Unidos. Além disso, passou a direcionar a possibilidade de investigação de advogados de investigados também, em relação à lavagem de capitais, mesmo que houvesse violação ao direito fundamental da ampla defesa, o que é um completo e inaceitável absurdo. Em 26 de outubro de 2005, a terceira diretiva revogou a primeira e a segunda. Denominada Diretiva 2005/60/CE, trata de extenso documento com 48 itens sobre considerações políticas de atuação ao combate da lavagem de dinheiro e financiamento ao terrorismo, apresentando-se também como instrumento regulatório quanto à prevenção à lavagem de dinheiro[29], que projeta política voltada para países de corrupção generalizada, dando ainda atenção especial para relações jurídicas financeiras que envolve servidores públicos.

Com uma estratégia de combate ao narcotráfico no continente como um todo, a OEA – Organização dos Estados Americanos, na XXXII Assembleia Geral, em 1992, aprovou o regulamento modelo sobre delitos de lavagem relacionados ao tráfico de drogas e outros delitos graves[30].

Em 1994, durante a Primeira Cúpula das Américas, realizada em Miami – Estados Unidos, quando então estavam presentes representantes de 34 países signatários da OEA – Organização dos Estados Americanos, foi proposta a criminalização por criação de tipos penais nos respectivos códigos ou leis penais quanto à lavagem de dinheiro[31]. Em 1998, no Chile, no âmbito de ocorrência da Segunda Cúpula das Américas, foi aprovado um sistema de avaliação para assuntos em conexão com o tráfico e a lavagem de capitais[32].

Em 1995, no Palácio de Egmont Arenberg, em Bruxelas, Suécia, foi criado um grupo de rede internacional de inteligência de cooperação internacional informal para estruturar uma rede de informações financeiras, e com isso, o combate também à lavagem de dinheiro. Atualmente existem 147 unidades de inteligência realizando intercâmbio e experiências na área de informações financeiras em operação[33].

As Nações Unidas, em 1997, criou o UNODC – Escritório Contra as Drogas e o Crime (United Nations Office on Drugs and Crime) com atuação de mais de 150 países que aderiram ao programa para combater o crime no âmbito internacional. A partir daí, veio criar um programa específico de combate ao crime de lavagem de dinheiro, denominado GPML – *Global Programme against Money Launderind*.

---

29. PARLAMENTO EUROPEU, CONSELHO DA UNIÃO EUROPEIA. Directive (EU) 2015/849 of The European Parliament and of the Council. Official Journal of the European Union, 20 Mayo 2015.
30. ORGANIZATION OF AMERICAN STATES. Conselho Permanente da Organização dos Estados Americanos. *Comissão de Segurança Hemisférica*. [S. l.]: OAS, 2017.
31. SUMMITS OF THE AMERICAS. [S. l.]: Do Autor, 2017.
32. CHILE. Declaração de Santiago. Santiago: FTAA-ALCA, 19 abr. 1998.
33. BRASIL. Ministério da Fazenda. Conselho de Controle de Atividades Financeiras. *Grupo de Egmont*. Brasília: COAF, 10 mar. 2015.

Em 15 de novembro de 2000, ocorreu a Convenção das Nações Unidas em Nova York contra o Crime Organizado, denominada Convenção de Palermo, que passou a direcionar atenção internacional no combate ao crime organizado, entrando em vigor em 29 de setembro de 2003 como principal instrumento global de combate ao crime organizado. Foi instrumentalizado o compromisso dos Estados-membros que ratificaram o texto da convenção para tipificar a lavagem de dinheiro, dentre outros delitos. O Brasil, por meio do Decreto 5.015/04 promulgou a "Convenção das Nações Unidas contra o Crime Organizado Transnacional[34] para formalmente aderir ao combate internacional do crime organizado, que acabou por retirar o conceito de organização criminosa como delito anterior da lavagem de capitais, nos moldes do art. 1º, inciso VII, da Lei 9.613/98[35]. Em 28 de setembro de 2001, o Conselho de Segurança das Nações Unidas reconheceu formalmente, com a Resolução 1.373/01, a relação entre o terrorismo, narcotráfico, crime organizado e a lavagem de dinheiro[36]. Em 2003, ocorreu outra convenção das Nações Unidas para o combate à corrupção internacional e a lavagem de dinheiro, denominada Convenção de Mérida[37], que acabou sendo promulgada pelo Brasil por meio do Decreto 5.687/06.[38]

Diante dos dados apontados acima, o que se verifica, é que, historicamente, o delito de lavagem de dinheiro não tem origem na dogmática como fenômeno científico do delito, na preocupação em proteger bens jurídicos de relevância social, mas sim, de uma ideia dos integrantes da Comissão de Estupefacientes das Nações Unidas, tratando-se, na verdade, de uma questão de estratégia política de combate ao crime de tráfico de drogas do que de uma conduta ofensiva a bem de importância e relevância social. O crime de lavagem de dinheiro surge, formalmente, de uma ideia dos participantes de uma comissão das Nações Unidas, para auxiliar, como instrumento, no combate ao narcotráfico. A partir daí, o comportamento de branqueamento tornou-se infração penal em vários países signatários, o que deixa claro a origem política do delito, distanciando-o, da técnica dogmática penal.

Depois da publicação do projeto de convenção contra o tráfico ilícito de estupefacientes e substâncias psicotrópicas, publicado em junho de 1987, ainda no mesmo ano, veio a aprovação do "Plano Amplo e Multidisciplinar de Atividades Futuras em Matéria de Fiscalização do Uso Indevido em Matéria de Drogas. Este plano foi direcionado ao objetivo de esparramar mundo a fora a tipificação da conduta de la-

---

34. UNITED NATIONS OFFICE ON DRUGS AND CRIME. Prevenção ao crime e justiça criminal: marco legal. [S. l.]: UNODC, 2017.
35. BRASIL. Decreto 5.015, de 12 de março de 2004. Promulga a Convenção das Nações Unidas contra o Crime Organizado Transnacional. *Diário Oficial da União*, Brasília, 15 mar. 2004.
36. RISSI MACEDO, Carlos Márcio. Lavagem de dinheiro: análise crítica das leis 9.619, de 03 de março de 1998 e 10.701/03. Curitiba: Juruá, 2009.p.48-50.
37. UNITED NATIONS OFFICE ON DRUGS AND CRIME. *Convenção das Nações Unidas contra a Corrupção*. [S. l.]: UNODC, 2017.
38. BRASIL. Decreto 5.687, de 31 de janeiro de 2006. Promulga a Convenção das Nações Unidas contra a Corrupção, adotada pela Assembleia Geral das Nações Unidas em 31 de outubro de 2003 e assinada pelo Brasil em 9 de dezembro de 2003. *Diário Oficial da União*, Brasília, 01 fev. 2006.

vagem de dinheiro decorrente do tráfico de drogas, selando, de vez, a criminalização da conduta de tornarem lícitos os bens, valores e direitos decorrentes de infração penal. A convenção teve a participação de 106 países signatários, ficando definida a obrigação dos Estados participantes de tipificar a conduta de lavagem de capitais como crime a partir da atividade relacionada ao narcotráfico. Em 1992, as Nações Unidas publicaram novo documento elaborado pela "Comissão sobre prevenção do crime e justiça penal do Comitê Econômico e Social" com o nome "Lavagem de dinheiro e questões associadas: a necessidade de cooperação de caráter internacional" – (*Money laundering and associeated issues: the need for international cooperation*).

Portanto, o encontro de Viena de 1988, numa primeira ordem, estabeleceu uma política de combate ao tráfico de drogas, apresentando um conjunto de instrumentos para a luta contra este crime. O crime de lavagem de dinheiro foi ideia imposta aos países signatários para instrumentalizar e municiar o combate ao narcotráfico, tornando infração penal com o objetivo primordial de ser instrumento de atuação contra os narcotraficantes. O art. 3º, "b", "i", "ii", destaca a obrigatoriedade dos países signatários da seguinte forma[39]:

> Art. 3º As partes adotam as medidas necessárias para tipificar como infrações penais no respectivo direito interno, quando cometidas intencionalmente:
>
> i) A conversão ou a transferência de bens, com o conhecimento de que os mesmos provêm de qualquer das infrações estabelecidas de acordo com a alínea "a", do inciso 1 deste artigo, ou da participação nessa ou nessas infrações, com o objetivo de ocultar ou dissimular a origem ilícita desses bens ou de auxiliar a pessoa implicada na prática dessa ou dessas infrações a eximir-se às consequências jurídicas dos seus atos;
>
> ii) A ocultação ou a dissimulação da verdadeira natureza, origem, localização, disposição, movimentação, propriedade ou outros direitos respeitantes aos bens, com o conhecimento de que eles provêm de uma das infrações estabelecidas de acordo com a alínea "a", do inciso 1 deste artigo, ou de atos de participação nessa ou nessas infrações.

Interessante é o apanhado legal internacional quanto à criminalização do processo de lavagem de dinheiro, assim tipificado nas mais diversas linguagens do mundo penal codificado. O Código Penal Alemão[40] revela a lavagem de dinheiro como crime no parágrafo 261; o Código Penal Belga[41] pune o branqueamento nos moldes do art. 505; o Código Penal de Portugal trata da lavagem de dinheiro no art. 368-A, inserido nos crimes contra a realização da justiça, do título V, da parte especial[42]; o Código Penal Canadense[43] tipificou a lavagem de

---

39. NACIONES UNIDAS. *Convencion de 20 de Diciembre de 1988 de Las Naciones Unidas Contra el Trafico Ilicito de Estupefacientes y Sustancias Sicotropicas*. Hecha En Viena: Iberred, 1988.
40. ALEMANHA. Código Penal Alemán del 15 de mayo de 1871, con la última reforma del 31 de enero de 1998. Tractora de Claudia López Diaz. [S. l.]: Universidad Externado de Colombia, 1998.
41. BÉLGICA. *Code pénal 8 juin 1867* - (mise à jour le 1er janvier 2012). [S. l.]: WIPO, 2012.
42. CANAS, Vitalino. *O crime de branqueamento*: regime de prevenção e de repressão. Coimbra: Almedina, 2004. p.15.
43. CANADA. *Criminal Code*. [S. l.]: Lois-Laws, 1986.

dinheiro na seção 462-31; na França, a lavagem de dinheiro está prescrita no artigo 222-38 do Código Penal Frances[44]; na Itália, o Código Penal Italiano[45] tipificou a lavagem de dinheiro como crime no art. 648 bis como "riciclaggio; conforme Mendroni[46], o México estipulou a lavagem de dinheiro no art. 400 bis do Código Penal Mexicano; na Suíça[47], o Código Penal tratou da questão do branqueamento no artigo 305.

O crime de lavagem de capitais não exige, para ser caracterizado, vultuosas quantias envolvidas, ou mesmo complexidade de operações. Por meio deste crime, bens, direitos e valores resultados da prática de crimes são integrados ao sistema econômico-financeiro, com a impressão de que tem origem lícita. A lavagem de dinheiro ou capitais é um método utilizado para legalizar ganhos financeiros ou patrimoniais obtidos de maneira ilícita. De forma mais clara, trata-se de operação que visa ocultar, ou dar aparência de legalidade, a incorporação na economia de um país, de bens, direitos ou valores produtos de atividades reputadas ilícitas.

Como se identifica, a atividade de branqueamento de capitais, em si, não atingia bem jurídico e até hoje não atinge, tratando simplesmente de um exercício de inteligência para inserir bens e dinheiro decorrente de outros fatos em um ambiente de formalidade legal para assim ser admitido na sociedade. Trata-se, além disso, de um querer do Estado e das envolvidas autoridades, na criação de uma conduta punível sem parâmetro científico. A lavagem de dinheiro chamou a atenção das autoridades para criarem uma cultura antilavagem, dificultando a atividade posterior dos agentes de crimes. Verificou-se a dificuldade de combater o crime organizado somente com a sanção penal tradicional, partindo o Estado para novos recursos, como o confisco de bens e dinheiro. A partir de uma tentativa de seguir o dinheiro, e a percepção de inúmeras atividades de ocultação e dissimulação de recursos de infrações penais de alto lucro, a atividade do Estado tornou-se também complexa, criando órgãos estatais voltados para o combate inteligente de uma nova criminalidade, como também de novos recursos e meios instrumentais como o rastreamento de bens e dinheiro (*follow the Money*). Percebe-se que o nascimento deste delito é fruto de política criminal voltada para inibir a prática da criminalidade organizada e narcotráfico, contudo, sem apreço à dogmática, sem respeito à ciência jurídico penal, sendo o delito de lavagem de dinheiro, criação legal forjada para atingir uma atividade que não lesa bem jurídico, mas decorrente do fracasso do Estado no combate ao crime organizado, ou seja, no fracasso do Estado no combate ao delito antecedente e aos mecanismos utilizados para dar aparência de licitude à recursos originariamente ilícitos.

---

44. CANADA. *Codigo Penal (Parte legislativa)* [S. l.]: Lois-Laws, 15 Sept. 2003.
45. CANADA. *Codigo Penal (Parte legislativa)* [S. l.]: Lois-Laws, 15 Sept. 2003.
46. MENDRONI, Marcelo Batlouni. *Crime de lavagem de dinheiro*. São Paulo: Atlas, 2006. p.152.
47. MENDRONI, Marcelo Batlouni. *Crime de lavagem de dinheiro*. São Paulo: Atlas, 2006. p.157.

3.3 BRASIL – LEI DE LAVAGEM DE DINHEIRO E ASPECTOS TÉCNICOS – DISTANCIAMENTO DO CRITÉRIO MATERIAL DE CONSTRUÇÃO DOS TIPOS PENAIS

O Brasil é, atualmente, signatário das Convenções de Viena, Palermo e Mérida. Em março de 1998, em decorrência dos compromissos assumidos a partir da Convenção de Viena de 1998, a ratificou em 26 de junho de 1991 por meio do Decreto 154/91, e assim, oficialmente passou a criminalizar a lavagem de dinheiro proveniente do tráfico de drogas. Interessante apontar que o Ministério da Justiça apresentou ao Congresso, o Projeto de Lei 2.688/97 com a proposta para tipificar condutas de lavagem de dinheiro. Em seguida, aprovou a Lei 9.613/98 que dispõe sobre os crimes de lavagem ou ocultação de bens, direitos e valores, vindo a ser modificada pelas seguintes leis, Lei 10.467/02, Lei 10.683/03, Lei 10.701/03, Lei 12.683/12. A mais significativa reforma, decorreu da Lei 12.683/2012, que extinguiu rol taxativo de crimes antecedentes e passou a admitir como delito antecedente à lavagem de dinheiro, qualquer infração penal, além de ter inserido outras reformas pontuais no texto da lei. Depois das reformas, a lei de lavagem de dinheiro tem tripla natureza, no sentido de envolver questões administrativas, penal e processual.

O art. 1º da Lei 9.613/98 prescreve que "ocultar ou dissimular a natureza, origem, localização, disposição, movimentação ou propriedade de bens, direitos ou valores provenientes, direta ou indiretamente, de infração penal" é crime. O preceito secundário comina pena de 3 anos a 10 anos de reclusão e multa. O rito de percurso da execução da lavagem de dinheiro tem como antecedente necessário a prática de uma infração penal, havendo início com a ocultação dos valores auferidos, desenvolvendo-se com a dissimulação da origem dos bens, valores e direitos, de modo que se completa com a reinserção no sistema financeiro econômico, destes mesmos bens, valores e direitos, com a imagem legalizada.

O objeto material do crime de lavagem de dinheiro deve ser qualquer bem, qualquer direito ou qualquer valor, assim considerados, na condição de frutos de atividade antecedente criminosa ou decorrente de contravenção penal. Esses bens, valores e direitos devem possuir a origem ilícita, devem representar o resultado de infração penal. Natureza significa a característica estrutural na essência do bem, direito ou valores. A origem revela a forma de obtenção dos bens, direitos ou valores. Por localização, entende-se onde os bens, direitos ou valores possam ser encontrados. Disposição é o mesmo que o local estando, naturalmente, colocados, deixados, utilizados, ou seja, estancados na situação em que se encontram. Movimentação são atos, condutas, com relação à circulação, mudança de posição dos bens, direitos ou valores. Propriedade revela a correspondência à titularidade dos bens, direitos ou valores e sua relação com a infração penal antecedente. Ser "direto" ou "indireto" significa que, para efeito da configuração da lavagem como delito, não se exige sejam os frutos do crime anterior diretamente aplicados com a ocultação ou dissimulação, mas também a substituição do fruto direto do bem decorrente da infração penal antecedente.

Ocultar bens, direitos valores é o mesmo que retirá-los de vista, escondê-los ou retirá-los de circulação, havendo a consumação com o resultado do encobrimento. Contudo, é preciso considerar que somente se consuma se houver a prova da intenção de converter os bens, direitos ou valores, futuramente, em ativos lícitos. Trata-se da primeira fase, denominada *smurfing*, podendo ser executada, por exemplo, com a divisão de valores e inseridas em várias contas de pessoas diferentes. É o caso de se analisar se há lesão de bem jurídico. O que será feito mais à frente.

Dissimular representa conduta posterior à ocultação. No delito de lavagem de capitais, este verbo significa o ato de distanciar o direito, bens ou valores da sua origem ilícita, dificultando o rastreamento. É uma das fases do processo de lavagem, apesar de poder ser realizado de uma vez só. A dissimulação tem maior complexidade em relação à ocultação, tendo por objetivo o maior distanciamento da origem ilícita dos bens, valores e direitos. O mesmo exemplo acima, se na fase de dissimulação, poderia ser representado pela colocação de valores em várias contas de pessoas no exterior, com outras inúmeras transações, convertendo-as numa compra de um imóvel em país distante das contas originais, por empresa sócia de outra empresa, a qual os sócios receberam empréstimos, que na verdade, é o dinheiro de origem ilícita. Neste caso, a consumação também exige a consciência de tornar o bem, dinheiro ou direito de origem ilícita em ativos legais. Também merece análise quanto à lesão de bem jurídico.

De toda forma, a ocultação ou dissimulação, são elementares que exigem, mesmo que de maneira simples, que o agente esconda bens, dinheiro ou direitos, ou movimente-os de modo a ludibriar a fiscalização, para serem admitidos como delito. Se, porventura, o agente resolva enterrar o dinheiro fruto de prática de corrupção, somente será considerado lavagem de dinheiro, se este agente resolver ou querer colocar em prática condutas para reintegrar este dinheiro no ambiente formal e legal. Não admitimos o vislumbre de violação a bem jurídico nesta conduta. Mais uma vez, não é possível considerar lesão à bem jurídico em vista de condutas que tenham tal consequência, tanto numa análise objetiva quanto subjetiva, como será visto à frente. O que se percebe é muito mais uma conduta posterior não punível. É o exaurimento de um crime. Tanto é verdade, que se por acaso, o agente que obteve frutos financeiros do tráfico de drogas resolver comprar veículos, casas, gastar o dinheiro como bem entender, não será considerado lavagem de dinheiro, pois o agente não tratou, intencionalmente, de reinserir o produto do crime no ambiente formalizado e legal do sistema econômico financeiro. Se não há lesão do bem jurídico no uso dos frutos do delito, não pode haver na sua recolocação no sistema. Ainda mais com a cobrança de tributos do Estado sob a alegação de que dinheiro não tem cheiro – Princípio do *Non Olet*. É no mínimo imoral o Estado alegar lesão a bem jurídico por conduta de lavagem de dinheiro e, em seguida, cobrar tributos em cima das operações que ele mesmo as considera ilícitas e criminosas. O Estado deve respeitar a Constituição da República e ser coerente com a aplicação do Direito penal constitucionalizado, com o Direito penal finalista, adotado pelo próprio Estado, nas entrelinhas do Código Penal. E assim, do mesmo modo, os agentes públicos, como os Juízes e membros do Ministérios Público respectivamente, não podem julgar e acusar, sem observar o princípio da lesividade. O bem jurídico é princípio de interpretação do Direito penal no Estado Democrático de Direito, tendo ele sua localização no tipo de injusto. É nesse sentido que merece ser vista a legislação pátria.

3.3.1 Lei de Terceira Geração

A Lei 9.613/98, após atualização legislativa realizada pela introdução da Lei 12.683/12, passou a ser considerada lei de terceira geração, de modo que poderá ser delito antecedente qualquer crime ou contravenção penal. O Legislador abdicou do rol taxativo. Assim, é de primeira geração a lei que incrimina lavagem de capitais decorrente de apenas um crime, o crime de tráfico de drogas, por exemplo. A lei que abrange vários crimes antecedentes ao delito de lavagem de dinheiro representa a segunda geração, desde que tais crimes sejam definidos e taxados por lei. São de terceira geração, as leis que consideram qualquer crime ou contravenção, que pode ser configurado como infração penal antecedente. No Brasil, após a alteração da Lei 9.613/98 pela Lei 12.683/12, qualquer infração penal, levando em conta crimes e contravenções penais, pode ser considerada como atividade ilícita anterior ao crime de lavagem de capitais, uma vez que, na atualidade, o Brasil possui uma lei de terceira geração.

3.3.2 Lavagem de dinheiro e o vínculo fático – dogmático com infração penal antecedente – princípio da acessoriedade e aspectos doutrinários

O crime de lavagem de capitais é atrelado ao princípio da acessoriedade, revelando a necessária conexão entre a existência da lavagem de dinheiro e uma infração penal, crime ou contravenção, antecedente geradora de frutos – bens, valores e direitos que são novamente inseridos no âmbito legal e formal do sistema econômico financeiro. Não existe independência do crime de lavagem de dinheiro com o crime antecedente, apesar de não existir obrigatoriedade de condenação, do agente, pelo crime anterior. É importante perceber que somente existe legal justificativa para punir o agente pelo crime de lavagem de dinheiro quando a conduta ilícita não for mero desdobramento do crime antecedente. É preciso que haja uma conduta realizada, por ação ou omissão, com frutos direcionados especificamente para a lavagem de capitais. A lavagem de dinheiro é um tipo de delito em que se exige o preenchimento da figura do elemento subjetivo dolo com a presença da consciência e vontade de realizar o tipo objetivo "Ocultar ou dissimular a natureza, origem, localização, disposição, movimentação ou propriedade de bens, direitos ou valores provenientes, direta ou indiretamente, de infração penal", nos termos do art. 1º da Lei de crimes de lavagem de dinheiro, além das demais disposições legais. Portanto, somente a infração penal pode gerar frutos passíveis de lavagem, não sendo admitidos as infrações cíveis e administrativas como os frutos ilícitos de conduta de improbidade administrativa.

O crime permite denominações como *lavagem elementar*, *lavagem elaborada* e *lavagem sofisticada*, dependendo da complexidade empregada pelo agente no processo de lavagem de dinheiro. Será considerada a titulação de lavagem elementar quando o crime for praticado por meio de técnicas mais simples, quando envolver montantes considerados pequenos, e quando o agente usar a vantagem ilícita para o próprio consumo. A lavagem de dinheiro elaborada, por outro lado, tem perfil decorrente de empreendedorismo criminal, uma vez que o agente procura reinvestir os montantes ilegais no próprio negócio ilícito, gerando valores cada vez maiores, e ocorrendo certa estabilização das atividades de lavagem de dinheiro. Por derradeiro, a lavagem de dinheiro sofisticada é vinculada a altos valores de dinheiro obtidos em curto espaço de tempo. Pelo fato dos altos valores surgirem sem explicação lógica, a complexidade para branquear o capital envolvido exige maior habilidade e complexidade.

O crime de lavagem de capitais recai, direta ou indiretamente, sobre bens, direitos ou valores originados de delitos antecedentes geradores de vantagens pecuniárias ilícitas. Conforme exposto, o objeto material do crime de lavagem pode ser qualquer bem imóvel, móvel, tangível, intangível, documentos ou instrumento que tenha valor, provenientes de uma infração penal, sendo assim, o objeto material poderá ser diretamente ou indiretamente vinculado ao crime antecedente. O *producta sceleris*, produto direto do crime anterior, é aquele que representa um resultado imediato da operação criminosa, como por exemplo, dinheiro obtido do crime de corrupção. O produto indireto, *fructus sceleris*, tem relação com o resultado mediato do delito antecedente, como por exemplo, o dinheiro obtido com a venda de um objeto proveniente da prática de peculato.

O crime de branqueamento de capitais é acessório em relação ao fato considerado infração penal antecedente. Primeiro, é preciso que exista o crime antecedente, e que esta infração penal gere frutos, considerados bens, valores e direitos que possam ser lavados, ou seja, inseridos em ambiente formalizado de licitude. Para haver condenação por crime de lavagem de dinheiro, deverá existir prova plena em relação à infração penal antecedente, além de, obviamente, haver a prova de lesão de bem jurídico, para condenar por lavagem de capitais. Não pode haver somente indícios de prova do crime antecedente, caso contrário, estaria violado o princípio da presunção de inocência.

Se houver dúvida quanto à tipicidade, a antijuridicidade ou sobre a própria existência do fato antecedente, certamente, o delito de lavagem de capitais será inexistente, nos termos do art. 5º, LVII, da Constituição da República e art. 386, II, III e VI do Código de Processo Penal, pois o princípio da acessoriedade determina verificar, no mínimo, a existência de prova do injusto penal antecedente e da culpabilidade como elemento do crime.

Nesse sentido, para o recebimento da exordial acusatória basta a probabilidade, pois trata de momento processual de acolhimento do *in dubio pro societate*. Mas para condenar o agente por prática de lavagem de dinheiro, é preciso prova de que, indubitavelmente, ocorreu o crime antecedente. Não é admitido, no Estado Democrático de Direito, condenar alguém por lavagem de dinheiro sem provar a existência do crime antecedente, bem como sem provar lesão a bem jurídico.

Para o efeito da acessoriedade, os crimes são as infrações penais em que a lei comina sanção penal de reclusão ou detenção, isoladamente, alternativa ou cumulativamente com pena de multa. As contravenções penais são aquelas infrações penais às quais o legislador cominou pena de prisão simples ou de multa, ou ambas, alternativa ou cumulativamente.

O princípio da acessoriedade, ao exigir a infração penal antecedente, seja crime ou contravenção penal, revela natureza de norma penal em branco homogenia, pois o tipo penal do delito lavagem de dinheiro recebe, obrigatoriamente, o complemento de outra norma de mesma hierarquia legal, previsto em outro sistema legislativo, que é a parte especial do Código Penal, inúmeras leis penais especiais e a lei de contravenções penais. Além disso, a mera tentativa, por haver adequação típica mediata, se gerar frutos ilícitos, é admitida como infração penal antecedente.

Em relação ao aspecto dogmático, é preciso enfrentar a questão dos elementos dogmáticos do delito anterior e a lavagem de capitais. De acordo com a estrutura dogmática do crime, importa desnudar quais os elementos do crime são necessários estarem preenchidos para haver a configuração da infração penal antecedente para efeitos de lavagem de dinheiro. É preciso saber se basta o preenchimento da tipicidade, ou basta a certeza da tipicidade e da antijuridicidade, ou se é necessário a configuração plena da tipicidade, antijuridicidade e culpabilidade. Uma vez adotado o sistema finalista, o crime, no seu conceito analítico, é a conduta típica, antijurídica e culpável. Entendemos que, muito embora o Legislador aponte direção da admissão da teoria dualista, tendo o crime como fato típico e antijurídico e a culpabilidade como condição de punibilidade, o que temos em vista é que nosso Legislador vem, há tempos, desnorteado em relação à difícil missão de legislar sobre Direito penal, notadamente em relação à dogmática. Não é de hoje que o emergencialismo penal toma frente e sufoca a técnica, empurrando a dogmática para o canto. No entanto, para ser crime, o comportamento do agente deve ser típico, antijurídico e culpável. A culpabilidade é elemento do crime, de forma que sem ela, não haverá delito. O crime é o injusto culpável. Portanto, se a infração penal antecedente ao crime de lavagem de dinheiro não for completa em vista dos três elementos, tipicidade, antijuridicidade e culpabilidade, não poderá servir como infração penal antecedente para os efeitos da lavagem de capitais como delito posterior. Assim, as causas excludentes do delito anterior, tornam sem efeito a lavagem de capitais, sendo elas as excludentes de tipicidade, como por exemplo, a insignificância, a ausência de elemento material na tipicidade – tipicidade material, tipicidade conglobante; as excludentes de antijuridicidade e excludentes de culpabilidade. Há conexão causal entre a lavagem de dinheiro e a conduta antecedente típica, antijurídica e culpável. Portanto, é preciso provar a relação entre a infração penal finalista anterior, os bens, direitos e valores e a lavagem de dinheiro.

Nesse sentido, se as excludentes do delito anterior excluem a lavagem de dinheiro e o próprio delito antecedente, é possível considerar que o princípio da insignificância como causa excludente do crime primeiro por ínfima lesão a bem jurídico, por atenção à atipicidade material, também poderá, nesse sentido, servir de baliza para justificar a não existência do tipo de branqueamento por ausência de lesão a bem jurídico, também por atipicidade material.

3.3.3 Etapas de realização do crime de lavagem de capitais

A lavagem de capitais ocorre em fases, de forma que vigora um deslocamento da origem ilícita do dinheiro para um ambiente de expressa licitude, evitando, desse modo, a associação entre o dinheiro, bens, valores e a atividade ilícita que os deram origem. Além disso, ocorre também movimentações para dificultar o rastreamento dos valores envolvidos em atividade diversa daquela que insere bens e valores na economia de maneira lícita.

A lavagem de dinheiro ocorre como um procedimento, como sequência de atos, conforme um rito, com o objetivo de esconder, camuflar a origem, localização, ou qualquer vínculo com os frutos de infração penal anterior à inserção dos bens e valores em um âmbito de licitude.

Isidoro Blanco Cordero[48] ensina que o delito de lavagem de dinheiro é como um processo segundo o qual os bens de origem delitiva se integram no sistema econômico legal com aparência de terem sidos obtidos de forma lícita. A realização do delito é iniciada com um processo de ocultação da origem ilícita dos frutos de uma infração penal e termina com a inserção destes valores ou bens no sistema financeiro econômico.

Nesse sentido, Raul Cervini[49] ensina que

> os procedimentos de lavagem de dinheiro, quer dizer, a conversão de dinheiro ilegítimo em ativos monetários ou não, com aparência legal, ou referida de forma mais simples, os mecanismos dirigidos a disfarçar com lícitos recursos derivados de uma atividade ilícita, estiveram associados desde princípios do século com atividades diversas do crime organizado [...].

---

48. BLANCO CORDERO, Isidoro. *El delito de blanqueo de capitales*. 3. ed. Navarra: Thomson Reuters Arazandi, 2012.p.105-108
49. CERVINI, Raúl. Precisiones liminares al tema del blanqueo. In: CERVINI Raúl; OLIVEIRA, William Terra de; GOMES, Luiz Flávio (Org.). *Lei de lavagem de capitais*. São Paulo: Ed. RT, 1998.p. 23-33.

Sérgio Fernando Moro[50] destaca o delito de lavagem de dinheiro como um novo crime, de forma que admite o tema como conceito de delito da seguinte forma: "lavagem de dinheiro, como fenômeno criminológico, consistente na conduta do criminoso de ocultar ou dissimular o produto do crime, é certamente bastante antiga." Contudo, para além deste conceito, Moro[51] direciona pensamento no sentido de que "a criminalização da lavagem incrementa as chances de confisco do produto do crime."

No entanto, não é o que pensamos, pois o momento atual de um Estado Democrático de Direito, não admite a criação de delito sem o aspecto material do crime, ligado à legalidade substancial, à tipicidade material, ao princípio da legalidade, à consciência de antijuridicidade material, ao entendimento de que o bem jurídico está na matéria do tipo enquanto objeto de proteção. Não é possível admitir que o produto do delito inserido na economia seja mais uma conduta criminosa, mas sim mero *post factum* impunível, pois para admitir uma conduta como crime, não basta a sua criação pela lei, sem observar a dogmática penal, salvo se, por exemplo, adotasse o pensamento positivista legalista de Karl Binding, hipoteticamente.

O cerne do pensamento positivista de Karl Binding dava relevância ao dever de obediência dos indivíduos e da sociedade ao Estado, que fundamentava a teoria jurídico penal numa ordem tecnicista, mas fortalecendo, consequentemente, o processo autoritário baseado na Lei. A posição de Binding adequava-se ao modelo positivista que supervalorizava o processo legislativo. Situado no positivismo, numa época em que o Direito penal estava sendo construído pelo Legislador, quando então, em 1871, o "império alemão lançava a primeira norma penal unificada depois da Constitutio criminalis carolina, do Século XVI (1530)", como bem ensina Cláudio Brandão[52], Binding pincelava seu pensamento com todas as influências deste período positivista. No mesmo sentido, ensinou Mir Puig[53] que a unificação política da Alemanha, também levou à promulgação do primeiro Código Penal Alemão.

Para Karl Binding, diferentemente de Johann Michael Franz Birnbaum, o bem a ser tutelado pelo Direito penal não existe como objeto de interesse elencado pela sociedade e seus indivíduos, para somente após ser identificado pelo Legislador, haver sua proteção normativa. Birnbaum considerou a hipótese de um bem já existente ser abraçado e tutelado pela ordem jurídica. Karl Binding, de outro lado, não pensou desta forma. Muito pelo contrário, não admite que o bem exista sem a norma. O bem jurídico é, para ele, criação do legislador.

---

50. MORO, Sérgio Fernando. *Crime de lavagem de dinheiro*. São Paulo: Saraiva, 2010.p. 15-16.
51. MORO, Sérgio Fernando. *Crime de lavagem de dinheiro*. São Paulo: Saraiva, 2010.p. 15-16.
52. BRANDÃO, Cláudio. *Tipicidade penal*: dos elementos da dogmática ao giro conceitual do método entimemático. 2. ed. Coimbra: Almedina. 2014. p.129.
53. MIR PUIG, Santiago. *Introducción a las bases de derecho penal*. 2. ed. Buenos Aires: IBdef, 2003. p. 110-124 [Coleção Maestros del Derecho Penal]. p. 188-190.

Ao levar em conta a conduta final do atual delito de branqueamento de capitais, que resulta na inserção de valores e bens no sistema financeiro e econômico, dando licitude aquilo que é fruto de outra infração penal, deve antes fazer um corte no aspecto global da relação existente entre o delito anterior e a lavagem de capitais, considerando a conduta do branqueamento isolada, para então analisá-la sob o olhar de uma estrutura dogmática penal finalista no Estado Democrático de Direito. Se assim fizer, será preciso admitir que não há como interpretar o tipo penal, no âmbito da dogmática penal de um Estado Democrático de Direito, sem a ideia de bem jurídico.

A atividade denominada lavagem de capitais envolve três etapas[54] de um processo interligado para o acontecer final relativo à admissão de bens e valores decorrente de infração penal. Estas fases são as seguintes: *Placement, layering e integration*. Cada qual cumpre papel específico direcionando o resultado final para a "lavagem" de capitais ou bens provenientes de atividade criminosa, ocultando, dissimulando e integrando bens e valores no sistema econômico financeiro formal, podendo, inclusive, não haver uma percepção nítida entre tais fases. Pretendeu o legislador pátrio criminalizar um comportamento ou vários comportamentos, ao criar o tipo de injusto do processo de lavagem de dinheiro, sem atentar para o aspecto dogmático quanto a alocação do bem jurídico no tipo de injusto.

3.3.3.1 Placement

A primeira etapa é denominada de *Placement*, colocação ou conversão, consistindo na conduta de infiltrar os bens ou valores de origem ilícita no sistema financeiro, de modo que apresente dificuldade em identificar sua procedência ilegal. É o primeiro movimento para distanciamento dos bens e capitais como fruto do delito, do próprio crime. No entanto, é a fase em que o capital ou bem "sujo" ainda está próximo da infração penal originária. Esta é a movimentação criminosa mais fácil de ser identificada pelas autoridades de combate a este crime, dada a vulnerabilidade da conduta. Busca-se evitar a aparência da conexão entre o agente e o resultado da pratica do crime antecedente. Um exemplo dessa fase, denominado de *smurfing structuring* ou *pitufeo*[55], é a utilização de empresas pequenas que trabalham com dinheiro em pequenas quantidades, para camuflar uma operação com quantidades vultuosas de dinheiro. *Smurfing*, portanto, significa o fracionamento de grandes quantias em pequenos valores por meio de um negócio lícito. Por exemplo, o uso de cinemas[56] como negócio lícito para camuflar a operação antecedente ilegal, como o tráfico de

---

54. De acordo com o Grupo de Ação Financeira sobre Lavagem de Dinheiro (GAFI/FATF) criado por sete dos países mais ricos do mundo no âmbito da Organização para a Cooperação e Desenvolvimento Econômico, em 1989, para examinar, desenvolver, e promover políticas de combate à lavagem de capitais.
55. DALLAGNOL, Deltan. Tipologias de Lavagem. In: GRANDIS, Rodrigo de; CARLI, Carla Veríssimo De. (Org.). *Lavagem de dinheiro*: Prevenção e Controle Penal. Porto Alegre: verbo jurídico, 2011. p.297.
56. SWANSON, Charles R.; CHAMELIN, Neil C.; TERRITO, Leonard. *Criminal investigation*. New York, McGraw-Hill, 1996. p. 526.

drogas. A ideia que ilumina aqueles que buscam neste delito a solução para limpar dinheiro, é colocar as autoridades fiscais sem condições, ou com enorme dificuldade, em identificar a fonte do dinheiro ou bem possivelmente ilegal. Além de outras atividades, ainda podem ser apontados como exemplo, a remessa de dinheiro para paraísos fiscais, aquisição de obras de arte, pedras preciosas imóveis ou investimento em negócios formais que dão margem para desencontro de auditorias fiscais, como motéis, hotéis, casas noturnas, restaurantes. Enfim, nesta fase, o objetivo é distanciar os bens ou valores da infração penal antecedente que os deram origem. É o caso da compra de *bitcoin* com o dinheiro proveniente da corrupção. O negócio jurídico realizado por meio eletrônico em que se transfere valores de natureza monetária para a compra da moeda virtual não lesa bem jurídico. A criptomoeda é comercializada via internet sem gestão de fiscalização ou supervisão estatal, representando transferência ou troca de valores monetários entre a moeda oficial e a virtual. Contudo, a comercialização em si, a verificação deste único fato, o *placement* não vislumbra ataque a um bem jurídico específico. Nesse sentido, perceba que a fase da colocação não lesa bem jurídico por si só. É uma conclusão óbvia. As condutas de *placement* procuram distanciar o fruto da infração penal antecedente dela mesma, e apenas isso, não podendo verificar a partir dos comportamentos que delimitam esta fase qualquer identificação de lesão à valor assim considerado bem jurídico.

3.3.3.2 *Layering*

A segunda fase do crime de lavagem de dinheiro é a dissimulação, mascaramento ou *layering*, que tem o objetivo de impedir o rastreamento da origem ilícita dos bens ou valores adquiridos com a atividade antecedente. É aonde encontra a principal ideia da lavagem de dinheiro. Trata-se de várias operações financeiras ou comerciais que distanciam de vez o fruto da infração penal antecedente. É colocada em prática por meio de várias movimentações financeiras ou a realização de vários negócios, de maneira que se verifica dificuldade em reconstruir o caminho percorrido pelo dinheiro, denominado *paper trail*. Os autores do processo tipificado multiplicam transações por meio de outros negócios, desconstruindo a possibilidade de investigar a verdadeira origem do capital ou bens ilícitos. Trata-se de operações, no Brasil ou no exterior, em que os valores ilícitos inseridos no sistema financeiro são pulverizados por meio de operações variadas e sucessivas. Exemplo claro desta fase seria a realização de repetidos e sucessivos empréstimos ou mesmo, várias transferências bancárias de pouca quantidade, o envio de dinheiro em moeda estrangeira para o exterior[57], transferências eletrônicas pulverizadas para vários agentes, para depois de um tempo, organizadamente, realizar o direcionamento para outra conta ou simplesmente retirar em cash. É a fase do disfarce do produto ilícito do delito

---

57. BLANCO CORDERO, Isidoro. Criminalidad organizada y mercados ilegales. *Eguz-kilore*: cuaderno del Instituto Vasco de Criminología, San Sebastián, n. 11, p. 213-231, 1997. p. 226.

antecedente, da camuflagem do caminho percorrido pelo ilícito desde a sua origem no crime antecedente[58]. A imaginação não tem limites para exemplificar situações permitidas por esta etapa, ainda mais com a evolução da tecnologia digital. Também não conseguimos vislumbrar lesão a bem jurídico penal, no exercício das condutas que envolve esta fase, tendo, portanto, o sentido de que não há critério material de construção do tipo de injusto a partir da verificação desta etapa.

3.3.3.3 Integration

A terceira fase do crime de lavagem de dinheiro é conhecida como integração ou *integration*, em que os bens ou valores são formalmente incorporados ao sistema financeiro de fato, tratando-se, da conclusão do processo de lavagem de capitais e bens decorrentes de infração penal antecedente[59]. Existe, por meio desta terceira fase, um aprofundamento na realização da exclusão da origem ilícita dos bens e valores, por meio do envolvimento com negócios legais, como por exemplo, a obtenção de empresas de consultoria, em que há dificuldade de fiscalização dos negócios que envolvem sua atividade; ou mesmo a aquisição de empresas já estabelecidas no mercado; empresas de "fachada", operações como a compra e venda de ações, dentre outros tantos exemplos que permitem verificar a estabilização legal de movimentos com bens e capitais de origem ilícita. O que fica evidente nesta fase é a atuação do agente conforme as regras do sistema, disfarçados pela legalidade, lisura e compromisso com as regras fiscais impostas pelo legislador. Os lucros e os bens adquiridos com o delito antecessor passam a ser novamente introduzidos na economia ou no sistema financeiro, agora com caráter lícito, distante da infração penal que os deram origem[60]. A inserção de dinheiro na economia por meio do procedimento desta fase, vista como criação doutrinaria, não atinge bem jurídico destacado, este analisado como princípio de interpretação do Direito penal no Estado Democrático de Direito.

3.4 ASPECTOS CONCLUSIVOS DA ANÁLISE HISTÓRICA-ESTRUTURAL DO PROCESSO DE LAVAGEM DE DINHEIRO

Após a análise das três fases, é importante que fique registrado que tratam tais etapas de mera criação doutrinaria, não sendo exigência da legislação que ocorram tais fases para configurar o crime de lavagem de capitais, uma vez que o delito pode ser praticado sem a delimitação e ocorrência das etapas acima mencionadas, podendo chegar ao final do processo, inclusive, com apenas a realização de uma única fase[61].

---

58. BARROS, Marco Antonio de. *Lavagem de capitais e obrigações civis correlatas*. 2. ed. São Paulo: Ed. RT, 2007. p.48.
59. BADARÓ, Gustavo Henrique; BOTTINI, Pierpaolo Cruz. *Lavagem de dinheiro*: aspectos penais e processuais penais. 3. ed. São Paulo: Ed. RT, 2016. p. 33.
60. BLANCO CORDERO, Isidoro. *El delito de blanqueo de capitales*. Navarra: Aranzadi, 1997. p.84.
61. BARROS, Marco Antonio de. *Lavagem de capitais e obrigações civis correlatas*. 2. ed. São Paulo: Ed. RT, 2007. p.49.

É certo que o objetivo final da prática do crime de lavagem de capitais aponta no sentido de que, o que importa, na verdade, é a conversão da matéria pecuniária ilícita ou do bem ilegal, por meio de diversas técnicas, em dinheiro "limpo", ou seja, em valores ou bens que tenham a origem em negócios legais, adequados às regras formais fiscais e tributárias, para que seja possível incluí-los no sistema financeiro sem possibilidade de rastreamento da origem de atividades consideradas criminosas antecessoras.

Para a análise deste sistema único ou trifásico, nos importa realizar um corte entre a infração penal antecedente e o processo de lavagem, para que somente neste tipo seja trabalhado o aspecto dogmático penal e sua relação com as garantias do Estado Democrático de Direito.

Além disso, verifica-se, pela investigação histórica do delito de lavagem de dinheiro, que há clara possibilidade de conclusão de que o processo de branqueamento decorre do emergencialismo penal, sem apoio dogmático estrutural, sobretudo quanto às exigências dos elementos de formação de um crime no âmbito da segurança jurídica, assim considerando o critério material de construção dos tipos penais.

4
A IDEIA DO BEM JURÍDICO E A CORRELAÇÃO COM A CRIMINOLOGIA NA LAVAGEM DE DINHEIRO

4.1 INTRODUÇÃO

Além do aspecto histórico para identificação de uma criação de delito emergencialista, não resta dúvidas da necessidade de continuidade da busca da natureza da lavagem de dinheiro como processo simbólico no âmbito da criminologia, partindo também deste aspecto a análise histórica criminológica do delito. A desconfiança da inexistência de bem jurídico como linha de preocupação do legislador no processo de criação do crime de lavagem de dinheiro segue em relação ao aspecto criminológico, merecendo destaques os objetos de estudo das escolas sociológicas para identificação também, nesse sentido, da atipicidade material do crime de lavagem de dinheiro somado a um viés histórico criminológico. Nesse sentido, o processo da lavagem de dinheiro representa, além de tudo, o envolvimento de um certo fenótipo de delinquentes com o "crime de colarinho branco", seja pela inteligência aplicada, seja pelo estilo do procedimento, necessariamente instigante para investigação no âmbito da criminologia.

Perante a criminologia, nos importa desnudar a origem deste tipo de criminalidade, bem como a origem da política de surgimento dos crimes praticados por uma camada de agentes que atuam com base em movimentos de inteligência e com o distanciamento da violência, em grande parte destes delitos.

Para tanto, registra-se a importância em situar os marcos na criminologia que permitiu o surgimento dos crimes de colarinho branco, considerando a lavagem de dinheiro sob análise neste trabalho, sendo estes a Teoria da Associação Diferencial e a reserva para o pensamento de Edwin Sutherland e a criminalidade do "colarinho branco". Para se chegar à análise do bem jurídico na esfera da lavagem de dinheiro, verifica-se a precisa necessidade de identificação da origem da política criminal voltada para esta categoria de crime.

No âmbito da criminologia, o delito representa um fenômeno complexo que não pode ser compreendido pela simples representação de que o fator x ou y será sua causa determinante. A diversidade de orientações deixa evidente que é mais correto afirmar que o crime representa produto de várias causalidades. A criminologia, além do estudo sobre o delito, debruça investigação, enquanto objeto da criminologia, em relação ao delinquente, a vítima, e o controle social[1]. Mesmo diante das dúvidas quanto às causas do crime, uma coisa é certa, se encontrar a causa, as políticas públicas serão certeiras na solução do problema da criminalidade, talvez solucionando, talvez a reduzindo com extrema eficácia. Os debates e teorias com relação ao tema, variam ora admitindo o criminoso como vítima da própria sociedade, ora colocando o delinquente na condição de algo que deve ser urgentemente extirpado do corpo social ao qual faz parte. A lavagem de dinheiro tem sido inserida com frequência no âmbito de apuração de fatos pelo Poder Judiciário, sobretudo na famosa operação lava jato[2].

No Brasil, as propostas de solução oscilam entre a linha que defende a existência do rigor da legislação de combate ao crime e as medidas que dão ênfase às medidas sociais e preventivas. Não é possível esquecer que existem várias ciências que se dedicam aos estudos das causas do crime, como por exemplo, a Demografia, a Antropologia, a Ciência Política, a Saúde Coletiva e a Economia.

Levando em consideração que prevalece a dúvida quanto às causas dos delitos, existem premissas centrais quanto à abordagem criminológica. Nesse sentido, Émile Durkheim, em "As regras do método sociológico", afirma que o crime é um fenômeno social, tendo em vista estar presente em toda ordem de coletividade, sem observar tempo e espaço, além de revelar pensamento quanto à soma das consciências individuais, combinadas, para formação da vida social. A soma da individualidade cria um novo ser psíquico, coletivo.[3]

Acredita Durkheim que conceber o crime como um comportamento patológico curável é um equívoco. Da mesma forma, não admite que seja possível extirpar o crime como uma medida única. Além disso, Durkheim apontou que o delito, na verdade, representa uma qualidade socialmente atribuída a certos comportamentos em vista do contexto social que o agente estiver inserido. Ou seja, o crime existe por que a sociedade escolhe determinado comportamento e o define como crime, e não por um motivo inerente à determinado comportamento.

O desvio é um fenômeno normal da estrutura social, sendo que, somente quando ultrapassados determinados limites, o fenômeno do desvio passa a ser negativo para a existência e o desenvolvimento da estrutura social, seguindo-se, a partir daí, para um estado de desorganização, em que todo o sistema de regras e princípios de atos e condutas perde o valor, enquanto um novo sistema ainda não se afirmou. O comportamento desviante é um fato necessário para o equilíbrio e o desenvolvimento sociocultural, de modo que Durkheim não via o agente como ser radicalmente

---

1. SHECAIRA, Sérgio Salomão. *Criminologia*. 3. ed. São Paulo: Ed. RT, 2011. p. 54.
2. BRASIL. Ministério Público Federal. *A Lava Jato em números:* resultados da operação Lava Jato no Paraná. Brasília: MPF, 2017.
3. DURKHEIM, Émile. *As regras do método sociológico*. Trad. Margarida Garrido Esteves. São Paulo: abr. 1978. p. 139.

antissocial, mas como um agente regulador da vida social[4]. Nesse caso, a lavagem de dinheiro representa processo de inserção de valores na economia, injetando combustível financeiro nas relações comerciais, e dessa forma, se adequando ao posicionamento de Durkheim.

É interessante apontar que o fenômeno do crime não está integralmente ligado ao comportamento que expõe violência. Significa dizer que a violência não é o combustível único e isolado do crime. São dois fenômenos que se ligam, mas não fazem parte da essência um do outro. A existência de vários comportamentos tipificados pelo legislador como crimes e que não são realizados por condutas violentas, tal como a lavagem de capitais, direciona o exemplo. Interessante apontamento é a tentativa de vinculação entre a pobreza e o fenômeno do crime. Seria certo acreditar que as pessoas carentes de recursos financeiros são mais vulneráveis à prática de crimes? Não admitimos esta linha de pensamento. E de fato, a prática de lavagem de dinheiro está direcionada para lado oposto. Pois, conforme Sapori e Soares[5], existem vários fatores que estruturam as causas do fenômeno crime. Os valores culturais que prevalecem no âmbito social, a estrutura econômica, a distribuição de renda, a estratificação social, as leis penais resultantes do modo de organização do Estado, a comunidade onde o indivíduo desenvolve, as relações pessoas, o indivíduo como pessoa, considerando sua trajetória de vida, personalidade e outros. Neste âmbito de análise, diante das teorias sociológicas do crime, adiante apresentamos investigação a respeito da criminologia e a lavagem de dinheiro como procedimento criminalizado pelo poder público.

4.2 TEORIA DOS RÓTULOS E A RELAÇÃO COM A LAVAGEM DE DINHEIRO – "OUTSIDERS"

Importante para a análise da lavagem de capitais como crime, é o surgimento da teoria dos rótulos, mencionada pelo sociólogo norte-americano Howard Becker, em 1960, na obra *Outsiders*: estudos de sociologia do desvio, onde aponta que os delitos têm como causa principal a ideia de que o criminoso é uma pessoa que tem determinados valores e crenças diferentes dos indivíduos que o condenam. A partir daí, percebe-se que a sociedade não é uma realidade que se possa conhecer sobre um aspecto objetivo, sendo mais um produto de uma construção social decorrente de um processo de definição e de tipificação por parte de indivíduos e grupos diversos e dominantes.[6] Os grupos sociais criam as regras, os desvios, as sanções para

---

4. BARATTA, Alessandro. *Criminologia Crítica e crítica do direito penal*: introdução à sociologia do direito penal. Trad. Juarez Cirino dos Santos. 6. ed. Rio de Janeiro: Editora Revan, Instituto Carioca de Criminologia, 2011. p. 59-61.
5. SAPORI, Luís Flávio; SOARES, Gláucio Ary Dillon. *Por que cresce a violência no Brasil?* Belo Horizonte: Autêntica Editora: Editora PUC Minas, 2014. p. 38.
6. BARATTA, Alessandro. *Criminologia Crítica e crítica do direito penal*: introdução à sociologia do direito penal. Trad. Juarez Cirino dos Santos. 6. ed. Rio de Janeiro: Editora Revan, Instituto Carioca de Criminologia, 2011. p. 87.

os que desviam e os qualificam como outsiders[7] – foras da lei. É o que ocorreu com a lavagem de dinheiro, aos moldes da história da tipificação do delito do branqueamento. Os processos de desvios são estruturados em primários e secundários, de modo que o desvio primário é aquele relacionado à primeira conduta delitiva do agente justificado por alguma necessidade pessoal ou referente à sua ligação com um grupo de subcultura. O desvio secundário conecta-se à repetição dos atos criminosos, especialmente a partir de uma associação do agente com outros rotulados delinquentes.[89] Howard S. Becker tratou da questão da problemática das condutas desviadas na obra Outsiders, considerando um fora da lei – o outsider a pessoa que não é aceita como membro de uma sociedade, de um grupo, de um clube, de uma estrutura formalmente organizada. Uma vez que uma regra é colocada em vigor, aquele que desobedecer a regra será tido como um tipo especial de pessoa, não confiável para viver com as regras acordadas pelo corpo social, considerando esta pessoa, o outsider. O outsider, no contexto de Becker é aquele que realiza a lavagem de dinheiro, é o traficante, é aquele que deixa de pagar tributos etc. O outsider é antes de tudo, o estigmatizado pelo desvio. A conduta desviante é o resultado de uma reação social e o delinquente apenas se distingue do indivíduo comum por meio da estigmatização, o que não deixa de ser verdade em relação ao acusado por praticar lavagem de capitais. Considerando que a lavagem de capitais somente foi tipificada em virtude da dificuldade do Estado combater o crime organizado, sobretudo os crimes decorrentes do narcotráfico, encontra-se parâmetro e coerência a própria existência da lavagem de dinheiro, na condição de crime, em virtude da estigmatização desta conduta aos moldes do pensamento de Becker e a teoria do etiquetamento. O criminoso como desviante é aquele que possui um rótulo social de criminoso, uma etiqueta. Os atos de lavagem de dinheiro são condutas desviantes empregadas pela sociedade como rótulo e aplicadas ao agente[10].

Em nossa concepção, Becker não afirma que entre o criminoso e um não delinquente possa existir diferença psicossocial. O que acredita o sociólogo é que qualquer um pode praticar crime, desde que pratique conduta considerada desviante por um círculo dominante. Se o indivíduo fizer parte de um específico grupo da coletividade, e este grupo representar o segmento que dita as regras, conforme suas conveniências e necessidades, os personagens que estão de fora terão que submeter às linhas de condutas tidas como corretas, caso contrário praticarão condutas desviantes e sofrerão consequências por isso.

Contudo, até mesmo quem faz parte do círculo que estabelece as regras, também poderá vir a responder por prática de crimes que seu próprio grupo delimitou.

---
7. BECKER, Howard S. *Outsiders*: studies in the sociology of deviance. Nova York: Free Press. 1963. p. 1.
8. GRECO, Rogério. *Direito penal do equilíbrio*: uma visão minimalista do direito penal. Niterói: Impetus. 2005. p.52-53.
9. BECKER, Howard S. *Outsiders*: studies in the sociology of deviance. Nova York: Free Press. 1963. p. 4-5.
10. BECKER, Howard S. *Outsiders*: studies in the sociology of deviance. Nova York: Free Press. 1963. p. 9.

Destarte, o que devemos tirar de conclusão é que determinados segmentos sociais regram toda a sociedade conforme a visão que tem do mundo e, assim, submetem aqueles que estão fora do poder ao alinhamento de causas e consequências aos moldes de poucos que detém o poder. A Teoria do Rótulo determina o que é e o que não é crime de acordo com as definições de orientações de grupos específicos, condenando quem manifestar de forma diferente. Além disso, a teoria reforça sua ideia principal considerando que uma vez rotulado como criminoso, o indivíduo reforçará sua personalidade se agrupando com as demais pessoas já rotuladas, e dessa forma, criando um novo grupo com identidade desviante.

Winfried Hassemer e Francisco Muñoz Conde[11], nesse sentido, ensinam que a criminalidade não é uma qualidade de uma conduta, mas um resultado de um processo através do qual se atribui tal qualidade, resultante de um processo de estigmatização. Afirmam também que a criminalidade é simplesmente uma "etiqueta". Considerando esta teoria de rotulagem, considerando a origem da lavagem de dinheiro como crime, sem vínculo histórico com a criação do delito, pelo Estado, para proteção de bem jurídico, é possível compreender a lavagem de dinheiro como etiquetamento de um processo-conduta caracterizado como delituoso pela via do estigma. Aquele que pratica a lavagem de dinheiro é um outsider, estigmatizado por um grupo de poder dominante, aos moldes da teoria dos rótulos.

4.3 A LAVAGEM DE DINHEIRO E A CRIMINOLOGIA CRÍTICA – EXERCITO INDUSTRIAL DE RESERVA

Diante da análise da exploração de classes e a criminalidade, tendo Karl Marx como referência, a criminologia crítica representa uma das abordagens que admite a relação direta entre pobreza e criminalidade. Acredita-se que o capitalismo gera diferentes classes, sendo que a classe trabalhadora, explorada pela burguesia, levando em conta desemprego e pobreza que acaba por criar um exército industrial de reserva, representa causa do aumento do índice de criminalidade. O delito, nesta concepção, seria uma forma racional e emocional de reagir da classe explorada.

A criminologia crítica, também considerada nova criminologia, firmou-se por volta de 1970 nos Estados Unidos, Inglaterra, Itália, Holanda, França, Canadá, partindo da escola criminológica de Berkeley, a *Union of Radical Criminologists* e a sua respectiva revista *Crime and Social Justice*. Na Inglaterra, foi organizada no âmbito da *National Deviance Conference*, quando direcionada por I. Taylor, P. Walton e J. Young, em *The New Criminology; For a Social Theory of Deviance* (1973) e os demais organizadores da coletânea *Critical Criminology* de 1975[12]. A National Deviance

---

11. HASSEMER, Winfried; MUÑOZ CONDE, Francisco. *Introducción a la criminologia*. Valencia: Tirant lo blanch, 2001. p. 155-156.
12. CALHAU, Lélio Braga. *Resumo de criminologia*. 4. ed. Niterói: 2009. p.85.

Conference[13] surgiu como uma reação à criminologia tradicional, apontando uma visão interdisciplinar em associação à sociologia, criticando o positivismo, além de entender que a solução para reduzir a criminalidade, necessariamente, deve passar pela extinção da exploração econômica e da opressão da classe política. O crime, no âmbito da criminologia crítica, foi visto como um fenômeno dependente do modo de produção capitalista, o que, a nosso ver, não é condizente com a realidade, pois no regime comunista ocorreram toda sorte de delitos. Na verdade, a criminologia crítica também aplica o etiquetamento de condutas, pois distingue entre crimes que são expressão de um sistema criminoso de castas, como a criminalidade do White-collar, a corrupção e outros crimes praticados por pessoas da alta sociedade e crimes praticados por aqueles que são considerados das classes desprotegidas[14]. Com isso, verifica-se a contribuição da criminologia crítica, em relação ao fato de que o fundamento mais geral do delito deve ser investigado junto às bases estruturais econômicas e sociais que caracterizam a sociedade em que vive o autor do delito[15].

Conforme Baratta[16], percebe-se um deslocamento de foco a partir do autor, em si, para as condições objetivas, estruturais e funcionais na origem dos fenômenos do desvio, levando em conta os mecanismos sociais e institucionais por meio dos quais é construída a realidade social do desvio. Nesse sentido, do ponto de vista da criminologia crítica, a criminalidade não representa uma qualidade ontológica do agente, se revelando como *status* atribuído a determinadas pessoas por meio de seleção de condutas, situação, bens protegidos, tendo o crime como um bem negativo aplicado conforme o sistema socioeconômico e a desigualdade social.

O Direito penal, neste ponto, seria o instrumento do Estado que serviria aos interesses da burguesia, que considera o grupo de desviantes como classes perigosas. Dessa forma, todo o instrumento estatal de repressão à criminalidade, serviria aos interesses da classe de domínio capitalista. O simples cumprimento da lei sujeitaria a classe trabalhadora, admitida como classe de perigo, aos poderes dos burgueses dominantes. O pensamento crítico[17] revela uma redefinição do delito baseado na realidade, colocando em ponto de investigação a relação de um sistema legal estruturado no poder e no privilégio e o controle, por "soluções", de pobres, trabalhadores, imigrantes, jovens e todo tipo de hipossuficiente considerado minoria, inclusive no âmbito da justiça criminal, conforme Platt[18]. Esse pensamento vai contra a ideia da criminalização da lavagem de dinheiro, pois não faz sentido a burguesia, âmbito de

---

13. NATIONAL DEVIANCE CONFERENCE. Overview. *A Dictionary of sociology*. [S. l.]: Oxfordindex, 2017.
14. DIAS, Jorge Figueiredo; ANDRADE, Manuel da Costa. *Criminologia*: o homem delinquente e a sociedade criminógena. Coimbra: Coimbra Ed. 1992. p. 62-63.
15. SHECAIRA, Sérgio Salomão. *Criminologia*. 3. ed. São Paulo: Ed. RT, 2011. p. 386.
16. BARATTA, Alessandro. *Criminologia crítica e crítica do direito penal*: introdução à sociologia do direito penal. Tradução de Juarez Cirino dos Santos. 6. ed. Rio de Janeiro: Editora Revan: Instituto Carioca de Criminologia, 2011. p. 160.
17. SANTOS, Juarez Cirino dos. *A criminologia radical*. 3. ed. Curitiba: Lumen Juris. 2008. p. 87-89.
18. PLATT, Tony. *Perspectivas para uma criminologia radical nos EUA*: criminologia crítica. Trad. Juarez Cirino dos Santos e Sérgio Tancredo. Rio de Janeiro: Graal, 1980.p. 126-127.

possível prática de branqueamento de capitais, criminalizar seus próprios comportamentos, que tenham objetivo de acumular mais recursos financeiros.

Além disso, a criminologia crítica também percebe o crime como uma forma de rotulação e etiquetamento, de modo que a burguesia, como classe dominante, expõe seus valores e interesses, e por consequência, acaba definindo o significado e as características do crime conforme seus interesses.

A presença da carência de bens e de condições básicas é motivo para levar aqueles considerados excluídos a buscar o crime como meio de sobrevivência, não sendo, logicamente, o ambiente de surgimento do delito de lavagem de capitais, em vista do envolvimento deste processo com crimes de alto padrão financeiro e a casta de agentes envolvidos e sua relação com a alta classe social.

4.4 ESCOLA DE CHICAGO – GHETTO: ANÁLISE DO PROCESSO DE LAVAGEM DE DINHEIRO E A ECOLOGIA CRIMINAL

Inicialmente como fundação batista[19], a Escola de Chicago, com o apoio de John Rockefeller, foi revelada junto ao Departamento de Sociologia da Universidade de Chicago nos Estados Unidos, nos primeiros dez anos do séc. XX, sendo dirigida por William Rainey Harper. Por meio de pesquisas realizadas por Albion Woodbury Small, William Thomas, Robert Park, Ernest Burguess e Roderick Mckenzie, provaram a influência do espaço urbano na existência do delito, e expuseram uma análise reflexiva fazendo uma estreita ligação entre o fenômeno da criminalidade e a carência financeira dos agentes do delito numa Chicago em pleno desenvolvimento urbanístico, permitindo a produção da ideia de que as grandes cidades fornecem um ambiente propício para a formação do comportamento criminoso, como se existisse certa ecologia social da conduta desviante. Nesse sentido, há clara possibilidade de envolvimento da lavagem de dinheiro, como parte do processo da prática de crimes, uma vez que pelo cometimento de crimes nos ghettos, pelo acúmulo de recursos nas mãos de um pequeno grupo instigador e fornecedor da prática de crime por meio da entrega de suprimentos como drogas, bebidas, jogos, aos soldados do ghetto que ali desenvolviam variadas atividades criminosas, estariam permitindo a lavagem de dinheiro de modo indireto. A Escola de Chicago utilizou o *social surveys* – inquéritos sociais para investigar a criminalidade, o que permitiu a retirada de conclusões que caracterizou o método empirista e pragmático da escola[20].

Para a Escola de Chicago, o crime surge com mais frequência e facilidade em espaços urbanos degradados, demonstrando ligação entre pobreza advinda da própria falta de recursos financeiros dos indivíduos quanto da estrutura física de determinada localidade do ambiente urbano, como por exemplo, os guetos – *ghetto*. Em

---
19. SHECAIRA, Sérgio Salomão. *Criminologia*. 3. ed. São Paulo: Ed. RT, 2011. p. 156.
20. SHECAIRA, Sérgio Salomão. *Criminologia*. 3. ed. São Paulo: Ed. RT, 2011. p. 156-164.

decorrência disso, há naturalidade no surgimento das gangues ao disputar territórios, aparecendo toda sorte de delitos. O líder da gangue certamente estaria em posição de poder não somente pela colocação da violência como instrumento de domínio, mas também pelo dinheiro e acúmulo de bens. O dinheiro arrecadado pelos seus agentes seria produto de lavagem de capitais, para legalizar a origem criminosa. Além disso, em análise prática, foi identificado a presença de imigrantes em massa, com a formação de comunidades estanques e isoladas pela cultura e local, dando origem a crimes antes não encontrados em Chicago. O crime, na condição de desvios e como fenômeno social, foi desnudado e estudado pela Escola de Chicago pelo método do empirismo, com observação direta nas investigações, além da finalidade pragmática, explorando a relação entre a organização do espaço urbano e a criminalidade.

De acordo com a teoria ecológica originada da Escola de Chicago[21], a cidade, com desenvolvimento de variados núcleos sociais (slums, Chinatown, Little Sicily), representa ambiente que gera efeito negativo nos grupos primários e tradicionais, como as famílias, havendo deterioração qualitativa dos valores causados pela superpopulação, acúmulo de riquezas nas áreas localizadas em torno de indústrias e comércio e grande pobreza em outras áreas – *ghetto*, além do descontrole social. A separação de castas envolvida pelo resultado da criminalidade decorrente da pobreza, também permitia o nascimento de crimes de colarinho branco, sendo a lavagem de dinheiro um processo considerado criminoso para dar licitude aos crimes praticados por quem detinha o poder econômico.

No mesmo sentido, a teoria das zonas concêntricas de Ernest Burgess revela pensamento[22] de que a cidade cresce do centro –zona *loop* para fora em zonas concêntricas, onde poderá haver o encontro da criminalidade nas zonas menos desenvolvidas – zona II, conhecida como *ghetto*. Os estudos da Escola de Chicago revelam alto índice de criminalidade em ambientes urbanos específicos e caracterizados pelo isolamento de grupos, seja pela pobreza, seja pelo aspecto cultural, não encontrando aqui a revelação destacada da origem da lavagem de dinheiro, mas indiretamente.

Pela Teoria da Desorganização Social, diante dos estudos sociológicos de Clifford R. Shaw e Henry D. McKay[23], na linha da Escola de Chicago, perceberam que o crime aparece onde a vida coletiva organizada apresenta enfraquecimento. A teoria não alimenta a simples ideia de que há uma direta e única correlação entre crime e pobreza. Somente haverá crimes nas regiões das cidades mais pobres se não houver imposição de limites pela coletividade. Se o corpo social, mesmo considerado a existência de pobreza, tem a força necessária e a habilidade para deter o crescimento do crime, não é pelo motivo da ausência de carência de recursos que os indivíduos

---

21. SHECAIRA, Sérgio Salomão. *Criminologia*. 3. ed. São Paulo: Ed. RT, 2011. p. 176-179.
22. CALHAU, Lélio Braga. *Resumo de criminologia*. 4. ed. Niterói: Editora Impetus. 2009. p. 68.
23. SHAW, Clifford R.; MCKAY, Henry D. *Juvenile delinquency and urban areas*: a study of rates of delinquents in relation to differential characteristics of local communities in American cities. Chicago: The University of Chicago Press. 1942. p. 18-21.

tomarão o crime como meio de vida. Seria sim, a falta de organização social o motivo pelo qual haveria o aparecimento de grupos de jovens delinquentes. As zonas desabitadas ou superpovoadas geram movimentos que fazem proliferar desvios, crimes decorrentes da desorganização social. Esta teoria não representa vínculo direto com a lavagem de capitais, notadamente com eventual bem jurídico violado. A relação é indireta, considerando que, pela separação entre a pobreza e a riqueza, haviam aqueles que impulsionavam o consumo de drogas, bebidas e haviam os criminosos que detinham o crime como meio para acumulação de riquezas, podendo a partir daí utilizar a lavagem de dinheiro como processo de ocultação de ativos ilícitos para legalmente formalizar recursos. Nesse sentido, a escola de Chicago permitia também a elaboração não somente de uma ideia de que o crime estaria nos Ghettos, mas também de maneira indireta entre os dominantes de recursos financeiros, praticando processos de lavagem de dinheiro para ocultar os seus ativos provenientes do crime.

A escola de Chicago vinculou estudo em investigações empíricas dentro dos centros urbanos, priorizando uma atuação menos repressiva do Estado e dando valor às ações preventivas, de forma que houve a preocupação com um controle social informal em detrimento do controle social formal, devendo, qualquer intervenção na cidade ser planejada, com base nos estudos empíricos da criminalidade. O empirismo aplicado pela escola de Chicago deu origem a uma análise estatística dos dados policiais e judiciais vinculados ao crime, e com isso, chamou a atenção da criminalidade praticada nos bairros e áreas de maior pobreza. Nesse sentido, esta teoria não delimita foco no surgimento da lavagem de dinheiro como delito de forma direta, mas uma política criminal voltada para a comunidade local deteriorada e os crimes dali decorrentes, com certa mobilização das instituições locais para solucionar a desorganização social, buscando ainda reconstituir a solidariedade humana e diminuir as condutas desviadas. A consideração de que as zonas desabitadas ou superpovoadas geram movimentos favoráveis à proliferação de condutas delituosas decorrentes da desorganização social demonstra maior preocupação com uma criminalidade local, pequenos atos desviantes, sem direcionar atenção a crimes relacionados à lavagem de capitais. A lavagem de dinheiro decorre indiretamente como instrumento de camuflagem da riqueza acumulada pela liderança das gangues, assim considerando a ecologia criminal das grandes cidades, como por exemplo, em Chinatown, Little Sicily e outros pontos de grupos de estrutura criminosa onde havia acúmulo de riquezas provenientes de crimes.

4.5 A LAVAGEM DE DINHEIRO DO PONTO DE VISTA DA TEORIA DA SUBCULTURA DO DELINQUENTE – DELINQUENTE BOYS

A Teoria da Subcultura do Delinquente, idealizada por Albert Cohen em *Delinquent boys* (Delinquentes juvenis: a cultura das gangues), sugere que o envolvimento das pessoas, principalmente dos jovens, no mundo do crime tem ligação com processos de alta complexidade que podem ter relação com influência externa de gangues, valores, crenças e normas impostas por uma subcultura delinquente[24].

A subcultura criminosa representa um símbolo da resposta de algumas pessoas que sofrem exclusão social e falta de recursos materiais e simbólicos. Ou seja, o jovem que não tem acesso ao que a massa determina como sucesso, se coloca na posição de excluído, não vendo possibilidade de crescimento a não ser adentrando numa subcultura delinquente. A subcultura criminal é produto de dificuldade de adaptação à cultura dominante[25].

O grupo de excluídos cria uma linguagem própria e um meio legítimo de ascensão dentro de um ambiente fechado culturalmente isolado pela subcultura[26], onde poderiam compartilhar os mesmos ideais, porém, de certa forma, contra o grupo que os isolou. Chauí[27] destrincha a questão cultural em diversas formas com a verificação de várias culturas em uma determinada sociedade. O âmbito de análise da teoria da subcultura dos delinquentes conecta a questão da criminalidade às minorias, assim como a criminalidade dos jovens. Daí o motivo do crime ser valorizado pelas gangues que teriam seus próprios códigos e leis morais. Trata-se de uma teoria de sociologia cultural que apresenta direta relação com a origem do delito de lavagem de dinheiro.

Ao considerar que há uma subcultura, dentro da cultura geral empregada pela sociedade em sua integralidade, verificando que no interior daquela subcultura existem diferentes leis, diferente linguagem e diferente organização formal e aceita por aquele grupo culturalmente isolado, há novos códigos de conduta que permitem e proíbem comportamentos. Tais proibições e permissões não condizem com a cultura geral adotada pela sociedade. O código da subcultura não é o mesmo código de conduta que a cultura geral aplica, gerando a partir daí, conflitos. Ao considerar que existem componentes dentro de uma subcultura que aplica as ordens e leis provenientes daquele ambiente subcultural de olhos fechados, um novo mundo de regras e conceitos novos e distintos está sendo criado. Daí ocorrem as guerras entre os integrantes do grupo subcultural e a força formal dos grupos originados na cultura geral, como as autoridades de combate ao crime. Na subcultura encontram-se os delinquentes da cultura geral. As gangues representam a subcultura, os traficantes e comerciantes de bebidas em Chicago na época de total proibição de bebidas alcoólicas representam subculturas. A partir desse ambiente, para que o delinquente saísse do ambiente subcultural, para deixar de lado os conflitos e adentrar no âmbito cultural geral aceito pelas autoridades, teria então que formalizar seus ganhos no mundo

---

24. DIAS, Jorge Figueiredo; ANDRADE, Manuel da Costa. *Criminologia*: o homem delinquente e a sociedade criminógena. Coimbra: Coimbra Ed. 1992. p. 10.
25. BATISTA, Vera Malaguti. *Introdução crítica à criminologia brasileira*. Rio de Janeiro: Revan. 2011. p. 70.
26. COHEN, Albert K. *Delinquent boys*: the culture of the gang. Nova York; Londres: The Free Press: Collier Macmillan Publischers, 1955. p. 12-16.
27. CHAUÍ, Marilena. *Cultura e democracia*: o discurso competente e outras falas. 7. ed. São Paulo: Cortez, 1997. p. 40.

do crime, praticando a lavagem de dinheiro. Assim ocorreu com Al Capone numa Chicago proibitiva de venda de bebidas alcoólicas, saindo dali investimentos de um criminoso subcultural em negócios de lavagem de roupas. Portanto, a teoria da subcultura do delinquente permite a correlação com a lavagem de dinheiro, mesmo que seja de um ponto de vista indireto.

4.6 A TEORIA DA ANOMIA – ROBERT KING MERTON E O DELITO COMO FRAGILIDADE MORAL DA SOCIEDADE: CORRELAÇÃO COM A LAVAGEM DE DINHEIRO

A Teoria do Crime e Anomia também representada por Robert King Merton, em 1938, no artigo publicado na *American Sociological Review*, sob o título de *Social Structre and Anomie*, revela que o delito é resultado da fragilidade moral da sociedade, levando em consideração os valores culturais e as dificuldades dos indivíduos em alcançar tais valores. Quanto ao crime de colarinho branco, Merton reforça seu entendimento sobre o desvio inovador, de modo que a classe de homens de negócios, desviantes, mas pouco perseguidos, correspondem a sujeitos que aderem e personificam o fim social dominante sem ter interiorizado normas institucionais[28], neste âmbito, verificando a lavagem de dinheiro.

A anomia é uma situação social em que há falta de coesão e de ordem quanto à normas e valores, quando as pessoas se identificam mais com seus próprios interesses na realização das condutas do que com os interesses do grupo. Há perda das referências normativas pelo agente, enfraquecendo a solidariedade social, o que justifica a realização de desvios. O que está de fato registrado no ambiente político e empresarial brasileiro, em que a lavagem de dinheiro foi instrumento utilizado por vários agentes públicos, empresários e políticos como instrumento de ação para atingir a ocultação de recursos ilícitos, aos moldes do que se consta na investigação lava jato. O crime seria, portanto, uma das formas individuais de adaptação no âmbito de uma sociedade envolta de objetivos e instrumentos de sucesso escasso. O insucesso em atingir as metas sociais e desejadas[29] pelo agente em vista da insuficiência dos meios institucionalizados produz a anomia, fazendo com que o indivíduo abandone a regra geral para adotar meios ilegítimos para atingir suas metas, sendo esta a ideia justificadora do crime da presente teoria. O delito seria aqui, o caminho mais rápido e eficiente para alcançar a meta criada no âmbito sociocultural. A lavagem de dinheiro é o instrumento para ocultação dos frutos do crime, diante da escolha do agente pela prática de delitos para atingir o sucesso escasso.

---

28. BARATTA, Alessandro. *Criminologia crítica e crítica do direito penal*: introdução à sociologia do direito penal. Tradução de Juarez Cirino dos Santos. 6. ed. Rio de Janeiro: Editora Revan: Instituto Carioca de Criminologia, 2011. p. 66.
29. MERTON, Robert. *Social theory and social structure*. Nova York: The Free Press, 1968. p. 190.

O objetivo de Merton foi demonstrar que algumas estruturas sociais exercem pressão sobre certas pessoas da sociedade, e que por isso, estas pessoas seguem condutas não conformistas em relação à regra imposta[30]. Há classificação dos modelos de adequação individual[31] em relação à anomia, de modo que a conformidade ocorre com a aceitação do indivíduo em relação aos meios sociais institucionais para atingir as metas culturais. A inovação pelo indivíduo, em relação à regra institucional imposta, revela o aceite de metas culturais, mas não os instrumentos institucionalizados, podendo ocorrer desvios. Quando a pessoa percebe que não estão todos os meios institucionais à sua disposição, rompe com a regra e passa a desviar seus atos para atingir as metas desejadas, nesse sentido encontrando a lavagem de dinheiro como instrumento para atingir tais objetivos. O ritualismo estrutura modelo de pensamento do indivíduo quanto ao descaso das metas socialmente dominantes, pois não acredita que atingirá as metas culturais. A evasão revela o agente que vive no ambiente social sem aderir as regras, sem aderir às metas e nem aos instrumentos para atingi-las, tendo como maior exemplo o mendigo. Poderá haver desvio, mas totalmente distante de lavagem de capitais nesse caso, não impedindo a prática por outros tipos de criminosos que também, sem aderir as regras, vive em um estado de aformalidade paralelo, como ocorre com os chefes do tráfico de drogas no Rio de Janeiro, ou os políticos criminosos em Brasília e nas esferas estaduais. A rebelião é modelo de rejeição de metas e busca de nova ordem social[32]. Merton revela que a conduta desviante representa sintoma social de dissociação entre os desejos impostos culturalmente e os caminhos socialmente estruturados para realizar as metas[33].

O crime ocorre quando a coletividade cria determinados valores, metas sociais e bens de consumo, os considerando como o alcance do sucesso, caso o indivíduo os obtenha com seu próprio esforço, e ao mesmo tempo, restringe consideravelmente o acesso a eles. A sociedade cria um objetivo, fomenta a ambição em seus integrantes e dificulta a conquista desses bens e valores. Esse processo levaria os "fracassados" a usar o crime como instrumento de conquista daqueles bens. Essa anomia moral tem uma relação diferente entre os endinheirados e os carentes, pois os primeiros usariam de instrumentos legítimos para alcançar suas vontades superficiais "impostas" pela sociedade, nada impedindo que fosse utilizado o crime para atingir metas maiores do que normalmente conseguiriam atingir.

Trata-se de uma colocação coletiva em que apenas um setor da sociedade teria legitimidade para conseguir sucesso sem violar as leis. A outra parte, visando apenas o fim, usaria o crime como instrumento para alcançar o objeto desejável. Temos como

---

30. SHECAIRA, Sérgio Salomão. *Criminologia*. 3. ed. São Paulo: Ed. RT, 2011.p. 237.
31. BARATTA, Alessandro. *Criminologia crítica e crítica do direito penal*: introdução à sociologia do direito penal. Trad. Juarez Cirino dos Santos. 6. ed. Rio de Janeiro: Editora Revan: Instituto Carioca de Criminologia, 2011. p. 64.
32. SABADELL, Ana Lúcia. *Manual de sociologia jurídica*: introdução a uma leitura externa do Direito. 3. ed. São Paulo: Ed. RT. 2005.p. 85-86.
33. MERTON, Robert. *Social theory and social structure*. Nova York: The Free Press, 1968. p. 187-188.

exemplo, o comércio de bolsas falsificadas em feiras abertas ao público. Se determinada bolsa fosse adquirida de forma genuína, custaria R$ 100.000,00. A pessoa que desejar ter a cópia falsificada pagaria R$ 10.000,00. Houve então a prática de um delito visando um fim apenas, sem se preocupar com as transgressões legais que envolveu seu desejo de consumo. Além disso, o crime mencionado não envolveu pessoa de baixo poder aquisitivo, mas sim indivíduo de classe alta, considerando o comprador e o vendedor, que se quiser legalizar o produto da venda ilegal, teria que utilizar do processo de lavagem de dinheiro.

Esta teoria permite nos entender que o agente poderia praticar o delito de lavagem de capitais para atingir seu objetivo-meta social, muito embora a teoria não faz qualquer menção à lavagem de capitais.

4.7 TEORIA DA ASSOCIAÇÃO DIFERENCIAL – SUTHERLAND E OS CRIMES DE COLARINHO BRANCO

Pela Teoria da Associação Diferencial, Edwin Sutherland, no início do séc. XX, apontou interessante posicionamento afirmando que a criminalidade nada tem a ver com a condição econômica do delinquente. Tanto pobre quanto rico pode praticar crime. Sutherland relaciona vários crimes praticados pela classe média e alta, deixando marcado nos estudos de criminologia a expressão "crimes de colarinho branco" que poderiam ser praticados por pessoas de alto poder aquisitivo ou mesmo pessoas que estariam envolvidas com o poder público. É possível, com as conclusões de Sutherland, fazer uma consideração clara do que seriam crimes de colarinho branco, diante dos delitos praticados por agentes de alto padrão social, cultural e financeiro. As características dos envolvidos não nos levam a crer que são ausentes de recursos financeiros ou culturais. Muito pelo contrário, os envolvidos neste tipo de criminalidade são geralmente pessoas de elevada cultura e possuidores de grandes fortunas.

Sutherland levanta a hipótese de que o fator que poderia levar as pessoas a praticar os crimes de colarinho branco seria a crença dos indivíduos na impunibilidade, ou seja, na sujeição do indivíduo ao excesso de crenças favoráveis a ele diante da violação da lei e comparar com o que deixaria de obter se obedecer a norma. O delinquente aprende a ser criminoso dependendo da sua associação com grupos que reiteradamente praticam comportamentos desviantes. A percepção dos benefícios com a prática do crime e a vontade de seguir agentes desviantes admirados e respeitados dentro do grupo que segue, pode ser motivo para que realizem os denominados crimes de colarinho branco.

Apesar de não concordar que a pobreza seja o fator que leva o agente à prática de delitos, Sutherland foi influenciado pela Escola de Chicago, onde teve contato com a Criminologia no início do século XX. Para Sutherland, a associação diferencial significa um processo de aprendizagem de comportamentos desviantes, partindo da ideia de que o crime não somente está nas classes pobres, pois na verdade, está na aprendizagem de valores criminais, de forma que o agente aprende a conduta desviada e associa-se ao desvio de comportamento.

A conduta infracional é aprendida da mesma forma que uma conduta virtuosa. A forma de associação está na interação do agente com outros criminosos por meio do processo de comunicação, de modo que este processo ocorre no seio das relações íntimas do indivíduo com seus familiares ou com pessoas do meio onde a influência criminógena envolve grau de intimidade do contato interpessoal. A aprendizagem da conduta desviada inclui técnicas de prática de delito, do mesmo modo que a orientação específica das correspondentes motivações, impulsos e atitudes da conduta criminosa. Um indivíduo se converte em delinquente quando as definições favoráveis da violação da lei superam as desfavoráveis. Ocorre esta transformação de indivíduo em delinquente quando, por seus contatos diferenciais, aprendeu ele mais modelos criminosos do que modelos adequados ao Direito. As associações e contatos diferenciais da pessoa podem ser distintas conforme a frequência, duração e intensidade. Logicamente, os duradouros e frequentes possuem maior influência pedagógica para o ensino da prática de crime, pois o delito se aprende por meio de processo de aprendizagem de comportamento mediante contato diferencial do indivíduo com modelos delitivos[34]. O que não for delitivo é aprendido por todos os mecanismos inerentes a qualquer processo de aprendizagem. Nesse sentido, a conduta delitiva é uma expressão de necessidades e de valores gerais[35], assim considerando a lavagem de dinheiro, aprendida por contato diferencial do agente.

Há uma clara proposta de que o comportamento delitivo é explicado a partir de uma série de mecanismos de aprendizagem, partindo a teoria do aprendizado da delinquência de que a conduta criminosa, como espécie de comportamento humano, se aprende, do mesmo modo que os demais comportamentos não criminosos, através do associacionismo. O princípio fundamental está locado no entendimento de que o motivo pelo qual os indivíduos se convertem em criminosos é o contato excessivo com definições favoráveis à criminalidade, superiores ao contato que tem com definições contrárias. Do mesmo modo que Sutherland, Gabriel Tarde[36] formulou em 1890, as chamadas leis da imitação, de onde afirma que as pessoas imitam as outras proporcionalmente ao grau de contato que possuem com elas. Além disso, aqueles que se consideram inferiores imitam os superiores, assim como as novas modas desprezam as velhas modas[37].

---

34. SUTHERLAND, Edwin H. *Princípios de criminologia*. Trad. Asdrúbal M. Gonçalves. São Paulo: Livraria Martins. 1949. p. 12.
35. MOLINA, Antonio García-Pablos; GOMES, Luiz Flávio. *Criminologia*: introdução a seus fundamentos teóricos. 3. ed. São Paulo: Ed. RT, 2002. p. 375-377.
36. TARDE, Gabriel. *The laws of imitation*. Trad. E.C. Parsons. Nova York: Henry, Holt and Co.1903.
37. GRECO, Rogério. Direito *Penal do equilíbrio*: uma visão minimalista do direito penal. 4. ed. Niterói: Impetus. 2009. p. 41-42.

Ao revelar crença no sentido de que o homem aprende a conduta desviada e associa-se com referência nela, confirma-se que Sutherland tem como precursor o sociólogo Gabriel Tarde que afirmava que o criminoso era profissional que necessitava de aprendizado do mesmo modo que qualquer pessoa e sua profissão[38]. A pessoa não nasce criminosa, não tem a genética do ser humano criminoso, ocorrendo, do ponto de vista da teoria da associação diferencial, a consideração de que o processo de comunicação determina a prática de crimes por meio de um processo de aprendizagem que conduz o indivíduo à prática de atos socialmente considerados desvios formais.

Além disso, importa registrar que também é causa da associação diferencial, o conflito cultural, tendo a sociedade vários grupos com variados tipos de culturas. Dentre as culturas, encontra-se a cultura criminosa ao lado das outras reputadas lícitas pela sociedade. Ao mesmo tempo que há a cultura do *heavy metal*, há a cultura criada por homens de negócios e profissões liberais, e aquele que se inserir naquela cultura, estará disponível para aprender suas características e o modo de levar a vida, inclusive os tipos de delito praticados. Existem aqueles indivíduos que, inseridos em culturas que não se espera a prática de crimes, como por exemplo as pessoas que vivem o mundo político, e, no entanto, dali surgem algumas delas praticando crimes. Sutherland identifica uma nova categoria de criminosos, que passa a ser denominada criminosos de "colarinho branco".

Uma vez verificada a violação da Lei Antitruste, por empresas variadas e de todo tipo, nos Estados Unidos, considerando, notadamente, as companhias produtoras de aparelhos elétricos que dividiam o território do país em quatro partes para influenciar a lei da oferta e da procura, fixando preços com base exclusiva em seus interesses econômicos, foi encontrado uma nova maneira de praticar delitos, por novo tipo de criminoso, com base em fatos que violavam leis de consumo, leis antitruste, novos crimes praticados por quem tinha respeito social de alta camada da sociedade. Esse novo tipo de delito é praticado por pessoas respeitáveis com elevado grau social, sendo cometido no exercício da profissão, na maioria das vezes, relacionando seus efeitos com sua vida privada. O crime de colarinho branco não é relacionado com a pobreza, com as condições de moradia, com carência de recreação, com baixo nível educacional. Além disso, registra-se que este tipo de criminalidade é ausente de registros e tem poucas estatísticas, uma vez que conta com proteção de autoridades na ocultação de fatos, além da dificuldade de comprovar fatos desviantes, com legislação impondo penas leves, tribunais especiais julgando suas questões, prisões diferenciadas e atenção luxuosa aos casos dos "poderosos". Para chegar a esta conclusão, Sutherland[39] investigou as 70 principais corporações americanas por mais de 20 anos, encontrando nelas várias práticas de delitos e violações à legis-

---
38. TARDE, Gabriel. *The laws of imitation*. Trad. E.C. Parsons. Nova York: Henry, Holt and Co.1903. p. 74.
39. SUTHERLAND, Edwin H. *Crime de colarinho branco*: versão sem cortes. Trad. Clécio Lemos. Rio de Janeiro: Revan, 2015. p. 42.

lação. Todas elas, listadas por Sutherland[40] na obra "Crimes do Colarinho Branco", praticaram atos nocivos à lei, sendo que 91,7% eram reincidentes, praticando todas as empresas, 14 infrações penais típicas deste tipo de criminalidade de elite[41]. A investigação comprova toda sorte de violações da lei, assim considerando, restrição de comércio, publicidade enganosa, violação de patentes, marcas e direitos autorais, práticas laborais injustas, nos termos como foi definido pelo Conselho Nacional de Relações de Trabalho e decisões no âmbito da Justiça do Trabalho, fraudes financeiras e violações de sigilo, violações das leis de guerra e outras infrações variadas. Estes são casos definidos como violações de lei, a maioria definido como crime e outros comportamentos próximos de crime[42]. Conforme Sutherland, das 70 empresas, 30 eram ilegais desde sua origem ou iniciaram atividades ilegais imediatamente após sua origem. Outras 8 empresas eram provavelmente ilegais na origem ou em suas políticas iniciais. Quanto às violações da lei, 27 constituíram restrição de comércio, 3 eram violações de patentes; das 8 originais que eram provavelmente criminosas, 5 envolviam restrição de comércio, 2 violações de patente e 1 fraude. A fonte para apreciação da origem das empresas é sustentada em decisões judiciais em 21 casos e outros registros históricos nos demais casos[43].

Os comerciantes, industriais, autoridades, grandes empresários, banqueiros, megaindustriais tinham um *status* social e político que os diferenciavam de delinquentes de crimes comuns, facilitando o vácuo estatístico da cifra negra. Estes agentes eram e são respeitados até hoje, inclusive, alguns são políticos e a justiça os respeita. O legislador os respeita. A sociedade os admira e os respeita. Assim, não se vê os criminosos do "colarinho branco" como o delinquente comum, mas como pessoas de respeito que devem ser tratadas com diferença, na visão de alguns. Além disso, as consequências dos crimes praticados não são, na maioria das vezes, verificadas no âmbito social, como por exemplo a sonegação de um tributo, como o avanço de atos contra leis antitruste.

A partir do pensamento de Sutherland, a criminologia passou a delimitar um caminho a partir do estudo de um ponto de vista macrossocial, ampliando a crítica do fenômeno criminal para outras camadas sociais, colocando prova de que há delitos praticados por poderosos sociais, além de desnudar tratamento diferenciado dado pelo Estado em relação à tais pessoas, registrando uma criminalidade em meio à indivíduos de destaque social.

---

40. SUTHERLAND, Edwin H. *Crime de colarinho branco*: versão sem cortes. Trad. Clécio Lemos. Rio de Janeiro: Revan, 2015. p. 45-47.
41. SHECAIRA, Sérgio Salomão. *Criminologia*. 3. ed. São Paulo: Ed. RT, 2011.p. 214.
42. SUTHERLAND, Edwin H. *Crime de colarinho branco*: versão sem cortes. Trad. Clécio Lemos. Rio de Janeiro: Revan, 2015. p. 42.
43. SUTHERLAND, Edwin H. *Crime de colarinho branco*: versão sem cortes. Trad. Clécio Lemos. Rio de Janeiro: Revan. 2015. p. 55.

Edwin Hardin Sutherland (1883-1950) iniciou seus estudos em Histórica, mudando o foco em 1906 quando ingressou no curso de Sociologia da Universidade de Chicago. Como docente, passou por William Jewell College de Missouri (1913-1919); University of Illinois (1919-1926); University of Minnesota (1926-1929); University of Chicago (1930-1935); Indiana University (1935-1949), além de ter sido professor das universidades de Kansas e Washington.

Em 1913, Sutherland finalizou sua tese de doutoramento sobre desemprego (Unemployment and Public Employment Agencies), na Universidade de Chicago. Em 1924 publicou Criminology, como o primeiro trabalho sobre sociologia da delinquência. Em 1930, Sutherland visitou presídios em torno da Europa, sobretudo na Inglaterra e península Escandinávia, e ao final publicou o artigo *A prisão como laboratório criminológico* (The Prison as a Criminological Laborary).

No ano de 1934, publicou a obra *Princípios de Criminologia* (Principles of Criminology) que reuniu seus principais pensamentos sobre os processos de formação de um delinquente, e foi neste momento que surgiu a semente para sua teoria do crime de colarinho branco. Sutherland, em 1937, publicou a obra *O Ladrão Profissional* (The Professional Thief), após entrevista longa com Broadway Jones que havia sido pago pela Universidade de Chicago para narrar, pelo período de três meses, sobre sua carreira criminosa, considerando o nível do delinquente na sociedade, bem vestido, com aplicada etiqueta e oratória destacada. Neste trabalho, a direção da pesquisa de Sutherland direcionou trajetória para a criminalidade dos ricos, quando então anunciou interesse para uma investigação profunda sobre os crimes praticados por pessoas de classes poderosas.

Ao assumir o posto de presidente da Sociedade Sociológica Americana (American Sociological Society), Sutherland realiza uma palestra, na posse ocorrida em 1939, cujo título foi *O criminoso de colarinho branco* (The White Collar Criminal), que acabou sendo publicado um ano depois pela revista American Sociological Review pelo nome *Criminalidade de colarinho branco* (White-collar Criminality). Neste momento, chamou a histórica atenção para este tipo de criminalidade e o registro para nova modelagem de delinquência praticada por pessoas de destaque social. Como resultado de 17 anos de pesquisa em busca dos motivos dos desvios no âmbito do colarinho branco, Sutherland lançou, em 1949, o seu último trabalho, denominado *Crime de colarinho branco* (White Collar Crime). Considerando que os dados coletados envolveram 70 das maiores empresas norte-americanas da época, com evidencias que demonstravam sua teoria, foi censurada até 1983, quando então a Yale University Press decidiu publicar a versão sem cortes da obra. Importar o registro de que o conceito de crimes de colarinho branco apontado por Sutherland está vinculado à condição pessoal do agente, devendo ser uma pessoa de respeito e alto status social, além do ato criminoso dever ser praticado no curso de sua atividade profissional.

Em que pese Sutherland não ter deixado claro o motivo pelo qual denominou crimes de colarinho branco para aqueles crimes praticados por pessoas de poder financeiro e destaque social, é sabido que, nas grandes indústrias norte americanas da época, havia uma divisão entre os empregados trabalhadores braçais e operários, que vestiam uniforme com o colarinho azul, e os trabalhadores intelectuais, de classe social superior, que vestiam uniformes com colarinho branco, de modo que a cor do colarinho representava também classes, grupos de trabalhadores[44].

Com base nos estudos sobre a criminalidade de colarinho branco, Sutherland reforma seu pensamento quanto à aprendizagem do delito e sua origem, reformulando os princípios da Teoria da Associação Diferencial e os publicou, na quarta edição da obra Princípios da Criminologia, em 1947. Os famosos nove princípios são os seguintes:

> a conduta criminosa se aprende, como qualquer outra atividade; o aprendizado se produz por interação com outras pessoas em um processo de comunicação; a parte mais importante do aprendizado tem lugar dentro dos grupos pessoais íntimos; o aprendizado do comportamento criminoso abrange tanto as técnicas para cometer o crime, que às vezes são muito complicadas e outras, muito simples, quanto a direção específica dos motivos, atitudes, impulsos e racionalizações; a direção específica dos motivos e impulsos se aprende de definições favoráveis ou desfavoráveis a elas; uma pessoa se torna delinquente por efeito de um excesso de definições favoráveis à violação da lei, que predominam sobre as definições desfavoráveis a essa violação; as associações diferenciais podem variar tanto em frequência como em prioridade, duração e intensidade; o processo de aprendizagem do comportamento criminoso por meio da associação com pautas criminais e anticriminais compreende os mesmos mecanismos abrangidos por qualquer outra aprendizagem; se o comportamento criminoso é expressão de necessidades e valores gerais, não se explica por estes, posto que o comportamento não criminoso também é expressão dos mesmos valores e necessidades.[45]

Ao discorrer sobre o crime de colarinho branco como delito, Sutherland revelou que foram verificadas 980 decisões proferidas contra as maiores 70 empresas industriais e mercantis, com base numa média de 14 decisões contra cada empresa. Destas, 158 foram decisões decretadas pela justiça criminal, afirmando conduta criminosa por violações advindas de questões relativas a restrição de comércio, propaganda enganosa, violação de patentes, práticas violadoras da Lei Nacional das Relações do Trabalho, lei antitruste, considerando o crime como comportamento proibido pelo Estado, com aplicação de pena. Considerando isso, é crime para Sutherland, o comportamento baseado numa descrição legal de um ato socialmente danoso e previsão legal de uma sanção penal[46].

Sutherland deixou legado no âmbito da criminologia ao identificar, por profundas pesquisas, uma sorte de crimes praticados por pessoas de alto nível social, inte-

---

44. SUTHERLAND, Edwin H. *Crime de colarinho branco*: versão sem cortes. Trad. Clécio Lemos. Rio de Janeiro: Revan, 2015. p. 13.
45. SUTHERLAND, Edwin H. *Crime de colarinho branco*: versão sem cortes. Trad. Clécio Lemos. Rio de Janeiro: Revan, 2015. p. 13-14.
46. SUTHERLAND, Edwin H. *Crime de colarinho branco*: versão sem cortes. Trad. Clécio Lemos. Rio de Janeiro: Revan, 2015. p. 83-86.

lectual e financeiro, considerando crime o que a lei determina que seja, sem atentar ao aspecto dogmático do delito. Em suas investigações, em momento algum, registra relação do comportamento criminoso à lavagem de capitais, mas pode ser daqui, a origem das atenções para a criminalização da lavagem de dinheiro, sobretudo com as ocorrências de violência em Chicago decorrentes da Lei Volstead, que proibira a fabricação, distribuição e venda de bebidas alcoólicas, e acabou por contribuir para o aumento de fortunas de várias gangues e mafiosos, dos quais o mais conhecido foi Alphonse Gabriel "Al" Capone[47].

Assim, na esfera da criminologia, compreendemos que o estudo que maior proximidade tem com a lavagem de dinheiro, de fato, e sua criminalização parte de Sutherland, ao registrar estatísticas e estudos quanto à criminalidade de pessoas de alto padrão financeiro e cultural, crimes de colarinho branco. Contudo, Sutherland deixa claro que considera crime praticado por este grupo de pessoas, aquilo que viola a lei, sem qualquer parâmetro dogmático e muito menos, com a preocupação de analisar uma conduta criminosa em relação a lesão a bem jurídico. Mais uma vez, historicamente, encontra-se clareza na afirmação de que o crime de lavagem de dinheiro tem origem numa necessidade do Estado criminalizar uma conduta em busca de encontrar soluções e instrumentos para conseguir a condenação de criminosos que praticaram crimes comuns, utilizando a lavagem de dinheiro como processo de transformação do produto do crime em objeto lícito. Nesse sentido, registra-se o nascimento cultural do delito de lavagem de dinheiro, proveniente sua denominação da Escola de Chicago em conjunto com o pensamento de Sutherland e o movimento da Lei Volstead.

4.8 ASPECTOS CONCLUSIVOS DA LAVAGEM DE DINHEIRO NA CRIMINOLOGIA – ESCOLAS SOCIOLÓGICAS DO CRIME

Uma vez investigada a lavagem de dinheiro como delito, no âmbito das Escolas Sociológicas do Crime, através da Escola de Chicago, da Teoria da Anomia, da Teoria da Subcultura do Delinquente, da Teoria dos Rótulos, da Teoria da Criminologia Crítica, da Teoria da Associação Diferencial, temos que houve maior magnitude na aproximação do pensamento de Sutherland, ao aprofundar estudos sobre o conteúdo dos crimes de colarinho branco. No entanto, verifica-se que a origem do crime de colarinho branco decorre de uma concepção de crime formalista e legalista, baseada em investigação para estatísticas e sem relação com a violação do bem jurídico, servindo para concluir que a criminologia teve papel importante para identificar a origem de crimes de colarinho branco, de forma que registra conclusão de que a lavagem de dinheiro veio à se tornar crime, não por necessidade de proteção de bem jurídico, mas reforçando a ideia de que veio à tona para atender uma necessidade

---

47. SCHOENBERG, Robert. J. Mr. *Capone*: The Real – and complete – Story of Al Capone. New York: Willian Morrow and Company, Inc. 1992, p. 18-27.

do Estado para atingir um tipo de criminoso que praticava crimes comuns (tráfico de drogas, corrupção, tráfico de bebidas etc.) e tornava o dinheiro limpo por meio de procedimento de lavagem de dinheiro. O estado tornou este procedimento um delito. O foco inicial não foi proteger bens jurídicos, mas atingir o criminoso de colarinho branco que praticava crimes comuns de forma complexa, mais inteligente e avançada do que o Estado. Em que pese tal apontamento, as teorias apontadas, decorrentes das escolas sociológicas do crime, todas elas, de alguma forma se relacionam com a criminalização da lavagem de dinheiro sem atentar o Estado para a questão da tipicidade material como necessidade fundamental elementar do delito no Estado de Direito, objeto de segurança jurídica. O que se verifica em relação ao aspecto criminológico é a revelação cultural do problema da criminalidade de inteligência e o registro cultural do seu surgimento, permitindo a política criminal se direcionar para sua solução.

5
CORRELAÇÃO DOGMÁTICA-SISTÊMICA DO BEM JURÍDICO NA ESFERA DO PROCESSO DE LAVAGEM DE DINHEIRO – DO PRÉ-ILUMINISMO À JOHANN BIRNBAUM

5.1 INTRODUÇÃO

O bem jurídico passou por mudanças significativas em seu conceito, natureza jurídica e vinculação ao Direito penal desde o período pré-iluminista até a atualidade, ainda em movimento para mudanças, notadamente diante da vinculação entre a matéria penal e a onda constitucional penal. A discussão quanto ao bem jurídico vem de longe, passando pela teoria clássica, neokantismo, finalismo, funcionalismo, estrutura significativa da ação para além de um Direito penal constitucionalizado, devendo respeito a tipicidade material como elemento de coesão da estrutura do delito. Para identificar a importância do bem jurídico no âmbito da dogmática, sem dúvidas, o aspecto histórico é de extrema relevância, sobretudo para estabelecer parâmetros para analisar o processo de lavagem de dinheiro como crime.

A matéria penal vem sofrendo forte ingerência política, deixando a dogmática de lado e prevalecendo, na vida real, a vontade do legislador, e somente ela, na maioria das vezes vazia de conteúdo e estrutura dogmática que justifique racionalmente a aplicação da violência da pena criminal.

Pois bem, o desenvolvimento histórico da noção do bem jurídico é importante para identificar sua relevância para a dogmática penal e a consequente aplicação da justiça na esfera do Estado Democrático de Direito, onde o sistema jurídico coloca o homem no centro das questões jurídicas. A sanção penal é a própria violência praticada pelo Estado, e nesse sentido, é de suma importância que haja uma justificativa doutrinaria para sua aplicação, de forma que a proporcionalidade e o justo sejam reflexos de uma aplicação prática do que seja razoável em um Estado Democrático de Direito.

Inicialmente não havia um Direito penal sistematizado. Muito menos um processo penal adequado às garantias do ser humano. Com isso, a ideia do bem jurídico se quer passava perto do âmbito de análise para aplicação de um Direito penal e as consequentes sanções criminais. A noção de religiosidade vinculava o pensamento em geral, inclusive na aplicação das penas àqueles indivíduos que agiam de forma pecadora. Praticar condutas contrárias aos costumes e princípios do Estado/Igreja abria portas para identificação do pecado/crime que deveria ser punido a todo custo. Um tempo sem base e criação científica dogmática penal, em que tudo ou quase tudo se justificava pelos mandos e desmandos dos líderes religiosos já foi ambiente de verificação do Direito penal, ficando difícil encontrar, inclusive, a própria identificação deste Direito. Diante disso, a importância do estudo e a investigação do bem jurídico como elemento dogmático para entender o processo de lavagem de dinheiro como delito dentro dos sistemas penais no causalismo, no neokantismo, no finalismo, nos diversos tipos de funcionalismo, na estrutura significativa sistêmica, e sobretudo, em um Direito penal constitucional em que há exigência da lesividade registrada em atenção à tipicidade material. O processo de lavagem de dinheiro foi comportamento tipificado, merecendo vinculação constitucional de uma visão atual do Direito penal, sendo necessário o estudo do bem jurídico como elemento jurídico desde o seu nascedouro. Nesse sentido, numa primeira ordem, importa verificar o vácuo do conceito do bem jurídico na era pré-iluminista até a crítica de Johann Michael Franz Birnbaum à tese de Paul Johann Anselm Ritter von Feuerbach.

5.2 PRÉ-ILUMINISMO: VÁCUO CONCEITUAL DO CONCEITO DO BEM JURÍDICO PARA A LAVAGEM DE DINHEIRO

O Direito penal neste período pré–iluminista era caracterizado pela violência das penas decorrentes de crimes que se confundiam com pecados. A Igreja estava entranhada no Estado, de onde partiam as decisões e o poder. O Direito penal, portanto, estava no âmbito de criação da Igreja, de onde havia a vinculação entre as condutas criminosas e os pecados. As penas não eram conectadas a qualquer garantia, muito menos à proporcionalidade, de modo que se praticavam sanções duras, corporais, próximas à tortura institucionalizada. O processo, para levar algum pecador/criminoso a sofrer as iras de uma penalidade, era desprovido de garantias. O próprio Direito penal não era baseado em aspectos científicos, prevalecendo o autoritarismo.

O Direito penal representava um sistema de punição livre sem qualquer respeito à razoabilidade e garantias. Não se pensava em estrutura de delito, muito menos em tipicidade material. Aliás, não havia se quer um parâmetro legal para aplicar uma sanção penal. As penas eram diabólicas, atingindo o corpo humano de maneira ilimitada, vigorando o arbítrio, a brutalidade, a maldade e o descontrole em relação à segurança jurídica. Esta vinculação entre o crime e o pecado, em que as penas eram aplicadas por indivíduos contra outros indivíduos ou pelo próprio Estado/Igreja em face dos indivíduos foi até o final do século XVIII.

O crime, na condição de pecado, era um atentado contra a divindade e a pena a consequência da desobediência à vontade divina[1]. A confusão entre o delito e o pecado com a eticização da conduta antijurídica e as penas cruéis caracterizavam o período pré-iluminista. Além disso, não havia um Direito penal estruturado constitucionalmente, uma dogmática formada e sequer um sistema racional de aplicação de pena. Considerando que o bem jurídico e seu conceito somente vem a ser formulado diante de divergências ocorridas no século XIX[2] quanto a função do Direito penal, ou seja, após os iluministas serem inseridos no Direito penal e a indagação sobe a finalidade do Direito penal, o conteúdo da tutela penal, o período pré-iluminista não apresentou, historicamente, relevância direta à criação do conceito do bem jurídico.

Esta ideia de entrelaçamento do crime e do pecado, e de penas brutas, desumanas e inconcebíveis para os dias atuais, onde há distancia de um Direito penal estruturado numa dogmática construída para atender exigências justas, acompanha as culturas distantes. Na China havia as "cinco penas" para crimes praticados, que era a morte para o homicídio, a amputação para furto, a castração para o estupro, a amputação do nariz para a fraude e a marca na testa para delitos de menores. Na índia o Código de Manú, como texto penal, tinha a pena como função moral, pois purificava o criminoso pecador. A punição do infrator era divina e exercida por autoridade representante na terra. A origem de um Direito penal teocrático estava presente também no Japão, Coreia e Sião. No Egito também havia a presença de um Direito penal organizado sob o aspecto teocrático, com penas terríveis, mas praticadas em nome de Deus. O Código de Hamurabi, do séc. XXIII a.C. estipulava questões criminais, mas ainda não havia um sistema dogmático estruturado.[3] Muito menos uma preocupação com a função do Direito penal que veio gerar discussão que deu vida à noção do conceito de bem jurídico.

Ao adentrar no movimento cultural do século das luzes, buscando aplicar a razão em detrimento à cultura medieval, Cesare Beccaria na obra *Dos delitos e das penas* aponta diferença entre o crime e o pecado apontando críticas à lastimável aplicação de sanções penais desumanas.

> A pretensa necessidade de purgar a infâmia constitui também uma das absurdas razões do uso das torturas. Um homem, a quem a lei declarou infame, se torna puro ao confessar o crime, enquanto lhe partem os ossos? Terá a dor, que é uma sensação, o poder de destruir a infâmia, que é uma correlação moral? A tortura constituir-se-á um cadinho e a infâmia um corpo misto que deposite nele tudo o que tiver de impureza? Em verdade, abusos tão ridículos não deveriam ser tolerados no século XVIII.[4]

---

1. PRADO, Luiz Regis. *Bem jurídico penal e Constituição*. 7. ed. rev. e ampl. São Paulo: Ed. RT, 2014. p. 29-30.
2. BRANDÃO, Cláudio. *Teoria jurídica do crime*. 4. ed. São Paulo: Atlas, 2015. p. 9-10.
3. ZAFFARONI, Eugenio Raul; PIERANGELI, José Henrique. *Manual de direito penal brasileiro*: parte geral. 7. ed. São Paulo: Ed. RT, 2007. p. 159-163. v.1.
4. BECCARIA, Cesare. *Dos delitos e das penas*. São Paulo: Editora Hemus – Livraria Editora Ltda, 1971. p. 35.

A meu ver, a crítica de Cesare Beccaria à postura da Igreja em manter um Direito penal vinculado à religião veio após a publicação da obra acima referida. Respondeu à tais críticas apontando razoabilidade em sua posição, verificando importância na construção da noção do conceito de bem jurídico. É criticado da seguinte forma: "A heresia não pode ser chamada de crime de lesa-majestade divina, conforme o autor da obra 'Dos Delitos e das Penas'.[5]Cesare Beccaria responde: "Não existe, em todo o meu livro, um termo que dê margem a tal imputação. Propus-me tão somente tratar 'Dos delitos e das penas', e não dos 'pecados'."[6]

Assim, de extrema importância, o período iluminista aponta absoluta importância à criação do conceito de bem jurídico, onde há identificação da razão do Direito penal. Em que pese não haver registro formal da prática de lavagem de dinheiro, nada impede raciocinar na possibilidade de ocorrência de processos de formalização ou justificação de produtos de crime, delitos estes praticados por pessoas que dele viviam ou os cometiam esporadicamente. Conforme visto na criminologia, o crime é inerente à pessoa humana, seja como desvio interno ou social, o crime acompanha a sociedade em toda a sua história. Sem importar para o delito antecedente que venha gerar produtos vantajosos para os desviantes, é natural a busca de justificativa para formalizar ou mesmo justificar o produto de um comportamento não aceito pelo Estado, o que seria a lavagem de dinheiro. Certamente, se a igreja/estado identificasse algum delinquente escondendo o fruto de um delito – pecado, haveria aplicação de sanção penal. Nesse sentido, o que se percebe é que processos de justificativa de ocultação de bens provenientes de delitos poderiam levar alguém a sofrer as iras das penas no período pré-iluminista, o que não pode ser esquecido também que a lavagem de dinheiro não era se quer mencionada como delito e que o bem jurídico também não era objeto de verificação e consideração pelo Estado ao aplicar a pena.

5.3 ILUMINISMO E A LUZ DO BEM JURÍDICO COMO FONTE SUBSTANCIAL PARA A (A)TIPICIDADE DA LAVAGEM DE DINHEIRO

No período iluminista foi superado a ideia absolutista de que o rei representava Deus na terra e que o crime era o pecado contra a vontade de Deus. As penas cruéis e lastimáveis foram contestadas. A fundamentação do crime decorrente de uma visão supra-humana deixa de ocorrer desse modo para ser vista do ponto de vista de algo decorrente do homem para o homem. Ou seja, a visão de crime em conexão com ofensa ao que a igreja determinava, a ofensa à divindade, ao vínculo entre o crime e o pecado passa a ser delimitada por uma razão antropológica. O iluminismo permitiu a separação da visão de que o crime faz parte de uma agressão à divindade, sendo

---

5. BECCARIA, Cesare. *Dos delitos e das penas*. São Paulo: Editora Hemus – Livraria Editora Ltda, 1971. p. 101.
6. BECCARIA, Cesare. *Dos delitos e das penas*. São Paulo: Editora Hemus – Livraria Editora Ltda, 1971. p. 101.

assim um pecado que deve ser tratado como tal. Cesare Beccaria em *Dos delitos e das penas*[7] aparece com ideias absolutamente críticas ao antigo sistema e a aplicação de penas desumanas, passando a ser um marco para observação de que a mudança de pensamento estava presente em tal época. Esta visão mais racionalista passa a permitir uma criação lógica do conceito de crime. Trata-se, portanto, de uma mudança de pensamento permitida pela filosofia penal iluminista que, aos moldes da atualidade foi necessário para a consideração de delito o comportamento que venha a lesar bem jurídico, além do aspecto substancial da tipicidade, exigência constitucional sob o viés de um Direito penal entranhado no Estado Democrático de Direito, de modo que, nesse mesmo sentido o processo de lavagem de dinheiro merece atenção.

O iluminismo foi um movimento cultural originado na Europa no século XVIII. Também conhecido como Século das Luzes e como Ilustração. A racionalidade foi o tema de origem do iluminismo para mudar a sociedade decorrente do absolutismo e a selvageria medieval. O movimento iluminista foi contra os abusos praticados pela igreja e o vínculo com o Estado decorrente de Deus. O período da Ilustração percorreu entre 1650 e 1700, assumindo tendências absolutamente modificadoras da cultura medieval, ao buscar um conhecimento baseado na razão humana, na natureza, com a intenção voltada para tornar as coisas úteis na visão de um homem que buscava o progresso. O iluminismo desenvolveu no sentido da razão até o ano de 1800, quando então o movimento da razão perde lugar para o romantismo e a emoção. Foram destaques no período iluminista os filósofos Baruch Spinoza (1632-1677), John Locke (1632-1704), Pierre Bayle (1647-1706), o matemático Isaac Newton (1643-1727).

Com a presença da razão proveniente do iluminismo, o pensamento de uma justiça penal passa a ser visto também neste sentido, de onde fortes críticas à certeza da necessidade de uma pena cruel é combatido veementemente pelos iluministas, notadamente Cesare Beccaria[8].

> É uma barbárie que o uso consagrou na maioria dos governos fazer torturar um acusado enquanto se faz o processo, seja para que ele confesse a autoria do crime, seja para esclarecer as contradições em que tenha caído, seja para descobrir os cúmplices ou outros crimes de que não é acusado, porem dos quais poderia ser culpado, seja finalmente porque sofistas incompreensíveis pretenderam que a tortura purgava a infâmia.

O delito, que era a imagem do pecado, passa a ser visto como a violação do contrato social, e esta foi a grande contribuição de Cesare Beccaria. O crime ganha autonomia em relação ao pecado. A ideia era limitar o arbítrio e a gravidade das penas. Com isso, garantia os bens individuais. A prática de comportamento para ocultar bens ou direitos que decorrem de um crime antecedente teria que ter maior

---

7. BECCARIA, Cesare. *Dos delitos e das penas*. São Paulo: Editora Hemus – Livraria Editora Ltda, 1971. p. 101.
8. BECCARIA, Cesare. *Dos delitos e das penas*. São Paulo: Editora Hemus – Livraria Editora Ltda, 1971. p. 31.

envolvimento com garantias vinculadas à ideia de razão, se distanciando da arbitrariedade da aplicação do poder pela Igreja.

A sanção penal não poderia mais ser o meio instrumento para extirpar o pecado da terra. Com isso, a crueldade não poderia prevalecer diante da aplicação desumana das sanções penais[9].

> Contudo, se, por sustentar os direitos do gênero humano e da imbatível verdade, contribuí para arrancar de morte atroz algumas das trêmulas vítimas da tirania ou da ignorância igualmente prejudicial, as bênçãos e as lágrimas de apenas um inocente recambiado aos sentimentos da alegria e da ventura me confortariam do desprezo do resto dos homens.
>
> As penas que vão além da necessidade de manter o depósito da salvação pública são injustas por sua natureza.

O movimento iluminista, ao determinar uma visão racional das coisas em todos os âmbitos, naturalmente buscando uma progressão cultural nas esferas da sociedade, permitiu uma nova visão do Direito, sobretudo o Direito penal, que substituiu a corrente de pensamento baseada na cultura espiritual para o racionalismo, dessa forma evoluindo o conceito inclusive da consideração de um comportamento que subsume no atual tipo de lavagem de dinheiro. Nesse sentido, a questão do crime e da pena estavam desvinculadas de questões éticas e religiosas, estando presentes no âmbito do contrato social, pois o homem abria mão da total liberdade para atender à necessidade coletiva, aceitando as regras gerais. A conduta criminosa violava a regra geral e não a divindade. A pena não era mais o caminho da eliminação do pecado, mas era concebida como medida preventiva[10].

Franz von Liszt[11] deixa claro a evolução da justiça punitiva ao apontar que houve três etapas de desenvolvimento do pensamento, desde um vínculo com o desconhecimento jurídico na época medieval até a formação de um Estado. Na primeira etapa, o crime era o atentado contra os deuses e a pena era o meio de "aplacar a cólera divina". Na segunda, o crime evolui para ser a agressão violenta de uma tribo contra outra, de modo que a pena era a vingança. Na última vertente, na visão de Liszt, o delito seria a transgressão da ordem jurídica estabelecida pelo Poder de Estado, e a pena representava a reação do próprio Estado contra a vontade individual. Diante disso, percebe-se que houve uma evolução do Direito penal em paralelo à evolução do pensamento jurídico.

Com isso, consequentemente, ocorreu o desenvolvimento do conceito do crime, da pena e da aplicação desta vertente do Direito. Com o iluminismo, houve tendência em favorecer e garantir bens individuais diante do arbítrio em

---

9. BECCARIA, Cesare. *Dos delitos e das penas*. São Paulo: Editora Hemus – Livraria Editora Ltda, 1971. p. 13-15.
10. PRADO, Luiz Regis. *Bem jurídico-penal e Constituição*. 7. ed. São Paulo: Ed. RT, 2014. p. 30.
11. LISZT, Franz von. *Tratado de derecho penal*. Trad. Luís Jimenez de Asúa. 3. ed. Madrid: Reus. [19--]. t. 2. p. 19.

relação à aplicação de penas decorrente de crimes. Naturalmente, com isso, o crime passa a ser visto de um ponto de vista material. A busca de um conceito racional do crime foi visível nesta época. Necessariamente, um Direito penal novo estava em formação. Do conceito do crime à aplicação da pena, o período iluminista contribuía para tal. Nesse centro, o bem jurídico como elemento de preocupação para contribuir com a visão certa de um Direito Penal racional, sobretudo na lavagem de dinheiro como atual comportamento forçadamente admitido como crime. Anabela Rodrigues[12] lembra que a "história do bem jurídico é, ao mesmo tempo, reconhecidamente, a história de suas dificuldades". Nesse sentido, Cláudio Brandão[13] ensina que

> O conceito de bem jurídico foi formulado em face das divergências ocorridas no século XIX sobre a função do Direito Penal. Quando os ideais iluministas e liberais foram trazidos para o Direito Penal, uma preocupação marcante se dirigiu ao objeto da tutela penal, isto é, qual é a finalidade que deve ter o Direito Penal.

O iluminismo foi período limitador do arbítrio, partindo do contrato social para emplacar o arbítrio na intervenção da vida particular do indivíduo. Houve o ideal de uma ordem jurídica de leis que deram à luz à intervenção de ordens legais no âmbito penal voltado à proteger bens jurídicos[14], de sorte que o período das luzes tinha como premissa dotar a razão como ordem contra a antiga estrutura, colocando o homem e aplicação das leis naturais como centro da atenção jurídica. Como instrumento para dar capacidade à redução do arbítrio estatal, a noção do bem jurídico veio à tona sob uma visão racionalista, além de ser uma forma de instrumentalizar o ordenamento jurídico. Trata-se, portanto, de uma luz inicial para a colocação da lavagem de dinheiro como processo comportamental atípico.

Na visão iluminista em contradição ao regime absolutista, o Estado deve atender aos preceitos legais para aplicar uma pena. Havia a necessidade de respeito ao contrato social, e nessa ordem, as penas não poderiam fugir do aspecto legal. Assim, o iluminismo tinha a segurança jurídica como característica para limitar o arbítrio do Estado. Considerar o bem jurídico de modo racional é dar paradeiro na aplicação do Direito penal e suas sanções penais em vista da consideração do comportamento de branqueamento. Do ponto de vista do Direito penal, tratava de uma visão que ordenava, inclusive, a preocupação com a sua função. Com isso, surge o pensamento do sistema penal perseguir o objetivo de proteger interesses da coletividade, qual seja, os bens jurídicos. O Estado não pode praticar excessos, devendo respeitar o contrato social, as leis e a ordem jurídica.

---

12. RODRIGUES apud BRANDÃO, Cláudio. *Teoria jurídica do crime*. 4. ed. São Paulo: Atlas, 2015. p. 9.
13. BRANDÃO, Cláudio. *Teoria jurídica do crime*. 4. ed. São Paulo: Atlas, 2015. p. 9.
14. BUSTOS RAMÍREZ, Juan. *Criminología y evolución de las ideas sociales*: el pensamiento criminológico. Bogotá: Editorial Temis Libreria, 1983. p. 27. v.1.

A violência da aplicação de pena e a ausência de uma dogmática ordenada para aplicar as sanções decorreriam do Estado, seja ela sob a ordem da divindade ou não. O período iluminista permitiu inserir a razão e a relevância da utilidade de uma visão nova frente ao *Anciém Regime*. Ao considerar o crime como ente jurídico, e não mais como conduta pecadora e violadora do âmbito divino, nova construção do conceito de crime permite também uma visão da origem da noção do bem jurídico. Com tais considerações, a lavagem de dinheiro merece ser investigada quanto à racionalidade de um sistema que justifica a aplicação de pena. Nesse sentido, o crime visto como ente jurídico e não como ente de fato dá ensejo à maior segurança jurídica, sobretudo, uma visão racional e segura do ordenamento jurídico e sua aplicação.

Ricardo de Brito Freitas[15], ao tratar do tema, apontou pensamento no sentido de que o crime é ente da razão, ou seja, é ente jurídico. No mesmo sentido, Francesco Carrara[16] afirmou ver o crime como ente jurídico e não ente de fato, devendo assim ser visto o comportamento da lavagem de dinheiro. Diante da concepção iluminista racional, com o objetivo de pôr fim à intervenção penal do Estado sem limites lastreados por uma ordem lógica, além de aplicação de penas absurdamente cruéis, a consideração de crime numa visão relacionada à um ente jurídico com o objetivo de colocar limites ao Estado, tem adequação à noção de bem jurídico na lavagem de dinheiro. Pois, como bem coloca Érica Babini Lapa do Amaral Machado[17], "o bem jurídico-penal nasceu com a função de limitar o poder arbitrário do Estado, afastando as sombras do Anciém Regime."

O iluminismo permitiu evolução da noção do bem jurídico na lavagem de dinheiro, notadamente do sistema penal a ser constitucionalizado, pois tinha como paradigma a ciência como certeza. No período iluminista, no momento em que se encontra o findo antigo regime e o surgimento do Estado de Direito, a preocupação de dar validade ao contrato social foi dando ênfase a racionalidade e a objetividade, desprezando o pensamento religioso, moral, sentimental e a fé aos dogmas do Direito Teocrático. Houve grande esforço em conceder padrão à conceitos jurídicos, inclusive o conceito do delito, a padronizar leis, a limitar a atuação do legislador. O Direito penal teria que ter uma função, e como objeto da tutela penal, a visão de um bem de interesse social sob proteção permitiu a noção do conceito do bem jurídico penal para ser vinculado à tipicidade, surgindo então a tipicidade material, essencial para consideração da lavagem de dinheiro como comportamento atípico.

---

15. FREITAS, Ricardo de Brito A. P. *As razões do positivismo penal no Brasil*. Rio de Janeiro: Lumen Juris, 2002. p. 121-123.
16. CARRARA, Francesco. *Programa do curso de direito criminal*: parte geral. Trad. José Luiz V. de A. Francheschini e José Rubens Prestes Barra. São Paulo: Saraiva, 1956. p. 11. v. 1.
17. MACHADO, Érica Babini Lapa do Amaral. *Bens jurídico-penais*: da teoria dogmática à crítica criminológica. Curitiba: Juruá, 2016. p. 33.

5.4 PAUL JOHANN ANSELM RITTTER VON FEUERBACH E O A CONCEPÇÃO MATERIAL DO DELITO: CONSIDERAÇÕES QUANTO AO PROCESSO DE LAVAGEM DE DINHEIRO E O DIREITO SUBJETIVO

Após a racionalidade entranhar no aspecto lógico da aplicação do Direito penal, considerando não mais o parâmetro teocrático como base para aplicação das regras entre os homens, mas uma movimentação de decisões baseadas em leis decorrentes de um contrato social, tendo, a partir desse novo paradigma, uma ideia da função do Direito penal, a noção de bem jurídico toma forma. Diante do iluminismo, tem-se que o bem jurídico teve origem com a busca da função do Direito penal. Buscava-se, com o iluminismo, limitar o poder arbitrário do Estado teocrático ou absolutista, quando tinha o Estado poder absolutamente arbitrário para aplicar sanções penais sem parâmetro dogmático seguro de aplicação prática.

Anselm von Feuerbach, já inserido na nuvem de pensamento iluminista, se voltando contra o Direito penal fundamentado no âmbito teocrático, foi revelado importante autor representante do racionalismo e individualismo, além de adotar a teoria do contrato social em que acordo social seria estipulado por indivíduos para criar uma sociedade, e a partir daí, o Estado, sendo este pacto um acordo de adesão dos indivíduos. Influenciado por Kant, foi contratualista, não admitindo que o Direito penal fosse utilizado para atender qualquer finalidade transcendente de base religiosa. Para ele, o crime não era mais pecado contra Deus, mas sim uma violação do contrato, um atentado em face do grupo social, onde a sanção penal seria a retribuição pela atuação violadora da regra social imposta. A conduta que desrespeita a ordem do contrato, a regra contratual social, passa a ser considerada socialmente danosa.

Anselm von Feuerbach, em 1801, criou tese que possibilitou o nascimento do conceito de bem jurídico. Decorre do entendimento de que a função do Direito penal é a tutela de direitos subjetivos, de maneira que o direito subjetivo radica no centro de tutela do Direito Penal. A maneira como se realiza esta tutela, para Feurbach, somente pode ser feita com base no princípio da legalidade. A tutela do direito subjetivo, colocada no centro da tutela penal, se dá pela coação psicológica dirigida a toda a sociedade utilizando a pena. A pena é ameaça de um mal como consequência pela lesão a um direito subjetivo. A argumentação em relação ao objeto da tutela penal surgiu em função da criação do princípio da legalidade. A legalidade e o objeto de proteção do sistema penal nasceram, cientificamente, um ao lado do outro[18], dentro da teoria da coação psicológica de Feuerbach. A proteção de direitos somente pode ser realizada respeitando a legalidade, não podendo haver pena sem lei – *nulla poena sine lege*. Não pode haver pena sem o cometimento de um crime – *nulla poena sine crimen*. O fato criminoso, sancionado, terá que estar condicionado

---

18. BRANDÃO, Cláudio. *Tipicidade Penal*: Dos elementos da dogmática ao giro conceitual do método entimemático. 2. ed. Coimbra: Almedina, 2014. p. 117.

a lei – nullum crime sine poena legali.[19] Numa primeira ordem, já é possível realizar raciocínio de acordo com a necessidade de vincular a lavagem de dinheiro ao respeito à lei, de modo que nos permite verificar a importância de respeito aos fundamentos legais para criação de um tipo penal. O que significa dizer que, desde o nascedouro da teoria do bem jurídico, deve haver um sentido por trás da criação de uma lei, devendo esta essência ser respeitada. Esta essência, a essência que justifica o nascer de uma lei penal, com aplicação de pena, observa o bem jurídico, ao considerar que a legalidade e o objeto de tutela penal nasceram lado a lado, dentro da teoria da coação psicológica de Feuerbach.

Ao desenvolver uma primeira base de parte geral do Direito penal, Anselm von Feuerbach afirmou que a pena deve exercer uma coação psicológica externa, pública e, portanto, notória no âmbito social. A pena deve ser prevista na legislação penal para que haja a intimidação geral, e assim, por meio da ameaça do mal da pena prevista em lei, eventual transgressor desista de praticar conduta socialmente danosa. Pontua ainda que o Direito penal tutela o Direito Subjetivo ou externo do indivíduo. Há tutela do direito, do dever-ser, pois é este direito subjetivo do indivíduo que é atingido com a prática do crime, e não um bem do mundo dos fatos. Diante disso, sustenta a concepção material do crime como violação a um direito subjetivo. O crime decorre da violação de um direito subjetivo, revelando agressão à lei penal, formatada por consequência do contrato social. Pensando de tal forma, atribuiu uma função ao Direito penal, que era a tutela de direitos subjetivos. Nesse ponto, a prática de lavagem de dinheiro, assim considerada crime, teria que respeitar o princípio da legalidade para justificar a aplicação da pena, mas antes de tudo, deveria haver a comprovação substancial, qual seja, a violação de um direito com o exercício de um comportamento lesivo.

Assim, Anselm von Feuerbach entendia, em suma, que a pena exercia uma coação psicológica geral, com o objetivo de intimidar para evitar o crime, que por sua vez, era concebido materialmente como uma lesão de um direito subjetivo, eixo central da idealização do autor. Diante disso, a função do Direito penal teria que ser a proteção dos direitos subjetivos. Cláudio Brandão[20] ensina que direitos subjetivos para Feuerbach era "o conjunto dos direitos privados ou individuais, atribuídos às pessoas que são as titulares desses direitos. A noção de direitos externos (que é – ressalte-se – um direito subjetivo privado e particular), portanto, radica no centro da tutela penal, sendo seu objeto de proteção". Considerando isso, o processo de lavagem de dinheiro seria considerado crime se porventura houvesse a lesão a um direito subjetivo, desconsiderando somente o aspecto formal.

Anselm von Feuerbach defende o entendimento de que o crime viola o direito em si. O delito não viola uma coisa, um bem, mas o próprio direito na sua essência.

---

19. FEUERBACH, Anselm von. *Tratado de Derecho Penal*. Buenos Aires: Hammurabi. 1989. p. 63.
20. BRANDÃO, Cláudio. *Teoria jurídica do crime*. 4. ed. São Paulo: Atlas, 2015. p. 9.

Conforme Cláudio Brandão[21], Feuerbach acreditava que havendo o crime de homicídio, a lesão seria do direito à vida, e não da vida em si mesma. O direito que seria violado pela prática da conduta danosa, não o bem na sua individualidade. Em sua obra *Tratado de derecho penal*[22] ensina que o crime ocorre com a violação da liberdade garantida pelo contrato social e pelas leis penais.

O pensamento de Anselm von Feuerbach é lógico. Ele considera o crime a violação de um direito subjetivo protegido por lei. A proteção desses direitos somente é realizada por meio da lei. Se violar tais direitos, haverá pena também aplicada por lei. A pena representa ameaça de mal, por prevenção geral negativa, como consequência da violação de direitos subjetivos. O que significa que há vinculação entre o objeto da tutela penal, proteção de direitos subjetivos, e a construção do princípio da legalidade também. O princípio da legalidade e o objeto da tutela penal surgiram paralelamente em consequência do pensamento de Feuerbach quanto à teoria da coação psicológica. Conforme ensina Cláudio Brandão[23]"Destarte, legalidade e objeto de tutela penal surgiram cientificamente lado a lado, dentro de uma só e mesma teoria: teoria da coação psicológica, proposta por Feuerbach."

O escopo da pena como consequência da prática do delito é intimidar geral, de modo que a pena sirva para evitar que direitos subjetivos sejam agredidos. Anselm von Feuerbach[24] afirma da seguinte forma "O objetivo da cominação penal é a intimidação de todos [...]".

A grande contribuição ao conceito de bem jurídico decorre de Anselm von Feuerbach, pois ao formular, no século XIX, entendimento de que a função do Direito penal era proteger direitos subjetivos, deu início à crítica sobre sua tese. Consequentemente, a crítica sobre seu pensamento permitiu o desenvolvimento do conceito do bem jurídico.

Ao entender que a função do Direito penal é proteger direitos subjetivos, Anselm von Feuerbach contribuiu com a criação do conceito de bem jurídico, no momento em que é criticado nesse ponto. A crítica à sua teoria é que dá ensejo à construção do conceito de bem jurídico. A crítica ao objeto de proteção do Direito penal, ou seja, ao fato de defender que o Direito Penal tutela direitos subjetivos é que permitiu a formatação inicial do conceito de bem jurídico.

Nesse conceito, já nos primórdios da criação da teoria do bem jurídico, nos permite considerar a não admissão do processo de lavagem de dinheiro na condição de delito, pois Feuerbach já sustentava a concepção material de crime, exigindo a legalidade como via justificativa para aplicação de pena considerando lesão a direito subjetivo, para ao fim realizar a teoria da coação psicológica.

---

21. BRANDÃO, Cláudio. *Teoria jurídica do crime*. 4. ed. São Paulo: Atlas, 2015. p. 9.
22. FEUERBACH, Anselm von. *Tratado de derecho penal*. Buenos Aires: Hammurabi, 1989. p. 64.
23. BRANDÃO, Cláudio. *Tipicidade penal*: dos elementos da dogmática ao giro conceitual do método entimemático. 2. ed. Coimbra: Almedina. 2014. p. 117.
24. FEUERBACH, Anselm von. *Tratado de derecho penal*. Buenos Aires: Hammurabi. 1989. p. 60.

5.5 JOHANN BIRNBAUM, A CRÍTICA À TESE FEUERBACH E A CORRELAÇÃO DO BEM JURÍDICO QUANTO AO BRANQUEAMENTO DE CAPITAIS

Anselm von Feuerbach[25] firmou entendimento no sentido de que o Direito penal tem como uma das funções a proteção de direitos subjetivos, considerando que a lei deve cominar pena para intimidar a todos os indivíduos de uma sociedade, e assim, evitar a prática de conduta violadora de direitos externos ou subjetivos na condição de dever ser. Esta proteção do dever ser deve ser realizada com a presença do princípio da legalidade, em que há possibilidade de prever a ameaça de uma pena para a pratica de um delito também previsto por lei. Nesse contexto, seria aplicada na lavagem de dinheiro a exigência de lesão a um direito subjetivo, para somente então aplicar uma sanção penal, aos moldes do pensamento de Feuerbach. Com isso, o princípio da legalidade conectado ao objeto da tutela penal de direito subjetivo, tiveram origem paralela, sob a preocupação de Feuerbach de emplacar a teoria da coação psicológica. Birnbaum edificou sua teoria a partir da crítica nominal a Feuerbach. Não pode o direito ser lesado, somente bens materializados. O pensamento de lesão a direito subjetivo exigido por Feuerbach tomou diferente rumo com Birnbaum ao ser exigido por ele não mais a lesão a direito, mas sim a lesão a bem de importância e relevância dada pela sociedade, sendo neste âmbito inovador de pensamento a verificação quanto o aspecto substancial da lavagem de dinheiro.

A crítica realizada por Johann Michael Franz Birnbaum sobre o objeto de tutela do Direito penal delimitado por Anselm von Feuerbach permitiu a construção do conceito de bem jurídico. Birnbaum não concorda com Feuerbach quanto à tutela do Direito penal de direitos externos ou subjetivos, pois, a seu ver, uma conduta criminosa não pode violar direitos em si mesmos, mas sim, os bens do mundo dos fatos. O ponto de discussão é baseado na função do Direito penal, se viola ou não viola direitos subjetivos ou bens destacados de proteção jurídica. Esta discórdia de entendimentos fez surgir o conceito de bem jurídico. Birnbaum dirige a discussão quanto ao conteúdo da tutela do Direito penal na primeira metade do século XIX. Neste ponto de discussão, surge a questão do bem sob a tutela de proteção penal. Na concepção de Birnbaum, a lavagem de dinheiro como comportamento criminoso deverá atender a lesão a um bem, e não a um direito. De todo modo, o que muda com a crítica de Birnbaum é a exigência do conteúdo de proteção da tutela penal, não deixando de estar no centro da tutela, a substância, a matéria de proteção necessária para consideração de um comportamento como crime. Nesse sentido, para que a lavagem de dinheiro seja admitida como crime teria também que passar pela comprovação da lesão a um ente de proteção, qual seja o bem jurídico.

---

25. FEUERBACH, Anselm von. *Tratado de derecho penal*. Buenos Aires: Hammurabi. 1989. p. 60.

Johann Michael Franz Birnbaum firmou entendimento baseado numa teoria que atende os interesses iluministas, contrários à ideia de que o Direito penal deve somente tutelar interesses morais e éticos de uma linha teocrática e absolutista. Nesse sentido, limitou a utilização do Direito penal à proteção de bens, objetos concretos, podendo, inclusive, ser percebido, do ponto de vista atual, que garantias estavam sendo criadas no âmbito penal. Não utilizou o termo bem jurídico, ou seja, *Rechtsgut*. Muito menos que isso, colocou a ideia de bem no âmbito do ordenamento jurídico, e a partir daí seguiram as discussões e desenvolvimento na matéria penal e dogmática em relação ao bem e ao Direito, dando início ao desenvolvimento dogmático histórico do conceito, sendo, portanto, passível de utilização no estudo específico da lavagem de dinheiro.

No aspecto conclusivo, considerando que Anselm von Feuerbach tinha como objeto de proteção penal os direitos subjetivos do indivíduo, em direta contradição, após 1834, Johann Michael Franz Birnbaum apresentou entendimento diverso, no sentido de que há um bem concreto e objetivo a ser protegido e não um direito puro e próprio do indivíduo. A polemica delimitada por Birnbaum é fixada no sentido de que não é possível ao Direito proteger um direito subjetivo na sua essência, pois o que é violado com a conduta delituosa é um bem na sua concretude e individualização. A vítima de crime tem violado um bem e não um direito subjetivo, pois o direito que é materializado em um bem. Nesse sentido, o bem é o objeto do direito passível de ser lesionado por uma conduta criminosa. Assim, Johann Michael Franz Birnbaum critica Anselm von Feuerbach apontando que o bem é passível de ser violado por uma conduta contrária ao direito, não admitindo e rechaçando a ideia de que o direito em si pode ser violado e que este direito subjetivo seja o objeto de proteção do direito. O bem considerado na sua individualidade, na sua concretude, perante o mundo real dos fatos pode ser violado e, portanto, deve ser o objeto de tutela penal. Na concepção crítica de Birnbaum quanto ao bem jurídico, o processo de lavagem de dinheiro somente seria admitido como comportamento criminoso se houvesse comprovação de lesão a bem jurídico, pois nesse sentido encontra-se a função do Direito penal. É possível que o direito seja violado, mas o direito decorrente de um bem passível de violação. Não o direito em si próprio. O direito para Birnbaum não é violado, somente o bem. Anselm von Feuerbach tinha para si que o crime viola direito, Johann Michael Franz Birnbaum, em sentido oposto, contrariou o entendimento anterior afirmando que somente o bem pode ser lesionado, o direito não pode ser lesionado.

Portanto, a função do Direito penal não é tutelar direito subjetivo, mas bens concretos e definidos. Esta manifestação de Birnbaum permitiu uma grande mudança no conteúdo da tutela penal, passando, pois, do direito subjetivo, para um objeto de direito. Birnbaum deslocou o eixo da tutela penal permitindo, em diante, o desenvolvimento do conceito do bem jurídico na dogmática penal. A contribuição de Birnbaum não foi a criação de um conceito complexo de bem jurídico, portanto,

Foi, por outro lado, a visão apontada para verificar que a tutela deveria mudar do eixo subjetivo para o objetivo. Isso gerou a possibilidade para o desenvolvimento do bem jurídico, no âmbito penal, ser desenvolvido no decorrer do século XIX. Cláudio Brandão[26] esclarece que

> Assim, a contribuição que esta teoria deu não foi uma definição de bem jurídico perfeita com todo complexo de consequências que hoje se tem (v.g. exclusão da tipicidade pelo princípio da insignificância, inserção de conteúdo no tipo em face da antijuridicidade material, dentre outros), mas foi possibilitar a mudança do eixo da tutela penal, que passou a ser investigada no plano objetivo, de uma lesão concreta em face de um objeto individualizável.

Percebe-se que a importância de Johann Michael Franz Birnbaum na questão do conceito de bem jurídico foi dar possibilidade de mudança na base central da tutela penal, saindo do plano subjetivo (direitos subjetivos) para o plano objetivo (bens concretos), permitindo o desenvolvimento do conceito de bem jurídico penal em toda a sua complexidade. É por isso que é possível afirmar que Birnbaum tem a paternidade do conceito de bem jurídico, pois permitiu sistematizar um instituto definidor do objeto de proteção penal, e assim, materializou o objeto de tutela penal. A consequência de sua contribuição foi a limitação do poder penal do Estado, que também foi reflexo do movimento iluminista. Num momento de transição, Birnbaum poderá ser a lembrança de uma caracterização do movimento liberal iluminista e também positivista, pois ao mesmo tempo que dá um paradeiro na criminalização exacerbada de um Estado absolutista e teocrático, regra limite positivista ao sistema penal[27].

Válter Kenji Ishida[28] ensina que os ideais iluministas que constituíram o ponto de vista de Anselm von Feuerbach não se sustentavam pelo motivo da eclosão do movimento histórico denominado Restauração, que identificou historicamente o domínio da burguesia no campo político, econômico e social, com sua consolidação no poder. O pensamento dominante jurídico da Restauração tinha a Escola Histórica do Direito como a predominante. Esta Escola era representada por Savigny e Puchta. Neste contexto, não era a teoria da proteção de direitos subjetivos admitida, perdendo força para o pensamento de Hegel em matéria penal, passando o crime a ser visto com uma revolta contra a vontade geral. Johann Michael Franz Birnbaum se pontou com grande importância neste contexto ao afirmar que o delito representava uma lesão a um bem, e não a um direito. Limitando a atuação do Estado legislador, a doutrina adota a teoria da proteção de bens jurídicos – *Lehre vom Rechtsgüterschutz*.

---

26. BRANDÃO, Cláudio. *Tipicidade penal*: dos elementos da dogmática ao giro conceitual do método entimemático. 2. ed. Coimbra: Almedina. 2014. p. 126.
27. MIR PUIG, Santiago. *Introducción a las bases de derecho penal*. 2. ed. Buenos Aires: IBdef, 2003. p. 110-124 [Coleção Maestros del Derecho Penal].
28. ISHIDA, Válter Kenji. *Bem jurídico penal moderno*. Salvador: JusPodivm, 2017. p. 28.

Por fim, convém registrar que, para Johann Michael Franz Birnbaum, o crime baseava-se na lesão a um bem. Com a publicação do seu artigo *Über das Erfordenis einer Rechtsverletzung zum Bregriff des Verbrechens*, em 1834, tem-se o início da história do desenvolvimento complexo do conceito de bem jurídico para os dias atuais. Nesse contexto evolutivo do bem jurídico, para admissão dogmática de uma conduta como delito, assim considerando a lavagem de dinheiro, teria que haver a identificação de lesão de um bem específico tutelado pelo Direito penal.

6
ANÁLISE DOGMÁTICA-POSITIVISTA DO BEM JURÍDICO NA LAVAGEM DE DINHEIRO – DA CONCEPÇÃO POSITIVISTA NORMATIVA DE BINDING AO PENSAMENTO POSITIVISTA SOCIOLÓGICO DE LISZT

6.1 INTRODUÇÃO

Para além da verificação da lavagem de dinheiro como comportamento delituoso sob análise penal substancial, em face da sua consideração como infração penal, desde a concepção do bem jurídico de Feuerbach como direito a ser protegido pela tutela penal, considerando ainda a crítica de Birnbaum quanto ao bem jurídico, levando em conta a questão da legalidade para aplicação de sanção penal, verifica-se evolução da análise em relação à concepção positivista normativa de Binding e quanto ao pensamento positivista sociológico de Liszt.

Numa primeira análise, assim destacando Binding, o conceito de bem jurídico está vinculado exclusivamente à vontade estatal, partindo eminentemente da norma, de onde se origina a escolha de qual bem ou objeto encontra-se o objeto da tutela penal. Numa segunda via evolutiva do pensamento positivista, Liszt exige do Legislador a identificação e valoração do bem jurídico para ser objeto de proteção penal, não podendo ser o conceito originado somente da norma, havendo em sua concepção um necessário conteúdo material do ilícito em vista da exigência de atenção à antissocialidade, o que atende concepções modernas quanto à dogmática atual que exige a tipicidade material para consideração de um comportamento criminoso, como se espera da análise do processo de lavagem de dinheiro.

Liszt revela dois aspectos a serem considerados, em que pese a inexistência épica da tipicidade, sobretudo da tipicidade material, permitindo o surgimento da antijuridicidade formal ao lado da antijuridicidade material, exigência de uma violação formal do direito com a presença da antissocialidade por lesão a bem jurídico.

Nesse sentido, permitiu Liszt o desenvolvimento da matéria substancial do bem jurídico na antijuridicidade e a abertura da possibilidade da consideração atual de uma tipicidade material como elemento imprescindível para admitir a lavagem de dinheiro como crime.

6.2 KARL BINDING, A SEGUNDA METADE DO SÉCULO XIX: ABORDAGEM FORMAL DO CONCEITO DO BEM JURÍDICO NA LAVAGEM DE DINHEIRO

Com base no pensamento de Binding, há abertura para consideração da lavagem de dinheiro como delito diante de uma abordagem estritamente formalista. O objeto de tutela do Direito penal passou por períodos de grande transformação desde o período pré-iluminista até a concepção de Birnbaum. Na época feudal absolutista, se quer havia consideração sobre o conceito de bem jurídico; em seguida, o iluminismo trouxe grandes transformações em todas as áreas, inclusive no âmbito do Direito, quando por diversas vertentes, por Anselm von Feuerbach e Johann Michael Franz Birnbaum, foi identificado polêmica a respeito da função da tutela penal, surgindo a partir da crítica à proteção de direitos subjetivos, a noção de bem, que permitiu o desenvolvimento do conceito do bem jurídico penal. Os conceitos foram se transformando, demonstrando tal desenvolvimento, absoluta importância para matéria. Seguindo a ordem histórica, Karl Binding, com outro ponto de vista e sucessivo à Birnbaum, vem apontar uma visão formal do conceito de bem jurídico, notado no âmbito da norma legal, ainda no final do século XIX, permitindo maior adequação ao crime de lavagem de dinheiro, pois sem vínculo à antissocialidade, mas somente à essência normativa.

Houve uma evolução positivista do início ao final do século XIX, quando foi possível perceber que do método científico em oposição radical à teologia e metafísica, partiu-se para o cientificismo baseado no aspecto empírico. O pensamento lastreado por valores metafísicos perdeu valor para o pensamento baseado no que é empírico, de forma que o método indutivo das ciências sociais passou a ser substituído pelo método dedutivo herdado do jusnaturalismo. Karl Binding preza para o entendimento de que o crime não é violação da lei penal, sendo, na verdade, violação da norma. O positivismo legal residido por ele pregava a vontade do Estado e sua autoridade.[1]

Situado no positivismo, numa época em que o Direito penal estava sendo construído pelo Legislador, quando então, em 1871, o "império alemão lançava a primeira norma penal unificada depois da Constitutio criminalis carolina, do Século XVI (1530)", como bem ensina Cláudio Brandão[2], Binding pincelava seu pensamento com todas as influências deste período positivista. No mesmo sentido, ensinou

---

1. BADARÓ, Tatiana. *Bem jurídico penal supraindividual*. Belo Horizonte: Editora D'Plácido, 2017. p. 37.
2. BRANDÃO, Cláudio. *Tipicidade penal*: dos elementos da dogmática ao giro conceitual do método entimemático. 2. ed. Coimbra: Almedina. 2014. p. 129.

Mir Puig[3] que a unificação política da Alemanha, também levou à promulgação do primeiro Código Penal Alemão.

Para Karl Binding, e diferentemente de Johann Michael Franz Birnbaum, o bem a ser tutelado pelo Direito penal não existe como objeto de interesse elencado pela sociedade e seus indivíduos, para somente após ser identificado pelo Legislador, haver sua proteção normativa. Birnbaum considerou a hipótese de um bem já existente ser abraçado e tutelado pela ordem jurídica. Karl Binding, de outro lado, não pensa desta forma. Muito pelo contrário, não admite que o bem exista sem a norma. O bem jurídico é, para ele, criação do legislador, o que coaduna com a criação histórica do crime de lavagem de dinheiro. O Estado, na figura do Legislador, criador da lei, da norma, também cria o bem jurídico que passa a tutelar. Nessa linha de pensamento, o Estado criava o Direito como um todo, sobretudo o bem a ser tutelado, ditado pelo Legislador. Adotando esta linha formal, dentro do pensamento positivista, conecta o conceito de bem jurídico ao Estado do ponto de partida da norma. Por isso o Legislador escolhe os objetos de tutela penal. Percebe-se que o pensamento de Binding é perigoso, pois retira a segurança jurídica trazida pela antissocialidade, e sobretudo a exigência do princípio da lesividade, podendo o Direito penal tutelar o que bem entender aqueles que exercem o poder de fato. Se o Legislador prosperar pensamento para criar o delito de lavagem de dinheiro e justificar com a também criação de um conceito formal de bem jurídico, assim poderá seguir. Esta linha de pensamento ficou para trás, pois inconcebível admitir o Legislador escolhendo conforme sua vontade o que seria objeto de tutela penal para aplicar sanção penal. Mesmo assim considerando, historicamente, foi o que ocorreu com a lavagem de dinheiro.

O objeto de tutela penal é criação do Estado, pois o Legislador dá vida ao conceito, inclusive, de crime. O legislador cria o bem jurídico por que a norma é extraída do tipo penal, que por sua vez, é criado pelo Legislador. O bem jurídico não existe fora da norma, sendo esta a única fonte do bem jurídico. Desta maneira, o Legislador também limita o objeto de tutela penal, ao criar o bem jurídico através da norma. Na visão de Karl Binding, o bem jurídico é criação pura do Legislador.

Armin Kaufmann[4], nesse sentido, aponta que há conexão entre as normas e o bem jurídico por que toda agressão a direitos subjetivos são produzidos mediante agressão a bens jurídicos, de modo que não há crime sem tal ocorrência. Nesta mesma linha, Luiz Regis Prado[5] afirma ainda que o crime consiste numa lesão de um direito subjetivo do Estado sendo uma ofensa ao direito de obediência estatal. Completa a ordem de pensamento apontando que "o bem jurídico é tudo o que na opinião do legislador é relevante para a ordem jurídica", sendo, portanto, sua

---

3. MIR PUIG, Santiago. *Introducción a las bases de derecho penal*. 2. ed. Buenos Aires: IBdef, 2003. p. 110-124 [Coleção Maestros del Derecho Penal]. p. 188-190.
4. KAUFMANN, Armin. *Teoria de las normas*. Trad. Erique Bacigalupo e Ernesto Garzón Valdés. Buenos Aires: Depalma, 1977. p. 14.
5. PRADO, Luiz Regis. *Bem jurídico-penal e constituição*. 7. ed. São Paulo: Ed. RT, 2014. p. 34.

presença necessária para configurar crime. Quando Karl Binding supervalorizava o processo legislativo na criação do bem jurídico, Rocco entendia que o Direito penal tem como objetivo assegurar as condições de existência da sociedade, quando há no caso, um direito subjetivo do Estado. Arturo Rocco[6] então define que bem jurídico no âmbito penal se vincula a objeto de interesse penalmente tutelado e por isso tem proteção jurídica por parte do Estado.

Arturo Rocco[7], assim, na obra *L'oggetto del reato e dela tutela giuridica penale*, de 1913, adota linha de raciocínio decorrente da influência de Karl Binding, pois ensina que uma das finalidades do Direito penal é dar segurança para existência da vida em sociedade como garantia do próprio Estado, e atrás do interesse há um bem que é protegido pelo Estado. Há vínculo do Estado e a criação do bem jurídico, havendo valoração normativa do Legislador e exclusão da ideia de que o bem existe externamente à criação do Estado. O preceito penal e a sanção são criados em virtude da existência e consideração do Estado em relação a um bem a ser protegido, sendo o objeto do crime o objeto substancial específico, numa dimensão formal subjetivada. Portanto, Karl Binding elenca uma dimensão formal do bem jurídico e posteriormente Rocco desenvolve a subjetivação da norma penal em favor do Estado. O bem jurídico é fundamentado conforme o direito positivado, sendo o bem jurídico protegido pela norma penal e sinônimo de objeto jurídico substancial específico.

Karl Binding adotou os preceitos da escola positivista, dando suprema importância ao processo de criação de normas. Não importava o interesse prático e real do nascimento de um bem cultural a ser protegido, mas a escolha do Legislador, de forma arbitrária, de modo que para ele o Estado definia o que tem valor para a sociedade ao valorar bens a serem protegidos pelas normas, sendo esta a linha de pensamento que mais se adequa à consideração do processo de lavagem de dinheiro como delito. Desse modo, o Direito penal tornou-se um sistema fechado e autossuficiente, em que a autoridade encontrou campo aberto para se produzir em vínculo externo.

O cerne do pensamento positivista de Karl Binding dava relevância ao dever de obediência dos indivíduos e da sociedade ao Estado, que fundamentava a teoria jurídico penal numa ordem tecnicista, mas fortalecendo, consequentemente, o processo autoritário baseado na Lei. As valorações jurídicas de bens distantes da norma não tinham relevância para Binding. Por isso acreditava que o crime seria o ato contrário ao Direito dito pelo Estado. Desprezava elementos teleológicos que não fossem decorrentes da Lei. Por isso, é possível afirmar que Binding criou a concepção do bem jurídico formal, pois, para ele, a norma era a pedra de toque do sistema jurídico. Praticar crime, era o mesmo que violar a norma. Violando a norma criada

---

6. ROCCO, Arturo. *El objeto del delito y de la tutela juridical penal*. Trad. Gerónimo Seminara. Montevideo--Buenos Aires: Julio César Faria Editor, 2001. p. 461-463.
7. ROCCO, Arturo. *El objeto del delito y de la tutela juridical penal*. Trad. Gerónimo Seminara. Montevideo--Buenos Aires: Julio César Faria Editor, 2001. p. 461-463.

pelo Estado, também viola o bem jurídico formal. Categoricamente, Érica Babini Lapa do Amaral Machado[8] define o pensamento de Karl Binding.

> Disto resulta que o delito é a infração à norma e a conformação com a lei, sendo aquela (a norma) a expressão da vontade do Estado, um elemento de caráter obrigatório a qual todos devem obediência. A par disto, todo e qualquer conteúdo material de bem jurídico-penal perde relevância. É o crime a violação ao dever de obediência. Vale ressaltar que os esforços doutrinários são determinados pela necessidade de conferir objeto específico ao direito para que ele pudesse desenvolver vida própria, contudo, ao despir-se de conteúdo material, o antigo ideal iluminista de limitação do Jus puniendi sofre solução de continuidade, de modo que a norma e o bem jurídico na concepção de Binding cumprem a função de fundamentar, legitimamente o poder punitivo, mascarando, porém, com o discurso da legalidade, a arbitrariedade estatal.

Karl Binding desenvolve sua teoria das normas na obra *As normas e sua contravenção – Die Normen und ihre Übertretung*, quando aponta que as normas serão deduzidas dos tipos legais, de maneira que a violação da norma será sancionada com a sanção penal. Dentre as correntes positivistas, Binding (1841-1920), por dar ênfase ao Legislador, foi penalista de linhagem vinculada ao positivismo jurídico extremo formalista, a ponto de Eugenio Raúl Zaffaroni e José Henrique Pierangeli[9] afirmarem que "se Binding tivesse vivido o suficiente para ver o direito penal dos autoritarismos do período entre-guerras, não manteria sua afirmação."

Ex positis, de acordo com a atual posição de aplicação arbitrária do conceito de crime de lavagem de dinheiro, com lastro em criação legislativa inflada, ausente de dogmática que justifique a própria existência do delito com base na antissocialidade, a posição de Binding adequa ao modelo positivista que supervaloriza o processo legislativo.

6.3 FRANZ VON LISZT, BEM JURÍDICO, VIÉS DE CONCEPÇÃO MATERIAL E A PROXIMIDADE SUBSTANCIAL AO PROCESSO DE LAVAGEM DE DINHEIRO

Karl Binding, no positivismo legal, contribuiu para a formação de uma concepção da noção do bem jurídico com base num viés formal, em que o Estado fornece o bem jurídico em virtude da norma, tendo sua abordagem grande proximidade com o aspecto histórico de criação da lavagem de dinheiro como crime. Lado oposto, Franz von Liszt, numa linha positivista sociológica, verifica a existência do bem jurídico partindo do pressuposto de que se trata de uma realidade validada pelo Estado e protegida por ele como ponto de tutela penal, além da consideração da antissocialidade como elemento de análise presente na dogmática para identifica-

---

8. MACHADO, Érica Babini Lapa do Amaral. *Bens jurídico-penais*: da teoria dogmática à crítica criminológica. Curitiba: Juruá, 2016. p. 53.
9. ZAFFARONI, Eugenio Raúl; PIERANGELI, José Henrique. *Manual de direito penal brasileiro*. 7. ed. São Paulo: Ed. RT, 2007. p. 267. v.1.

ção da antijuridicidade material. O pensamento de Liszt permite que considere o comportamento da lavagem de dinheiro somente com a comprovada lesão a bem jurídico, pois trata de abordagem vinculada ao aspecto antissocial de uma conduta, além de admitir que o bem jurídico não representa linhagem de pura criação Legal, mas identificação de corpo relevante de proteção numa sociedade organizada.

Franz von Liszt, em seu *Tratado de direito penal*, aponta que o delito é o ato contrário ao direito, culpável e sancionado com uma pena. Não se falava em tipicidade, pois este conceito somente veio aparecer em 1906 com a contribuição de Beling. Liszt apontava a consciência da antijuridicidade afastada do conceito do dolo, tido como vontade pura, quando o dolo tinha o elemento volitivo (vontade) e intelectivo (consciência). Para Liszt[10], o dolo deve definir-se, numa primeira posição, como a representação do resultado, que acompanha a manifestação de vontade. Não é necessária a consciência da antijuridicidade A representação do resultado expressa o intelecto do dolo. Por outro lado, a manifestação de vontade revela o elemento volitivo do dolo, desnudando, portanto, momento histórico de distanciamento do conceito de dolo formulado pelos romanos[11].

Importante e necessário ainda abrir um parêntese para revelar ponto dogmático-histórico de grande importância evolutiva, apontando que Beling realizou enorme contribuição na formatação do conceito tripartido do delito, de onde se verifica a possibilidade de perceber a localização de análise do bem jurídico, em sua própria evolução, no âmbito do positivismo. Anteriormente à Beling, o delito era concebido em duas partes, parte objetiva e parte subjetiva. O delito era concebido sob duas partes. Parte objetiva e parte subjetiva

Após a contribuição de Beling, o conceito do delito passa a ter a tipicidade como elemento, contudo, uma tipicidade vazia de conteúdo subjetivo. Liszt diz que a imputabilidade é pressuposto da culpabilidade. Culpabilidade é vínculo psicológico que liga o autor ao resultado. A imputabilidade não faz parte da culpabilidade, sendo seu pressuposto.

A culpabilidade, nesta formatação do delito representa o vínculo do agente com seu fato. Adotava-se, para a culpabilidade, a teoria psicológica da culpabilidade, pois seus requisitos eram puramente psicológicos, residindo a imputabilidade como seu pressuposto. O dolo e a culpa eram formas da culpabilidade. Nesse aspecto, tinha o conceito do dolo como *dolus malus* (dolo jurídico), pois o dolo compreendia a consciência do fato e a consciência da ilicitude. A tipicidade significa a descrição neutra do delito, não contemplando nenhum juízo de valor, pois era objetiva e não havia nela nenhum requisito subjetivo ou normativo. A antijuridicidade era a mera violação à norma, confundindo-se com antinormatividade, pois havia a valoração objetiva do ato. Diante deste esquema em evolução, a ação era tida como movimento

---

10. LISZT, Franz von. *Tratado de derecho penal*. Trad. Luis Jiménez de Asúa. Madri: Reus, [19--]. v.2. p. 410.
11. BRANDÃO, Cláudio. *Teoria jurídica do crime*. 4. ed. São Paulo: Editora Atlas S.A., 2015. p. 121.

corporal capaz de produzir modificação no mundo posterior, ponto de partida do sistema causal-naturalista. A relação entre a tipicidade e antijuridicidade era indiciária, pois o fato típico é indício da antijuridicidade.

Neste viés de revolução doutrinária, houve uma concepção nova, de um conceito material do crime baseada numa linha sociológica do positivismo. O bem jurídico de viés material demonstra existência, por criação social, sendo então identificado e protegido pela legislação. A norma não cria o bem jurídico, pois este já existe externamente ao Direito, no mundo dos fatos. Nesse sentido, o Direito encontra este bem jurídico e o delimita como objeto de proteção penal, tratando-se, de movimento reconhecido denominado positivismo naturalista de Franz von Liszt. O Direito penal tem a missão de proteger interesses, e pensando assim, a visão do bem jurídico para Liszt parte do interesse a ser protegido.

O Direito existe em decorrência da vontade do homem, para proteger os interesses do homem, e nessa ordem de pensamento, o objeto final do Direito penal é tutelar os interesses vitais da sociedade. O bem jurídico é a denominação dada aos interesses humanos tutelados pela ordem jurídica, e com isso, o bem da vida é que interessa ao homem, e não o dever-ser elencado pelo Legislador. O bem da vida, admitido como bem jurídico, já existe e já foi destacado pelo homem social como bem de grande relevância. Por merecer total proteção, o Legislador o pincela dentre outros bens para proteger, sendo assim, o bem jurídico de linhagem material. Na lavagem de dinheiro, conforme esta abordagem, teria o Legislador que pincelar o bem jurídico protegido com a conduta do branqueamento de capitais para somente então o considerar delito, passível legalmente de justificativa para aplicar sanção penal.

Para Franz von Liszt citado por Cláudio Brandão[12], o bem jurídico não é um bem do Direito ou do ordenamento jurídico como apontava Karl Binding na sua visão formal do conceito. O bem jurídico é um bem do homem que o Direito reconhece como tal e o protege. Franz von Liszt[13] afirma seu conceito de bem jurídico da seguinte forma:

---

12. "O conceito de bem jurídico em Liszt no momento do positivismo serve apenas para a justificação da separação da ilicitude da culpabilidade. É preciso ler o conceito de bem jurídico em Liszt a luz de um método que ele quer criar para, num certo sentido, fazer com que existam arquétipos para adequar a conduta penalmente relevante a soluções previamente ministradas. Liszt escreve somente um ano depois antes da edição do primeiro Código Penal Alemão. O primeiro Código Penal da Prússia surge, quando Frederico da Prússia é feito de novo imperador, diante da ideia da unificação alemã. O código penal é um dos primeiros atos do novel imperador. O código é de 1871. 11 anos depois, em 1882, após o período áureo do florescimento do princípio da legalidade, Liszt vai tentar, pelo positivismo, traduzir o bem jurídico como critério para separação da ilicitude da culpabilidade, isso dentro da metodologia da dupla causalidade. Então, veja que Liszt não é o autor para aplicação supralegal do direito. Isso somente é encontrado com o Neokantismo." (Informação enviada por Cláudio Brandão em 27 de abril de 2017 via Whatsapp – PUC Minas – Doutorado).
13. LISZT, Franz von. *Tratado de direito penal Alemão*. Trad. José Hygino Duarte Pereira. Rio de Janeiro: F. BRIGUIET & C. Editores, 1899. t. 1. p. 93-95.

Chamamos bens jurídicos os interesses que o Direito protege. Bem jurídico é, pois, o interesse juridicamente protegido. Todos os bens jurídicos são interesses humanos, ou do indivíduo ou da collectividade. É a vida, e não o direito, que produz o interesse; mas só a proteção jurídica converte o interesse em bem jurídico. A liberdade individual, inviolabilidade do domicilio, o segredo epistolar eram interesses muito antes que as cartas constitucionais os garantissem contra a intervenção arbitrária do poder público. A necessidade origina a protecção e, variando os interesses, variam também os bens jurídicos quanto ao número e quanto ao género. Os interesses, porém surgem das relações dos indivíduos entre si, e dos indivíduos para com o Estado e a sociedade ou vice-versa.

Eugenio Raúl Zaffaroni e José Henrique Pierangeli[14] ensinam que Franz von Liszt tinha os interesses tutelados pelo Direito penal e pela Política Criminal divididos em individuais e coletivos, respectivamente, e que o delito era para ele um produto social e a antijuridicidade um dano social. Em que pese tal pensamento, Franz von Liszt contribui de maneira suprema ao Direito penal, pois conceitos importantes do Direito penal são utilizados até hoje, em virtude do seu pensamento. Eugenio Raul Zaffaroni, Alejandro Alagia e Alejandro Slokar[15] deixam claro que a antijuridicidade material é entendida como antissocialidade ou associalidade da conduta, tendo sido um conceito originado do calor da luta entre o positivismo jurídico e o positivismo sociológico. Uma ação é formalmente antijurídica como contravenção a uma norma estatal, a um mandato ou a uma proibição de ordem jurídica, e será materialmente antijurídica considerada a ação como conduta socialmente danosa. Há um duplo conceito que decorre do entendimento de que a ação antijurídica é a agressão a um interesse vital protegido pelas normas jurídicas, sendo do indivíduo ou da sociedade, portanto, a lesão ou a colocação em perigo de um bem jurídico. Proteger interesses vitais é considerada a tarefa de normas jurídicas como escopo. No mesmo sentido, Cláudio Brandão[16] destaca que Franz von Liszt separou a culpabilidade da antijuridicidade, situando o bem jurídico no âmbito da antijuridicidade, e delimitou que o ilícito penal tem um conteúdo material.

Luiz Regis Prado[17] também afirma que o bem jurídico é ponto central da estrutura do delito e o Estado nada faz além de encontrar um bem jurídico já existente na sociedade e confere uma capa formal de proteção a este interesse social. Esse pensamento adequa-se ao processo de lavagem de dinheiro ambientalizado pelo aspecto constitucional atual, pois exige identificação de um bem jurídico a ser protegido, e assim fazendo, não encontrando bem jurídico destacado, não haverá crime por ausência de lesão à substancia.

---

14. ZAFFARONI, Eugenio Raúl; PIERANGELI, José Henrique. *Manual de direito penal brasileiro*. 7. ed. São Paulo: Ed. RT, 2007. p. 264.
15. ZAFFARONI, Eugenio Raul; ALAGIA, Alejandro; SLOKAR, Alejandro. *Derecho penal*: parte general. 2. ed. Buenos Aires: Ediar, 2002. p. 597.
16. BRANDÃO, Cláudio. *Tipicidade penal*: dos elementos da dogmática ao giro conceitual do método entimemático. 2. ed. Coimbra: Almedina. 2014. p. 132.
17. PRADO, Luiz Regis. *Bem jurídico-penal e Constituição*. 7. ed. São Paulo: Ed. RT, 2014. p. 37.

Contrariamente ao proposto por Binding, a norma não cria o bem jurídico, mas sim o encontra. Daí o seu aspecto restritivo. Isso porque o fim do direito não é outro que o de proteger os interesses do homem, e estes preexistem à intervenção normativa, não podem ser de modo algum criação ou elaboração jurídica mas se impõem a ela. Com efeito, o ordenamento jurídico não cria o interesse, cria-o a vida, mas a proteção do direito eleva o interesse vital a bem jurídico.

Pois bem, ao considerar que o ilícito penal tem um conteúdo material, e que não é o Legislador quem cria o bem jurídico a partir da norma, contrariando Karl Binding, é preciso e necessário que o processo legislativo em que há a escolha do bem a ser tutelado seja acertado, pincelando o item social correto que tem relevância para a sociedade e que assim seja protegido pelo Estado. Em suma, considerando isso, o conteúdo material do ilícito penal é criado pela vida e tutelado pela ordem jurídica após ser identificado pelo Legislador.

No momento em que há a consideração de que o conteúdo material do ilícito penal não é criado pela norma, mas sim pela vida e relevado à ordem de proteção pelo Estado, há a revelação da antissocialidade da conduta antijurídica. Mais uma vez Cláudio Brandão[18] ensina com maestria, ao apontar o conteúdo conceitual da antissocialidade, o fazendo da seguinte forma: "é a antissocialidade o próprio conteúdo material do ilícito, já que a ação antijurídica atingirá um interesse da vida (Lebensinteressen), violando ou expondo a perigo um bem jurídico." Com isso, verifica-se que é a antissocialidade aquele conteúdo proibido e danoso que foi realizado com a prática de uma ação ilícita em face de um bem da vida protegido pelo Estado.

A partir desse ponto, conhecendo o conteúdo da antissocialidade, Franz von Liszt consegue criar e desnudar a diferença entre a antijuridicidade formal e a antijuridicidade material, de modo que a primeira representa uma violação a uma norma e a segunda representa a verificação de uma ação socialmente nociva, no sentido de que é preexistente à consideração do Legislador, existindo na vida e considerada pelo Estado como relevante para proteção. Uma vez ocorrida uma conduta nociva socialmente, considerando que houve violação de relevante interesse da vida, distante da atividade do Legislador, houve nesse ponto uma conduta materialmente antijurídica. O ataque não foi à lei, mas a um bem da vida. A conduta nociva a este bem é socialmente nociva, antissocial, materialmente antijurídica.

Ficou tudo mais claro quando se conclui que a violação de um bem jurídico, para Franz von Liszt, é quando ocorre a antijuridicidade material. O bem jurídico está numa realidade fora da ordem jurídica, que por sua vez, o que faz é encontrar o bem e tutelar numa atividade posterior à existente do bem relevante. Assim considerado, admitindo que o bem jurídico existe em virtude da escolha do Estado

---

18. BRANDÃO, Cláudio. *Tipicidade penal*: dos elementos da dogmática ao giro conceitual do método entimemático. 2. ed. Coimbra: Almedina. 2014. p. 133.

quanto a interesse relevante externo à norma, pode ser concluído que o bem jurídico representa critério de limite do Direito penal. Nos dias de hoje, falar em antijuridicidade material desdobra a consequência do entendimento de que há violação de bem jurídico, e assim, se verifica também a importância da contribuição de Liszt para esta tese, pois, há o reconhecimento atual de que não existindo bem jurídico para ser protegido pelo Estado em relação a uma conduta, não haverá tipicidade por ausência de antijuridicidade material.

A antijuridicidade material revela a existência de bem jurídico em perigo ou violado. Se uma conduta não viola bem juridicamente protegido, representa ausência de antijuridicidade material, não havendo que se falar em tipicidade. Assim, a não existência de bem jurídico a ser tutelado, retira a tipicidade pela ausência de antijuridicidade material. Conforme o pensamento de Liszt, a atual consideração da lavagem de dinheiro como crime seria inaceitável, pois ausente de lesão a bem jurídico.

Como bem aponta Everardo da Cunha Luna[19], Franz von Liszt foi o primeiro dos autores, sobretudo no positivismo, a admitir o bem jurídico com viés material, fazendo contraponto ao bem jurídico formal de Karl Binding. Contudo, em que pese a divergência entre os positivistas, há um ponto de encontro em ambos os posicionamentos. Esse ponto de entendimento comum é indiscutivelmente o aspecto legitimador do *jus puniendi* estatal. Binding motiva a intervenção do Estado e aplicação de sanção penal diante de uma conduta ao identificar violação de bem jurídico proveniente de uma norma. De outro lado, Liszt busca fundamentar o *jus puniendi* em vista de uma conduta violadora de bem jurídico escolhido pelo Legislador como item de proteção estatal. Ambos tentam, pois, justificar a intervenção formalizada pelo Estado, cada qual com o seu viés, ora formal, ora material.

Franz von Liszt permite conclusão de absoluta e relevante importância para a atualidade, pois a partir do pensamento de que não havendo bem jurídico violado ou posto em perigo, não há também a antijuridicidade material, tendo como consequência a extinção de um comportamento admitido como criminoso, como é a lavagem de dinheiro, por exclusão de tipicidade. Portanto, não havendo bem jurídico violado ou colocado em perigo, não há tipicidade e, por fim, não existe aplicação de sanção penal. Essa conclusão dogmática foi permitida com a contribuição de Franz von Liszt ao Direito penal, que resultou em um limitador à aplicação do Direito penal pelo Estado, em virtude de uma aplicação dogmática coerente a um caso concreto, o que se pretende realizar com a análise do bem jurídico na lavagem de capitais.

Neste âmbito jurídico – dogmático, tem-se que o injusto penal é compreendido pela conduta culpável e ilícita. O que for contrário à norma é ilícito, sendo a conduta, do ponto de vista formal. Do ponto de vista material, ocorrerá quando

---

19. LUNA, Everardo da Cunha. *Capítulos de direito penal*: parte geral. São Paulo: Saraiva, 1985. p. 124-125.

violar interesse juridicamente proibido, ou seja, o bem jurídico violado. Resta saber, como de início apontado, se a conduta de lavagem de dinheiro poderá, no âmbito positivista dogmático criado por Franz von Liszt, explicar a existência ou não existência de um bem jurídico neste sentido de ação. Ou seja, a conduta ou condutas do processo de lavagem de dinheiro, tornando o que for proveniente de uma outra conduta ilícita, viola bem ou interesse social, de modo que o Estado tenha capacidade de pincelar tal bem e protegê-lo. Uma conclusão já é possível, pois o conceito de crime de Liszt exige a presença da violação de bem jurídico do ponto de vista material.

7
ANÁLISE DO TIPO DE LAVAGEM DE DINHEIRO A PARTIR DO NEOKANTISMO E A NOVA ESTRUTURA DOGMÁTICA FINALISTA

7.1 INTRODUÇÃO

Após o Positivismo percebe-se novos passos da dogmática penal para uma mudança de eixo do método científico formal para uma reestruturação vinculada à aspectos valorativos. A reação em face da mentalidade positivista revela posicionamento de destaque das considerações axiológicas e materiais, em que o Neokantismo substitui o formalismo positivista para a compreensão do conteúdo das categorias jurídicas e dos fenômenos em que confere importância a dimensão valorativa do paradigma jurídico. Isso significa que o método neokantista direciona compreensão das categorias sistemáticas de modo que deixa de se manter condicionado pela compreensão da realidade. Contudo, se conecta pelos aspectos culturais, históricos e sociais em relação ao ambiente jurídico, sobretudo na teoria do delito. Há relação valorativa em relação aos elementos do crime, como a compreensão normativa da culpabilidade, a questão da antijuridicidade pelo viés material, a compreensão valorativa da causalidade, a luz de elementos subjetivos no tipo, enfim, a visão valorativa dos elementos do delito. O método neokantista vinculou a construção do Direito penal por referencias valorativas, em que pese não ter oferecido um conteúdo estrutural lastreado por segurança jurídica, ocorrendo somente a partir da construção finalista.

Sem possibilidade de negar vinculo cultural de Welzel com Nicolai Hartmann, Richard Hönigswald, Graf zu Dohnna e outros neokantistas[1], há desenvolvimento da doutrina finalista baseada no método fenomenológico de investigação, em que representa mudança radical em relação ao Positivismo jurídico formalista, criando pressupostos materiais como as estruturas lógico-objetivas e contrapõe-se ao subjetivismo epistemológico do Neokantismo. Nesse sentido, os conceitos jurídicos são avaliados por uma ordem de realidade onde se encontra correspondência com tais

---

1. WELZEL, Hans. *O novo sistema jurídico-penal*: uma introdução à doutrina da ação finalista. Trad. Luiz Regis Prado. 4. ed. São Paulo: Ed. RT, 2015. p. 9-18.

estruturas de segurança, tendo o objeto de conhecimento como realidade determinando o método, e não o contrário. Com base nisso, o tipo de lavagem de dinheiro passa a ser analisado sob o ponto de vista neokantista, revelando evolução quanto a um posicionamento de análise estruturado com base no Finalismo. Além disso, o bem jurídico investigado no sistema neokantista, assim como no Finalismo, apresenta influência nas conclusões quanto ao aspecto valorativo substancial do injusto no branqueamento de capitais em ambos os métodos científicos.

7.2 BEM JURÍDICO E O NEOKANTISMO – VISÃO CULTURAL-VALORATIVA RELACIONADA AO PROCESSO DE LAVAGEM DE DINHEIRO

No final do século XIX, ocorreu uma forte oposição ao pensamento jurídico-positivista que acabou por provocar o nascimento de outras linhas de orientação filosófica como o modelo neokantista. Perante as demandas da dogmática penal da época, foi natural e necessário o aparecimento de um novo sistema baseado em valores. Nesse sentido, busca-se arquitetar a análise quanto ao delito de lavagem de dinheiro.

O Neokantismo tem grandes nomes como Gustav Radbruch, Graf zu Dohnna, Jimenez de Asúa, Max Ernest Mayer, que acabaram por influenciar a teoria do delito como hoje é tida. O delito para o Neokantismo é representado pela conduta típica, antijurídica e culpável, contudo, com valores vinculados aos seus elementos de formação. A atual estrutura da tipicidade se deve a Mayer. Ele é criador do conceito de tipicidade que tem a ação como núcleo, surgindo a estrutura do Direito Penal que temos hoje. A tipicidade não é neutra, pois expressa uma valoração negativa da lei. A antijuridicidade não é puramente formal, uma vez que está atrelada à danosidade social. A culpabilidade não é puramente psicológica, sendo psicológico-normativa com o elemento da exigibilidade de conduta diversa. Mayer, em 1915, representa uma corrente em que a tipicidade passa a ser indício de antijuridicidade[2]. Mezger, em 1930, delimita pensamento oposto, no sentido de que a tipicidade é a *ratio essendi* da antijuridicidade. Nesse sentido, a concepção do crime no Neokantismo é expressa conforme o modo abaixo.

O neokantismo não abandonou de vez o positivismo, mas procurou aprimorá-lo. Dotou os elementos da teoria do delito com valores. São duas as escolas neokantistas: a Escola de Marburgo, representada por Stammler e a Escola Sul Ocidental, representada por Mezger, Frank, Radbruch e Mayer.

O Neokantismo representou, no sistema dogmático penal, um modelo caracterizado pela filosofia e metodologia transcendental ao dar prosseguimento a um processo de transformação que permitiu a mudança da etapa clássica para uma nova

---

2. BRANDÃO, Cláudio. In: BRANDÃO, Cláudio (Coord.). *Teoria jurídica do crime*. 4. ed. São Paulo: Atlas, 2015. v. 1 (Coleção ciência criminal contemporânea). p. 55.

concepção baseada no método teleológico, acabando por orientar todas as suas categorias com fundamento em valores. Nesse parâmetro, a lavagem de dinheiro como delito teria também que atender as etapas de configuração do delito levando em conta os valores nelas inserido.

O Neokantismo é originado de uma reação ao positivismo até então construído, na melhor visão, dos doutrinadores Karl Binding e Franz von Liszt. O modelo neokantista revela uma reação ao positivismo e sua crise, encontrando a exigência de um direito vinculando o ser e o dever ser, de onde o bem jurídico passou a ser estruturado com base em valores culturais.

Luis Greco[3] afirmou o seguinte quanto ao Neokantismo e o novo paradigma apontado:

> O sistema neokantiano ou neoclássico do delito é fruto da superação do paradigma positivista-naturalista dentro do direito. Com a filosofia de valores do sudoeste alemão (Windelband, Rickert), ao lado das ciências naturais são revalorizadas as agora chamadas ciências da cultura, que voltam a merecer a denominação de ciência, sobretudo por possuírem um método próprio: o método referido a valores[11]. Enquanto as ciências naturais se limitam a explicar fatos, submetendo-os à categoria da causalidade, as ciências da cultura querem compreende-los – são ciências compreensivas, e não só explicativas – o que implica em referi-los a finalidades e a valores. Substitui-se, portanto, a dogmática formalista-classificatória do naturalismo por um sistema teleológico, referido a valores.

Contudo, não é possível afirmar que, somente no modelo neokantista, o bem jurídico tenha sido elaborado com base em valores, pois Karl Binding, ao afirmar que o Estado cria o bem jurídico, já estava afirmando que o bem jurídico era um valor construído pelo Estado na figura do Legislador. Se não fosse construído pelo próprio Legislador, ele o considerava como valor social para elencá-lo à condição de bem jurídico.

Além disso, Franz von Liszt também admitia um valor na concepção de bem jurídico quando afirmou que se trata de um signo relevante para ser protegido, e, diante de uma ação desvalorada pela violação de um bem jurídico, há uma ação socialmente danosa. Com efeito, tanto em Binding quanto em Liszt, o bem jurídico já tinha um conceito fundado em valores, não sendo correto afirmar que o sistema neokantista passou a dar valor ao bem jurídico.

Portanto, à primeira vista, ao admitir que a onda valorativa trazida pelo sistema neokantista vislumbrou um tipo de bem jurídico estruturado em valores, não é a mais acertada afirmação. Isso porque Binding e Liszt já haviam, numa ordem menos direta, admitidos que o bem jurídico foram valores sociais elencados como objeto de proteção, cada qual ao seu modo. Binding colocou o pensamento no sentido de que o bem jurídico seria criado pelo Legislador, e portanto, consequentemente,

---
3. GRECO, Luis. Introdução à dogmática funcionalista do delito: em comemoração aos trinta anos de "Política Criminal e Sistema Jurídico Penal", de Roxin. *Revista Brasileira de Direito Comparado*, v. 20, n. 13, 2000. p. 3.

se tratava de algo valorado com respeito pelo Estado a ponto de fornecer proteção àquele algo. E se houvesse sua violação por conduta de algum indivíduo, haveria consequência. Por outro lado, Liszt entendeu que o bem jurídico seria extra norma, que estava no mundo dos fatos, e que o Estado o considerava um algo necessário a ser protegido, gerando sanções penais se houvesse conduta desvalorada que causasse um dano a tal bem. Com isso, é razoável buscar saber qual a contribuição que o sistema neokantista trouxe ao bem jurídico e seu conceito.

Pois bem, o Neokantismo também admitiu o bem jurídico como um bem valorado. Não podia ser diferente, em vista da filosofia baseada em valores. O que aponta diferença em tal sistema é a origem do valor atribuído ao bem jurídico. Enquanto o positivismo fundamentava o bem jurídico valorado por uma norma, seja o bem originado da própria lei – Binding, ou originado da relevância social e valorado pela lei – Liszt, no sistema neokantista, a origem do valor é a cultura. A cultura confere valor a algo que é necessário ser protegido. É da cultura que o bem jurídico passa a ter o respeito da proteção estatal. Quanto ao delito de lavagem de dinheiro, eventual bem jurídico deve ser protegido por detrás da lei penal, contudo, leva-se em conta o valor cultural. Na atualidade, esta abordagem não pode ser aceita, pois para considerar um comportamento criminoso, além da consideração cultural de um bem jurídico, deve ser ainda comprovado que houve efetiva lesão ao bem jurídico delimitado e protegido.

Com o Neokantismo, há um marco de novo pensamento e considerações. O conhecimento construído passa a ser vinculado às ciências culturais, e não mais das ciências da natureza. O neokantismo ficou marcado por representar uma ruptura com o formalismo e o pragmatismo radical do pensamento positivista, contribuindo com uma forte dosagem de conteúdo valorativo ao Direito penal, derivando em um subjetivismo epistemológico e um relativismo axiológico.

Desse modo, o Neokantismo tinha o Direito penal como uma ciência cultural, portanto, sua origem e criação era relacionado à cultura, inclusive os dogmas criados no âmbito do Direito penal. O modelo Neokantista não deixou de lado o "dever ser", mas o apoiou em valores culturais, introduzindo aspectos axiológicos e materiais neste contexto. A compreensão das categorias jurídicas ou do conteúdo dos fenômenos jurídicos passou a ser analisada não mais pela sua simples definição formal, ou seja, pela explicação causal, levando agora em conta a dimensão valorativa do jurídico sem fazer desse aspecto valorativo um objeto de estudo em si próprio.

A metodologia Neokantista apresentou uma linha subjetivista epistemológica, que significa que os valores estão na mente de quem conhece (*sujeito cognoscendi*), e um relativismo ou neutralismo valorativo, no sentido de que as coisas não possuem valor por si mesmas, pois os valores são considerados por quem interpreta – cultura. Os valores não residem nos objetos, mas na mente das pessoas, ou seja, a matéria é neutra, contudo, os valores decorrem de um entendimento particular.

Nessa ordem de pensamento afirma Cláudio Brandão[4]:

> O neokantismo surgiu em face de uma reação à epistemologia do positivismo em face de uma reação à epistemologia do positivismo, que tem nas figuras de Binding e Liszt grandes expoentes. Esta nova epistemologia, baseava-se em uma separação metodológica que estabelecia que a investigação dos objetos vinculados às ciências da natureza não poderia ter o mesmo tratamento gnosiológico que a investigação dos objetos vinculados às ciências culturais. A distinção entre natureza e cultura, que deita suas raízes na dicotomia kantiana da crítica da razão pura e da crítica da razão prática, faz com que os atos gnosiológicos para o conhecimento dos objetos sejam diferentes: enquanto para as ciências da natureza se explicará o objeto (pressupondo a não relação dele com o sujeito cognoscendi), para as ciências da cultura se compreenderá o objeto (o que traduz uma interrelação entre o objeto do conhecimento e o sujeito cognoscendi). O direito penal – aliás, como todo o direito – é visto pelo neokantismo como uma ciência cultural. Daí (sobretudo em face da escola de Badem, da qual se destaca Radbruch), o conceito de cultura ser fundamental para o desenvolvimento da teoria do delito.

Ex positis, ao elencar a noção de bem jurídico no sistema neokantista, considerando os valores culturais e a interpretação baseada numa interligação entre o objeto de conhecimento e o *sujeito cognoscendi*, o bem jurídico passa a ser compreendido sob o âmbito cultural, de onde é valorado para o Direito penal. Diante dessa nova epistemologia, no aspecto dogmático, o bem jurídico no Neokantismo é vinculado à esfera cultural, não mais à atividade do Legislador, como no Positivismo. Isso permite a dogmática desenvolver, a partir daí, para a consideração e importância do conceito do bem jurídico para a formação, inclusive, do crime. Se há violação do bem jurídico há crime, pois o bem jurídico passa a ter residência fixa no centro teleológico da norma penal, tendo relevante papel na contribuição para o desenvolvimento do Direito penal e a dogmática penal. De fato, portanto, a diretriz neokantista percebe o bem jurídico como um valor cultural, podendo ser resumido num valor abstrato, de origem ética e social, protegida por um tipo. Hans-Heinrich Jescheck[5] conclui dizendo que o bem jurídico é um valor ideal de magnitude social e que é juridicamente protegido.

Válter Kenji Ishida[6] também aponta o valor cultural do bem jurídico na linha de pensamento neokantista. Afirma o autor:

> Existe a substituição da noção de indivíduo pela noção de totalidade. Também a substituição da noção material de bem, pela noção de valor, mas não o individual e sim o valor cultural expresso nas proibições da norma. Pode-se afirmar que existem duas fases da escola neokantiana. A primeira, iniciada após a primeira guerra mundial, enxergava o bem jurídico como um valor apenas cultural, não admitindo a limitação do poder incriminador do Estado. Em uma segunda fase, pós-segunda guerra, houve a intenção de se limitar esse poder legiferante do Estado, evitando

---

4. BRANDÃO, Cláudio. *Tipicidade penal*: dos elementos da dogmática ao giro conceitual do método entimemático. 2. ed. Coimbra: Almedina. 2014. p. 138.
5. JESCHECK, Hans-Heinrich. *Tratado de derecho penal*: parte geral. Traducción de Miguel Olmedo Cardenete. 5. ed. Granada: Comares Editorial, 2005. p. 340-360.
6. ISHIDA, Válter Kenji. *Bem jurídico penal moderno*. Salvador: JusPodivm, 2017. p. 34.

que Estados autoritários se utilizassem do direito penal com o escopo de impor uma determinada ideologia. Surgem daí, as concepções funcionais ou sistêmicas do bem jurídico.

Não foi sem propósito que Edmund Mezger[7] afirmou da importância ideológica do bem jurídico como valor objetivo protegido pela lei penal.

> O bem jurídico – objeto de proteção, objeto de ataque – não é, como já mencionado objeto de ação, um objeto concreto do mundo exterior. É uma figura ideológica, a valoração objetiva em sua forma mais simples, que é bem protegido levado em si a síntese realizada em ideias de que o tipo abarca em seu conjunto de acordo com seu sentido. O bem jurídico evidencia, o valor que tem para o indivíduo, como seu portador direto, e para a sociedade como tal. Por conseguinte, não tem que ficar atado a ideais materialistas ou negar uma espiritualização do conceito do bem jurídico. Do mesmo modo, significa desconhecer esta importante teoria, investigado muito especialmente por Birnbaum no que respeita a sua utilidade e necessidade, a reprovação no enfoque individualista, em efeito, é fundamental para o bem jurídico de tipos jurídico-penais, e que não seja somente um bem jurídico individual, senão também da sociedade, um bem de direito. (Tradução nossa)

Mezger[8] conceituou o bem jurídico de forma que o conteúdo material do injusto representa a lesão ou colocação em perigo de um bem jurídico relevante. Assim, verifica-se que o bem jurídico tem um conceito material do injusto, sendo a lesão de um bem jurídico, ou a sua colocação em perigo. O conteúdo material do injusto baseia-se na lesão ou colocação em perigo do bem jurídico. O bem jurídico é objeto de proteção da lei. O bem jurídico é objeto de tentativa de violação ou violação por meio de uma conduta criminosa. O bem jurídico é fruto de valoração.

A partir do momento em que o bem jurídico passa a ser visto como o conteúdo material do injusto, verifica-se que há possibilidade de interpretação do tipo penal, e com isso, há abertura dogmática para aplicação supralegal do Direito penal[9]. Trata-se da interpretação teleológica do bem jurídico, pois permite uma abertura dogmática em que haverá aplicação supralegal do Direito penal, com permissão para inserção hermenêutica no Direito penal. Por causa do sistema neokantista e o conceito do bem jurídico, há, portanto, um caminho para colocar nova interpretação ao objeto

---

7. "El bien jurídico – objeto de protección, objeto de ataque – no es, como el ya mencionado "objeto de la acción", un objeto concreto del mundo exterior. Es una figura ideológica, la valoración objetiva en su forma más sencilla, que el bien protegido lleva en sí o la sintaxis realizada en ideas de lo que el tipo abarca en conjunto de acuerdo con su sentido. El "bien jurídico" evidencia, con ello, el valor que posee para el individuo, como su portador directo, y para la sociedad como tal. Por consiguiente, no hay que quedar atados a ideas materialistas o negar una "espiritualización" de este concepto de bien jurídico. Del mismo modo, significa desconocer esta importante teoría, investigada muy especialmente por Birnbaum en lo que respecta a su utilidad y necesidad, el reprocharle un enfoque "individualista", en efecto, es fundamental para el bien jurídico de los tipos jurídico-penales, el que no sea solamente un bien del individuo, sino de la sociedad, un "bien del derecho". MEZGER, Edumund. *Derecho penal* – libro de estudio: parte general. 6. ed. Buenos Aires: Editorial Bibliografia Argentina, 1958. p. 155-156.
8. MEZGER apud BRANDÃO, Cláudio. *Tipicidade penal*: dos elementos da dogmática ao giro conceitual do método entimemático. 2. ed. Coimbra: Almedina. 2014. p. 139.
9. BRANDÃO, Cláudio. *Tipicidade penal*: dos elementos da dogmática ao giro conceitual do método entimemático. 2. ed. Coimbra: Almedina. 2014. p. 141.

de valor para proteção do Direito. Pois, diferente do positivismo que exigia um atendimento vinculado à lei, em relação ao objeto de proteção – bem jurídico, o sistema neokantista dá permissão para injetar interpretação sobre o bem jurídico dentro do sistema dogmático, abrindo os meios de elaborar o objeto de proteção, dando ensejo à formatação do direito supralegal. Este vínculo criado entre o Direito penal, a dogmática e valores culturais, a partir do Neokantismo, ficou enraizado nos seguintes sistemas, permanecendo no Finalismo de Hans Welzel, no Funcionalismo e até mesmo na estrutura significativa de Tomás Salvador Vives Antón.

Richard Honig[10] defendeu um viés metodológico – teleológico do bem jurídico em relação ao Neokantismo, com a publicação da obra *Die Einwilligung des Verletzten*, admitindo o bem jurídico na estrutura do crime. No mesmo sentido, na Itália, Giuseppe Bettiol[11] aponta que o bem jurídico é valor que a norma busca tutelar.

Há na atualidade uma demonstração de que existe uma criação exacerbada de tipos penais por um legislador ávido e insaciável para punir condutas, sem verificar o fundo dogmático necessário se distanciando de um Direito penal fundado em valores, contudo, se aproximando de um positivismo acentuado, o que nos parece que ocorreu com a criminalização da lavagem de dinheiro.

Nesse sentido, mesmo sendo notório que o surgimento do crime de lavagem de dinheiro decorre de fato histórico e da incompetência do Estado e seus agentes para condenar e aprisionar determinados criminosos, o fato é que no Brasil, principalmente, a sociedade tem quisto ver o nascimento de tipos penais sem fundamento na violação do bem jurídico, se distanciando da projeção feita no Direito penal a partir do Neokantismo e se aproximando do Positivismo.

Nesse ponto, a realidade do delito de lavagem de dinheiro é contraditória ao sistema neokantista por que este exige que o bem jurídico tenha origem em valor e fundo cultural. Por outro lado, o Positivismo dá origem a bem jurídico fundado na Lei.

Diante disso, resta saber se o crime de lavagem de dinheiro viola bem jurídico, e se este bem jurídico tem conteúdo legal ou cultural, além de fazer um paralelo ao sistema mais adequado para atender as necessidades do Estado Democrático de Direito. É importante saber se o presente permite a permanência do crime de lavagem de dinheiro do ponto de vista do sistema penal dogmático e constitucional.

Assim, considerando a grande contribuição do sistema neokantista ao conceito do bem jurídico, o colocando na condição de poder conferir uma abertura dogmática para a aplicação supralegal do Direito penal, o que se vê com a criação de molduras penais tem sido o total desvinculo com o aspecto cultural, e aproximação com o Positivismo de Binding, conforme historicamente se verificou com o branquea-

---

10. HONIG apud MEZGER, Edmund. *Tratado de derecho penal*. Trad. José Arturo Rodriguez Munoz, Madrid: Reivista de Derecho Privado, 1955. p. 402.
11. BETTIOL, Giuseppe. *Diritto penale*. Padova: CEDAM, 1973. p. 170-174.

mento de capitais. O avanço do Neokantismo com a função teleológica a partir do bem jurídico, permitindo interpretação do tipo penal e abertura dogmática para aplicação supralegal do Direito penal, ao considerar o crime de lavagem de dinheiro, percebe-se ver que, atualmente, há vinculação deste tipo em questão muito mais a um positivismo relacionado à Karl Binding.

Por fim, com o surgimento do aspecto valorativo no âmbito do sistema neokantista, chegou-se, após evolução do conceito de bem jurídico a entender que se trata do conteúdo material do injusto. Portanto, o bem jurídico é o conteúdo material do injusto penal, além de representar o valor tutelado pelo Direito penal.

7.3 HANS WELZEL E OS VALORES ÉTICO-SOCIAIS: O BEM JURÍDICO NA LAVAGEM DE DINHEIRO SOB VIÉS FINALISTA

O Finalismo atende a devida segurança jurídica adequada às exigências do Estado Democrático de Direito, possibilitando, a partir de sua lógica dogmática, admitir o tipo de lavagem de dinheiro viciado na estrutura substancial do injusto. Hans Welzel[12] afirma que a doutrina finalista aparece após publicação do artigo *Kausalität un Handlung,* quando expôs pela primeira vez as ideias fundamentais da doutrina da ação finalista. O Finalismo foi desenvolvido por Hans Welzel[13] como movimento sucessor em resposta à visão teórica-cognoscitiva do Neokantismo, tratando de doutrina fundamentada no método fenomenológico da investigação. O método adotado sustenta a construção de um conceito pré-jurídico de pressupostos materiais, sendo importante saber que o sistema finalista não é somente uma teoria da ação, nem uma simples reorganização dos elementos da dogmático-penal. É muito mais do que isso. Significa uma nova atitude epistemológica de cunho objetivo que constrói uma nova teoria do conhecimento com base na prioridade do objeto, em face do subjetivismo neokantista. Há grande mudança de pensamento para ser trabalhada com o bem jurídico, sobretudo tendo sob análise do bem jurídico no crime de lavagem de dinheiro.

A teoria finalista de Welzel (1904 – 1977) estrutura-se com base em vertente ontologista, de sorte que o Direito penal passa a ter como premissas básicas estruturas lógicas que vinculam o legislador e o aplicador do Direito. A teoria ontológica parte de determinado conceito de ação previamente estabelecido, existindo estruturas lógicas-objetivas como o conceito finalista da ação, além da autodeterminação da pessoa. Os valores não estão nos conceitos, como no Neokantismo, mas na realidade das coisas. A função do Direito penal no Finalismo não é proteger bens jurídicos, mas valores elementares da sociedade. O crime é revelado como fato típico, antijurídico e culpável, contudo, mudanças de enorme significado foram realizadas internamente

---

12. WELZEL, Hans. *O novo sistema jurídico-penal*: uma introdução à doutrina da ação finalista. Trad. Luiz Regis Prado. 4. ed. São Paulo: Ed. RT, 2015. p. 7.
13. WELZEL, Hans. *El nuevo sistema del derecho penal*. Montevideo: BdF, 2002. p. 41;57.

nestes elementos. A lavagem de dinheiro deve ser investigada, a partir do Finalismo, como fato tipicamente material, antijurídico e culpável, devendo haver prova de lesão a bem jurídico, para somente então concluir sua legitimidade como delito.

Os requisitos do delito foram reestruturados por Hans Welzel. No sistema causalista e no sistema neokantista, o fundamental é o desvalor do resultado. No sistema finalista, o desvalor da ação tem grande relevância. O dolo e a culpa saíram da culpabilidade e foram para a tipicidade. Welzel não utiliza o conceito do dolo jurídico (ou normativo) ou *dolus mallus* que é o dolo com a consciência do fato e a consciência da ilicitude. Utiliza o conceito do dolo natural, que é o dolo com a consciência do fato. A consciência da ilicitude não fica no dolo, mas sim na culpabilidade. Contudo, fica a potencial consciência da ilicitude na culpabilidade. Basta ter potencial consciência da ilicitude, pois não é necessário a consciência plena. A antijuridicidade é pessoal, significando a contrariedade do fato relacionada ao autor. A culpabilidade passa a ser puramente normativa, já que não tem requisito subjetivo, sendo preenchida pela imputabilidade, potencial consciência da ilicitude e exigibilidade de conduta diversa. A tipicidade revela uma relação indiciária com a antijuridicidade. A antijuridicidade exige que haja consciência do agente quanto às causas que a excluem. A culpabilidade passa a ser puro juízo de valor, uma vez excluídos os aspectos subjetivos. O juiz deve verificar se houve capacidade de entender e de querer do agente (imputabilidade), quando examina se o agente tinha condições de entender o caráter ilícito do fato e se podia agir de modo diverso. O autor é aquele que tem o domínio final do fato. Importa ainda apontar que as estruturas lógico-objetivas[14] – "*sachlogische Strukturen*" – são estruturas da matéria de regulação jurídica destacadas pela lógica concreta, que se orientam diretamente na realidade, objeto do conhecimento.

No sistema de Hans Welzel, é o objeto que condiciona o método. Não o contrário. Ou seja, os valores estão na essência das coisas, e não no entendimento do intérprete. Assim, "o Finalismo manteve a estrutura idealizada pela concepção tripartida do sistema de Liszt e Beling, mas fez adequação no conceito de conduta, compreendendo-a como uma ação consciente e finalisticamente orientada".[15] Ao criticar o subjetivismo epistemológico e o relativismo valorativo do Neokantismo, Hans Welzel visualizou um objetivismo metodológico que concebe a ideia de que os valores residem nas coisas em si e não no intérprete, sendo o objeto condicionador do método.[16]

---

14. WELZEL, Hans. *O novo sistema jurídico-penal*: uma introdução à doutrina da ação finalista. Trad. Luiz Regis Prado. 4. ed. São Paulo: Ed. RT, 2015. p. 10.
15. PEREIRA, Henrique Viana. *A função social da empresa e as repercussões sobre a responsabilidade civil e penal dos empresários*. 2014. 214f. Tese (Doutorado) – Programa de Pós-Graduação em Direito, Pontifícia Universidade Católica de Minas Gerais, Belo Horizonte, 2014. p. 112.
16. WELZEL, Hans. *Derecho penal*: parte geral. Traducción de Carlos Fontán Balestra. Buenos Aires: Roque Depalma Editor. 1956. p. 1; 21.

Na doutrina finalista, não é o indivíduo, com a colaboração de suas categorias imaginárias, quem determina a ordem da realidade das coisas. Mas, é o próprio indivíduo que se encontra dentro de uma ordem real, correspondente a estruturas lógico-objetivas. O Finalismo foi idealizado no sentido de que o objeto fundamental da dogmática jurídico-penal sobre o qual se constrói as categorias sistemáticas do delito são suas estruturas lógico-objetivas, que pertencem ao mundo da realidade, ou seja, ao mundo ontológico, que acaba por significar que o legislador está vinculado a algumas premissas básicas necessárias.[17] Nesse ponto é importante identificar onde está localizado o bem jurídico e o seu conceito, para somente então atender à indagação de ser ou não ser possível alegar impossibilidade ou possibilidade de configuração do crime de lavagem de dinheiro no sistema finalista. As estruturas lógico-objetivas integram a natureza constante e permanente das coisas. Por isso, vincula o legislador e a ciência do Direito, sem depender de como o indivíduo venha a perceber tais coisas.

Nesse sentido, fica fácil perceber que Hans Welzel tenta determinar pré-verdades, conceitos ou realidades pré-jurídicas, ou seja, as estruturas lógico-objetivas da natureza das coisas que podem limitar o legislador. Na verdade, tais estruturas permitem uma segurança jurídica universal, impondo reais limites ao Legislador na construção de um Direito penal mais adequado à ordem constitucional, sobretudo no Estado Democrático de Direito. Com isso, para Welzel, são estruturas lógico-objetivas: a natureza final da ação humana, no sentido de que toda conduta humana seja finalista, e a autodeterminação do ser humano. A partir de tais estruturas lógico-objetivas, são construídas as categorias do Direito penal, onde há formação da dogmática-penal finalista.[18]

Luiz Regis Prado[19] ensina que o sistema jurídico-penal criado por Hans Welzel é de coerência lógica e baseado em sólidas bases ontognoseológicas e metodológicas, com notória influência da fenomenologia, sendo uma construção jurídica que tem como ponto de partida a concepção do homem como ser livre. O Direito penal deve garantir os valores ético-sociais da ação, contudo, na busca desta meta, atua com respeito ao princípio da legalidade e proteção dos bens jurídicos, que por sua vez são valiosos do ponto de vista ético-social. Nesse novo contexto, a análise do comportamento de lavagem de dinheiro deverá atender todas estas exigências de segurança para ser considerado crime.

A direção finalista de Hans Welzel a respeito da dogmática jurídico-penal foi a figura de uma mudança radical ao se posicionar de maneira diferente das colocações do Positivismo Jurídico formalista e do relativismo axiológico neokantista, e que

---

17. WELZEL, Hans. *Derecho penal*: parte geral. Traducción de Carlos Fontán Balestra. Buenos Aires: Roque Depalma Editor. 1956. p. 25; 28.
18. WELZEL, Hans. *Derecho penal*: parte geral. Traducción de Carlos Fontán Balestra. Buenos Aires: Roque Depalma Editor. 1956. p. 35.
19. PRADO, Luiz Regis. *Bem jurídico-penal e Constituição*. 7. ed. rev. e ampl. São Paulo: Ed. RT, 2014. p. 47.

até hoje é utilizada pela doutrina clássica, mesmo que distorcida em alguns pontos a partir da versão original.[20]

Importa registrar que Hans Welzel utilizou bases da fenomenologia de Nicolai Hartmann. O injusto para o Finalismo determina o centro de gravidade no desvalor da ação, obtendo com a ameaça de uma sanção penal, a proteção de determinados valores vitais da sociedade. Não coloca no centro do sistema finalista a proteção a bens jurídicos, mas sim de modo reflexo protege tais bens com uma ordem cartesiana de pensamento, pois, diante de um desvalor da ação, há punição com sanção penal para assim impedir o desvalor do resultado.

Nesse sentido, o centro de gravidade do finalismo encontra-se no desvalor da ação, e não na proteção direta dos bens jurídicos, em que pese haver proteção de bens jurídicos, mas de modo reflexo no sistema finalista. O injusto pessoal possui sua pedra de toque no desvalor da ação, que, por meio de uma ameaça de pena, impede o desvalor do resultado, e assim o bem jurídico. O Finalismo deixa o bem jurídico para um segundo plano, pois Hans Welzel entende o bem jurídico inserido dentro de uma determinada ordem, ou seja, dentro de um Estado Social, pois o escopo do Direito penal, para o Finalismo, é a defesa dos valores ético-sociais e não a defesa de bens jurídicos. Os valores éticos-sociais para o Finalismo representam, por exemplo, valores como a saúde, a liberdade do ser humano, a vida, a propriedade, dentre outros. Percebe-se que o sistema finalista busca proteger valores de uma atitude adequada e correta, onde o ponto central passa a ser o valor ético-social da ação, embarcando o bem jurídico em si.

Ao saber que Hans Welzel deixa o bem jurídico num segundo plano, dando atenção a valores éticos-sociais, indaga-se sobre a localização do bem jurídico no sistema finalista diante de uma conduta criminosa. É importante registrar que deixar o bem jurídico em segundo plano não significa dar a ele menos importância, mas considerá-lo dentro de um contexto maior, que são os valores éticos-sociais. Proteger valores ético-sociais é também proteger bem jurídico. Nesse sentido, é necessário ficar claro que a conduta delituosa viola a norma, que por sua vez representa valores éticos de uma sociedade. Diante disso, com o Finalismo, o que há em destaque é o desvalor da ação. Ocorrendo esta cadeia de referências, havendo uma conduta desvalorada e violadora de norma que representa valores éticos da sociedade, teria um desvalor do resultado, de onde retira-se o bem jurídico violado. Portanto, no Finalismo, o bem jurídico tem importância, contudo num segundo plano dentro do sistema, exigindo a lesão de interesse social para configuração de delito. É com estes argumentos que Claus Roxin critica Welzel, pois aquele diz que este sustenta a "opinião de que a missão central do Direito penal não consiste na proteção de bens jurídicos, se não em assegurar a vigência de valores e atos ético – sociais positivos, como o respeito a vida, a saúde, liberdade, propriedade etc." A missão primária do

---

20. WELZEL, Hans. *El nuevo sistema del derecho penal*. Montevideo: BdF, 2002. p. 41;57.

Direito penal não é a proteção atual de bens jurídicos, senão garantir a observância dos valores do ato de uma atitude interna jurídica.[21]

O bem jurídico lesionado é a consequência do desvalor do resultado de uma ação ilícita, desvalorada. A consequência da pena é decorrente da violação ao valor ético. O bem jurídico encontra-se em torno de uma vida social, não sendo visto de forma isolada, mas em conjunto com toda uma ordem compactada. Por isso o delito, mais do que a lesão ao bem jurídico, ocorre com o desvalor do resultado, com a violação de um dever.

Assim, para Hans Welzel, a missão do Direito penal não é proteger diretamente os bens jurídicos, mas a defesa dos valores éticos-sociais. O Direito penal possui a função ético-social, no Finalismo, tendo o escopo de proteger tais valores. Diante disso, verifica-se que Welzel trata a questão do bem jurídico como desdobramento dos valores ético-sociais, ou seja, de modo secundário, não significando que os bens jurídicos não são protegidos no sistema finalista, pois haveria bem jurídico lesionado com a ocorrência do desvalor do resultado de uma ação ilícita, em que, por consequência, teria a sanção penal como resposta do Estado. Além disso, o significado de bem jurídico encontra fundado em toda a ordem social, e não de forma isolada.

Hans Welzel sustenta que o desvalor da ação e desvalor do resultado traduz a presença de bem jurídico lesionado. Defende a proteção de bens jurídicos mediante a proteção dos valores ético-sociais da ação. A proibição de determinadas ações finais é um meio para a proteção de bens jurídicos

Juarez Tavares[22] ensina ainda, numa ótica mais profunda que na concepção de Hans Welzel, que o bem jurídico é objeto de proteção, no entanto, substituído para um segundo plano, tendo sido como primeiro plano de proteção os valores ético-sociais. Ensina que ele compõe o bem jurídico sob dois caminhos, um como bem vital da comunidade ou do indivíduo, e outro como um estado social desejável. Mais à frente, Tavares destaca[23] que "A proteção de valores ético sociais nada mais é que a incriminação da antissocialidade."

Percebe-se, nesse sentido, que o Direito penal pune as ações ilícitas que violam o bem jurídico, e antes disso, os valores ético-sociais, de forma que o interesse deste ramo do Direito tem foco na ação. Hans Welzel[24] afirma que a missão central do Direito penal reside em assegurar a validez inviolável dos valores éticos-sociais mediante a ameaça de aplicação da pena, e que a tutela dos bens jurídicos é obtida proibindo e castigando as ações que a lesioná-los.

---

21. ROXIN, Claus. *Derecho penal*: parte general, fundamentos: la estructura de la teoría del delito. 2. ed. Traducción y notas de Diego Manuel Luzón Peña e Miguel Díaz y García Conlledo, Javier de Vicente Remesal. Madrid: Editorial Civitas, S.A., 1997. p. 68. t.1.
22. TAVARES, Juarez. *Teoria do injusto penal*. Belo Horizonte: Del Rey, 2000. p. 177.
23. TAVARES, Juarez. *Teoria do injusto penal*. Belo Horizonte: Del Rey, 2000. p. 178.
24. WELZEL, Hans. *Derecho penal*: parte general. Traducción de Carlos Fontán Balestra. Buenos Aires: Roque Depalma Editor, 1956. p. 4.

Cláudio Brandão[25] revela que Hans Welzel define o bem jurídico com um bem vital para uma comunidade ou para um indivíduo, isoladamente, que, por uma significação social, é protegido juridicamente, podendo aparecer por várias formas, tal como a honra, objeto psicossocial, como um estado real ou relação vital e relação jurídica, concluindo Welzel que o bem jurídico tem a figura de todo o estado social desejável que o Direito pretende resguardar de lesões. Nesse sentido, o bem jurídico não pode ter o significado, para apreciação, de algo isolado, mas em conexão com toda a ordem social.

Ao tratar da origem e evolução do conceito do bem jurídico-penal, Paulo César Busato[26], numa análise ao Finalismo, afirma que Hans Welzel coloca o bem jurídico e sua lesão para ser analisado no âmbito da adequação social. O que significa para este autor, que encontra-se a questão do bem jurídico por detrás da adequação social, contudo, como item indispensável a ser analisado, sobretudo, havendo lesão. Não há distância do entendimento primário de que o bem jurídico está, para Hans Welzel, em segundo plano. A importância da argumentação é fixada a partir do momento em que há o raciocínio de que a lesão ao bem jurídico deve ser discutida e verificada, no âmbito dogmático, dentro do princípio da adequação social. Assim, o juízo de adequação social leva em conta a violação do bem jurídico, do ponto de vista ético-social. Isso ocorre ao lado do princípio da legalidade e da antinormatividade.

Após a identificação das nuances relativas à noção do bem jurídico e o contexto em que é inserido no Finalismo, parece-nos que a análise da conduta detida ao crime de lavagem de dinheiro deve ser verificada no âmbito da adequação social, onde há abertura para injeção da evolução do sistema finalista. Não se trata de admitir que a conduta de lavagem de dinheiro seja ou não aceita pela sociedade, e que a partir daí verifica-se a inexistência ou existência de lesão a bem jurídico, e por conseguinte, crime. A questão é dogmática. A ação hoje considerada ilícita, contida no tipo construído na Lei 9.613/98, em que há a moldura (*Leitbild*) com preceito primário e secundário, em relação a conduta denominada lavagem de dinheiro, deve ser analisada no âmbito secundário do escopo do Direito penal, na condição de verificar se tal ação viola bem jurídico assim considerado dentro de um contexto de relevância social.

Não é por que existe um tipo penal que deve ser tal conduta considerada crime. Muito além disso, numa abordagem estritamente dogmática, deve ser verificado se a ação por detrás da norma criada pelo Legislador, encontra-se um bem jurídico lesionado. E se for lesionado pela conduta constante no tipo criado, deverá ser vista, do ponto de vista dogmático finalista, como uma ação ilícita que tenha lesionado bem jurídico, analisado em segundo plano, e que seja identificado pela construção artificial da adequação social.

---

25. BRANDÃO, Cláudio. *Tipicidade penal*: dos elementos da dogmática ao giro conceitual do método entimemático. 2. ed. Coimbra: Almedina, 2014. p. 146.
26. BUSATO, Paulo César. *Direito penal*: parte geral. São Paulo: Atlas, 2013. p. 358-359.

Em outras palavras, no Finalismo, a análise da violação do bem jurídico pela realização da ação desvalorada que, por consequência, leva a um resultado desvalorado, em que aplica-se a pena, como resposta ao desentendimento com a missão do Direito penal, que é a proteção de valores ético-sociais, é o âmbito e contexto que se analisa a conduta de lavagem de dinheiro.

Nesse ponto, por óbvio, os valores ético-sociais não admitem que sejam praticados crimes do ponto de vista de qualquer evento tipificado. Mas, assim como uma conduta referente à lesão da orelha de uma criança recém-nascida para furar e enfeitar seu corpo é aceita pela sociedade como adequada, a conduta de ocultar ou dissimular bens ou valores decorrentes de outras condutas, mesmo que criminosas, será analisada, no Finalismo, no âmbito onde se encontra o bem jurídico, que a nosso ver, está atrás da construção estrutural princípiológica da adequação social, da legalidade e da antinormatividade. A pergunta a ser feita quanto ao crime de lavagem de dinheiro e a lesão a bem jurídico para configurar ou não configurar crime no sistema finalista é verificada em segundo plano, não significando ser menos importante, portanto. Assim, aos moldes do sistema dogmático penal finalista, diante do tipo de lavagem de dinheiro, considerando o vínculo constitucional pelo princípio da legalidade, além do princípio da lesividade, verifica-se revelação de vício na estrutura substancial do injusto penal.

8
ANÁLISE FUNCIONALISTA DE UMA ABORDAGEM DO PROCESSO DE LAVAGEM DE DINHEIRO QUANTO AO BEM JURÍDICO

8.1 INTRODUÇÃO

Na medida em que a dogmática passa a trabalhar em torno da função do Direito penal tomam forma novas teorias pós-finalismo, construídas ora em volta da proteção do bem jurídico, ora com abordagem da relação normativa entre a expectativa social e a confiança, ora com avanço do Neokantismo, ora vinculando o comportamento humano à mera concepção normativa, ora com base reducionista, outrora com apoio do dirigismo penal vinculado pelo controle social. Diante de tais concepções, novos conceitos analíticos do delito são formados, de forma que os elementos ancorados por Welzel passam a ser movimentados de acordo com a filosofia funcionalista adotada. Diante desses novos contextos, analisa-se a posição do bem jurídico na lavagem de dinheiro.

8.2 NORMATIVISMO MONISTA FUNCIONAL-SISTÊMICO DE GÜNTHER JAKOBS E A SUA RELAÇÃO COM O BEM JURÍDICO PENAL NA LAVAGEM DE DINHEIRO

O Direito penal é direcionado pela função que cumpre no sistema social. Tem suas próprias regras e submete-se a elas próprias. Representa um sistema autônomo, autopoiético e autorreferente que vigora dentro de um outro sistema mais amplo.[1] O delito, neste sistema, representa uma disfunção do funcionamento do sistema, que pode ser corrigido dentro do próprio sistema. O Direito penal busca a manutenção da sociedade pela proteção das normas, de modo que há confusão entre a função do Direito penal e o bem jurídico, quando Günther Jakobs[2] afirma "a vigência da norma como bem jurídico penal."

---

1. JAKOBS, Günther. *Dogmática de derecho penal y la configuración normativa de la sociedad*. Madrid: Thomson Civitas, 2004. p. 75.
2. JAKOBS, Günther. *Dogmática de derecho penal y la configuración normativa de la sociedad*. Madrid: Thomson Civitas, 2004. p. 75.

O normativismo monista funcional-sistêmico tem o delito como toda conduta violadora da norma, disfuncional às expectativas sociais de convivência. Contudo, tal posição não atribuiu inovações no sistema conceitual analítico do delito, considerando crime o fato típico, antijurídico e culpável.

Ocorrendo a frustração das expectativas normativas, a sanção penal será aplicada como confirmação da vigência da norma infringida. A finalidade é prevenir o crime por meio da confirmação da norma. Por isso, há adoção da prevenção geral positiva ou integradora. O Direito penal existe para proteger a norma, e por via indireta, protege bens jurídicos. O Direito penal serve para manter a confiança dos cidadãos no sistema. O bem jurídico penal que deve ser protegido é a firmeza das expectativas normativas diante de sua frustração. Nesse sentido, o crime é também a desobediência à norma. O delito é o símbolo da falta de fidelidade ao Direito, e a pena reforça o conteúdo da norma.

Com a teoria da imputação normativa, adaptou-se o Direito penal à teoria dos sistemas sociais de Luhmann.[3] Há um afastamento da neutralidade e imutabilidade das construções dogmáticas, de acordo com a linha de pensamento de Günther Jakobs. Reconhece, conforme Hans Welzel[4], que o Direito penal tem como função assegurar os valores éticos e sociais da ação, mas Günther Jakobs realiza um corte com a metodologia finalista, ao admitir a existência da missão do Direito penal e não a essência dos objetos da dogmática.

Em 1983, o professor da Universidade de Bonn,[5] idealizou um entendimento normativista do Direito penal, contudo, com características diferentes do que foi posto por Claus Roxin e contrárias ao ontologismo finalista de Hans Welzel.

Pelo normativismo monista funcional-sistêmico de Günther Jakobs, os limites necessários para a evolução da estrutura do sistema penal estão no interior do próprio sistema, não admitindo os limites externos, de modo que não há como não notar uma radicalização do critério funcional. Diante disso, Günther Jakobs[6] entende que o Direito penal representa um sistema normativo fechado, excluindo a possibilidade de qualquer inserção empírica exterior e não normativa no Direito penal.

Por causa disso, limitou a dogmática jurídico-penal à análise normativo-funcional do direito positivado. Não admitiu, assim, considerações empíricas não normativas e de valorações externas ao direito positivo. O crime, diante da presente orientação, é uma expressão simbólica da extrema falta de fidelidade ao Direito, sendo também uma real ameaça para a integridade e estabilidade social.

---

3. JAKOBS, Günther. *La imputatición objetiva en derecho penal*. Madrid: Civitas, 1996. p. 95.
4. WELZEL, Hans. *Teoría de la acción finalista*. Buenos Aires: Editorial Depalma, 1951. p. 20.
5. JAKOBS, Günther. *Dogmática de derecho penal y la configuracción normativa de la sociedad*. Madrid: Thonson Civitas. 2004. p. 51.
6. JAKOBS, Günther. *Dogmática de derecho penal y la configuracción normativa de la sociedad*. Madrid: Thonson Civitas. 2004. p. 97.

O enfoque sistematológico procura proteger funções e bens jurídicos, pretendendo, no final das contas, impor a confiança dos indivíduos no aspecto institucional.

A sanção penal no Direito penal, para Günther Jakobs[7], é mera reação diante de uma violação à norma penal, que é a função de prevenção-integração, devendo ser definida positivamente. Trata-se de uma forma de demonstração da vigência da norma, na medida em que, havendo infração a esta, haverá uma consequência legal. Nesse sentido, ensina Leonardo Siqueira[8] o seguinte:

> Assim, Jakobs acaba por defender que a pena tem como finalidade exclusiva a confirmação da realidade das normas, ou dito de outro modo, a pena teria a função de restabelecer as expectativas normativas, com o objetivo que elas não fiquem anuladas por sua violação.
>
> Nesse caminho, a pena se dirige a todos os membros da sociedade, para reafirmar a vigência da norma, pois é essa vulneração a norma que se solidifica a finalidade da pena, e isso só é possível caso exista um comportamento responsável, culpável em última instância.

Na linha de pensamento de Günther Jakobs, o Direito penal admite um "bem jurídico" merecedor de proteção, tutelado pelo Estado, desde que condicionado à validez fática das normas. Somente com a aplicação da pena se podia esperar o devido respeito aos bens de interesse da sociedade e dos indivíduos. Diante do crime de homicídio, por exemplo, em que pese significar uma lesão a um bem, a conduta "matar alguém" somente deve ser punida porque representa uma oposição à norma. Da mesma forma, nos crimes de lavagem de dinheiro, o objetivo é proteger a norma. Não destaca um bem jurídico como nos demais sistemas, pois ocorre seu esvaziamento para adoção de nova regra, qual seja, a proteção da eficácia das normas. Nesse sentido, se houver conduta que viole a norma, haverá direcionamento do sistema para aplicação da pena, pois busca-se a fidelidade à norma, ao Direito, ao ordenamento jurídico.

Assim, em vez de o criminoso escolher praticar uma conduta sem valor jurídico, atua com dolo ou culpa e escolhe realizar um comportamento que gera consequências jurídicas. Trata-se de um normativismo radical, que confere enorme dificuldade em qualquer tentativa de limitar o poder punitivo estatal. Por causa disso, o que realmente importa, a proteção de bem jurídico, é deixado de lado em prol de um símbolo de Direito penal, qual seja, a proteção à norma.

O sistema de Günther Jakobs abre portas para justificar e tornar legítimo sistema jurídico de imputação de penas, podendo, inclusive, validar um sistema de máxima e ilimitada intervenção do Estado, sem violar bem jurídico οὐσία.

Günther Jakobs procura orientar seu pensamento no sentido de que, com a ocorrência da conduta, o Direito penal está destinado a garantir a identidade norma-

---

7. JAKOBS, Günther. *La imputaticón objetiva en derecho penal*. Madrid, Civitas, 1996. p. 94.
8. SIQUEIRA, Leonardo. *Culpabilidade e pena*: a trajetória do conceito material da culpabilidade e suas relações com a medida da pena. Coordenação de Cláudio Brandão. Belo Horizonte: Editora D'Plácido, 2016. p. 126. v.7. (Coleção Ciência Criminal Contemporânea).

tiva, e que, com a ocorrência de um delito, a norma não tem sua vigência adotada. A norma visa a estabilização do sistema, perante pretensão de fidelidade ao direito pela prevenção positiva. O autor tem o pensamento resumido do seguinte modo: o crime é a negação ao direito, pois gera violação da norma e frustração das expectativas normativas. A pena é positiva, pois afirma a vigência da norma.

A noção de bem jurídico para Günther Jakobs encontra residência na vigência da norma enquanto objeto de tutela. O crime, na condição de fato que viola a norma penal, significa oposição ao que a norma determina, quando a pena restabelece o Direito. Isso faz o conteúdo do bem jurídico ser esvaziado com matéria essência da οὐσία, além de haver dificuldade de impor limite ao Estado quanto ao *jus puniendi*. O pensamento de Jakobs vai contra a estabilidade exigida pelo Estado Democrático de Direito. Além disso, não tem o bem jurídico penal como freio para impor limites ao Estado na aplicação do Direito penal.

Günther Jakobs não descarta o conceito do bem jurídico penal, mas direciona um novo foco de atenção em relação ao bem jurídico. Substitui a noção do bem jurídico pela noção de vigência da norma que existe por trás da lei, que é violada pela conduta delituosa praticada. Nesse sentido, na realização de uma conduta criminosa, não é o bem jurídico que é atingido, mas a eficácia do conteúdo normativo. O autor não diferencia o fim de proteção da norma do bem jurídico. Reduz o bem jurídico penal à validez fática da norma, e com isso, o pensamento dele toma distância da ordem jurídica do Estado Democrático de Direito, permanecendo a proteção do bem jurídico sem relação pessoal, mas direcionada para o sistema como um todo, pois Jakobs impõe uma identidade ao conceito de bem jurídico vinculada a eficácia do conteúdo normativo. Para ele, o crime viola o sistema, não por que ofende bem jurídico, mas pelo motivo de o delito representar um símbolo de desobediência à norma. No crime de lesão corporal, por exemplo, preocupa-se com a eficácia do conteúdo da norma que determina que a integridade física da vítima deve ser respeitada. O Direito penal protege a estrutura das "expectativas normativas essenciais" diante da violação da norma[9]. Em reforço ao pensamento de Günther Jakobs, Prado[10] ensina que:

> A legitimação substancial da referida noção encontra-se para Jakobs na vigência da norma enquanto objeto da tutela. Este último autor, nas pegadas de Luhmann, afirma que a missão do Direito Penal é assegurar a validade fática ou a vigência das normas jurídicas, no sentido de garantir expectativas indispensáveis ao funcionamento do sistema social. Tem a função de estabilizar a ordem social através da imputação de condutas. O delito, como transgressão da norma penal, significa oposição à prescrição normativa que se vê contrariada pela sanção, que impõe ou restabelece a obediência ao Direito. Há, assim, uma erosão do conteúdo liberal do bem jurídico, o que pode dificultar a limitação do jus puniendi estatal, função atribuída àquele.

---

9. JAKOBS, Günther. *Tratado de direito penal*: teoria do injusto penal e culpabilidade. Trad. Gercélia Batista de Oliveira Mendes e Geraldo de Carvalho. Belo Horizonte: Del Rey, 2009. p. 61-63.
10. PRADO, Luiz Regis. *Bem jurídico-penal e Constituição*. 7. ed. rev. e ampl. São Paulo: Ed. RT, 2014. p. 41-42

Trata-se de uma construção formalista, vazia de conteúdo, que pode ser incompatível com os postulados do Estado Democrático de Direito.

Nesse sentido, a violação de bem jurídico individualizado e sua consideração para a existência de crime deixa de ser uma regra, e desta feita, acaba por deixar o bem jurídico de ser um freio à intervenção estatal no âmbito individual.

Ao focalizar a validez da norma, Günther Jakobs permite um sistema em que o *jus puniendi* estatal não tem limites, a não ser na vontade do próprio Estado, o que encaixa perfeitamente na criação de delitos sem necessidade de agressão ao bem jurídico como requisito material e essência da οὐσία. Nesta linha, permite-se a criação de delitos de perigo abstrato, justificando tais crimes pela própria estabilidade do sistema[11]. No crime de lavagem de dinheiro, em que pese existir apontamentos doutrinários[12,13] no sentido de haver bem jurídico violado, o sistema de Jakobs e a consideração quanto à substituição do bem jurídico individualizado pela vigência efetiva da norma, permite a punição pela conduta de branqueamento de capitais justificada pela norma desobedecida, sem haver a necessidade de violação a bem jurídico específico, agredindo violentamente o princípio da lesividade penal, elemento baluarte de um Direito penal constitucional, no âmbito do Estado Democrático de Direito.

Pois bem, em *Sociedade, Normas e Pessoa em uma teoria de um Direito penal funcional*, Jakobs[14] aponta reflexão no sentido de que a pena não repara bens, mas confirma a identidade normativa da sociedade, uma vez que o Direito penal não pode ser uma reação diante de um fato que lesiona bem jurídico, mas somente diante de determinado comportamento que tenha o poder de violar uma norma. Vai além, ao afirmar que a lesão à norma representa um processo de comunicação e de expressão de sentido entre as pessoas.

O funcionalismo radical de Jakobs concebe a ideia de que o Direito penal se orienta para garantir a identidade normativa, a constituição e a sociedade, mas levando em conta o total respeito às normas. Se há ofensa à norma pelo delito, a sanção penal toma a proporção de resposta que volta a afirmar a norma, e também o papel do Direito penal de estabilização do sistema.

O Direito penal contradiz o comportamento resumido na contradição das normas determinantes da identidade da sociedade, e por isso confirma a identidade social por meio da aplicação da sanção penal. Portanto, a pena é um meio de manutenção da iden-

---

11. TAVARES, Juarez. *Teoria do injusto penal*. Belo Horizonte: Del Rey, 2000. p. 184.
12. BRAGA, Romulo Rhemo Palitot. *Lavagem de dinheiro*: fenomenologia, bem jurídico protegido e aspectos penais relevantes. 2. ed. rev. e atual. Curitiba: Juruá, 2013. p. 69.
13. WELTER, Antônio Carlos. Dos crimes: dogmática básica. In: GRANDIS, Rodrigo de; CARLI, Carla Veríssimo de. (Org.). *Lavagem de dinheiro*: prevenção e controle penal. Porto Alegre: verbo jurídico, 2011. p. 118-121.
14. JAKOBS, Günther. *Sociedad, norma y persona en una teoría de un derecho penal funcional*. Traducción de Manuel Cancio Meliá y Bernardo Feijóo Sánchez. Madrid: Civitas Ediciones, 1996. p. 11.

tidade da sociedade[15]. Há esperança, com a intervenção da sanção penal, de produção de efeito psicológico social e individual, tornando os componentes do âmbito coletivo organizado fieis ao ordenamento jurídico, como prevenção geral positiva. Com isso, há intervenção para conscientização geral quanto a necessidade de respeito às normas e a fidelidade ao ordenamento jurídico, tendo como consequência a integração social.

Quanto ao motivo da confirmação da identidade normativa ser realizada pelo Direito penal como solução para o problema social, Jakobs[16] afirma que a constituição da sociedade é realizada por meio das normas. Além disso, sem uma sociedade em funcionamento não há nada mais que um acúmulo casual de indivíduos[17]. Nesse sentido, o grupo social está vinculado à uma ordem de normas que deve ser respeitada, e se não for, existe o subsistema penal para impor sanção penal com vista a atingir a estabilização por meio da busca da fidelidade ao direito.

Jakobs explica certo sentido na evolução do Direito penal vinculado à proteção de bem jurídico-norma inclusive na relação com os delitos de perigo abstrato. A realização de proteção de normas pelo Estado pode ocorrer por meio de imposição de sanção penal de algumas condutas focando, com prioridade, no comportamento humano.[18] Para a administração estatal de uma sociedade mais ou menos complexa, não é o suficiente o estabelecimento de normas contra a lesão de bens jurídicos, pois existe a necessidade de que determinadas modalidades de comportamento sejam fixadas de modo centralizado como perigosas, e assim, passam a ser sancionadas pela infração de uma norma criada neste sentido. De todo modo, Jakobs aponta reflexão no sentido da manutenção da vigência da norma, e não na manutenção da vigência de determinados objetos como bem jurídico, pois o discurso do bem jurídico pode ser um discurso metafórico sobre a vigência da norma. O Direito penal representa reação frente à perturbação social por alguém, ou seja, por uma pessoa, que deve representar um papel, qual seja, o total respeito às normas.[19] A partir daí, se verifica o que seria um comportamento inócuo ou um comportamento que viola norma jurídica[20]. Significa que há expectativa de uma fidelidade suficiente ao Direito ou que somente existe um dever de prestar uma fidelidade suficiente ao ordenamento, de forma que a pessoa, parte da sociedade, não mate, não lesione, não introduza valores pecuniários decorrente de prática de conduta criminosa na economia, conhecido

---

15. JAKOBS, Günther. *Sociedad, norma y persona en una teoría de un derecho penal functional*. Traducción de Manuel Cancio Meliá y Bernardo Feijóo Sánchez. Madrid: Civitas Ediciones, 1996. p. 18.
16. JAKOBS, Günther. *Sociedad, norma y persona en una teoría de un derecho penal functional*. Traducción de Manuel Cancio Meliá y Bernardo Feijóo Sánchez. Madrid: Civitas Ediciones, 1996. p. 25.
17. JAKOBS, Günther. *Sociedad, norma y persona en una teoría de un derecho penal functional*. Traducción de Manuel Cancio Meliá y Bernardo Feijóo Sánchez. Madrid: Civitas Ediciones, 1996. p. 32.
18. JAKOBS, Günther. *Sociedad, norma y persona en una teoría de un derecho penal functional*. Traducción de Manuel Cancio Meliá y Bernardo Feijóo Sánchez. Madrid: Civitas Ediciones, 1996. p. 43.
19. JAKOBS, Günther. *Sociedad, norma y persona en una teoría de un derecho penal functional*. Traducción de Manuel Cancio Meliá y Bernardo Feijóo Sánchez. Madrid: Civitas Ediciones, 1996. p. 50.
20. JAKOBS, Günther. *Sociedad, norma y persona en una teoría de un derecho penal functional*. Traducción de Manuel Cancio Meliá y Bernardo Feijóo Sánchez. Madrid: Civitas Ediciones, 1996. p. 53.

este último comportamento como delito de branqueamento de capitais.[21] O Direito se estabelece para pessoas que podem ser caracterizadas como pessoas do Direito, de sorte que há comunicação entre os entes da sociedade admitindo a norma imposta, sendo ela violadora de bem jurídico estabelecido ou não, o que resulta apenas na preocupação em relação à estabilidade das expectativas.

Nos moldes do Estado Democrático de Direito, no âmbito do Direito penal constitucional imposto pela carta magna de 1988, a responsabilidade penal em Günther Jakobs não tem ligação com o bem jurídico afetado pela conduta delituosa, mas diretamente com o comportamento da pessoa em relação à norma estabelecida. A atuação do agente contra as expectativas da norma determina a sua responsabilidade penal. Portanto, na concepção do autor, a prática de branqueamento de capitais não exige violação de bem jurídico específico, bastando a realização de ato que contrarie a norma imposta pelo Estado para que seja imposta sanção penal. Nesse sentido, para Jakobs, a realização do comportamento proibitivo pela norma criadora do tipo de lavagem de dinheiro, independentemente de lesão a bem jurídico, seria já motivo para aplicação de sanção penal para reativar a fidelidade do agente ao ordenamento, após a quebra da expectativa esperada.

8.3 FUNCIONALISMO SISTÊMICO DE KNUT AMELUNG E SUA VISÃO QUANTO AO BEM JURÍDICO PENAL EM CONEXÃO COM BINDING E JAKOBS

Da mesma forma que Günther Jakobs, Knut Amelung trabalha o Direito penal num viés funcionalista sistêmico, também adotando um pensamento em que o bem jurídico penal está vinculado à danosidade social em respeito à disfunção do sistema em virtude de uma conduta violadora da norma. Ao inserir a análise da lavagem de dinheiro neste contexto dogmático, verifica-se distanciamento da preocupação com a lesão do bem jurídico para configuração do crime, admitindo o cometimento do ilícito com base na expectativa normativa quebrada com o comportamento do agente no momento em que oculta bens provenientes de delitos precedentes com o objetivo de camuflar a ilicitude por meio de instrumentos de formalização legal.

Na visão de Knut Amelung, para ocorrer um delito, não é necessário que haja violação de bem jurídico, bastando que a conduta seja disfuncional em relação ao sistema social, havendo a partir daí, uma disfuncionalidade sistêmica com a ocorrência do crime. O comportamento tipificado e praticado pelo agente gera ofensa à norma institucional, que por sua vez, ordena a sociedade, concluindo então, a existência de danosidade social. Considera o bem jurídico criação do Estado, com base em valores sociais, mas dando uma relevância secundária a ele, pois a danosidade

---

21. JAKOBS, Günther. *Sociedad, norma y persona en una teoría de un derecho penal funcional*. Traducción de Manuel Cancio Meliá y Bernardo Feijóo Sánchez. Madrid: Civitas Ediciones, 1996. p. 64.

social identificada pela prática do crime atinge o sistema, pela violação da norma, e não do bem jurídico.

Nesse sentido, a conduta que leva à conclusão da realização do branqueamento de capitais deve ser levada em conta em relação à violação da norma, e que por trás dela, encontra-se um valor também atingido, mas criado pelo Legislador. O bem jurídico tem função diferente da função da danosidade social. Um é objetivo da norma e o outro é função da norma.

Tanto Günther Jakobs, quanto Knut Amelung representa uma vertente funcionalista sistêmica em que o conceito de bem jurídico perde sua representação como critério para validar a existência de crime. Contudo, em que pese o entendimento de Amelung interligando a necessidade de violação da norma, em estrita danosidade social, para efeito de aplicação de sanção penal, e não violação de bem jurídico, há proximidade de Amelung à Binding no momento em que afirma entender o conceito positivista e formal de bem jurídico, criado pelo Estado. Knut Amelung[22] retorna à Binding ao acreditar que o bem jurídico representa criação do Legislador, aos moldes dos valores realizados pelo Estado. Mas, ao mesmo tempo, por identificar com a linha funcionalista sistêmica, acredita que o sistema social é instância que deve reportar todos os crimes, em vista da danosidade social.

Para Knut Amelung, o legislador valora os interesses dos indivíduos e da sociedade, para efeitos de consideração do bem jurídico, que não se confunde com danosidade social[23]. O bem jurídico tem função dogmática distante da danosidade social, de modo que o bem jurídico encontra-se com o objetivo da norma e a danosidade social conecta com a função da norma. Ao mesmo tempo que defende[24] a existência de um bem jurídico formalista, criado pelo Legislador, atende aos interesses de uma posição funcionalista sistêmica, afirmando que o delito encontra base na danosidade social, quando então, caminha a um esvaziamento do conceito. Isto porque, a danosidade social representa manifestação de disfuncionalidade sistêmica, em vista de conduta delituosa.

Kurt Amelung afirma entendimento de que "O conceito de bem jurídico deveria estar reservado para aqueles estados de coisas que foram valorados de forma positiva por quem cria o Direito." A orientação de juízo de valor que constitui o bem jurídico cumpre funções dogmáticas.[25] As normas de conduta penalmente protegidas devem

---

22. AMELUNG, Knut. El concepto 'bien jurídico' en la teoría de la protección penal de bienes jurídicos. In: HEFENDEHL, Roland (Ed.). *La teoría del bien jurídico*. ¿fundamento de legitimación del derecho penal o juego de abalorios dogmatico? Madrid: Marcial Pons, 2007. p. 229.
23. AMELUNG apud BADARÓ, Tatiana. *Bem jurídico-penal supraindividual*. Belo Horizonte: Editora D'Plácido, 2017. p. 82.
24. AMELUNG apud BADARÓ, Tatiana. *Bem jurídico-penal supraindividual*. Belo Horizonte: Editora D'Plácido, 2017. p. 82.
25. AMELUNG, Knut. El concepto 'bien jurídico' en la teoría de la protección penal de bienes jurídicos. In: HEFENDEHL, Roland (Ed.). *La teoría del bien jurídico*. ¿fundamento de legitimación del derecho penal o juego de abalorios dogmatico? Madrid: Marcial Pons, 2007. p. 229.

proteger objeto de interesse por detrás delas, postulando que se apoie na ideia de proteção de bens jurídicos, e exige que tais normas tenham uma utilidade que vai para além da manutenção da vigência fática[26]. Em sequência, afirma que se apoia na ideia da sanção penal como instrumento para a proteção da vigência fática das normas de conduta[27].

Em suma, conforme o entendimento de Knut Amelung, sua atenção volta-se para a danosidade social como forma de disfunção do sistema, e por isso, há um certo distanciamento da noção do bem jurídico, no âmbito de um funcionalismo sistêmico, onde há preocupação direcionada para a essência da proteção da norma. O delito retrata exemplo daquilo que gera disfuncionalidade ao sistema, que deve ser protegido. Não descarta a ideia de bem jurídico, que se relaciona com o objetivo da norma, e o considera ter função dogmática complementar à danosidade social, que tem relação com a função da norma. Assim, a ideia de bem jurídico complementa, no âmbito dogmático, a danosidade social. Diante disso, o conceito de bem jurídico é visto por ele como um dogma que se converte em um ponto de conexão entre a dogmática e a política, em que o complemento do conceito do bem jurídico positivado torna-se dinâmico para estabilizar o sistema jurídico[28].

Na medida em que há conexão entre o conceito de bem jurídico formal e a ideia de estabilidade do sistema, no momento em que se coloca o bem jurídico do delito de branqueamento de capitais a ser analisado deste ponto de vista, tem-se um bem jurídico criado pelo Legislador, em que sua violação desestabiliza o sistema, este como função do Direito penal, e permite nos afirmar que adequa-se perfeitamente à possibilidade de alegação da existência de bem jurídico no crime de lavagem de dinheiro e que, uma vez violado, desestabiliza o Direito penal como sistema, pois "o injusto pressupõe a infração de uma norma de conduta".[29] Há um encontro entre o conceito de bem jurídico e a violação da norma pela danosidade social, esclarecido do seguinte modo[30]: "O sentido político-criminal da teoria da proteção de bens

---

26. AMELUNG, Knut. El concepto 'bien jurídico' en la teoría de la protección penal de bienes jurídicos. In: HEFENDEHL, Roland (Ed.). *La teoría del bien jurídico.* ¿fundamento de legitimación del derecho penal o juego de abalorios dogmatico? Madrid: Marcial Pons, 2007. p. 263.
27. AMELUNG, Knut. El concepto 'bien jurídico' en la teoría de la protección penal de bienes jurídicos. In: HEFENDEHL, Roland (Ed.). *La teoría del bien jurídico.* ¿fundamento de legitimación del derecho penal o juego de abalorios dogmatico? Madrid: Marcial Pons, 2007. p. 263.
28. AMELUNG, Knut. El concepto 'bien jurídico' en la teoría de la protección penal de bienes jurídicos. In: HEFENDEHL, Roland (Ed.). La teoría del bien jurídico. ¿fundamento de legitimación del derecho penal o juego de abalorios dogmatico? Madrid: Marcial Pons, 2007. p. 232.
29. AMELUNG, Knut. El concepto 'bien jurídico' en la teoría de la protección penal de bienes jurídicos. In: HEFENDEHL, Roland (Ed.). *La teoría del bien jurídico.* ¿fundamento de legitimación del derecho penal o juego de abalorios dogmatico? Madrid: Marcial Pons, 2007. p. 242.
30. AMELUNG, Knut. El concepto 'bien jurídico' en la teoría de la protección penal de bienes jurídicos. In: HEFENDEHL, Roland (Ed.). *La teoría del bien jurídico.* ¿fundamento de legitimación del derecho penal o juego de abalorios dogmatico? Madrid: Marcial Pons, 2007. p. 246. "El sentido politico-criminal de la teoría de la protección de bienes jurídicos se encuentra en la idea de que, para justificar la sanction de la infracción de una norma de conducta con una pena, detrás de la norma debe haber algo que ésta proteja."

jurídicos se encontra na ideia de que, para justificar a sanção da infração de uma norma de conduta com uma pena, detrás da norma deve haver algo que esta protege" (Tradução nossa). Evandro Pelarin[31] destaca em concepção sociológica do bem jurídico-penal que:

> Knut Amelung repropõe, 'com auxílio da moderna teoria sociológica, a doutrina da danosidade social', com a finalidade de 'segregar o conceito de bem jurídico'. A tentativa de concretização do sentido de danosidade social assenta-se nas teorias 'social-sistêmicas, as quais veem a sociedade como um complexo sistema de iterações, competindo ao direito conferir-lhes estabilidade e, assim, garantir a funcionalidade do sistema'. De acordo com essas orientações sistêmicas, 'o direito distribui funções, gerando expectativas e, quando estas são violadas, reafirma-as através da sanção, para que deste modo se mantenha a imprescindível confiança na funcionalidade do sistema.

Claus Roxin apresenta forte crítica à ideia de bem jurídico do ponto de vista levantado por Knut Amelung, em relação ao embasamento do conceito material do delito em uma teoria de dano social, tendo em vista que a restrição materialmente necessária está na contradição com o ponto de partida da ideia de que o Estado existe para o indivíduo, que tem que ser protegido por si próprio e não como parte de todo um sistema social.[32]

Knut Amelung define que o fato disfuncional é algo danoso para a sociedade, sendo o delito um fenômeno disfuncional de maior perigo, ao contrariar norma institucionalizada necessária à sobrevivência da sociedade, de forma que o Direito penal tem a função de reagir, representando um controle social mecanizado para tanto. Assim considerando, a prática das elementares do tipo da lavagem de dinheiro leva à aplicação da sanção penal, não pela violação de um determinado bem jurídico, mas por mera reação à desconsideração da norma imposta.

8.4 O BEM JURÍDICO PENAL PESSOAL INDEPENDENTE-SOCIOLÓGICO NA CONCEPÇÃO FUNCIONALISTA DO CONTROLE SOCIAL DE WINFRIED HASSEMER E SUA ABORDAGEM NO PROCESSO DE LAVAGEM DE DINHEIRO

Winfried Hassemer[33] concebia o Direito penal como um sistema formal de defesa e aplicação de garantias, uma vez considerado como um dos sistemas de controle formalizado. Levando em conta que há um controle formal do âmbito social, realizado por um conjunto de instrumentos que asseguram ou tentam assegurar a manutenção da ordem social, o Direito penal admite a postura de um instrumento

---

31. PELARIN, Evandro. *Bem jurídico-penal:* um debate sobre a descriminalização. São Paulo: Editora IBCCRIM, 2002. p. 110-111.
32. ROXIN, Claus. *Derecho penal*: parte general, fundamentos: la estructura de la teoría del delito. 2. ed. Traducción y notas de Diego Manuel Luzón Peña e Miguel Díaz y García Conlledo, Javier de Vicente Remesal. 2. ed. Madrid: Editorial Civitas, S.A., 1997. p. 68. t.1.
33. HASSEMER, Winfried. *Crítica al derecho penal de hoy*: norma, interpretacción, procedimiento: límites de la prisión preventiva. Traducción de Patricia S. Ziffer. Buenos Aires: AD-HOC, 2003. p. 23; 27.

formal de controle social, além de admitir que o Direito penal e Processual penal são asseguradores de garantias também.

Winfried Hassemer via o crime como uma conduta desviada do sistema. A resposta para aquela conduta desviada era a sanção penal, concebida também como uma reação social formal, vinda do sistema penal em vigor.

No entanto, a sanção penal somente poderia ser aplicada sob o âmbito das garantias inerentes do Estado Democrático de Direito. O Direito penal deve ser aplicado no âmbito das garantias de um Estado Democrático de Direito.

O Direito penal, como instrumento formal de proteção da sociedade, existe para cumprir garantias e, nesse mesmo sentido, as categorias do crime, como tipicidade, antijuridicidade, culpabilidade, têm o escopo de assegurar garantias em favor dos indivíduos pertencentes ao corpo social no qual estão inseridos. Da mesma forma, o bem jurídico deve ser assim identificado.

Considerando que o controle social é exercido por controles formais e informais, o Direito penal se traduz em um dos controles sociais-formal, sendo dotado de garantias penais e processuais. O crime é a conduta desviada. A pena somente pode ser aplicada sob o império de todas as garantias inerentes ao Estado Democrático de Direito. Nesse sentido, o Direito penal existe para garantir a aplicação das garantias. O Direito penal é um sistema de garantias, em que o crime é composto por fato típico, antijurídico e culpável. Nesse âmbito, se analisa o conceito de bem jurídico.

Em que pese o posicionamento sistemático de Winfried Hassemer, quanto ao bem jurídico, tem ele uma visão independente, visando a proteção de interesses da pessoa humana. A ideia de bem jurídico, para Hassemer, tem embasamento empírico, não sendo exclusivamente originado do âmbito normativo, podendo ser afirmado que há substrato lastreado pela política criminal. O bem jurídico decorre de um controle social formalizado, mas vinculado em conexão entre o Direito Penal e o aspecto social, onde o bem jurídico está na encruzilhada entre o Estado, o indivíduo e a sociedade.

Nesse sentido, aponta Luiz Regis Prado[34] que Winfried Hassemer leva em conta não a posição objetiva do bem e da conduta lesiva, mas a valoração subjetiva, com as variantes dos contextos social e cultural, de onde há formulação de uma doutrina realista do bem jurídico, fincada em diretrizes político-criminais. Ademais, leva em conta também um aspecto pessoal[35] na construção do bem jurídico, de onde se conclui que a responsabilidade penal é pessoal, sendo pessoal também a eventual lesão pela prática de delito. Destaca-se que[36] "o fim de proteção dos bens jurídicos é a realização da pessoa individual."

---

34. PRADO, Luiz Regis. *Bem jurídico-penal e Constituição*. 7. ed. São Paulo: Ed. RT, 2014. p. 42.
35. HASSEMER, Winfried. *Lineamentos de una teoría personal del bien jurídico: doctrina penal* – teoría y práctica en las ciencias penales. Buenos Aires: Depalma, 1989. p. 274-281.
36. HASSEMER apud TAVARES, Juarez E.X. *Bien Jurídico y function en derecho penal*. Buenos Aires: Hammurabi, 2004. p. 41.

Winfried Hassemer estava inserido dentro de um contexto histórico do pós-guerra e suas consequências, em que ainda estava presente forte incriminação de atos contra o indivíduo pelo seu ser, como os homossexuais, com clara violação aos direitos da pessoa humana, de modo que sua visão surge lastreada por uma bandeira antropológica. Após a Segunda Guerra Mundial, o conceito de bem jurídico foi obrigado a evoluir para uma concepção do bem jurídico impositiva de limites, naturalmente. O surgimento, em 1966, do Projeto Alternativo ao clássico e governamental projeto de Código Penal da Alemanha de 1962 é exemplo disso, quando então nova ideia metapositiva do conceito de bem jurídico veio à tona, instrumentalizado não por fonte exclusivamente legislativa, mas por origens extrajurídicas.

O bem jurídico para Winfried Hassemer tem vínculo com a relação social. Somente a partir desta origem o bem jurídico é descrito pelo Legislador. O que faz com que o bem jurídico tenha uma característica limitativa, com parâmetro corretivo da política criminal. A crítica que faz em relação ao bem jurídico está relacionada com sua vagueza e falta de efetividade, permitindo, pelo seu entendimento, uma necessária e nova visão deste conceito de um ponto de vista crítico em relação à política criminal e também com aspecto limitador. Hassemer confere importância à conexão da matéria penal e o conhecimento prático decorrente das ciências sociais. Diante disso, o Estado deve considerar o sistema social em relação às suas necessidades práticas, empíricas, obtendo um bem jurídico legalizado a partir de tais origens, para então representar um limitador ao sistema. Com isso, obtém certa consequência de não ter a pessoa humana em segundo plano na construção do conceito de bem jurídico, de modo que o objetivo seja somente o sistema pelo sistema. Ao ocorrer a identificação de uma conduta delituosa, não a tem como algo simples e exclusivo que viola uma norma, e, por conseguinte um sistema, onde o ser humano somente faça parte deste esquema.

Com o pensamento de Winfried Hassemer, isso muda, para um ponto em que o ser humano passa a ter atenção em primeiro plano, e o bem jurídico ganha uma característica limitadora. A identificação do bem jurídico decorre de um aspecto social da norma, o que significa em outras palavras que o bem jurídico para ele não decorre de dados já existentes prontos para serem identificados e selecionados pelo Estado, sendo, na verdade, uma escolha social valorativa.

Há, de certa forma, um desenvolvimento silencioso da ordem social na criação de bem jurídico, quando se tem acordos sociais para construção normativa exercida pelo Legislador.

Assim, na concepção de Winfried Hassemer, o bem jurídico tem formação via entendimento cultural, dentro de um espaço e tempo, no âmbito da sociedade. Este entendimento cultural é baseado em experiências sociais construídas. Afirma a existência de acordo decorrente de um contrato social horizontal construído pelos cidadãos e que, a partir desta construção de experiências e acordos culturais, outro contrato social, contudo vertical, entre os cidadãos e o Estado, fazem valer legalmente o acordo decorrente do contrato social horizontal. O estado natural dos acordos passa a ter legitimidade, se transformando em um estado jurídico. Hassemer[37] afirma que "Em um plano horizontal o contrato social significa, portanto, um acordo imaginário dos cidadãos em uma ordem jurídica vinculante para todos. No plano vertical, o contrato social tem que ser garantido institucionalmente." (Tradução nossa).

A concepção de bem jurídico para Winfried Hassemer portanto, reside no pensamento de que o Estado confere legitimidade aos acordos sociais, normatizando os, após identificação da relevância do bem jurídico decorrente da consciência cultural de uma sociedade. Além disso, entende Hassemer[38] que "Tudo que nada tenha relação com a proteção de bens jurídicos deverá ser excluído do Direito Penal". Nesse momento, a prática da lavagem de dinheiro sem consideração da lesão ao bem jurídico vai contra o sistema antropológico considerado por Hassemer, pois tendo o Direito penal como sistema formalizado de garantias, teoricamente admite o bem jurídico e sua lesão uma das garantias da pessoa, para somente após sua comprovação, haver a permissão do Estado para aplicar sanção penal.

Winfried Hassemer[39] afirma em conclusão, ao trabalhar a ideia de bem jurídico, que "a noção de bem jurídico deveria adequar-se à realidade." Esta realidade está vinculada à uma política criminal, que por sua vez, dita a noção do bem jurídico, de forma que[40] "através da evolução do conceito do bem jurídico se pode apreciar que sua criação não é somente produto de uma elaboração jurídica pura, senão também de um contexto político e econômico." (Tradução nossa). Como bem ressalta Juarez Tavares, o pensamento de Hassemer considera a origem do conceito de bem jurídico levando em conta impulsos de política criminal e do próprio direito estatal[41].

Para ocorrer o crime, do ponto de vista de Winfried Hassemer, não basta que haja conduta que viole norma, mas é necessário a identificação de violação de bem jurídico, considerando este perante o aspecto valorativo social cultural de uma sociedade. Diante disso, é preciso que haja lesão de interesse indispensável da sociedade, de modo que se verifique com a prática do crime, dano ou colocação em perigo de interesse cultural social, e assim também na análise do processo de lavagem de di-

---

37. "En un plano horizontal el contrato social significa, por tanto, el acuerdo – imaginário – de los cuidadanos en un orden jurídico vinculante para todos. En el plano vertical el contrato social tiene que ser garantizado institucionalmente". HASSEMER, Winfried. Derecho penal y filosofia del derecho en la Republica Federal de Alemanha. Trad. Francisco Muñoz Conde. DOYA, v. 8, 1990. p. 176-177.
38. "Todo aquello que nada tenga que ver con la protección de los bienes jurídicos debe ser excluído del ámbito del Derecho penal". HASSEMER, Winfried; MUÑOZ CONDE, Francisco. Introducción a la criminología y al derecho penal. Valencia: Tirant lo Blanch, 1989. p. 105.
39. HASSEMER, Winfried. ¿Puede haber delitos que no afecten a un bien jurídico penal? In: HEFENDEHL, Roland (Org.). La teoría del bien jurídico:¿ fundamento de legitimación del derecho penal o juego de abalorios dogmatico? Madrid: Marcial Pons, 2007. p. 104.
40. TAVARES, Juarez E.X. Bien Jurídico y function en derecho penal. Buenos Aires: Hammurabi, 2004. p. 17. "Ese argumento es por demás relevante, porque a través de la evolución del concepto de bien jurídico se puede apreciar que su creación no es solo product de una elaboración juridica pura, sino tambien de un context politico y económico."
41. TAVARES, Juarez E.X. Bien jurídico y function en derecho penal. Buenos Aires: Hammurabi, 2004. p. 16.

nheiro. Há uma essência de experiência cultural elencando interesse socialmente protegido no conceito de bem jurídico considerado pelo Legislador para tanto[42].

Nesta concepção funcionalista de Winfried Hassemer, ao considerar o bem jurídico sob uma consciência cultural da sociedade no âmbito de proteção legal sob uma tutela de acordos lastreados por experiências dos indivíduos e da sociedade, a verificação do bem jurídico no âmbito do crime de lavagem de capitais faz sentido se admitir que experiências sociais levaram a um acordo fruto da consciência cultural estarem sob proteção normativa, se houver a conduta proibitiva deste delito sido acordada como algo lesivo, pois o sistema penal representa a formalização de proteção estatal com viés garantidor ao ser humano, uma vez que o bem jurídico é garantia do cidadão.

8.5 A RELAÇÃO DO PROCESSO DE LAVAGEM DE DINHEIRO E A IDENTIFICAÇÃO DA NOÇÃO DO BEM JURÍDICO NO FUNCIONALISMO TELEOLÓGICO DE CLAUS ROXIN

Claus Roxin[43] propôs um novo sistema teleológico-funcional de Direito penal em 1970, por meio da publicação da obra *Kriminalpolitik and Strafrechtssystem – Política criminal e sistema jurídico-penal*, apresentando críticas ao Finalismo e desacordo com as estruturas lógico-reais[44]. Delimita o "valor" como algo fundamental na construção sistemática de conceitos para a dogmática penal. Ao mesmo tempo em que realça esse valor de construção sistemática de conceitos, destaca os problemas que apareceram no decorrer do processo de sistematização da dogmática jurídico-penal. Além disso, acredita que é correto deixar as decisões valorativas político-criminais serem introduzidas no Direito penal, de modo que haja adequação aos propósitos da política criminal e a submissão ao Direito, representando uma unidade sem contradição entre ambos. Roxin adota posição pós-finalista no sentido de que as investigações a respeito do sistema jurídico penal após a Segunda Guerra Mundial devem distanciar de dados prévios ontológicos e de estruturas lógico-reais[45].

Conforme o pensamento de Claus Roxin, os princípios político-criminais devem estar presentes em cada momento do delito, tal como a intervenção mínima e

---

42. HASSEMER, Winfried. *Derecho penal simbolico y protección de bienes jurídicos*. Trad. Elena Larrauri. Santiago: Editorial Jurídica Conosur, 1995. p. 23-36.
43. ROXIN, Claus. *Política criminal y sistema del derecho penal*. Traducción e introducción de Francisco Muñoz Conde. 2. ed. Buenos Aires: Hammurabi, 2002. p. 17;29. (Colección Claves del derecho penal, v. 2).
44. ROXIN, Claus. *Teoria del tipo penal*: tipos abiertos y elementos del deber jurídico. Versión castellana del Prof. Dr. Enrique Bacigalupo (Universidad de Madrid). Buenos Aires: Ediciones Depalma, 1979. p. 164 ss.
45. ROXIN, Claus. In: BITENCOURT, Cézar Roberto. (Org.). *Sobre a fundamentação ontological do sistema jurídico-penal do finalismo*. Porto Alegre: [s. n.], 2004. Cap. 4, p. 1. [Texto distribuído aos inscritos no seminário ocorrido em Porto Alegre, nos dias 18 a 20 de março de 2004, em homenagem ao Professor Claus Roxin de Direito penal econômico]

o princípio da insignificância. Para ele, o conceito analítico do delito é representado pela tipicidade, antijuridicidade e responsabilidade, conforme delimitado adiante.

Em relação à tipicidade, não pode ser entendida somente no sentido formal, com simples adequação do fato à lei. Nem tudo que é formalmente típico o é materialmente típico. A ação representa a manifestação da personalidade do agente. Manifestação esta dominada ou dominável pela vontade. De acordo com a imputação objetiva, somente é imputável ao agente a conduta que cria o risco proibido e desde que esse risco se concretize no resultado produzido, de onde regras em relação à análise do tipo subjetivo passa a ser analisada no tipo objetivo. A tipicidade, portanto, é composta por uma dimensão naturalista e por outra dimensão axiológica, onde nesta, reside a imputação objetiva. Levando em conta que Claus Roxin acrescenta a teoria da imputação ao tipo objetivo, considerando que para ele, a causalidade é a forma norma de imputação de uma conduta ao tipo objetivo, haverá casos, em que ocorrendo o nexo de causalidade, não será realizado o juízo de imputação, pois a teoria do risco representará um obstáculo à causalidade. Para Cláudio Brandão, a imputação objetiva não influencia na tipicidade, pois apenas desloca seu eixo. Assim, o que estava regulado no âmbito do tipo subjetivo, passa a ser regulado no âmbito do tipo objetivo[46].

O fato de o Funcionalismo atender a valores e fins que se modificam de acordo com as transformações sociais e culturais, retira do sistema de Claus Roxin, certo rigor e cientificidade, pois se distancia naturalmente da imutabilidade e neutralidade das construções dogmáticas.

Diante disso, se eventualmente ocorrer insatisfação com a simples aplicação de conceitos abstratos na solução de um caso, devem os princípios garantistas e a Política Criminal corrigirem qualquer desvio para atingir a justiça adequada. A organização do Direito penal passa, com Roxin, a ser atendida teleologicamente, alcançando as finalidades valorativas. A dogmática passa a incorporar, em termos valorativos, as finalidades que o Direito penal tenta atingir, permitindo que a solução de um caso se amolde às finalidades do sistema penal. Há uma busca pela aplicação dos princípios garantistas e o alcance dos fins político-criminais.

Claus Roxin oferece uma proposta para abrir o sistema penal aos fins que o Direito penal procura atingir, o que o caracteriza como teleológico-funcional. Essa proposta teleológico-funcional é vista como instrumento de valoração político-criminal, permitindo, desse modo, ocorrer uma direta repercussão na teoria geral do delito. Este sistema é aberto, com aptidão para remodelar-se em função de eventuais consequências político-criminais, além de considerar a evolução natural dos conhecimentos. A finalidade é a geração de um modelo de conteúdo explicativo e racional da dogmática jurídico-penal para que seja alcançado, como ponto mais

---

46. BRANDÃO, Cláudio. *Tipicidade penal*: dos elementos da dogmática ao giro conceitual do método entimemático. 2. ed. Coimbra: Editora Almedina, 2014. p. 104-106.

alto, a aplicação justa, segura e confiável do Direito, além de reduzir a intervenção das iras do Direito penal ao ponto estritamente necessário, diante dos princípios garantistas e as diretivas da Política Criminal.

Claus Roxin[47] delimita uma ideia caracterizando-se de modo que há abertura do sistema para admitir o aspecto valorativo e representa um certo resgate de característica do modelo Neokantista. Contudo, há uma atenção aos princípios constitucionais garantistas que limitam o *ius puniendi* e a finalidade preventivo-geral das penas. Além disso, apresenta ampla normatização dos conceitos, com flexibilização do conteúdo das categorias sistêmicas do delito. Com isso, a consequência seria o distanciamento do aspecto ontológico do método finalista. No âmbito do tipo, apresenta modelo em que o tipo tem significado sistemático, quando se coloca como elemento diferenciado da antijuridicidade e culpabilidade; tem o tipo sentido político-criminal, voltado à função de garantia desempenhado pelo tipo frente ao princípio da legalidade; e sentido dogmático[48]. No aspecto da antijuridicidade, o funcionalismo de Roxin destaca que a função da teoria do injusto seria mais que identificar condutas proibidas, mas condutas merecedoras de pena. No âmbito da culpabilidade, a fundamenta com apoio nas funções da pena, porém à luz de um juízo político criminal[49].

A ideia de Claus Roxin contrapõe um sistema penal hermético e fechado, partindo de um direito positivado, onde a lógica do sistema importa mais que a justiça. Diferente disso, não se preocupa com o castelo do Direito penal, mas com as consequências da sua aplicação. Em contraposição ao que afirmou Franz von Liszt em relação à Política Criminal ser a barreira intransponível do Direito penal[50]-[51], Roxin rompe com esta linha divisória. Cria um sistema em que seus elementos tipicidade, antijuridicidade e responsabilidade estruturados com base na política-criminal. Para ele, não deve haver o corte absoluto entre o Direito penal e a Política Criminal. Esta deve estar entranhada nos elementos do crime, na formação da teoria do delito e na composição da composição da matéria jurídico penal. Conforme o autor, a unidade sistemática entre Política Criminal e Direito penal deve ser incluída na estrutura da teoria do delito[52]. A Política Criminal adentra no sistema penal como referência do

---

47. ROXIN, Claus. *Derecho penal*: parte general: fundamentos. la estructura de la teoria del delito. Traducción de Diego-Manuel Luzón Peña, Miguel Díaz y García Conlledo, Javier de Vicente Remesal. Madrid: Civitas, 1997. p. 51;67. t. 1.
48. TAVARES, Juarez. *Teoria do injusto penal*. Belo Horizonte: Del Rey, 2000. p. 146.
49. BRANDÃO, Cláudio. *Teoria jurídical do crime*. 4. ed. São Paulo: Atlas, 2015. p. 124.
50. Informações extraídas em sala de aula, no dia 20 de abril de 2017, prof. Leonardo Siqueira, Doutorado da PUC Minas.
51. ROXIN, Claus. *Política criminal y sistema del derecho penal*. Traducción e introducción de Francisco Muñoz Conde. 2. ed. Buenos Aires: Hammurabi, 2002. p. 31. (Colección Claves del derecho penal, v. 2).
52. ROXIN, Claus. *Política criminal y sistema del derecho penal*. Traducción e introducción de Francisco Muñoz Conde. 2. ed. Buenos Aires: Hammurabi, 2002. p. 51. (Colección Claves del derecho penal, v. 2).

sistema dogmático, de modo que o modelo teleológico apresenta aspectos estruturais e valorativos[53].

A essência da política-criminal está presente na linha dogmática de Claus Roxin, em todos os seus elementos. Assim, por exemplo, a tipicidade não pode ser estritamente formal, devendo atender ao aspecto material do delito. Nessa linha de pensamento, a conduta insignificante esbarra na tipicidade material, deixando de haver crime. Não se pode usar o Direito penal para uma conduta que lesa bem jurídico insignificante, levando em conta a política-criminal. Roxin introduzira na tipicidade a teoria da imputação objetiva[54], quando então permite imputar ao agente somente as condutas que criam riscos proibidos e desde que tais riscos se concretizem em resultados relevantes. Na residência da antijuridicidade[55], devem ser resolvidos conflitos de bens jurídicos e no elemento responsabilidade, âmbito da culpabilidade e da necessidade concreta da pena para fins de prevenção do crime, deve ser examinada a questão da necessidade concreta da pena quanto ao seu merecimento, em vista da teoria da prevenção geral e especial. O bem jurídico é ponderado no âmbito da antijuridicidade pelo funcionalismo teleológico de Roxin, pois uma conduta típica poderá ser justificada quando for representação de um mal menor em relação a um bem jurídico de maior valor.

Claus Roxin busca revitalizar o conceito de bem jurídico a partir de uma base de política criminal[56], considerando além de tudo, os preceitos constitucionais como restrição ao poder estatal punitivo. Aponta o autor[57] que a política-criminal fundamenta o sistema jurídico-penal.

> Um sistema jurídico-penal teleológico-racional difere dos projetos sistemáticos causal e final no campo do ilícito não só através de sua abertura para o empírico e para a política criminal, mas igualmente porque ele reconhece a ação típica não exclusivamente como um dado prévio ontológico, e sim também como produto de uma valoração legislativa.

Não há dúvidas de que Claus Roxin inseriu a política criminal na teoria do delito e nas etapas da dogmática em construção do delito, de sorte que a noção de bem jurídico está ajustada a determinado valor não vedado por uma ordem constitucional limitadora. Roxin[58] afirma que a ciência criminal da Alemanha após a Segunda Guerra Mundial tentou limitar o poder de intervenção jurídico penal com base na teoria do bem jurídico penal. "A ideia principal foi que o Direito Penal deve

---

53. ROXIN, Claus. *La evolución de la política criminal, el derecho penal e el proceso penal*. Traducción de Carmen Gómez Rivero y María del Carmen Garcia Cantizano. Valencia: Tirant lo Blanch, 2000. p. 97-100.
54. ROXIN, Claus et al. *Sobre el estado de la teoría del delito*. Madrid: Civitas Edicionais, 2000. p. 157;175.
55. GOMES, Luiz Flávio; MOLINA, Antonio García-Pablos de Molina. In: GOMES, Luiz Flávio (Coord.). *Direito penal*: parte geral. São Paulo: Ed. RT, 2007. p. 184.
56. TAVARES, Juarez E.X. *Bien Jurídico y function en derecho penal*. Buenos Aires: Hammurabi, 2004. p. 37.
57. ROXIN, Claus. *Estudos de direito penal*. 2. ed. Trad. Luís Greco. Rio de Janeiro: Renovar, 2008. p. 84.
58. ROXIN, Claus. *A proteção dos bens jurídicos como função do direito penal*. Organização e Tradução de André Luís Callegari e Nereu José Giacomolli. Porto Alegre: Livraria do Advogado, 2009. p. 12.

proteger somente bens jurídicos concretos, e não convicções políticas ou morais, doutrinas religiosas, concepções ideológicas do mundo ou simples sentimentos".

A política criminal representa utilidade no sistema jurídico penal, pois parte ela da finalidade do Direito penal de proteger os bens jurídicos do indivíduo e da coletividade contra riscos socialmente intoleráveis. As ideias reitoras político-criminais adentram na matéria jurídico penal para a estruturar e encontrar resultados adequados[59].

Em Claus Roxin, o pensamento problemático jurídico deve estar em linha com o aspecto político criminal para encontrar decisões justas. Os problemas políticos criminais formam parte do conteúdo próprio da teoria do delito. A vinculação jurídica e a finalidade político criminal devem reduzir-se a uma unidade no sistema do Direito penal. Consequentemente, as tradicionais categorias da estrutura do delito, como a tipicidade, antijuridicidade e culpabilidade (responsabilidade) devem sistematizar-se sob o prisma da política criminal[60].

Com isso, Claus Roxin deixa claro a presença da política criminal também estruturando o conceito do bem jurídico penal, que, em certos momentos, há confusão com sua função. Foi coautor do projeto alternativo ao Código Penal alemão do Ocidente, em 1966, com claro demonstrativo no corpo do texto da vinculação da política criminal ao sistema penal, nestes termos, art. 2º, § 1º, "As pens e as medidas de segurança servem para proteção dos bens jurídicos e à reinserção do autor na comunidade jurídica." O bem jurídico passa a ser limite para aplicação do Direito penal, e explica que é preciso deduzir um conceito para o bem jurídico em conjunto com a dedução da restrição do Direito penal à proteção de tais bens[61]. Portanto, a intervenção do Direito penal deve ser resultado de uma função social deste Direito, de modo que, aquilo que estiver além desta função não deve ser objeto do Direito penal. Posto isso, verifica-se que a função do Direito Penal consiste na garantia da existência pacífica, livre e socialmente segura aos cidadãos, sempre que a diretiva de ordem penal não puder ser alcançada por outras medidas político-sociais que afetem em menor medida a liberdade das pessoas. Claus Roxin[62] afirma que "em um Estado democrático de Direito, modelo teórico de Estado que eu tomo por base, as normas jurídico-penais devem perseguir somente o objetivo de assegurar aos cidadãos uma coexistência pacífica e livre, sob a garantia de todos os direitos humanos."

---

59. ROXIN, Claus. A concretização das decisões fundamentais político-criminais como ponderação entre necessidade interventiva estatal e liberdade individual. Organizado pelo Prof. Cézar Roberto Bitencourt. Porto Alegre: [s. n.], 2004. Cap. 4, p. 8. [Texto distribuído aos inscritos no seminário ocorrido em Porto Alegre, nos dias 18 a 20 de marco de 2004, em homenagem ao Professor Claus Roxin de Direito penal econômico].
60. ROXIN, Claus. Política criminal y sistema del derecho penal. Traducción e introducción de Francisco Muñoz Conde. 2. ed. Buenos Aires: Hammurabi, 2002. p. 111. (Colección Claves del derecho penal, v. 2).
61. ROXIN, Claus. A proteção dos bens jurídicos como função do direito penal. Organização e Tradução de André Luís Callegari e Nereu José Giacomolli. Porto Alegre: Livraria do Advogado, 2009. p. 16.
62. ROXIN, Claus. A proteção dos bens jurídicos como função do direito penal. Organização e Tradução de André Luís Callegari e Nereu José Giacomolli. Porto Alegre: Livraria do Advogado, 2009. p. 17.

O conceito de bem jurídico do ponto de vista de Claus Roxin tem origem no sistema jurídico penal acima demonstrado, em que há presença de política criminal e atenção à pessoa humana sob o manto do Estado Democrático de Direito, de modo que ele cria um conceito amplo de bem jurídico, atendendo à sua posição filosófica. Admite que bem jurídico pode ir desde vida, administração da justiça, integridade corporal, bens materiais, liberdade de opinião e incontáveis bens que merecem a devida proteção do Estado, mas sob o manto de um sistema teleológico em que a política criminal faz parte da justiça. Assim, ensina[63] que:

> Podem-se definir os bens jurídicos como circunstâncias reais dadas ou finalidades necessárias para uma vida segura e livre, que garante todos os direitos humanos e civis de cada um na sociedade ou para o funcionamento de um sistema estatal que se baseia nestes objetivos. A diferenciação entre realidades e finalidades indica aqui que os bens jurídicos não necessariamente são fixados ao legislador com anterioridade, como é o caso, por exemplo, da vida humana, mas que eles também possam ser criados por ele, como é o caso das pretensões no âmbito do Direito Tributário.

Claus Roxin começa a tratar da questão do bem jurídico penal na construção de um conceito material do delito, apontando diferença entre o conceito formal do delito e o conceito material do delito, na medida em que o primeiro tem uma conduta punível como objeto de definição decorrente do Direito Positivo, apenas. Por outro lado, a concepção material requer algo para além do Direito penal codificado, questionando critérios materiais da conduta punível. O conceito material do delito é prévio ao Código Penal, fornecendo ao Legislador um critério político-criminal sobre o que pode apenar e o que pode deixar impune, observando, portanto, a proteção de bens jurídicos. Para ele, a lesão a um bem jurídico atua como pressuposto de punibilidade, pois o Direito penal tem como base assegurar determinados bens previamente dados, como a vida a integridade corporal, a honra, a administração da justiça etc.[64] Com base na questão do bem jurídico e o aspecto político criminal por detrás da Lei, criticou a punição de condutas meramente imorais, como a tipificação de condutas homossexuais praticadas por adultos, em 1969, quando afirmou que "penas e medidas servem para a proteção de bens jurídicos", devendo não serem punidas as ações meramente imorais. (Tradução nossa).[65] Com base na mesma estrutura de pensamento, aponta a necessidade de exclusão de contravenções do Direito penal. As contravenções penais, como atos não éticos, incolores não devem sofrer as

---

63. ROXIN, Claus. *A proteção dos bens jurídicos como função do direito penal*. Organização e Tradução de André Luís Callegari e Nereu José Giacomolli. Porto Alegre: Livraria do Advogado, 2009. p. 18.
64. ROXIN, Claus. *Derecho penal*: parte general: fundamentos: la estructura de la teoría del delito. 2. ed. Traducción y notas de Diego Manuel Luzón Peña e Miguel Díaz y García Conlledo, Javier de Vicente Remesal. Madrid: Editorial Civitas, S.A., 1997. t.1.p. 51-52.
65. ROXIN, Claus. *Derecho penal*: parte general: fundamentos: la estructura de la teoría del delito. 2. ed. Traducción y notas de Diego Manuel Luzón Peña e Miguel Díaz y García Conlledo, Javier de Vicente Remesal. Madrid: Editorial Civitas, S.A., 1997. t.1. p. 52. "[...] penas y medidas sirven para la protección de los bienes jurídicos".

sanções penais.[66] Ademais, pensa que o abandono do conceito político-criminal do bem jurídico em favor de um conceito puramente hermenêutico seria insatisfatório, pois a interpretação teleológica, com respeitos as questões materiais do conceito do crime, com a política-criminal justificam prosseguir com os esforços por lograr um conceito de bem jurídico expressivo em seu conteúdo e limitador do Direito penal.

Convém registrar que há derivação do bem jurídico penal da Constituição, quando se tem que o ponto de partida mais acertado consiste em reconhecer que a única restrição previamente exigida do Legislador está nos princípios constitucionais. O conceito do bem jurídico vincula a política-criminal e deriva da Constituição do Estado de Direito baseado na liberdade do indivíduo. Por meio de tal fundamento, registram-se os limites do poder punitivo do Estado. Assim, Claus Roxin apresenta conceito de bem jurídico do seguinte modo[67]: "Os bens jurídicos são circunstâncias dadas ou finalidades que são úteis para o indivíduo e seu livre desenvolvimento no marco de um sistema social global estruturado sobre a base da concepção dos fins para o funcionamento do próprio sistema." (Tradução nossa). A partir deste conceito, afirma que as cominações penais arbitrárias não protegem bens jurídicos, as finalidades puramente ideológicas não protegem bens jurídicos, as meras imoralidades não lesionam bens jurídicos, as contravenções penais não lesam bens jurídicos.

As cominações penais arbitrárias não protegem bens jurídicos e são inadmissíveis. Nesse sentido, é proibido proteger finalidades ideológicas mediante normas jurídico-penais, como por exemplo, usar o Direito penal para a manutenção da pureza do sangue alemão. Também, as meras imoralidades não lesionam nenhum bem jurídico e por isso não devem ser impunes, como por exemplo a punição proibida de relações homossexuais entre adultos, devendo excluir as meras imoralidades do mundo do Direito penal. Preceitos penais que criaram e asseguraram a desigualdade entre os seres humanos não protegem nenhum bem jurídico. Por isso que o conceito de bem jurídico deve estar vinculado aos direitos fundamentais e princípios constitucionais que envolvem o ser humano.

Claus Roxin fala da possibilidade de mutação do conceito de bem jurídico com base no desenvolvimento da política – criminal, da tecnologia, das concepções sociais, contudo, registra um marco que estanca uma mudança desproporcional da concepção do bem jurídico com base nos preceitos constitucionais, nos princípios referentes à pessoa humana, na proibição de cominar penas arbitrárias, na afirmação de que as finalidades puramente ideológicas não protegem bens jurídicos, no fato

---

66. ROXIN, Claus. *Derecho penal*: parte general: fundamentos: la estructura de la teoría del delito. 2. ed. Traducción y notas de Diego Manuel Luzón Peña e Miguel Díaz y García Conlledo, Javier de Vicente Remesal. Madrid: Editorial Civitas, S.A., 1997. t.1. p. 53
67. ROXIN, Claus. *Derecho penal*: parte general: fundamentos: la estructura de la teoría del delito. 2. ed. Traducción y notas de Diego Manuel Luzón Peña e Miguel Díaz y García Conlledo, Javier de Vicente Remesal. Madrid: Editorial Civitas, S.A., 1997. t.1. p. 56. "Los bienes jurídicos son circunstancias dadas o finalidades que son útiles para el individuo y su libre desarrollo en el marco de un sistema social global estructurado sobre la base de esa concepción de los fines o para el funcionamiento del propio sistema."

de que meras imoralidades não lesionam bens jurídicos, além de proibir a admissão de contravenções lesionarem bens jurídicos.

Quanto ao Direito penal do perigo e o Direito penal do risco, utilizado no século XXI, Claus Roxin verifica e faz uma análise a respeito do fim da proteção de bens jurídicos como matéria para formação do crime, chegando a afirmar que possivelmente há, na proteção dos bens jurídicos concretos e proteção jurídico-penalmente de bens contextos da vida mediante normas de condutas, sendo validada a subsidiariedade, pois poderia haver certa relativização do conceito do bem jurídico, mas não o abandono da ideia do bem jurídico[68]. Com isso, no capítulo[69] *Direito Penal do perigo, Direito Penal de risco, segurança do futuro mediante o Direito penal: o fim da proteção de bens jurídicos?* (Tradução nossa), aponta que a vinculação do Direito penal a proteção de bens jurídicos não exige que somente haja punibilidade em caso de lesão de bens jurídicos, como forma de afirmar que a evolução dos conceitos sociais, da evolução do Direito penal de segurança para um Direito penal de perigo e risco, de certa forma, torna subsidiária a questão do bem jurídico para admitir alguns casos em que não há exigência da punibilidade em caso de lesão de bem jurídico, em que pese a vinculação do Direito penal com a proteção dos bens jurídicos.

Nesse sentido, é suficiente a colocação em perigo de bens jurídicos, ao levar em consideração os delitos de perigo concreto, pois nestes crimes, o bem jurídico é exigido na aplicação da pena e na construção do tipo. Contudo, nos delitos de perigo abstrato, o conceito de bem jurídico é levado em conta na construção do tipo penal, mas não na exigência da aplicação da pena após a conduta realizada. Com isso, Roxin percebe certa subsidiariedade do conceito do bem jurídico em alguns delitos. Dessa forma, a punição de uma conduta que reflete apenas tentativa, não tem violação do bem jurídico, apesar de haver punição. Mas, na criação do tipo, subsidiariamente, foi levada em conta o bem jurídico. Portanto, há situações de relativização do conccito de bem jurídico penal. Estes casos, pois, não requerem como pressuposto para a punibilidade nada mais que um feito, um ato, dirigido por sua tendência objetiva e subjetiva para lesionar um bem jurídico.

Contudo, não se renuncia a exigência de proteção de bens jurídicos por cada conduta e que o Direito penal, com suas proibições, pretende assegurar valores de ação como respeito a vida, a propriedade etc. É correto dizer que a manutenção dos valores da ação serve para a proteção dos bens jurídicos, sendo vedado a proteção de valores de ação ou atitude cuja lesão não tem referência alguma a um bem jurídico.

---

68. ROXIN, Claus. *Derecho penal*: parte general: fundamentos: la estructura de la teoría del delito. 2. ed. Traducción y notas de Diego Manuel Luzón Peña e Miguel Díaz y García Conlledo, Javier de Vicente Remesal. Madrid: Editorial Civitas, S.A., 1997. t.1. p. 62
69. ROXIN, Claus. *Derecho penal*: parte general: fundamentos: la estructura de la teoría del delito. 2. ed. Traducción y notas de Diego Manuel Luzón Peña e Miguel Díaz y García Conlledo, Javier de Vicente Remesal. Madrid: Editorial Civitas, S.A., 1997. t.1. p. 60. "[...] Derecho penal del peligro, Derecho penal del riesgo, aseguramiento del future mediante el Derecho penal: ¿el fin de la protección de bienes jurídicos?"

Portanto, nesse sentido, pode-se dizer que existe um tipo de subsidiariedade no âmbito do conceito de bem jurídico.

Claus Roxin dá importância à teoria do bem jurídico relatando que é absolutamente compatível que a intervenção do Estado dependa da proteção subsidiária de bens jurídicos e da salvaguarda das regras culturais de comportamento público, desde que dentro dos marcos constitucionais e controles democráticos, de forma que atenda aos interesses da sociedade e não um sistema. A relação da concepção do bem jurídico no Direito penal e do Estado de Direito é evidente, na medida em que o injusto penal pressupõe uma lesão ou colocação em perigo do bem jurídico, além da teoria da imputação objetiva estabelecer o âmbito jurídico-penal proibido pela ponderação de interesses em vista da proteção da liberdade[70].

Claus Roxin tem uma visão absolutamente adequada à não criação de tipos penais, ou seja, crimes, por um legislador apenas legitimado para criar a Lei. Para além da legitimidade de criação de leis, deve o legislador respeitar e atender a essência de uma norma penal. Não basta somente o legislador querer criar um crime e pronto, está criado. Uma conduta para ser crime deverá respeitar a essência de crime, preencher requisitos. Um deles, conforme o entendimento de Roxin é a existência de bem jurídico, no mínimo, para haver tipicidade material.

> A questão sobre qual a qualidade que deve ter um comportamento para que seja objeto da punição estatal será sempre um problema central não somente para o legislador, mas também para a Ciência do Direito Penal [...] a penalização de um comportamento necessita, em todo caso, de uma legitimação diferente da simples discricionariedade do legislador.[71]

O bem jurídico como teoria serviu após a Segunda-Guerra Mundial para limitar o poder de intervenção político-criminal exigindo, mais que a criatividade do legislador na criação de tipos. O Direito penal deve proteger somente bens jurídicos concretos, e não um sistema jurídico, independente de filosofia. Claus Roxin admite a teoria do bem jurídico e vai além, para aceitá-la como limite do *ius puniendi* e função social do Direito penal, de modo que garante aos indivíduos da sociedade uma existência pacífica, livre e socialmente segura, sempre e quando as metas não puderem ser alcançadas com outras medidas político-sociais que atingirem em menor monta a liberdade das pessoas.

Com base na necessidade de respeito à teoria do bem jurídico, Claus Roxin[72] apresenta crítica à teoria monista-subjetiva do injusto da ação final, afirmando que contempla o injusto doloso e culposo somente no desvalor da ação e não dá

---

70. ROXIN, Claus. *A proteção dos bens jurídicos como função do direito penal*. Organização e Tradução de André Luís Callegari e Nereu José Giacomolli. 2. ed. Porto Alegre: Livraria do Advogado, 2009. p. 3-4.
71. ROXIN, Claus. *A proteção dos bens jurídicos como função do direito penal*. 2. ed. Organização e Tradução de André Luís Callegari e Nereu José Giacomolli. Porto Alegre: Livraria do Advogado, 2009 p. 11.
72. ROXIN, Claus. *A proteção dos bens jurídicos como função do direito penal*. Organização e Tradução de André Luís Callegari e Nereu José Giacomolli. 2. ed. Porto Alegre: Livraria do Advogado, 2009. p. 3-4.

importância à produção da lesão do bem jurídico para o injusto. Desse modo, não encontra acordo nas teorias finalistas de Armin Kaufmann, Zielinski e Sancinetti.

Os bens jurídicos são protegidos pelo ordenamento jurídico como um todo. Assim deve ser ao analisar a lavagem de dinheiro. Os bens protegidos pelo Direito penal são considerados subsidiários no sentido de que somente parte deles são objetos de proteção do sistema criminal. Outros são objetos de proteção do Direito civil, administrativo e outros. Somente bens jurídicos violados de demasiada importância podem ser tutelados pelo Direito penal, sendo aqueles lesados, relevantes para aplicar sanções penais ao agente. Com isso, tem-se que aplicar penas àquele que lesar bem jurídico distante do Direito penal, mas próximo a outro Direito, dentro do círculo de proteção do ordenamento jurídico, pode ser a evidencia mais clara da aplicação de um Direito penal emergencial. Como é o caso da tipificação da conduta de lavar capitais para obter a licitude dos frutos de um delito antecedente. Não é possível que não tenha outro círculo de proteção ao crime de origem histórica, sem bem jurídico evidente a ser protegido. Considerando isso, cabe analisar a necessidade de utilização da pena como "*ultima ratio* da política criminal" como meio de coerção de tal conduta. Como o Direito penal possibilita as mais duras de todas as intromissões na liberdade do indivíduo, com base no princípio da proporcionalidade, no Estado Democrático de Direito, levando em conta os princípios constitucionais, somente se pode intervir com a espada sangrenta do Direito penal quando outros meios menos duros não conseguem obter êxito suficiente[73]. Inclusive, em alguns casos, o efeito de uma sanção não penal importa diretamente numa maior eficiência se comparar com outras sanções menos duras como as cíveis ou administrativas, em alguns casos. Claro que para algumas pessoas, o efeito de uma sanção cível é mais dolorido do que uma sanção penal. O confisco, por exemplo, decota a estrutura de um empresário, de forma que, dependendo do caso, ele venha a preferir a pena criminal. Assim é o caso do crime de lavagem de dinheiro. Alguns empresários, pessoas que tem estrutura familiar, vivem num ambiente de luta diária, mas com grande conforto, para conseguir acumular bens e valores, diante de uma pena criminal diversa da pena de prisão, possivelmente escolheria esta em detrimento do confisco de seus bens. Nesse ponto, não faz sentido a aplicação de pena criminal em vista da prática de conduta que "lava" capitais "sujos", tendo esta, pena de reclusão de 3 a 10 anos. De toda sorte, é necessário verificar se a conduta de lavagem de dinheiro estaria violando bens jurídicos, e quais seriam estes bens jurídicos violados. Ademais, em vista do princípio da subsidiariedade, outra questão de relevo que deve necessariamente ser ultrapassada, está na admissão do próprio Estado na aceitação dos valores decorrentes do crime e inseridos no ambiente econômico a partir da lavagem de dinheiro, pois pelo princípio do *non olet*, o próprio Estado tributa operações pecuniárias sem importar com a origem lícita ou ilícita.

---

73. ROXIN, Claus. *Derecho penal*: parte general: fundamentos: la estructura de la teoría del delito. 2. ed. Traducción y notas de Diego Manuel Luzón Peña e Miguel Díaz y García Conlledo, Javier de Vicente Remesal. Madrid: Editorial Civitas, S.A., 1997. t.1. p. 66.

Claus Roxin[74] é categórico em dizer que a simples transcrição do objeto da lei não fundamenta o conceito de bem jurídico. Pois bem, o bem jurídico trava o Estado na criação pura e simples de delitos para satisfazer qualquer interesse que não seja essencial ao homem e sociedade no âmbito do Estado Democrático de Direito, levando em conta que bens jurídicos devem ser tidos e entendidos neste parâmetro do sistema funcionalista acima exposto. Considerando os crimes de lavagem de dinheiro, no âmbito do sistema funcionalista teleológico, admitindo a origem histórica do delito de branqueamento de capitais, fica difícil identificar violação pela conduta contida no tipo desta infração penal.

É preciso estar ciente de que a punição de delitos, que pressupõe antijuridicidade e culpabilidade, deve servir para proteger bens jurídicos. Assim, se caracteriza o bem jurídico como bem vital reconhecido socialmente como valioso, como valor jurídico ou interesse jurídico, como interesse juridicamente reconhecido, como a pretensão de respeito a coisas valiosas, na medida em que os órgãos estatais criam consequências jurídicas diante de uma lesão a tais bens jurídicos, com unidade funcional valiosa. Bens jurídicos, além de tudo, podem ser tidos como valores, instituições e estados jurídico penalmente protegidos, que são imprescindíveis para a ordenada convivência humana. No âmbito da teoria de Claus Roxin, é certo que o bem jurídico penal representa limite material à intervenção criminal, restando identificar com a conduta do crime de lavagem de capitais, o bem jurídico teoricamente passível de lesão. A proteção de bens jurídicos dirige a tarefa político – criminal do Direito penal e toda a sistemática da teoria do injusto. Para ser o processo de lavagem de dinheiro admitido como delito, neste ambiente histórico da dogmática penal, teria que haver a comprovação de lesão a bem jurídico que pudesse ofender direitos fundamentais e princípios constitucionais que envolvem o ser humano.

8.6 A LAVAGEM DE DINHEIRO SOB VIÉS DO FUNCIONALISMO REDUCIONISTA DE ZAFFARONI E O BEM JURÍDICO

De acordo com o Funcionalismo Reducionista de Eugenio Raul Zaffaroni, Alejandro Slokar e Alejandro Alagia,[75] verifica-se o entendimento de que o Estado de Direito não pode ter outra motivação ou escopo que não seja a estrita contenção do Estado de Polícia. O Estado de Direito deve conter, reduzir o âmbito de atuação do Estado de Polícia, de modo que haja absoluto respeito às garantias do jurisdicionado. O Estado de Polícia, na posição de "sistema penal formal"[76] deverá ser freado por imposições garantidoras de direitos dos indivíduos, sobretudo os direitos huma-

---

74. ROXIN, Claus. *A proteção dos bens jurídicos como função do direito penal*. Organização e Tradução de André Luís Callegari e Nereu José Giacomolli. 2. ed. Porto Alegre: Livraria do Advogado, 2009. p. 21.
75. ZAFFARONI, Eugenio Raúl; ALAGIA, Alejandro; SLOKAR, Alejandro. *Manual de derecho penal:* parte general. Buenos Aires: Ediar, 2002. p. 123.
76. ZAFFARONI, Eugenio Raúl et al. *Criminologia critica y control social: el poder punitivo del Estado*. Rosario: Editorial Juris, 2000. p. 69.

nos, pelo Estado de Direito. Nesse âmbito, a lesão ao bem jurídico como elemento caracterizador da tipicidade material toma importância, evitando que na lavagem de dinheiro haja aplicação de pena sem comprovação de violação de destacado bem jurídico, como forma de contenção do Estado de Polícia pelo Estado de Direito.

Com efeito, considera-se a existência de um diálogo entre o Estado de Direito e o Estado de Polícia constantemente. Existindo uma maior contenção do Estado de Polícia, mais próximo do ideal para o bem-estar jurídico dos jurisdicionados fica. O Direito penal tem a função de ser instrumento do Estado de Direito. O Direito penal é concebido para reduzir a violência do Estado de Polícia. São as regras e princípios do Direito penal as barreiras de contenção do Estado de Polícia, de onde haverá o impedimento de atuação do poder sobre os indivíduos de uma sociedade. A função do Direito penal consistente em reduzir e conter o poder punitivo dentro dos limites admitidos pela racionalidade.

O Direito penal, de acordo com o Funcionalismo Reducionista, tem uma função política. Esta função política tem por escopo influenciar o fortalecimento de todos os demais meios de contenção de iniciativa absolutistas. O Direito penal segue uma linha protetiva contra a força e o poder do Estado atuante contra os direitos dos indivíduos, como um sistema programado para reduzir o avanço autoritário e desleal em relação aos direitos fundamentais dos indivíduos. Nesse sentido, o Direito penal representa uma função política colocada à disposição do Estado de Direito para conter a pressão do Estado de Polícia, numa teleologia redutora.[77]. A concepção funcionalista redutora de Eugenio Raul Zaffaroni, Alejandro Alagia e Alejandro Slokar não rompe metodologicamente em relação às teorias anteriores, seguindo em uma construção incrementada por novas questões, como a tipicidade conglobante. O Direito penal tem elementos e conceitos jurídicos elaborados a partir da função política exercida pelo Estado, observando o ser humano no centro das questões. A partir daí, é possível observar a aplicação da pena como ato político, e o direito o limite da política. Importante verificar que a sanção penal no crime de lavagem de capitais, nesse sentido, somente seria admitida depois que fosse verificada a legitimidade do filtro decorrente dos elementos da teoria do delito, do ponto de vista do Funcionalismo Reducionista. O que significa dizer que, para aplicar a pena em caso de crime de lavagem de capitais, teria que verificar a legitimidade em relação a este delito e o filtro da teoria do delito.

Eugenio Raul Zaffaroni, Alejandro Alagia e Alejandro Slokar cria um sistema funcional redutor, considerando dados ônticos, de modo que a realidade social não deve ser deixada de lado em vista dos sistemas revelados[78]. Os conceitos devem ser construídos em função de objetivos político-criminais que devem ser inspirados na

---

77. ZAFFARONI, Eugenio Raul; ALAGIA, Alejandro; SLOKAR, Alejandro. *Derecho penal*: parte general. 2. ed. Buenos Aires: Ediar, 2002. p. 388.
78. ZAFFARONI, Eugenio Raul; ALAGIA, Alejandro; SLOKAR, Alejandro. *Derecho penal*: parte general. 2. ed. Buenos Aires: Ediar, 2002. p. 386;388.

relação com a realidade social, havendo incoerência metodológica pretender uma construção sistemática negando os dados da realidade. Os autores realizam a teoria do delito sob a ótica redutora. O Direito penal tem seus conceitos elaborados sem desconhecer a necessidade de ser teleológico cumprindo ainda uma função política. A onticidade está presente na teoria funcionalista redutora. A ação e seu conceito tem que ser lastreada pela realidade como conduta humana, não podendo ser algo idealizado no mundo das nuvens. É necessário que haja encontro com a realidade mundana, e a partir daí considerada. O Legislador não pode inventar conceito sem relação a dados da existência material. O que for impossível não pode ser considerado possível. As razões e fundamentos dos conceitos ônticos terão que ter relação com o físico existente e o social existente. Portanto, quando o Legislador for se referir ou criar conceito, terá que ter conexão com a realidade palpável. A posição quanto o conceito de ação tem extrema relação com a teoria finalista, pois exige a finalidade no conceito da conduta.[79] É interessante como evolui o pensamento de Eugenio Raúl Zaffaroni em relação à ação e seu conceito, pois em um momento, afirma o conceito ontológico da ação[80], contudo, mais tarde afirma não haver um conceito ontológico da ação. Nesse caso, há limites ônticos em relação à construção do conceito de ação[81].

A dogmática funcionalista reducionista é dirigida para este âmbito de análise penal. A criação dos elementos do crime se identificam com a política de função do Direito penal. Para o Funcionalismo Reducionista ou Contencioso, admitindo a existência de dois Estados, o Estado de Direito e o Estado de Polícia, o Direito penal é instrumento do Estado de Direito, tendo a função de reduzir a violência do Estado de Polícia e a sua seletividade. Para isso, Eugenio Raul Zaffaroni, Alejandro Alagia e Alejandro Slokar apresentam uma dogmática lastreada por tais princípios, onde procura justificar os elementos de formação do crime de acordo com a função do Direito penal. Dentro do filtro dogmático, o bem jurídico encontra lugar como barreira redutora do avanço estatal contra a liberdade dos indivíduos. Criticam o Finalismo justamente por entender que Welzel indica desconhecimento da funcionalidade dos conceitos penais[82].

Conforme Eugenio Raul Zaffaroni e José Henrique Pierangeli, o conceito estratificado[83] de delito revela uma estrutura baseada nos três elementos seguintes: fato típico, antijurídico e culpável. Trata-se de um filtro garantidor. Para o Estado considerar que uma pessoa tenha praticado um crime e aplicar a violência da sanção

---

79. ZAFFARONI, Eugenio Raul; ALAGIA, Alejandro. SLOKAR, Alejandro. *Derecho penal*: parte general. 2. ed. Buenos Aires: Ediar, 2002. p. 416.
80. ZAFFARONI, Eugenio Raúl. *Teoria del delito*. Buenos Aires: Ediar, 1973. p. 82.
81. BATISTA, Nilo; ZAFFARONI, Eugenio Raul; SLOKAR, Alejandro. ALAGIA, Alejandro. Direito Penal Brasileiro. Teoria do Delito. Rio de Janeiro: Revan, 2010, p. 100.
82. ZAFFARONI, Eugenio Raúl; ALAGIA, Alejandro. SLOKAR, Alejandro. *Derecho penal*: parte general. 2. ed. Buenos Aires: Ediar, 2002. p. 386
83. ZAFFARONI, Eugenio Raul; PIERANGELI, José Henrique. *Manual de direito penal brasileiro*: parte geral. 7. ed. São Paulo: Ed. RT, 2007. v.1. p. 336.

penal, atingindo direito fundamental do indivíduo, deverão ser analisados e considerados tais elementos em profundidade. Os autores inseriram a teoria da tipicidade conglobante no fato típico para que no momento da adequação típica se examine todo o ordenamento jurídico, além da verificação do bem jurídico. Nesse âmbito, se uma norma do ordenamento jurídico fomenta, determina, permite eventual conduta, aquilo que está fomentado, determinado ou permitido, não poderá estar proibido.

O próprio conceito analítico de delito já representa, pela via dogmática, uma filtragem para aplicação da norma penal, de maneira que para o Estado aplicar a violência da pena e violar o direito de liberdade do indivíduo, terá que vencer todas as etapas e barreiras impostas pela dogmática. O Estado de Polícia, para que retire uma pessoa da sociedade e a faça cumprir uma pena, terá que adentrar na dogmática penal do Funcionalismo Reducionista, verificando todos os elementos, como se fosse realizada uma filtragem. Nesse sentido, é preciso verificar a existência de uma conduta dolosa ou culposa e seus elementos, além de identificar se omissiva ou comissiva, para então partir para a adequação típica, o resultado e a identificação do nexo de causalidade. A partir daí, no âmbito da tipicidade, realiza-se a verificação da tipicidade formal e da tipicidade conglobante. Somente depois irá passar para a análise da antijuridicidade, onde se fará a busca de qualquer causa de exclusão de antijuridicidade, incluindo causas supralegais. Uma vez realizada a verificação e análise do injusto penal, passa-se a trabalhar o elemento culpabilidade, onde se fará a busca do envolvimento pessoal do indivíduo e o fato, apurando a potencial consciência da ilicitude, a exigibilidade de conduta diversa e a imputabilidade.

Eugenio Raul Zaffaroni e José Henrique Pierangeli[84] adotam posição finalista ao tratar da questão do dolo na culpabilidade. Para estes doutrinadores[85], o

> delito é uma conduta humana individualizada mediante um dispositivo legal (tipo) que revela sua proibição (típica), que por não estar permitida por nenhum preceito jurídico (causa de justificação) é contrária à ordem jurídica (antijurídico) e que, por ser exigível do autor que agisse de maneira diversa diante das circunstâncias, é reprovável (culpável).

O injusto (conduta típica e antijurídica) revela o desvalor que o direito faz recair sobre a conduta em si, enquanto a culpabilidade é uma característica que a conduta adquire por uma especial condição do autor (pela reprovabilidade), que do injusto se faz o autor.

Quanto à tipicidade, como adequação do fato ao modelo de tipo, Zaffaroni e Pierangeli exigem que seja analisada a adequação formal e o aprofundamento da conduta à teoria da tipicidade conglobante, que exige a análise de dois elementos, quais sejam, a antinormatividade e a tipicidade material. O tipo legal manifesta

---

84. ZAFFARONI, Eugenio Raul; PIERANGELI, José Henrique. *Manual de direito penal brasileiro*: parte geral. 7. ed. São Paulo: Ed. RT, 2007. p. 531. v.1.
85. ZAFFARONI, Eugenio Raul; PIERANGELI, José Henrique. *Manual de direito penal brasileiro*: parte geral. 7. ed. São Paulo: Ed. RT, 2007. p. 340. v.1.

uma norma que é criada para tutelar uma relação entre o sujeito e o bem jurídico. A tipicidade penal não finda na simples adequação da conduta ao modelo da lei, sendo certo que deverá ainda investigar a norma numa ordem conglobada. Assim, haverá atipicidade legal na medida em que ocorrer situações em que uma norma ordena o que outra proíbe (cumprimento de dever jurídico), quando uma norma proibir o que outra fomentar, quando uma norma proibir o que outra não proíbe, quando uma norma garantir a aplicação de outra que a proíbe, e toda vez que uma norma colidir com outra norma, tornando sistema incoerente. A tipicidade conglobante é corretivo da tipicidade legal, adequando a sempre que necessário, à coerência conglobada das normas. Nesse sentido, afirmam que o cumprimento de um dever jurídico representa uma causa de atipicidade penal, pois o efeito é a correção exercida pelo contexto de aplicação conglobada da norma sobre a tipicidade legal.[86]

A análise do bem jurídico no ambiente desta teoria encontra-se na tipicidade conglobada, mais especificamente, na análise da tipicidade material. Tem-se que a tipicidade representa a subsunção perfeita da conduta praticada pelo agente ao modelo abstrato previsto na lei penal. A tipicidade formal significa a adequação da conduta do agente ao modelo abstrato previsto na lei penal (tipo). A tipicidade conglobante exige dois requisitos, quais sejam, a conduta do agente ser antinormativa; e que haja tipicidade material, ou seja, que ocorra um critério material de seleção do bem a ser protegido. É exatamente neste âmbito dogmático que se analisa o bem jurídico e, sobretudo, a posição do bem jurídico no crime de lavagem de dinheiro, conforme a conduta deste delito perante o conceito funcionalista reducionista de Zaffaroni e Pierangeli. Ao analisar o acordo, identifica-se que trata de um exercício da disponibilidade do bem jurídico, e desse modo, por mais que se verifique a aparência da tipicidade de uma conduta, não poderá o tipo proibir uma conduta em que o titular do bem jurídico tenha alinhado conformidade em sua disposição, em que pese somente poder haver acordo em relação a bens jurídicos disponíveis.

A tipicidade conglobante surge quando comprovado, no caso concreto, que a conduta praticada pelo agente é considerada antinormativa, isto é, contrária à norma penal, e não imposta ou fomentada por ela, bem como ofensiva a bens de relevo para o Direito penal (tipicidade material). Convém deixar claro que a antinormatividade revela a contrariedade da conduta com a norma, obtendo tal assertiva a partir do alcance da norma proibitiva conglobada com o restante das normas da ordem normativa. Por isso não é possível, dentro da ordem normativa, haver ausência de coerência mínima, em que uma norma cobra, fomenta, permite o que outra proíbe. Havendo a incoerência de normas, não haverá antinormatividade.

A antijuridicidade surge da antinormatividade e da inexistência de adequação de uma conduta em relação a um tipo permissivo. O que significa dizer que haven-

---

86. ZAFFARONI, Eugenio Raul; PIERANGELI, José Henrique. *Manual de direito penal brasileiro*: parte geral. 7. ed. São Paulo: Ed. RT, 2007. p. 478. v.1.

do conduta típica e antinormativa, poderá haver antijuridicidade, salvo se houver uma adequação da conduta a um tipo permissivo que justifique a antijuridicidade. Assim, a "tipicidade penal implica a contrariedade com a ordem normativa, mas não implica a antijuridicidade (a contrariedade com a ordem jurídica), porque pode haver uma causa de justificação (um preceito permissivo) que ampare a conduta."[87] Assim, a antijuridicidade pressupõe a antinormatividade. A tipicidade penal revela a antinormatividade. A tipicidade, por sua vez, é *ratio cognoscendi* da antijuridicidade.

A tipicidade conglobante é a soma da antinormatividade e a tipicidade material. Havendo tipicidade formal e tipicidade conglobante, há tipicidade penal. O que nos permite afirmar que, não existindo violação de bem jurídico, não haverá tipicidade material. Não havendo tipicidade material, não há tipicidade conglobante. Não existindo tipicidade conglobante, não há tipicidade penal e, portanto, não existe crime. Nesse sentido, somente haverá crime de lavagem de dinheiro se houver comprovação explicita de lesão a determinado bem jurídico.

Para Zaffaroni e Pierangeli[88], o bem jurídico é o bem penalmente tutelado sendo a relação de disponibilidade de um indivíduo com um objeto, protegida pelo Estado, que revela seu interesse mediante a tipificação penal de condutas que o afetam. Para além de um conceito definido, Zaffaroni revela pensamento condizente com Feuerbach, no momento em que admite ser o bem jurídico o direito a dispor da própria honra, e não a honra propriamente dita, ou o direito de dispor dos próprios direitos patrimoniais, e não a propriedade em si. "Os bens jurídicos são os direitos que temos a dispor de certos objetos." Se eventual conduta de alguém impedir outrem de dispor de objeto, esta conduta afetará o bem jurídico. Pois bem, o conceito de bem jurídico está adstrito à relação de disponibilidade. Esse pensamento não é de todo admitido fora da concepção funcionalista reducionista, pois liga o conceito de bem jurídico à disponibilidade de um direito. Nesse sentido, apontam que a disponibilidade como uso tem relação com a vida, e que esta é um bem jurídico disponível, pois o indivíduo consome a vida a cada momento do modo que deseja.[89] Por outro lado, sublinham que o legislador se interessa por certos bens e que expressa tal interesse em uma norma jurídica, fazendo com que sejam considerados juridicamente como bens jurídicos. No instante em que o Legislador passa a proteger a norma e punir a sua violação com uma sanção penal, aqueles bens jurídicos serão tutelados.

Nesse sentido, não é possível admitir uma conduta típica que não afete um bem jurídico. Os tipos penais, além do que são, também representam manifestações específicas de tutela jurídica destes bens. O crime é mais que a violação de um bem

---

87. ZAFFARONI, Eugenio Raul; PIERANGELI, José Henrique. *Manual de direito penal brasileiro:* parte geral. 7. ed. São Paulo: Ed. RT, 2007. p. 397. v.1.
88. ZAFFARONI, Eugenio Raul; PIERANGELI, José Henrique. *Manual de direito penal brasileiro:* parte geral. 7. ed. São Paulo: Ed. RT, 2007. p. 399. v.1.
89. ZAFFARONI, Eugenio Raul; PIERANGELI, José Henrique. *Manual de direito penal brasileiro:* parte geral. 7. ed. São Paulo: Ed. RT, 2007. p. 401. v.1.

jurídico, contudo, a lesão a um bem jurídico é indispensável para configurar crime, pela tipicidade conglobante, ou seja, pela tipicidade material. Assim, o bem jurídico revela presença no papel central da teoria do tipo, pois dá sentido teleológico à lei penal. O bem jurídico concede um fim à lei penal. O pensamento de Zaffaroni e Pierangeli revelam claramente a evolução do posicionamento de Franz von Liszt, quanto à antijuridicidade material. Assim, conforme Cláudio Brandão[90], "nos dias atuais se reconhece que a ausência de bem jurídico a ser protegido, exclui a tipicidade por falta de antijuridicidade material."

Ao tratar do princípio da insignificância, Zaffaroni deixa evidenciado a importância dogmática do bem jurídico no sistema criado, sobretudo na organização de elementos da teoria do delito. O princípio da insignificância[91] tem direta ligação com o bem jurídico, excluindo do âmbito penal condutas que não violam o bem jurídico de maneira incisiva. Aliás, ensina que qualquer manifestação irracionalista e autoritária do Estado no âmbito do Direito penal é refletida em tentativas de arraso do conceito do bem jurídico, desacreditando tal conceito, pois o bem jurídico cumpre função garantidora e função teleológico-sistemática, funções estas limitadoras ao Estado de Polícia.

8.6.1 A antinormatividade como elemento da tipicidade conglobante e o princípio do non olet no crime de lavagem de dinheiro

A "tipicidade implica antinormatividade (contrariedade a norma), e não podemos admitir que na ordem normativa uma norma ordene o que a outra proíbe."[92] Uma ordem normativa que há contradição com outra norma deixa de ser normativa e deixa também de ser ordem. Isso decorre da necessidade de haver uma coerência entre as normas jurídicas, que devem ser entrelaçadas e ordenadas em um concatenamento adequado à convivência de todas elas. Não é possível que uma norma proíba e a outra exija a prática de um ato. Não é admissível que uma norma proíba e sancione uma conduta e a outra aproveite desta conduta.

Pela dogmática funcionalista reducionista, as normas devem guardar entre si uma ordem mínima de coerência. Esta ordem mínima de coerência impede que uma norma proíba o que a outra fomenta ou permite ou cobra ou exige. O juízo de adequação ou tipicidade não é um juízo exclusivamente legal. Zaffaroni e Pierangeli exigem que seja dado um passo além, que seja dado um passo no sentido da averiguação da proibição por meio da indagação do alcance proibitivo de uma norma considerada em seu conjunto com a ordem normativa, e não isoladamente verificada. Pois bem, a tipicidade conglobante representa um corretivo à tipicidade legal, pois tem o po-

---

90. BRANDÃO, Cláudio. *Tipicidade penal:* dos elementos da dogmática ao giro conceitual do método entimemático. 2. ed. Coimbra: Almedina, 2014. p. 136.
91. ZAFFARONI, Eugenio Raul. *Tratado de derecho penal.* Buenos Aires: Ediar, 1981. p. 553.
92. ZAFFARONI, Eugenio Raul; PIERANGELI, José Henrique. *Manual de direito penal brasileiro:* parte geral. 7. ed. São Paulo: Ed. RT, 2007. p. 395. v.1.

der de excluir do âmbito do típico as condutas que são aparentemente proibidas e adequadas ao tipo, mas que não são alcançadas pela proibição no conjunto da ópera. As condutas que são atingidas pela tipicidade legal, mas que a ordem normativa não deseja proibir no seu conjunto, ou porque ordena, ou porque fomenta, ou porque há contrariedade com outra norma, ou porque torna uma norma menos proibida do que já é, afasta a conduta da tipicidade penal, excluindo o crime.

Pelo princípio do *non olet*, o Estado exige a tributação de qualquer operação, seja ela decorrente de atividade lícita ou ilícita. Não importa. A operação deverá ser tributada. O Estado exige que sejam pagos os tributos relativos a operações financeiras decorrentes de qualquer atividade.

O Código Tributário Nacional prescreve, no seu artigo 118, que "a definição legal do fato gerador é interpretada abstraindo-se: I – da validade jurídica dos atos efetivamente praticados pelos contribuintes, responsáveis, ou terceiros, bem como da natureza do seu objeto ou dos seus efeitos; II – os efeitos dos fatos efetivamente ocorridos." A partir desta norma, extrai-se o princípio de que, para a incidência do tributo, não há relevância da regularidade jurídica dos atos, ou da juridicidade do objeto e seus efeitos, não importando ainda os efeitos e consequências reais do fato gerador ilícito. Trata-se da consagração da tributação de condutas ilícitas, criminosas, imorais. O princípio[93] de que o tributo *non olet* é traduzido pela ausência de cheiro do dinheiro. Esta frase foi atribuída ao Imperador Vespasiano, como resposta ao seu filho em relação à decisão de se cobrar tributo sobre o uso de banheiros públicos, justificando sob o aspecto da moralidade para a tributação de condutas ilícitas, pois não é lógico conferir um tratamento menos gravoso do que o dado aos que se conduzem sob o manto da legalidade[94]. Não significa que o crime seja fato gerador de tributo, mas a incidência de fato gerador em relação tipo tributário, não podendo ser a ilicitude impedimento para cobrança do tributo.

Nesse sentido, caso um traficante faça o branqueamento de capitais do lucro do tráfico, terá este traficante que pagar todos os tributos daquela operação de lavagem de capitais. O Estado, pelo princípio do *non olet,* fecha os olhos para a origem do dinheiro. O comportamento do Estado de, por meio de normas tributárias, exigir o pagamento de tributos decorrente de atividade ilícita, vai contra a norma que condena a conduta e sanciona penalmente o agente. Há total incoerência do Estado. O que significa que, no ambiente da dogmática reducionista, não haverá tipicidade conglobante, e, portanto, não haverá tipicidade penal, pois falta antinormatividade, elemento da tipicidade conglobante. Não poderá ser crime a conduta de branqueamento de capitais, pois falta o elemento da antinormatividade.

---

93. FALCÃO, Amílcar de Araújo. *Fato gerador da obrigação tributária*. 2. ed. Anotada por Geraldo Ataliba. São Paulo: Ed. RT, 1971. p. 91.
94. AMARO, Luciano. *Direito tributário brasileiro*. 13. ed. rev. São Paulo: Saraiva, 2007. p. 276.

O fato do Estado tributar operações que afirma haver crime de lavagem de dinheiro, sancionando tais atos, atribuindo condutas criminosas aos agentes, estaria operando em contradição com suas próprias normas, não havendo o elemento antinormatividade. Se não há antinormatividade, não há delito, em vista da ausência da tipicidade conglobante.

8.6.2 O bem jurídico na tipicidade material, o princípio da insignificância e a antinormatividade como excludentes do crime de branqueamento de capitais na dogmática funcionalista reducionista, por ausência de tipicidade conglobante

De acordo com a dogmática desdobrada pela teoria do delito revelada no Funcionalismo Reducionista, para ocorrer a tipicidade penal é preciso que considere, para além da tipicidade formal, admitindo a presença do bem jurídico no âmbito da tipicidade conglobante. A tipicidade conglobante é preenchida pela antinormatividade e pela tipicidade material, local de análise do bem jurídico e da intensa significância de afetação ao bem juridicamente tutelado.

Ao considerar o conceito estratificado do crime, Zaffaroni constrói um filtro dogmático elencado pelo fato típico, antijurídico e culpável. No fato típico há a tipicidade penal como elemento de análise para configuração do delito. A tipicidade penal é desdobrada em tipicidade legal e tipicidade conglobante. A tipicidade legal é estritamente formalista, bastando a adequação do fato ao tipo. A tipicidade conglobante revela sentido material, exigindo uma análise conglobada de normas em que há o elemento da antinormatividade e da tipicidade material.

A antinormatividade exige que a norma violada não seja fomentada, admitida, aceita de alguma forma por outra norma, de forma que haja uma coerência mínima na ordem normativa. Considerando isso, o princípio do Direito tributário do *non olet* determina que, havendo operação financeira, não importa se decorrente de atividade lícita ou ilícita, terá o agente que realizar o pagamento de tributo, de modo que o Estado deixa de importar com a imoralidade e o conteúdo proibitivo de outra norma, e passa a fechar os olhos para tal conduta normativamente proibitiva em confronto direto com o conceito de antinormatividade. A conduta de lavagem de dinheiro é proibida por norma legal, com aplicação de sanção penal, contudo, por outro lado, em vista do princípio do *non olet*, o próprio Estado determina o pagamento de tributo do dinheiro "branqueado". Esta contradição de normas enfraquece a antinormatividade exigida no âmbito da tipicidade conglobante, revelando uma conduta que não tenha tipicidade conglobante, e assim, excluindo a tipicidade penal, o fato típico e o próprio delito.

Por outro lado, ainda dentro da análise da tipicidade conglobante, contudo dentro da tipicidade material, é preciso verificar a presença de bem jurídico violado pela conduta de branqueamento de capitais. Se não houver violação de bem jurídico pela conduta de lavagem de dinheiro, não haverá tipicidade material por lesão a bem jurídico específico, não havendo tipicidade conglobante. Se não há tipicidade conglobante, não há tipicidade penal e não há fato típico, não existindo, portanto, crime.

Além da verificação da presença de lesão a bem jurídico, a tipicidade material na dogmática funcionalista reducionista exige a análise do princípio da insignificância. O princípio da insignificância decorre do velho princípio da *mínima non curat Praetor*, pois as afetações pequenas e de pequeno poder de lesão não constituem a devida e necessária lesividade como exigem os fins da tipicidade objetiva[95].

> O velho princípio da mínima non curat Praetor serviu de base para o enunciado moderno do chamado Princípio da Insignificância ou de bagatela segundo o qual as afetações insignificantes de bens jurídicos não constituem lesividade relevante aos fins da tipicidade objetiva. (Tradução nossa)

Em relação ao Finalismo, os casos de lesões insignificantes de bens jurídicos foram relevados como atípicos pela teoria de adequação social da conduta[96]. Eugenio Raul Zaffaroni, Alejandro Alagia e Alejandro Slokar[97] ensinam que "a insignificância da afetação exclui a tipicidade, mas só pode ser estabelecida através da consideração conglobada da norma" [...]. Se a lesão a bem jurídico for de pequena monta, não haverá tipicidade material pela atenuada intensidade de afetação ao bem jurídico. Com isso, são atípicas as condutas destacadas por afetação mínima ao bem jurídico. Dessa forma, se considerar que a conduta de branqueamento de capitais viola bem jurídico, é necessário ainda, para ter tipicidade material, que a lavagem de dinheiro não seja realizada com valor ínfimo, reduzido, pois, se for, não haverá tipicidade material por ser insignificante a lesão ao bem jurídico, e, portanto, não haverá crime por ausência de tipicidade conglobante.

8.7 PROPOSTA DOGMÁTICA FUNCIONALISTA DE SILVA SÁNCHEZ, O BEM JURÍDICO E O BRANQUEAMENTO DE CAPITAIS

Jesús Maria Silva Sánchez procurou escolher estruturas metodológicas para assentar a construção sistemática do delito, pois o conceito de crime não pode ser fruto de propriedade intrínseca de um processo fixado na realidade, mas produto de um sistema decorrente de um método construído pela dogmática[98]. A proposta dogmática de Sánchez quanto ao conceito de delito possui, portanto, a caracterização de ser eminentemente sistemática, e com isso, a formatação do sistema de delito determina o próprio con-

---

95. "El Viejo princípio minima non curat Praetor sirvó de base para el enunciado modern del llamado princípio de insignificancia o de bagatela, según el cual las afectaciones insignificantes de bienes jurídicos no constituyen lesividad relevante a los fines de la tipicidad objetiva." ZAFFARONI, Eugenio Raul; ALAGIA, Alejandro; SLOKAR, Alejandro. *Derecho penal*: parte general. 2. ed. Buenos Aires: Ediar, 2002. p. 494.
96. ZAFFARONI, Eugenio Raul; ALAGIA, Alejandro; SLOKAR, Alejandro. *Derecho penal*: parte general. 2. ed. Buenos Aires: Ediar, 2002. p. 494.
97. ZAFFARONI, Eugenio Raul; ALAGIA, Alejandro; SLOKAR, Alejandro. *Derecho penal*: parte general. 2. ed. Buenos Aires: Ediar, 2002. p. 485.
98. SÁNCHEZ, Jesús Maria Silva. *Aproximación al derecho penal contemporáneo*. Barcelona: José Maria Bosch Editor, S.A., 1992. p. 48-50.

ceito de crime. Jesús Maria Silva Sánchez [99] teve influência de Claus Roxin e Mir Puig quanto à orientação de sistema adotado para as consequências político-criminais[100] e a concepção teleológica moderna. Silva Sánchez inclinou-se para uma orientação sistemática direcionada para as finalidades que deveria cumprir o Direito penal. Tal direcionamento dogmático legitimaria o Direito penal e sua aplicação na sociedade[101]. Para tanto, justifica que o Causalismo e Finalismo são sistemas dogmáticos fechados, ontologicamente condicionados e dedutivos-axiomático[102]. Quanto ao Neokantismo[103], aponta que há a integração de elementos materiais de valor, além da identificação com concepções teleológicas, mas Sánchez não adota exclusiva orientação neokantista, indo para além desta teoria, direcionando sua estrutura de pensamento para as finalidades que deve cumprir o Direito penal. O *telos* direcionado por Sánchez assume o ponto de vista vinculado à consequência jurídica da pena, às finalidades da pena, e às finalidades político-criminais[104], reformulando o conceito metodológico do delito.

Como referência sistemática, Sánchez adota posição de conferir fins ao Direito penal revelando direção para a prevenção e garantias, com o escopo de estruturar legitimidade à teoria do delito perante o ordenamento jurídico[105]. Quanto às categorias, não adota o sistema tripartido, fixando valor ao sistema bipartido[106] do crime – *La bipartición sobre la base de la teoria de las normas*, em que as categorias ou elementos da antijuridicidade penal e sancionabilidade penal estão estritamente vinculadas à teoria das normas e às considerações teleológicas derivadas dos fins do Direito penal. A tipicidade[107] está subordinada à um segundo nível, em relação às demais categorias. A tipicidade não expressa um juízo de valor autônomo do mesmo nível que a antijuridicidade e culpabilidade. Contudo, não há eliminação do exame da tipicidade, em que pese ser em segundo plano, uma vez que não desencadeia consequência jurídica alguma, reduzindo-se a uma dimensão estritamente pragmática. Sánchez atribui um significado de menor respeito à tipicidade, em relação à antijuridicidade penal e a sancionabilidade penal. A tipicidade é revelada como subcategoria do sistema.

---

99. SÁNCHEZ, Jesús Maria Silva. *Aproximación al derecho penal contemporáneo*. Barcelona: José Maria Bosch Editor, S.A., 1992. p. 68.
100. SÁNCHEZ, Jesús Maria Silva. *Política criminal y nuevo derecho penal (Libro Homenaje a Claus Roxin)*. Barcelona: José Maria Bosch Editor, 1997. p. 17.
101. SÁNCHEZ, Jesús Maria Silva. *Aproximación al derecho penal contemporáneo*. Barcelona: José Maria Bosch Editor, S.A., 1992. p. 72-73.
102. SÁNCHEZ, Jesús Maria Silva. *Aproximación al derecho penal contemporáneo*. Barcelona: José Maria Bosch Editor, S.A., 1992. p. 51-57.
103. SÁNCHEZ, Jesús Maria Silva. *Aproximación al derecho penal contemporáneo*. Barcelona: José Maria Bosch Editor, S.A., 1992. p. 55.
104. SÁNCHEZ, Jesús Maria Silva. *Aproximación al derecho penal contemporáneo*. Barcelona: José Maria Bosch Editor, S.A., 1992. p. 96.
105. SÁNCHEZ, Jesús Maria Silva. *Aproximación al derecho penal contemporáneo*. Barcelona: José Maria Bosch Editor, S.A., 1992. p. 207.
106. SÁNCHEZ, Jesús Maria Silva. *Aproximación al derecho penal contemporáneo*. Barcelona: José Maria Bosch Editor, S.A., 1992. p. 374-376.
107. SÁNCHEZ, Jesús Maria Silva. *Aproximación al derecho penal contemporáneo*. Barcelona: José Maria Bosch Editor, S.A., 1992. p. 374.

Há adoção da teoria das normas[108] de conteúdo teleológico. Nesse sentido, o sistema proposto pelo sistema teleológico de Sánchez vincula as categorias da antijuridicidade penal e sancionabilidade penal, apoiados ambos na teoria das normas e aspectos teleológicos relacionados aos fins do Direito penal[109]. A norma primária tem o objetivo de proibir condutas e convencer o indivíduo de não comportar da maneira proibida, tratando-se da limitação da liberdade em virtude da ameaça de uma sanção penal. A antijuridicidade revela, no âmbito da norma primária, o merecimento de pena pela conduta praticada, havendo uma intimidação abstrata, pois existe uma mensagem dada pela norma de que aquele que a descumprir será apenado pela prática de determinado comportamento não admitido pelo Direito penal. A norma secundária tem o objetivo de castigar o indivíduo que tenha violado a norma primária, por meio da necessidade da pena ao autor do crime. Ao adentrar no sistema de Sánchez, verifica-se que o bem jurídico deve ser protegido pelo Direito penal, formatado pela ideia de que as diretrizes normativas de comportamentos proibidos e sob a ameaça de uma sanção penal fazem parte de uma das prestações do Direito penal, que é a tutela de bens jurídicos.

As condutas interessam ao Direito penal quando forem capazes de lesar um bem jurídico. Ademais, a sanção penal decorrente da violação da norma primária representa uma decisão político-criminal, pois a limitação de liberdade nada mais é do que um corte nos direitos fundamentais. É a partir do elemento da sancionabilidade penal que se analisa outros pressupostos diferentes da violação da norma primária, tal como a culpabilidade e a lesividade penal.

Quadro 3 – Sistema dogmático teleológico de Sánchez

DELITO →	Antijuridicidade Penal (Norma primária) + Sancionabilidade Penal
	(Norma secundária como ↓ necessidade da pena)
	Teoria das normas
	+
	Fins do Direito Penal
	Antijuridicidade penal: o juízo de antijuridicidade se realiza pela concepção subjetivo-formal, tendo por objeto as condutas humanas voluntárias lesivas para bens jurídicos.
	Sancionabilidade penal: culpabilidade (atribuibilidade individual) + lesividade penal (sentido de resultado de lesão ou de perigo)
	Culpabilidade: seu fundamento está em poder agir de outro modo.
	OBS: Sánchez confere à tipicidade uma subcategoria, subordinada à antijuridicidade penal e sancionabilidade penal.

Fonte: Elaborado pelo autor.

---

108. SÁNCHEZ, Jesús Maria Silva. *Aproximación al derecho penal contemporáneo*. Barcelona: José Maria Bosch Editor, S.A., 1992. p. 311-312.
109. SÁNCHEZ, Jesús Maria Silva. *Aproximación al derecho penal contemporáneo*. Barcelona: José Maria Bosch Editor, S.A., 1992. p. 376.

A sistemática apontada por Sánchez, considerando as categorias do delito[110] da antijuridicidade penal e a sancionabilidade penal, são orientadas pelo sistema da teoria das normas, levando ainda, em conta, os fins do Direito Penal.

Para Robles Planas[111], ancorar a lógica de antijuridicidade ou de merecimento de pena na lesão de bens jurídicos revela sérios problemas, pois para o autor de uma conduta merecer a sanção penal, não deve ser orientado pela violação de um bem jurídico, mas da gravidade do comportamento em relação à ordem geral de condutas juridicamente preestabelecidas. A consideração do fato ser antijurídico ou não se deve à lesão da ordem normativa e não à violação de um bem jurídico, conforme Planas.

Para Jesús Maria Silva Sánchez[112], a exigência de que o Direito penal intervenha exclusivamente para proteger bens jurídicos constitui uma garantia fundamental do Direito penal moderno, em que pese apontar críticas ao conteúdo do bem jurídico e a utilização deste conceito para justificar a aplicação do Direito penal como instrumento sancionador a partir da lesão ou perigo de lesão ao bem jurídico. A intervenção do Direito penal não resulta proporcionada se não tem lugar a proteção das condições fundamentais da vida em comum e para evitar ataques graves dirigidos aos bens sob proteção. O princípio da fragmentariedade, ou princípio da proteção fragmentária de bens jurídicos, também pode conceber uma derivação do princípio da proporcionalidade. Contudo, a finalidade garantística do princípio da exclusiva proteção de bens jurídicos pode ser frustrada por diversos vícios da história do bem jurídico.

Nesse ponto, Jesús Maria Silva Sánchez apresenta uma crítica à utilização do bem jurídico como motivo de intervenção na liberdade do indivíduo. O cumprimento da finalidade de garantia do bem jurídico exige uma adequada determinação do conteúdo do conceito do bem jurídico, uma vez que não poderá servir de mero motivo para proteção penal de todo tipo de interesse social.

O bem jurídico entendido como realidade valorada positivamente pode ser incluído em qualquer estado, convicção ou princípio em função do poder dominante em uma sociedade, podendo inclusive ser manipulado para atender aos próprios interesses. Assim, a concepção sociológica-funcionalista do bem jurídico aprecia a necessidade de atender os bens jurídicos em sua dimensão social como condição necessária para a conservação da ordem social, tendo a danosidade social, a característica comum para atender todos as violações ao bem jurídico sob tutela. Contudo,

---

110. SÁNCHEZ, Jesús Maria Silva. *Aproximación al derecho penal contemporáneo*. Barcelona: José Maria Bosch Editor, S.A., 1992. p. 378.
111. PLANAS, Ricardo Robles. *Estudos de dogmática jurídico-penal*: fundamentos, teoria do delito e direito penal econômico Coordenação de Cláudio Brandão. 2 ed. Belo Horizonte: Editora D'Plácido, 2016. p. 81. (Coleção Ciência Criminal Contemporânea, 6).
112. "La exigencia de que el Derecho penal intervenga exclusivamente para proteger bienes jurídicos (-penales) constituye una garantía fundamental del Derecho penal moderno." SÁNCHEZ, Jesús Maria Silva. *Aproximación al derecho penal contemporáneo*. Barcelona: José Maria Bosch Editor, S.A., 1992. p. 267.

Jesús Maria Silva Sánchez[113] rechaça essa posição por entender que a proteção de valores morais pode ser estimada "funcional" em determinada sociedade, podendo ocorrer uma disfunção social por perigo de propostas totalitárias. A ideia de danosidade social é marcada por uma finalidade conjuntural, excluindo do âmbito jurídico-penal os feitos exclusivamente morais.

A construção do bem jurídico funcional parte do critério da danosidade social, valorando questões que merecem proteção jurídica somente em grau lesivo de danosidade, e não qualquer grau de lesão. Além disso, deve observar o conceito do bem jurídico em referência ao indivíduo, e não somente a danosidade social e o grau de violação. Assim, Sánchez afirma o conceito de bem jurídico mais adequado à sua teoria, no sentido de que a ideia chave é que somente podem ser bens jurídicos aqueles objetos que o ser humano precisa para sua livre autorrealização, que tem lugar em sua vida social. Determinados objetos que se convertem em bens jurídicos são assim admitidos quando dotados de um conteúdo de valor para o desenvolvimento pessoal do homem em sociedade[114]. Cada pessoa deve ter garantida a possibilidade de conduzir sua vida de modo autônomo, para se desenvolver em sociedade.

Assim, o bem jurídico é elemento de proteção do Direito penal, sendo valor materializado pela norma, que tem relevância na proteção e na garantia de liberdade ao livre desenvolvimento do ser humano em sociedade. A violação de um bem jurídico lesa o indivíduo e revela-se numa danosidade social, de onde se retira a proporcionalidade e necessidade de intervenção penal. A pena decorre de uma danosidade social qualificada, que para ser legítima, deve haver proporcionalidade entre a lesão e a sanção. Por isso, considerando que a pena constitui uma sanção que pode afetar os direitos individuais consagrados constitucionalmente, e em virtude de uma óbvia consideração de proporcionalidade, exige-se que o Direito penal se limite a proteção de explícitos e implícitos valores constitucionalmente garantidos.

Pois bem, a teoria funcionalista de Sánchez, considera um sistema bipartido de orientação teleológica construído pela teoria das normas (normas primárias e normas secundárias) em que o Direito penal, desde uma perspectiva de uma teoria dos fins, manifesta decisões de política criminal pela via da teoria das normas, levando em conta duas categorias, a antijuridicidade penal e sancionabilidade penal, em que a conduta contenha um perigo penalmente relevante para um bem jurídico penal – valor (reunindo caracteres de um injusto penalmente típico – pois a tipicidade é subcategoria das demais), uma vez que somente assim haverá legitimidade constitucional da limitação da liberdade dos indivíduos pela aplicação da sanção penal. Assim, é possível concluir que este sistema exige a lesão ao bem jurídico como elemento para formatação do crime de lavagem de dinheiro.

---

113. SÁNCHEZ, Jesús Maria Silva. *Aproximación al derecho penal contemporáneo*. Barcelona: José Maria Bosch Editor, S.A., 1992. p. 269.
114. SÁNCHEZ, Jesús Maria Silva. *Aproximación al derecho penal contemporáneo*. Barcelona: José Maria Bosch Editor, S.A., 1992. p. 271.

9
A VIOLAÇÃO DO BEM JURÍDICO COMO EXIGÊNCIA DA PRETENSÃO DE OFENSIVIDADE, ELEMENTO DA PRETENSÃO DE RELEVÂNCIA NA ESTRUTURA SIGNIFICATIVA DO DELITO – POR TOMÁS SALVADOR VIVES ANTÓN

9.1 INTRODUÇÃO

Neste ponto, analisamos o bem jurídico no âmbito da estrutura significativa de Tomás Salvador Vives Antón e a verificação do crime de lavagem de dinheiro em relação a esta construção, levando em conta a filosofia da linguagem do segundo Wittgenstein e a teoria da ação comunicativa de Habermas. Antes de tudo, é necessário entender a origem da estrutura de delito tendo como base a ação significativa e a construção de teoria de delito criada por Vives Antón, assim como os elementos que a formatam.

Há um giro dogmático com a estrutura significativa do delito, pois os elementos e requisitos que a sustenta são observados a partir de signos sociais, e não mais sob o aspecto cartesiano como núcleo duro para formação dogmática do delito. A sistemática do que vinha sendo desenvolvido desde o sistema positivista até o sistema elencado por Claus Roxin está evidenciada na estrutura significativa da ação de Vives Antón, mas a partir de signos sociais com severas mudanças de base dogmática e filosófica. Tanto como sistema de delito como sua fundação filosófica.

Tomás Salvador Vives Antón[1], com base na linha de pensamento do segundo Wittgenstein, quanto à filosofia da linguagem, e diante da análise da teoria da ação comunicativa de Jürgen Habermas, formulou o conceito significativo da ação, e a partir daí, uma nova estrutura de delito. Ademais, George Patrick Fletcher, em conexão com o desenvolvimento do aspecto dogmático dos ensinamentos de Hans Welzel, também atingiu o conceito significativo da ação, em que pese ter escolhido a denominação "intersubjetivo" para o mesmo conteúdo de pensamento.

---
1. VIVES ANTÓN, Tomás Salvador. *Fundamentos del sistema penal*. Valencia: Tirant lo Blanch, 2011. p. 208.

O conceito da ação significativa é fundado na filosofia da linguagem. Ao analisar a ação significativa, percebe-se que houve um giro de base conceitual dogmática em que a proposta base é de natureza linguística, em que é fundamental que haja o seguimento de uma regra lastreada por signos, ao passo que a ação com consecução de fins, ou a consideração de atividade teleológica, torna-se relevante quando houver propostas causais.

Com base no pensamento de Habermas, notadamente a teoria da ação comunicativa, é possível considerar que há certa compreensão linguística. A partir daí, as ações são coordenadas com base no aspecto linguístico, de modo que o agir comunicativo tem como pano de fundo um consenso do corpo social, que permite o entendimento prévio das regras. A ação expressa um sentido, devendo ser objeto de interpretação. O movimento corporal é diferente da ação. Aquele conceito requer a presença da causalidade, ou seja, o nexo causal. A ação, apesar de ter a presença do movimento corporal, vincula-se ao sentido e a interpretação no âmbito da sociedade. O que determina a ação significativa não é um fato ocorrido, mas sim o significado social da conduta do agente após verificação de processo simbólico regido por normas. Há interpretação para dar sentido ao comportamento do agente dentro do âmbito social. Dá-se sentido ao comportamento do homem, diante de um sistema de regras. A ação tem sentido, conforme uma estrutura de normas, permitindo atribuir tal sentido ao comportamento do agente. A ação deixa de ser um substrato de um sentido e passa a ser o sentido de um substrato.

Pela teoria da ação comunicativa de Habermas, verifica-se que o agente, parte da sociedade, considerando o fenômeno social da integração social, participando de acordo racional somente permitido pela linguagem. A integração social somente é possível ser formada por acordo entre seus integrantes que admitiram a linguagem como meio para tanto. A comunicação entre os homens é instrumentalizada por gestos significativos. Estes sinais ou símbolos linguísticos permitem as pessoas racionalizarem suas condutas aos moldes das reações vividas e validadas por elas. Percebe-se que não há negação da ação direcionada para um fim, conforme a teoria finalista, nem há negação de que o movimento corporal seja elemento da ação do ponto de vista da concepção causalista. Contudo, há percepção de que não é a finalidade que determina a ação, pois esta finalidade faz parte da consciência, sendo seu conteúdo. O fim é conteúdo da consciência. É importante considerar que a racionalidade é manifestada por acordos obtidos pelos sujeitos da comunicação. Nesse sentido, a racionalidade discursiva entre os indivíduos é propiciada pela linguagem.

A questão da ação é observada do ponto de vista das palavras, em vista dos diversos jogos de linguagem onde se alojam. Há entrelaçamento entre a linguagem e ação, que formam um conjunto, sendo direcionado por regras e normas, de onde origina o significado.

Ludwig Wittgenstein[2] dá base à sustentação de Vives Antón, de maneira que, conforme a filosofia da linguagem, o que interessa é o uso da linguagem. É a partir daí que se identifica o sentido das coisas. Uma expressão toma sentido ao ser utilizada, diante dos pactos da realidade da comunidade dos participantes. Os significados dos termos têm origem na sua utilização, que são regrados e baseados em convenções sociais. Com isso, pode ser afirmado que o significado que cada expressão ou nome tem dependerá da utilização que se faz deles. Somente o que é atingido pelo corpo social tem poder de ter sentido. A conduta é analisada deste ponto de conhecimento.

Pois bem, Vives Antón, a partir da filosofia da linguagem do segundo Wittgenstein e de Habermas utiliza da ação e seus signos para estruturar um novo conceito de delito. O crime de lavagem de dinheiro será avaliado a partir deste sistema. O bem jurídico será verificado com base em signos sociais, além de ser desnudado em vista do elemento da pretensão de relevância, novo requisito da teoria do delito.

9.2 ELEMENTOS DA ESTRUTURA SIGNIFICATIVA DO DELITO E O BEM JURÍDICO

Esta nova concepção, baseada nos pilares da ação e da norma, procura atender uma dogmática penal alinhada aos direitos e garantias fundamentais do ser humano. Em Fundamentos del sistema penal, Tomás Salvador Vives Antón[3] questiona o significado da ação sob o aspecto cartesiano, ou seja, a ação como fato baseado no movimento corporal e na vontade, somente. É importante registrar que a análise da ação ocorre sob um ponto de vista diferente, ou seja, perante o significado da conduta. Observa-se, pela teoria, que, o que importa, não é o que o agente faz, mas o significado dos seus atos. Com isso, a ação humana deve ser interpretada segundo as normas, segundo os sentidos. A admissão do conceito significativo da ação, por consequência, leva ao reconhecimento da linguagem na interpretação. Pela teoria de Tomás Salvador Vives Antón, tem-se a ação como resultado de comunicação, dos sentidos, da interpretação dos sentidos.[4]

Trata-se, esta teoria, de uma nova luz na doutrina penal, ao considerar o modelo de conduta penalmente relevante. De acordo com esta linha de pensamento, não existe um modelo universal de ação, como fórmula básica para todas as ações passíveis de serem praticadas pelas pessoas. O que significa dizer que para que a ação tenha relevância, é importante que, antes dela, tenha a existência de normas. Nesse sentido, a conduta de branquear capitais, no sentido de dissimular a origem

---

2. WITTGENSTEIN, Ludwig. *Investigações filosóficas*. Trad. Marcos G. Montagnoli; revisão da tradução e apresentação Emmanuel Carneiro Leão. 6. ed. Petrópolis: Vozes, 2009. p. 37.
3. VIVES ANTÓN, Tomás Salvador. *Fundamentos del sistema penal*. Valencia: Tirant lo Blanch, 2011. p. 343-344.
4. BUSATO, Paulo César. *Direito penal e ação significativa*: uma análise da função negativa do conceito de ação em direito penal a partir da filosofia da linguagem. Rio de Janeiro: Lumen Juris, 2010. p. 152-153.

de bens e ativos financeiros, exige que antes exista uma norma a definindo e que tenha um significado, um sentido social.

A importância da análise da conduta deve ser contida com base nas características específicas da Lei penal, deixando de lado a preocupação com um conceito geral de ação, cabível para todo comportamento humano, pois o que interessa é a verificação da conduta do agente nos moldes da Lei penal. Por isso, a conduta penal relevante identifica-se com a ideia de conduta típica.

As ações relevantes para o Direito penal exigem que existam prévias composições normativas a respeito de específicas ações. A conduta direcionada para esconder a origem ilícita de dinheiro ou bens, tem antes da ação, uma norma a definindo. Previamente, as normas definem o que o corpo social entende pelas ações penalmente relevantes. Há, dessa forma, um significado jurídico, cultural e social na prática do crime de lavagem de dinheiro. Nesse sentido, a teoria da ação significativa identifica que os fatos criminosos somente podem ser verificados através das normas. O significado das condutas penalmente relevantes somente existe em decorrência das normas. Desse modo, o significado da conduta não pode ser prévio à norma. A ação significativa pede um significado da conduta, para conexão com a norma prévia. O novo conceito de ação requer a interpretação da ação, baseada nos signos sociais, no significado social, além da avaliação perante uma norma prévia. Não é simplesmente uma ação fundada nos requisitos do movimento corporal voluntário, para todo e qualquer ato. Uma ação baseada em signo social, dependendo do meio praticado, é justificada perante o direito, descaracterizando eventual ação negativa para norma previamente adotada pelo poder legislativo como conduta penalmente relevante. Há, com a teoria da ação significativa, o registro de uma mudança do plano cartesiano e geral para um plano de sentidos, com avaliação social do significado da ação praticada e suas consequências.

A ação significativa apresenta contornos que decorrem de fenômenos jurídicos serem parte da luz irradiada pela filosofia da linguagem. A teoria da ação significativa faz parte de novas respostas para a evolução do pensamento jurídico baseado na racionalidade pós-moderna, que identifica-se com rígidos sistemas fechados para explicar as coisas. Nessa linha, verifica-se que o Direito penal, diante de rígidos sistemas, se desenvolve com intensa repressão perante conflitos decorrentes de condutas penalmente relevantes. A partir daí, Vives Antón cria um sistema de análise do delito. Para verificar o bem jurídico e, sobretudo, o bem jurídico com a conduta de branqueamento de capitais, é necessário antes saber a estrutura do delito decorrente da ação significativa.

Tomás Salvador Vives Antón[5] afirma que a ação, a norma e a liberdade de ação são itens estruturantes da sua teoria do delito, quando se pretende inserir conteúdo democrático na dogmática penal.

---

5. VIVES ANTÓN, Tomás Salvador. *Fundamentos del sistema penal*. Valencia: Tirant lo Blanch, 2011. p. 487.

A norma para o Direito penal representa regra de conduta. Esta regra de conduta é expressada linguisticamente como instrumento de intervenção do Direito para realização de justiça. A construção da norma deve ser dirigida pela concepção da justiça, de modo que o conjunto de normas penais constrói a dogmática penal. Para isso, é preciso que a norma seja legítima e válida. Para que a norma seja legítima, é preciso que tenha conexão com a Constituição da República, sobretudo se atender às garantias fundamentais. Para que a norma penal seja válida, do ponto de vista da dogmática, é preciso que aponte relevância da ação, antijuridicidade, reprovabilidade da conduta praticada pelo agente, necessidade da pena, enfim, da estrutura da teoria do crime. Considerando a ação realizada, a norma atenderá à pretensão de validade ao considerar relevância daqueles elementos. Com isso, o resultado da aplicação da norma será a produção da justiça, no âmbito do Estado Democrático de Direito.

A liberdade de ação é inerente à apuração da responsabilidade penal do agente. O ser humano é livre e tem autodeterminação para escolher suas condutas. Sabendo disso, uma vez feita a opção de ação, surgirá responsabilidade, caso tenha realizado conduta penalmente relevante. A ação realizada terá sentido a partir das regras sociais. Considerando que o agente tenha conhecimento das regras, a partir do momento que escolhe agir contrariamente à norma, identifica-se a sua liberdade de ação. Portanto, seguir regras sociais, significa escolha. Não as seguir, também é resultado de escolha. A liberdade de ação é fruto do exercício de escolha, perante regras de prévio conhecimento pelo agente. O Direito, para responsabilizar alguém, analisa a regra, a conduta e a opção tomada pelo agente. Com isso, verifica-se que a pretensão para realização da justiça decorre da análise da liberdade de ação e a consequente aplicação da norma.

"Nenhum dos argumentos desenvolvidos pode oferecer algo parecido a uma demonstração de liberdade. Pretendi demonstrar: a) que sem liberdade (entendida como a capacidade de autodeterminação por razão) não tem sentido falar de ação." (Tradução nossa).[6]

> A liberdade de ação constitui – como implicitamente demonstrado até agora – o ponto de união entre a doutrina da ação e da norma: pois somente se os movimentos corporais não estiverem inteiramente regulados por leis causais, somente se houver margem de indeterminação que permita falar de ações distintas dos fatos naturais, podem pretender, por sua vez, que estas sejam regidas por normas. A análise das normas como algo distinto da investigação das leis da natureza somente tem sentido com a pressuposição da liberdade de ação, que converte, assim, no pressuposto sobre o que – necessariamente – gira a sistemática. (Tradução nossa)[7]

---

6. "Ninguno de los argumentos que hasta aquí he intentado desarrollar puede ofrecer nada parecido a una demostración de la libertad. Sólo he pretendido mostrar: a) que sin libertad (entendida como capacidad de autodeterminarse por razones) no tiene sentido hablar de acción." VIVES ANTÓN, Tomás Salvador. *Fundamentos del sistema penal*: estudio preliminary: acción significativa y derechos constitucionales. Trad. M. Jiménez Redondo. 2. ed. Valencia: Tirant lo blanch, 2011. p. 344.

7. "La libertad de acción constituye – como implicitamente se ha mostrado hasta ahora – el punto de unión entre la doctrina de la acción y la de la norma: pues sólo si los movimientos corporales no se hallan en-

Com base nisso, há percepção de que a ação do Direito penal deve ser valorada dentro do contexto humano em que ocorre, para fim de análise no Direito penal. A interpretação da ação para se obter o seu significado, a profundidade de valor que é admitida, deve ser retirada do contexto social, cultural e político dos participantes do grupo contextual em que ocorreu o fato sob análise penal.

O significado da ação rege o estudo do caso penal, de modo que não é mais observado do ponto de vista subjetivo que o intérprete faz, tendo a realidade enquanto paradigma. O que é considerado para ser analisado pela matéria criminal, na ocorrência de fato penalmente relevante, é a mensagem retirada do contexto fático-cultural em que o agente está inserido. Portanto, pergunta-se diante de um caso de crime de lavagem de dinheiro: será a conduta de esconder a origem de bens e dinheiro decorrente de outro crime, delito, no âmbito dos signos sociais?

A ação significativa não é baseada na ideia de ação decorrente da intenção do agente. Não é fruto da interpretação normativa, nem decorre da existência ontológica. A ação significativa é produto de interpretações decorrentes de regras sociais impostas por participantes que fazem parte de um contexto socialmente lastreado. Existe ato de fé dos participantes da interpretação das regras e da ação.

É importante registrar também que a ação significativa tem vínculo com o tipo de ação, elemento da estrutura significativa. A ação caracteriza sua expressão normativa com sentido social. No momento em que ocorre o fato, decorrente da ação, a estrutura típica daquela ação passa a ser dotada de sentido social. Significa que o tipo é escolhido como estrutura modelar, em vista do conceito que se tem de determinada ação dentro de um contexto social.

A ação significativa não é dependente do tipo, mas do seu significado no contexto social, o que acaba por influenciar toda a teoria do delito. É nesse âmbito de signos que se verifica o conteúdo do bem jurídico, e por consequência, a própria existência do crime de lavagem de capitais.

Com isso, para saber se determinada conduta praticada por agente tem relevância penal, é preciso que observe se a ação realizada tem conexão com algum tipo de ação. Contudo, importa ter como ponto de partida a interpretação daquela ação no contexto social.

É também função do tipo a proteção de bem jurídicos. É pela realização da ação penalmente relevante, que há identificação da violação do bem jurídico. O bem jurídico elencado como algo de importância para o contexto social permite gerar a

---

teramente regidos por leyes causales, sólo si hay un margen de indeterminación que permita hablar de las acciones como distintas de los hechos naturales, puede pretenderse, a su vez, que estas se rijan por normas. El análisis de las normas como algo distinto de la investigación de las leyes de la naturaliza sólo tiene sentido desde la presuposición de la libertad de acción, que convierte, así, en el presupuesto sobre el que – necesariamente –, ha de girar la sistemática." VIVES ANTÓN, Tomás Salvador. *Fundamentos del sistema penal*: estudio preliminary: acción significativa y derechos constitucionales. Trad. M. Jiménez Redondo. 2. ed. Valencia: Tirant lo blanch, 2011. p. 345.

criação do tipo e dá relevância à ação, objeto de escolha do agente, diante das regras impostas pelo corpo social. Mas, é preciso perceber que no âmbito da estrutura significativa do delito, não basta praticar o ato, pois, terá que haver uma conduta avaliada socialmente, que tenha signos, que tais signos sejam normatizados, e que, além dos demais elementos preenchidos, tenha ainda um bem jurídico penalmente tutelado lesado com importância tal que haja proporcionalidade com a sanção penal.

9.3 O BEM JURÍDICO LESIONADO COMO REQUISITO DE RELEVÂNCIA PARA FORMAÇÃO DO DELITO DE LAVAGEM DE DINHEIRO

São relevantes para o Direito penal somente as ações que lesionam ou colocam em perigo bens juridicamente protegidos. Em que pese Tomás Salvador Vives Antón perceber o bem jurídico na *concepción procedimental del bien jurídico*, no sentido de que o bem jurídico justifica racionalmente a liberdade, constitui o momento essencial do contexto de sentido das normas penais. Afirma que o bem jurídico pode decorrer a partir dos tipos penais e da Constituição.

> Em vista da concepção que se propõe, o bem jurídico concreto se conforma, não somente a partir dos tipos penais; senão também da constituição e, especificamente, do conteúdo dos direitos fundamentais, desde se verifique até que ponto e em que medida uma determinada proibição penal resulta constitucionalmente legítima. O bem jurídico assim determinado, portanto, não preexiste ao direito; mas sim as concretas tipificações penais: se trata de uma redefinição dos bens jurídicos que assume como ponto de referência não somente o Código Penal, senão também a Constituição. (Tradução nossa)[8]

Com efeito, a teoria da ação significativa, dando importância ao significado dos elementos na teoria do crime, conta com uma mudança importante, qual seja, a presença do tipo de ação.

Para Tomás Salvador Vives Antón[9], a ação dá sentido ao tipo. Tem-se a ação como reconhecimento de práticas sociais expressadas no tipo. A ação que interessa ao Direito penal tem residência registrada no tipo de ação. Por isso afirma que delimitada ação interessa ao Direito penal, haja vista o entendimento de que o tipo de ação revela uma pretensão de relevância.

---

8. "En la concepción que se propone, el bien jurídico concreto se conforma, no sólo a partir de los tipos penales; sino también de la Constitución y, específicamente, del contenido de los derechos fundamentales, desde los que se decide hasta qué punto y en qué sentido una determinada prohibición penal resulta constitucionalmente legítima. El bien jurídico así determinado, por lo tanto, no preexiste al Derecho; pero sí a las concretas tipificaciones penales: se trata de una redefinición de los bienes jurídicos que asume como punto de referencia no sólo el Código Penal, sino también la Constitución." VIVES ANTÓN, Tomás Salvador. *Fundamentos del sistema penal*: estudio preliminary: acción significativa y derechos constitucionales. Trad. M. Jiménez Redondo. 2. ed. Valencia: Tirant lo blanch, 2011. p. 831.
9. VIVES ANTÓN, Tomás Salvador. *Fundamentos del sistema penal*: estudio preliminary: acción significativa y derechos constitucionales. Trad. M. Jiménez Redondo. 2. ed. Valencia: Tirant lo blanch, 2011. p. 491.

Como foi exposto na segunda parte desta obra, a primeira pretensão de validez da norma penal, está ligada à concordância do tipo de ação. É por assim dizer, de algum modo, uma pretensão epistêmica: tem por objeto a afirmação de que, na verdade, a ação realizada é aquela de interesse para o Direito Penal. Para poder afirmar isso, é preciso que a ação particular sob julgamento possa ser entendida conforme um tipo de ação definido em lei. Assim, a pretensão de relevância, é vista, em primeiro lugar, como uma pretensão de inteligibilidade. Porém, esta pretensão repousa (mais do que no entendimento correto da formulação linguística em questão), de uma parte, no fato de que os movimentos corporais realizados são, efetivamente, os que podem seguir a regra da ação tipificada (pretensão de verdade), e, de outro, na circunstância da concreta ação revista em caráter perigoso ou danoso que induziu a cominação de penas. Uma pretensão de ofensividade – ou antijuridicidade material – (isto é, uma pretensão substantiva de incorreção) acompanha, inevitavelmente, a pretensão conceitual de relevância, isto porque tem-se como relevantes para o Direito Penal, somente as ações que lesionam ou põem em perigo bens juridicamente protegidos. (Tradução nossa) [10]

O artigo 1º da Lei 9.613/98, *Leitbild* do branqueamento de capitais, terá que ter um sentido no tipo em decorrência da ação/signo para ser admitida como infração penal, além de haver um bem jurídico definido por signos e a comprovada violação.

9.3.1 Estrutura significativa do delito – identificação do bem jurídico

Tomás Salvador Vives Antón cria um novo sistema, com novos elementos e inovadora estruturação de crime[11] valorizando o comportamento humano, com distância dos sistemas exclusivamente normativistas. Nesta nova estrutura sistêmica, as normas e regras não tem importância pelo exclusivo motivo de serem normas ou regras. Dependem de sentido e do elemento humano.

A teoria do delito é vista por Tomás Salvador Vives Antón a partir da afirmação de que as normas devem realizar uma pretensão de justiça. A pretensão de justiça não tem como base estrutural a simples e única fonte normativa, ou seja, a regra pura. Para que a norma tenha validade diante de casos em concreto, é necessário

---

10. "Tal y como quedó expuesto en la Segunda parte de esta obra, la primera pretensión de validez de la norma penal se halla ligada a la concurrencia del tipo de acción. Es, por decirlo de algún modo, una pretensión epistémica: tiene por objeto la afirmación de que, en efecto, la acción realizada es de las que al Derecho Penal interesan. Para que tal cosa pueda afirmar-se, es preciso que la acción particular que se enjuicia pueda ser entendida conforme un tipo de acción definido en la Ley. Así, la pretensión de relevancia cursa, en primer término, como una pretensión de inteligibilidad. Pero, esa pretensión de inteligibilidad descansa (a más de en la correcta comprensión de la formulación linguística de que se trate), de una parte, en el hecho de que los movimientos corporales realizados sean, efectivamente, de los que pueden seguir la regla de acción seguida para tipificarlos (pretensión de verdad); y, de otra, en la circunstancia de que la concreta acción revista el carácter peligroso o dañoso que indujo a conminarla con penas. Una pretensión de ofensividad – o antijuridicidad material – (esto es, una pretensión sustantiva de incorrección) acompaña ya, inevitablemente, a la pretensión conceptual de relevancia, Y ello porque relevantes para el Derecho penal son sólo las acciones que lesionan o ponen en peligro bienes jurídicamente protegidos." VIVES ANTÓN, Tomás Salvador. *Fundamentos del sistema penal*: estudio preliminar: acción significativa y derechos constitucionales. Trad. M. Jiménez Redondo. 2. ed. Valencia: Tirant lo blanch, 2011. p. 491.
11. VIVES ANTÓN, Tomás Salvador. *Fundamentos del sistema penal*: estudio preliminar: acción significativa y derechos constitucionales. Trad. M. Jiménez Redondo. 2. ed. Valencia: Tirant lo blanch, 2011. p. 161.

que seja fundamentada com base numa escolha decisiva do agente, perante as opções de conduta existentes. A validade da norma perante a sociedade é vinculada à credibilidade das regras no contexto social.

A norma ou regra penal permite ver que a ação sob análise pode ou não ser relevante para o que se considera justiça, após inserção do fato no filtro da teoria do crime.

No instante em que ocorre uma conduta delitiva, verifica-se a importância da ação no contexto inserido pelo agente. É neste contexto que se analisa o crime de lavagem de capitais. Com isso, verifica-se a relevância da ação para o Direito penal diante do sentido contextual. A partir daí, revela-se, com o tipo de ação, os elementos da teoria do delito, com o foco na ação significativa.

Tomás Salvador Vives Antón cria o seguinte modelo de delito.

Quadro 1 – Modelo de delito

ESTRUTURA SIGNIFICATIVA DO DELITO
TIPO DE AÇÃO
PRETENSÃO DE RELEVÂNCIA (determinação de que a ação humana é uma das que interessam ao Direito penal); a) Pretensão conceitual de relevância (tipicidade formal); b) Pretensão de ofensividade (antijuridicidade material – ofensividade ao bem jurídico)
ANTIJURIDICIDADE FORMAL
PRETENSÃO DE ILICITUDE = verificação de ajuste ao ordenamento. a) Dolo e imprudência (instâncias de imputação da antinormatividade). O dolo ocorre se a ação põe de manifesto um compromisso de atuar do agente. b) Causas de justificação
CULPABILIDADE
PRETENSÃO DE REPROVAÇÃO a) Imputabilidade: capacidade de reprovação; b) Consciência da ilicitude
PUNIBILIDADE EM SENTIDO AMPLO
PRETENSÃO DE NECESSIDADE DE PENA – expressão do princípio de proporcionalidade a) Condições objetivas de punibilidade; b) Causas pessoais de exclusão, anulação ou levantamento de pena; c) Medidas de graça previstas no ordenamento. (Ex: anistia, indulto)

Fonte: Elaborado pelo autor.

Tomás Salvador Vives Antón apresenta uma nova teoria do delito, pós-funcionalista, partindo da ação como expressão de sentido, dando total relevância ao estudo de signos. Uma nova ordem de filtragem constitucional surge com Vives

Antón. Um novo conteúdo de estrutura do crime é posto à disposição da comunidade jurídica.

De onde havia um fato típico, antijurídico e culpável, tem-se uma conduta com novos campos, quais sejam, a pretensão de relevância, a pretensão de ilicitude, a pretensão de reprovação e a pretensão de necessidade de pena, levando em conta uma essência de signos e sinais sociais de valoração de conduta. Nesta ordem que se verifica o valor do bem jurídico, sua essência e a relação com o crime de branqueamento de capitais.

O tipo de ação regula o sentido desta ação, colocando-a numa classe de interesse do corpo social. Há significado nas condutas entendidas como relevantes para acionar o Direito penal, diante de lesão ou perigo de lesão a bem jurídico. Os elementos que compõem o tipo passam a ser vistos com base no sentido que é dado à ação pela ordem social. Todos os elementos do tipo, descritivos, subjetivos terão vínculo com o sentido da ação.

A pretensão de relevância é traduzida por uma pretensão conceitual de relevância (tipo de ação, sem esquecer do tipo de omissão). Afirma Tomás Salvador Vives Antón:[12]

> [...] a primeira pretensão de validade da norma penal está ligada a concordância do tipo de ação. É, por assim dizer, de alguma forma, uma pretensão epistémica: tem por objeto a afirmação de que a ação realizada é a que o Direito Penal interessa. Para que tal coisa possa ser afirmada, é preciso que a ação particular que se julga possa ser entendida conforme um tipo de ação definido em lei. (Tradução nossa)[13]

A pretensão de relevância é afirmada pela pretensão conceitual de relevância e pela pretensão de ofensividade. O tipo de ação ou omissão percebido diante de evento passível de violar ou pôr em perigo bem jurídico revela a pretensão de relevância.

A pretensão de ofensividade desnuda a importância das condutas destacadas para o Direito penal, em vista dos bens jurídicos lesados ou em perigo (equivalente à antijuridicidade material). O delito tomará existência se houver relevância da conduta para o Direito penal, vislumbrando tal importância na relevância da ofensa à bem jurídico destacado pelo corpo social. A partir daí, o Direito penal é acionado,

---

12. VIVES ANTÓN, Tomás Salvador. *Fundamentos del sistema penal*: estudio preliminary: acción significativa y derechos constitucionales. Trad. M. Jiménez Redondo. 2. ed. Valencia: Tirant lo blanch, 2011. p. 491;496.
13. [...] "la primera pretensión de validez de la norma penal se halla ligada a la concurrencia del tipo de acción. Es, por decirlo de algún modo, una pretensión epistémica: tiene por objeto la afirmación de que, en efecto, la acción realizada es de las que al Derecho Penal interesan. Para que tal cosa pueda afirmar-se, es preciso que la acción particular que se enjuicia pueda ser entendida conforme a un tipo de acción definido en la Ley." VIVES ANTÓN, Tomás Salvador. *Fundamentos del sistema penal*: estudio preliminary: acción significativa y derechos constitucionales. Trad. M. Jiménez Redondo. 2. ed. Valencia: Tirant lo blanch, 2011. p. 491;496.

pois há ataque a ponto de interesse da sociedade. Conclui Tomás Salvador Vives Antón[14] da seguinte forma:

> Uma pretensão de ofensividade – a antijuridicidade material – (pretensão substantiva de incorreção) acompanha já, inevitavelmente, a pretensão conceitual de relevância. Isto porque é relevante para o Direito penal somente ações que lesionam ou põem em perigo bens juridicamente protegidos. (Tradução nossa)[15]

A pretensão de antijuridicidade, ou pretensão de ilicitude, ou antijuridicidade formal, como contrariedade da norma, é identificada na afirmação da regra de que determinada conduta viola o ordenamento jurídico. Haverá pretensão de antijuridicidade se existir dolo e imprudência (tipo subjetivo), sem a presença das causas de justificação. É necessário que identifique o dolo ou imprudência (ausência de dever de cuidado) em relação à norma e ao bem jurídico. Verificado o dolo e a imprudência, há identificação do aspecto subjetivo. A análise da violação do dever objetivo é observado na pretensão de relevância. A ação deve constituir-se na realização do proibido, contrariando a norma entendida como diretiva de conduta.

Tomás Salvador Vives Antón admite que as causas de justificação (permissões fortes) e as causas de exculpação (permissões fracas – excludentes de responsabilidade) devem ser analisadas no âmbito da antijuridicidade. Aponta ainda que as causas de justificação são mais relevantes, com maior força permissiva, do que as dirimentes. Tanto as permissivas fortes (causas de justificação) quanto as permissivas fracas (causas exculpantes) são analisadas no contexto da antijuridicidade.

A pretensão de relevância e a pretensão de ilicitude são vinculadas à ação. Por outro lado, a pretensão de reprovação versa sobre a pessoa do agente.

A pretensão de reprovação, ou seja, a culpabilidade é preenchida pela imputabilidade e pela consciência da ilicitude. Tomás Salvador Vives Antón[16] afirma que "A la pretensión de ilicitud, que versa sobre la acción, sigue la de reproche, que recae sobre el autor." Pela pretensão de reprovação, busca identificar a possibilidade do agente ter agido de outro modo, sendo possível. Verifica-se se o agente praticou ação antijurídica e que sua conduta tenha sido seguramente admitida como algo que poderia ter sido realizada de outro modo, no sentido de que o agente tenha escolhido a ação ilícita. O juízo de culpabilidade exige a presença do elemento imputabilidade como

---

14. VIVES ANTÓN, Tomás Salvador. *Fundamentos del sistema penal*: estudio preliminary: acción significativa y derechos constitucionales. Trad. M. Jiménez Redondo. 2. ed. Valencia: Tirant lo blanch, 2011. p. 491.
15. "Una pretensión de ofensividad – o antijuridicidad material – (esto es, una pretensión sustantiva de incorrección) acompaña ya, inevitablemente, a la pretensión conceptual de relevancia. Y ello porque relevantes para el Derecho penal son sólo acciones que lesionan o ponen en peligro bienes jurídicamente protegidos." VIVES ANTÓN, Tomás Salvador. *Fundamentos del sistema penal*: estudio preliminary: acción significativa y derechos constitucionales. Trad. M. Jiménez Redondo. 2. ed. Valencia: Tirant lo blanch, 2011. p. 491.
16. VIVES ANTÓN, Tomás Salvador. *Fundamentos del sistema penal*: estudio preliminary: acción significativa y derechos constitucionales. Trad. M. Jiménez Redondo. 2. ed. Valencia: Tirant lo blanch, 2011. p. 494.

algo que identifique a capacidade de reprovação do agente. Além disso, é necessário que o imputável tenha consciência da ilicitude de sua conduta.

A pretensão de necessidade de pena requer a presença da proporcionalidade da pena, tendo a punibilidade que ver preenchidos requisitos objetivos para punir, além de não estar presente causas pessoais que excluem a pena e inexistência de medidas de graça, como a anistia e o indulto.

Assim, por consequência, a ausência do princípio constitucional da proporcionalidade na pena, a torna injusta, violando o próprio ordenamento jurídico utilizado para aplicá-la. Isto porque, diante de um caso concreto, busca-se a justiça. Aplicar pena injusta viola o sistema.

Posto isto, verifica-se que a pretensão de relevância, pretensão de ilicitude, pretensão de reprovação e pretensão de necessidade da pena estão vinculadas à pretensão de validade da norma penal[17]. O que se pretende com este novo sistema é o encontro da justiça, em que o homem é o ponto central, para que a pena seja proporcional, em vista de uma conduta essencialmente identificada como relevante, sendo também equivalente à sanção penal, após a identificação de violação de um bem jurídico valorado significativamente.

Quadro 2 – Critério Estrutural da Teoria do Delito para Vives Antón

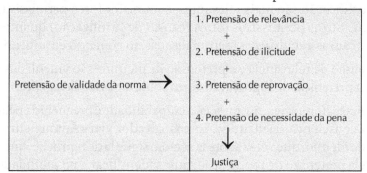

Fonte: Elaborado pelo autor.

Na estrutura significativa de Tomás Salvador Vives Antón[18], a antijuridicidade material (ofensividade ao bem jurídico) existe na residência do tipo de ação, representando uma das pretensões de validade da norma, que é a pretensão de relevância (tipo de ação). Nesse ponto reside a figura do bem jurídico sob a luz dos signos sociais, onde deve ser verificado se a conduta de branqueamento de capitais poderá violar um signo social.

---

17. VIVES ANTÓN, Tomás Salvador. *Fundamentos del sistema penal*: estudio preliminary: acción significativa y derechos constitucionales. Trad. M. Jiménez Redondo. 2. ed. Valencia: Tirant lo blanch, 2011. p. 491;495.
18. VIVES ANTÓN, Tomás Salvador. *Fundamentos del sistema penal*. Valencia: Tirant lo Blanch, 2011. p. 274.

9.4 A CONCEPÇÃO PROCEDIMENTAL DO BEM JURÍDICO E O BRANQUEAMENTO DE CAPITAIS

Ao analisar o bem jurídico, à luz da estrutura teórica do conceito significativo, sob o aspecto da linguagem, verifica-se que ele distancia de uma visão estática da figura do objeto de proteção jurídica, passando a ser uma referência argumentativa para justificar a intervenção punitiva do Estado pelo Direito penal. Conforme a dogmática significativa, para encontrar o objeto de proteção da norma penal, é preciso que investigue o consenso social sobre o que realmente é valioso, a ponto da agressão de tais bens ser sancionado penalmente. O que for identificado valor significativo pela sociedade, como ponto de partida para acionar a estrutura do delito poderá ser analisado como figura ou valor do bem jurídico. A conduta do branqueamento de capitais, se for valorada com relevância no âmbito dos signos sociais, lesando valores, poderá ou não poderá ser vista no âmbito da teoria do delito significativo, contudo, tendo o bem jurídico como concepção procedimental.

Tomás Salvador Vives Antón vislumbra uma nova proposta, denominada *concepción procedimental del bien jurídico* tendo o bem jurídico como justificação da pena e do delito, e não como objeto. Vê o bem jurídico como elemento de processo de justificação da limitação da liberdade, o que não deixa de ser, além de tudo, mais um filtro para aplicação da sanção penal.

> Por isso, propus denominar concepção procedimental do bem jurídico. A característica dessa concepção, não é ter o bem jurídico protegido como escolha do legislador, após processo democrático de identificação; mas conceber o bem jurídico como processo de justificação. Falar em bem jurídico como um algo, como objeto ideal, não é senão apontar as razões que podem justificar imediatamente o delito e a pena. Assim concebido, o bem jurídico não é senão um momento de processo de justificação racional da limitação da liberdade. (Tradução nossa)[19]

Tomás Salvador Vives Antón[20] aponta que o bem jurídico tem papel de máxima importância, tanto na base de construção da dogmática, quanto como limite ao poder punitivo do Estado. O bem jurídico pode ser um objeto ideal, definido por notas de valor já determinadas, em que permite nivelamento e comparação entre um e outro, contudo, o mais sensato atende a necessidade de ver não mais o bem jurídico como objeto, mas como concepção procedimental, em que o bem jurídico digno de

---

19. "Por ello, he propuesto la que denominaré concepción procedimental del bien jurídico. Lo característico de esa concepción no es que acepte, sin más, como bienes jurídicos dignos de protección los que el legislador, por el procedimiento democrático, tenga a bien escoger; sino que concibe el bien jurídico, no en términos de objeto, sino en términos de justificación. Hablar del bien jurídico como un algo, como un objeto ideal, no es desde esta perspectiva sino apuntar a las razones que pueden justificar inmediatamente el delito y la pena. Así concebido, el bien jurídico no es sino un momento del proceso de justificación racional de la limitación de la libertad." VIVES ANTÓN, Tomás Salvador. *Fundamentos del sistema penal*: estudio preliminar: acción significativa y derechos constitucionales. Trad. M. Jiménez Redondo. 2. ed. Valencia: Tirant lo blanch, 2011. p. 829.
20. VIVES ANTÓN, Tomás Salvador. *Fundamentos del sistema penal*: estudio preliminar: acción significativa y derechos constitucionales. Trad. M. Jiménez Redondo. 2. ed. Valencia: Tirant lo blanch, 2011. p. 828-829.

proteção tem a essência de uma justificação para aplicação de uma sanção penal. Nesse sentido, o bem jurídico é visto por Vives Antón, além de objeto de proteção, valorado pela sociedade, como um signo verificado por um momento do processo de justificação racional da limitação da liberdade.

Tomás Salvador Vives Antón[21] tem o bem jurídico como objeto de relevante proteção social, contudo aponta inúmeras questões que devem ser consideradas, sobretudo porque acredita ser o bem jurídico um elemento de análise de um processo de justificação da aplicação da pena. Assim, acredita haver impossibilidade de formular um conceito genérico do bem jurídico. Os bens jurídicos são extraídos dos valores sociais prévios ao Direito, quando o bem jurídico revela ser uma expressão abreviada do fundamento teleológico do tipo concreto. A concepção que se propõe relação ao bem jurídico, parte do conteúdo dos direitos fundamentais constitucionais, de modo que seu ponto de referência pode ser identificado no Código Penal e também na Constituição. A concepção procedimental do bem jurídico analisa o âmbito de proteção com base no contexto valorativo de justificação, em que a determinação do bem jurídico constitui um momento essencial do contexto de sentido das normas penais. O bem jurídico, concebido procedimentalmente, pode proporcionar um conteúdo material do injusto de cada figura delitiva, não tendo condições de delinear um núcleo do injusto comum a todo comportamento antijurídico, devendo ser uma simples orientação específica para cada conteúdo de injusto formal. A ideia do bem jurídico, é também um limite ao legislador, considerando os objetos e valores da vida social suscetíveis de serem protegidos penalmente.

Considerando que o conceito do bem jurídico no âmbito da estrutura significativa do delito representa, além de essencial valor a ser protegido pela ordem normativa, um elemento dentro do procedimento para justa aplicação da pena, neste contexto dogmático, terá que provar a existência de lesão a bem jurídico pela conduta que branquear capitais, caso contrário, não haverá justiça na aplicação da sanção penal, após análise da conduta na filtragem da teoria do crime.

---

21. VIVES ANTÓN, Tomás Salvador. *Fundamentos del sistema penal*: estudio preliminary: acción significativa y derechos constitucionales. Trad. M. Jiménez Redondo. 2. ed. Valencia: Tirant lo blanch, 2011. p. 830-832.

10
DOGMÁTICA ESTRUTURAL FINALISTA COMO MARCO DE ANÁLISE DA CONSCIÊNCIA DE LESIVIDADE DO BEM JURÍDICO NO CRIME DE LAVAGEM DE DINHEIRO NO ATUAL CONTEXTO CONSTITUCIONAL

10.1 INTRODUÇÃO

O desenvolvimento do estudo do bem jurídico analisado sob a ótica dogmática no âmbito dos sistemas penais humanizados e desvinculados do ponto cego da estrita proteção da norma permitiu identificar a necessidade da presença da violação da matéria, ousía, sob o manto de proteção do Estado para que seja admitida uma estrutura típica penal constitucional no Estado Democrático de Direito.

A análise da matéria no terreno histórico dos sistemas dogmáticos demonstra a precisa necessidade da sua lesão exigida pela adoção de uma dogmática que atenda um Direito penal constitucional, sobretudo no crime de lavagem de dinheiro. Do bem jurídico verificado do período pré-iluminista até a estrutura de Vives Antón e a dogmática funcionalista de Silva Sánchez, verifica-se um desenvolvimento partindo de um vácuo do conceito do bem jurídico até um corpo dogmático concreto em que o bem jurídico encontra-se como elemento de interpretação do tipo penal, tendo o como matéria do tipo enquanto objeto de proteção.

Neste ponto, busca-se identificar o bem jurídico do crime de lavagem de dinheiro nas estruturas dogmáticas e apontar a concretude da escolha do sistema finalista como dogmática adotada para desenvolvimento da fundamentação da necessidade de lesão do bem jurídico no crime de lavagem de dinheiro como base para identificação da constituição deste crime no Estado Democrático de Direito, sobretudo sob a ótica do Direito penal constitucional.

A partir daí, há importância na análise da estrutura de delito de Welzel, além da fundamentação do por que da adoção finalista e sua possibilidade de autodesenvolvimento a partir do princípio da legalidade, do princípio da adequação social e da antinormatividade, tornando o sistema finalista sempre seguro e atualizado conforme demanda atual do Direito penal constitucionalizado.

Verifica-se, ainda, a identificação do bem jurídico no crime de lavagem de dinheiro, sob o âmbito de análise do Finalismo e sua relação com o princípio da legalidade e o princípio da lesividade, além do estudo da consciência e as teorias da culpabilidade na violação do bem jurídico penal do tipo do branqueamento de capitais. Com isso, haverá combustão para a verificação do crime de lavagem de dinheiro em sua identidade em relação ao pós fato impunível.

10.2 DO IDENTIFICAÇÃO DO BEM JURÍDICO NO CRIME DE LAVAGEM DE DINHEIRO DO PERÍODO PRÉ-ILUMINISTA AO FUNCIONALISMO DE SILVA SÁNCHEZ E A FUNDAMENTAÇÃO DA ADOÇÃO FINALISTA COMO ESTRUTURA DOGMÁTICA DE PARTIDA PARA VERIFICAÇÃO DO CRIME DE LAVAGEM DE DINHEIRO COMO PÓS FATO IMPUNÍVEL

A análise do conceito do bem jurídico demanda sua verificação desde o período pré-iluminista até o pós-funcionalismo, de onde será apontada fundamentação lógica para adoção do sistema finalista como matéria estrutural para justificação da ideia do crime de lavagem de dinheiro como pós fato impunível.

Assim, no período pré-iluminista, o Direito penal representava um sistema de punição livre sem preocupação com garantias dogmáticas estruturais, de forma que não havia um parâmetro legal para aplicar sanção penal. Havia conexão entre o crime e o pecado, sem uma estrutura dogmática. O crime, na condição de pecado, era um atentado contra a divindade e a pena a consequência da desobediência à vontade divina[1]. Não se falava em bem jurídico. A confusão entre o delito e o pecado com a eticização da conduta antijurídica e as penas cruéis caracterizavam o período pré-iluminista. Não havia um Direito penal estruturado, uma dogmática formada e sequer um sistema racional de aplicação de pena. Considerando que o bem jurídico e seu conceito somente vem a ser formulado diante de divergências ocorridas no século XIX[2] quanto a função do Direito penal, ou seja, após os iluministas serem inseridos no Direito penal e a indagação sobre a finalidade do Direito penal, o conteúdo da tutela penal, o período pré-iluminista não apresentou, historicamente, relevância direta à criação do conceito do bem jurídico, muito menos para uma dogmática que pudesse comportar o modelo de delito como o branqueamento de capitais.

Adiante, o movimento iluminista colocou rumo numa visão racional das coisas, naturalmente buscando uma progressão cultural em todos os âmbitos da sociedade, permitiu uma nova visão do Direito, sobretudo o Direito penal, que substituiu a corrente de pensamento baseada na cultura espiritual para o racionalismo. A ques-

---
1. PRADO, Luiz Regis. *Bem jurídico penal e Constituição*. 7. ed. rev. e ampl. São Paulo: Ed. RT, 2014. p. 29-30.
2. BRANDÃO, Cláudio. *Teoria jurídica do crime*. 4. ed. São Paulo: Atlas, 2015. p. 9-10.

tão do crime e da pena estavam desvinculadas de questão ética e religiosa, estando presentes no âmbito do contrato social, significando que o homem abria mão da total liberdade para atender a necessidade coletiva, aceitando as regras gerais. A conduta criminosa violava a regra geral e não a divindade. O Iluminismo foi período limitador do arbítrio, partindo do contrato social para emplacar o arbítrio na intervenção da vida particular do indivíduo. Houve o ideal de uma ordem jurídica de leis que deram a luz à intervenção de ordens legais no âmbito penal voltado à proteger bens jurídicos[3], de sorte que o período das luzes tinha como premissa dotar a razão como ordem contra a antiga vinculação jurídico estado/cidadão, colocando o homem e aplicação das leis naturais como centro da atenção jurídica. O Iluminismo permitiu evolução da noção do bem jurídico, notadamente do sistema penal, pois tinha como paradigma a ciência como certeza. No período iluminista, no momento em que se encontra o findo antigo regime e o surgimento do Estado de Direito, a preocupação de dar validade ao contrato social, foi dado ênfase ao racional e a objetividade, desprezando o pensamento religioso, moral, sentimental e a fé aos dogmas do Direito teocrático. Houve esforço em conceder padrão à conceitos jurídicos, inclusive o conceito do delito, a padronizar leis, a limitar a atuação do legislador. O Direito penal teria que ter uma função, e como objeto da tutela penal, a visão de um bem de interesse social sob proteção permitiu a noção do conceito do bem jurídico penal. Aqui existe a luz nascedoura para a lesão do bem jurídico no crime de lavagem de capitais, analisado neste ensaio.

    Anselm von Feuerbach, ainda inserido no pensamento iluminista, se voltando contra o Direito penal fundamentado no âmbito teocrático, adotou a teoria do contrato social em que acordo social seria estipulado por indivíduos para criar uma sociedade, e a partir daí, o Estado, sendo este pacto, um acordo de adesão dos indivíduos. Para ele o delito representava uma violação do contrato, um atentado em face do grupo social, onde a sanção penal seria a retribuição pela atuação violadora da regra social imposta. A conduta que desrespeita a ordem do contrato, a regra contratual social, passa a ser considerada socialmente danosa. Anselm von Feuerbach, em 1801, criou tese que possibilitou o nascimento do conceito de bem jurídico. O que decorre do entendimento de que a função do Direito penal é a tutela de direitos subjetivos, de maneira que o direito subjetivo radica no centro de tutela do Direito penal. A maneira como se realiza esta tutela, para Feuerbach, somente pode ser feita com base no princípio da legalidade. Neste âmbito, há aproximação entre a exigência de lesão à lei e a violação de direito – bem sob proteção do Estado. A tutela do Direito subjetivo, colocada no centro da tutela penal, se dá pela coação psicológica dirigida a toda a sociedade utilizando a pena. A pena significa ameaça de um mal como consequência pela lesão a um direito subjetivo. A argumentação em relação ao objeto da tutela penal surgiu em função da criação do princípio da legalidade. A

---

3. BUSTOS RAMÍREZ, Juan. *Criminologia y evolución de las ideas sociales*: el pensamiento criminológico. Bogotá: Editorial Temis Libreria, 1983. p. 27. v. 1.

legalidade e o objeto de proteção do sistema penal nasceram, cientificamente, um ao lado do outro[4], dentro da teoria da coação psicológica de Feuerbach. A proteção de direitos somente pode ser realizada respeitando a legalidade, não podendo haver pena sem lei. Não pode haver pena sem o cometimento de um crime – *nulla poena sine crimen*. O fato criminoso, sancionado, terá que estar condicionado a lei – *nullum crime sine poena legali*.[5] O crime decorre da violação de um direito subjetivo, revelando agressão à lei penal, formatada por consequência do contrato social. Pensando de tal forma, atribuiu Feuerbach uma função ao Direito penal, que era a tutela de direitos subjetivos. Ao entender que a função do Direito penal é proteger direitos subjetivos, Anselm von Feuerbach contribuiu com a criação do conceito de bem jurídico, no momento em que é criticado nesse ponto. A crítica à teoria de Feuerbach, realizada por Birnbaum, é que dá ensejo à construção do conceito de bem jurídico, e consequentemente a sua análise no crime de lavagem de dinheiro. Assim, Johann Michael Franz Birnbaum critica Anselm von Feuerbach apontando que o bem é passível de ser violado por uma conduta contrária ao direito, não admitindo e rechaçando a ideia de que o direito em si pode ser violado e que este direito subjetivo seja o objeto de proteção do direito. O bem considerado na sua individualidade, na sua concretude, perante o mundo real dos fatos pode ser violado e, portanto, deve ser o objeto de tutela penal. Para Johann Michael Franz Birnbaum, o crime baseava-se na lesão a um bem. Assim, com a publicação do seu artigo *Über das Erfordenis einer Rechtsverletzung zum Bregriff des Verbrechens*, em 1834, tem-se o início da história do desenvolvimento complexo do conceito de bem jurídico para os dias atuais.

Ao adentrar no período positivista, numa época em que o Direito penal estava sendo construído pelo Legislador, quando então, em 1871, o "império alemão lançava a primeira norma penal unificada depois da Constitutio criminalis carolina, do Século XVI (1530)", como bem ensina Cláudio Brandão[6], Binding pincelava seu pensamento com todas as influências deste período positivista. Para Karl Binding, o bem a ser tutelado pelo Direito penal não existe como objeto de interesse elencado pela sociedade e seus indivíduos, para somente após ser identificado pelo Legislador, haver sua proteção normativa. Karl Binding não admite que o bem exista sem a norma. O bem jurídico é, para ele, criação do legislador. O objeto de tutela penal é criação do Estado, pois o Legislador dá vida ao conceito, inclusive, de delito. O legislador cria o bem jurídico por que a norma é extraída do tipo penal, que por sua vez, é criado pelo Legislador. O bem jurídico não existe fora da norma, sendo esta a única fonte do bem jurídico. Desta maneira, o Legislador também limita o objeto de tutela penal, ao criar o bem jurídico através da norma. Portanto, na visão de Karl

---

4. BRANDÃO, Cláudio. *Tipicidade penal*: Dos elementos da dogmática ao giro conceitual do método entimemático. 2. ed. Coimbra: Almedina, 2014, p. 117.
5. FEUERBACH, Anselm von. *Tratado de Derecho Penal*. Buenos Aires: Hammurabi. 1989. p. 63.
6. BRANDÃO, Cláudio. *Tipicidade penal*: dos elementos da dogmática ao giro conceitual do método entimemático. 2. ed. Coimbra: Almedina. 2014. p. 129.

Binding, o bem jurídico é criação pura do Legislador. Armin Kaufmann[7], no mesmo sentido, aponta que há conexão entre as normas e o bem jurídico por que toda agressão a direitos subjetivos são produzidos mediante agressão a bens jurídicos, de modo que não há crime sem tal ocorrência. Também, Arturo Rocco[8], na obra *L'oggetto del reato e dela tutela giuridica penale*, de 1913, adota linha de raciocínio decorrente da influência de Karl Binding, pois ensina que uma das finalidades do Direito penal é dar segurança para existência da vida em sociedade como garantia do próprio Estado, e atrás do interesse há um bem que é protegido pelo Estado. Conforme a atual posição de aplicação arbitrária do conceito de crime de lavagem de dinheiro, com lastro em uma criação legislativa inflada, ausente de dogmática que justifique a própria existência do delito, a posição de Binding adequa ao modelo positivista que supervaloriza o processo legislativo. O que é acompanhado na atualidade pela criação de tipos penais sem análise dogmática, sobretudo do bem jurídico e o princípio da lesividade.

Franz von Liszt, numa linha positivista sociológica, verifica a existência do bem jurídico partindo do pressuposto de que se trata de uma realidade validada pelo Estado e protegida por ele como ponto de tutela penal. Em seu *Tratado de direito penal*, delimita que o delito é o ato contrário ao direito, culpável e sancionado com uma pena. Não se falava em tipicidade, pois este conceito somente veio aparecer em 1906 com a contribuição de Beling. Liszt apontava a consciência da antijuridicidade afastada do conceito do dolo, tido como vontade pura, quando o dolo tinha o elemento volitivo (vontade) e intelectivo (consciência). Para Liszt[9], o dolo deve definir-se, numa primeira posição, como a representação do resultado, que acompanha a manifestação de vontade. Não é necessária a consciência da antijuridicidade. A representação do resultado expressa o intelecto do dolo. Por outro lado, a manifestação de vontade revela o elemento volitivo do dolo, desnudando, portanto, momento histórico de distanciamento do conceito de dolo formulado pelos romanos[10].Neste viés de revolução doutrinária, houve uma concepção nova, de um conceito material do crime baseada numa linha sociológica do positivismo. O bem jurídico de viés material já existe, por criação social e cultural, sendo então identificado e protegido pela legislação. Contrariando a posição anterior, a norma não cria o bem jurídico, pois este já existe externamente ao Direito, no mundo dos fatos. Nesse sentido, o Direito encontra este bem jurídico e o delimita como objeto de proteção penal, tratando-se, de movimento reconhecido denominado positivismo naturalista de Franz von Liszt. O Direito penal tem a missão de proteger interesses, e pensando assim, a visão do bem jurídico para Liszt parte do interesse a ser protegido.

---

7. KAUFMANN, Armin. *Teoria de las normas*. Trad. Erique Bacigalupo e Ernesto Garzón Valdés. Buenos Aires: Depalma, 1977. p. 14.
8. ROCCO, Arturo. *El objeto del delito y de la tutela juridical penal*. Trad. Gerónimo Seminara. Montevideo-Buenos Aires: Julio César Faria Editor, 2001. p. 461-463.
9. LISZT, Franz von. *Tratado de derecho penal*. Trad. Luis Jiménez de Asúa. Madri: Reus, [19--]. p. 410. v. 2.
10. BRANDÃO, Cláudio. *Teoria jurídica do crime*. 4. ed. São Paulo: Atlas S.A., 2015. p. 121.

Ou seja, a conduta que define o crime de lavagem de dinheiro viola bem ou interesse social, de modo que o Estado deve ter a capacidade de pincelar tal bem e protegê-lo. Uma conclusão já é possível, pois o conceito de crime de Liszt exige a presença da violação de bem jurídico ousía, ou seja, do ponto de vista material.

Para além do Positivismo e a análise do bem jurídico no crime de lavagem de dinheiro, registra-se a verificação no âmbito neokantista sobre se o crime de lavagem de dinheiro viola bem jurídico, e se este bem jurídico tem conteúdo legal ou cultural, além de fazer um paralelo ao sistema mais adequado para atender as necessidades do Estado Democrático de Direito. É importante identificar se permite o entendimento do crime de lavagem de dinheiro do ponto de vista do sistema penal dogmático e constitucional. Considerando a grande contribuição do sistema neokantista ao conceito do bem jurídico, o colocando na condição de poder conferir uma abertura dogmática para a aplicação supralegal do Direito penal, o que se vê com a criação de molduras penais tem sido o total desvinculo com o aspecto cultural, e volta da aproximação com o positivismo. Houve avanço do Neokantismo com a função teleológica a partir do bem jurídico, permitindo interpretação do tipo penal e abertura dogmática para aplicação supralegal do Direito penal. O surgimento do aspecto valorativo no âmbito do sistema neokantista chegou após evolução do conceito de bem jurídico a entender que se trata do conteúdo material do injusto. Com isso, o bem jurídico é o conteúdo material do injusto penal, além de representar o valor tutelado pelo Direito penal.

Quanto ao Finalismo e a análise do bem jurídico no crime de lavagem de capitais, para Hans Welzel, a missão do Direito penal não é proteger diretamente os bens jurídicos, mas a defesa dos valores éticos-sociais. O Direito penal possui a função ético-social, tendo o escopo de proteger tais valores. Verifica-se, portanto, que o autor trata a questão do bem jurídico como desdobramento dos valores ético-sociais, ou seja, de modo secundário. Não significa que os bens jurídicos não são protegidos no sistema finalista, pois haveria bem jurídico lesionado com a ocorrência do desvalor do resultado de uma ação ilícita, em que, por consequência, teria a sanção penal como resposta do Estado. Além disso, o significado de bem jurídico encontra fundado em toda a ordem social, e não de forma isolada. Hans Welzel sustenta que, o desvalor da ação e desvalor do resultado significa presença de bem jurídico lesionado. Defende a proteção de bens jurídicos mediante a proteção dos valores ético-sociais da ação. A proibição de determinadas ações finais é um meio para a proteção de bens jurídicos. O Direito penal pune as ações ilícitas que violam o bem jurídico, e antes disso, os valores ético-sociais, de forma que o interesse deste ramo do Direito estivesse mais focado na ação. Hans Welzel[11] afirma que a missão central do Direito penal reside em assegurar a validez inviolável dos valores éticos-sociais

---

11. WELZEL, Hans. *Derecho penal*: parte general. Traducción de Carlos Fontán Balestra. Buenos Aires: Roque Depalma Editor, 1956. p. 4.

mediante a ameaça de aplicação da pena, e que a tutela dos bens jurídicos é obtida proibindo e castigando as ações que a lesioná-los. Hans Welzel coloca o bem jurídico e sua lesão para ser verificado no âmbito da adequação social. O que significa para este autor, que encontra-se a questão do bem jurídico por detrás da adequação social, contudo, como item indispensável a ser analisado, sobretudo, havendo lesão. O juízo de adequação social leva em conta a violação do bem jurídico do ponto de vista ético-social. No Finalismo, a análise da violação do bem jurídico pela realização da ação desvalorada leva a um resultado desvalorado, em que se aplica a pena como resposta ao desentendimento com a missão do Direito penal, que é a proteção de valores ético-sociais, sendo também o âmbito e contexto que se analisa a conduta de lavagem de dinheiro.

Ao identificar o conceito de bem jurídico para sua verificação e justificação dogmática no Funcionalismo, iniciando com Jakobs, tem-se que há reflexão no sentido da manutenção da vigência da norma, e não na manutenção da vigência de determinados objetos como bem jurídico, pois o discurso do bem jurídico pode ser um discurso metafórico sobre a vigência da norma. O Direito penal representa reação frente à perturbação social por alguém, ou seja, por uma pessoa, que deve representar um papel, qual seja, o total respeito às normas.[12] A partir daí, se verifica o que seria um comportamento inócuo ou um comportamento que viola norma jurídica[13]. Significa que há expectativa de uma fidelidade suficiente ao Direito ou que somente existe um dever de prestar uma fidelidade suficiente ao ordenamento, de forma que a pessoa, parte da sociedade, não introduza valores pecuniários decorrente de prática de conduta criminosa na economia, conhecido este último comportamento como delito de branqueamento de capitais.[14] Assim, o Direito se estabelece para aqueles que podem ser caracterizados como pessoas do Direito, de maneira que há comunicação entre os integrantes da sociedade admitindo a norma imposta, sendo ela violadora de bem jurídico estabelecido ou não, o que resulta apenas na preocupação em relação à estabilidade das expectativas. Desse modo, nos moldes do Estado Democrático de Direito, no âmbito do Direito penal constitucional imposto pela carta magna de 1988, a responsabilidade penal em Günther Jakobs não pode ter ligação com o bem jurídico afetado pela conduta delituosa, no aspecto da ousía, mas diretamente com o comportamento da pessoa em relação à norma estabelecida. A atuação do agente contra as expectativas da norma determina a sua responsabilidade penal. Portanto, na concepção do autor, a prática de branqueamento de capitais não exige violação de bem jurídico específico, bastando a realização de ato que contrarie a norma imposta pelo Estado para que seja imposta sanção penal. Quanto ao Funcionalismo

---

12. JAKOBS, Günther. *Sociedad, norma y persona en una teoría de un derecho penal funcional*. Traducción de Manuel Cancio Meliá y Bernardo Feijóo Sánchez. Madrid: Civitas Ediciones, 1996. p. 50.
13. JAKOBS, Günther. *Sociedad, norma y persona en una teoría de un derecho penal funcional*. Traducción de Manuel Cancio Meliá y Bernardo Feijóo Sánchez. Madrid: Civitas Ediciones, 1996. p. 53.
14. JAKOBS, Günther. *Sociedad, norma y persona en una teoría de un derecho penal funcional*. Traducción de Manuel Cancio Meliá y Bernardo Feijóo Sánchez. Madrid: Civitas Ediciones, 1996. p. 64.

de Jakobs, a norma está no centro da atenção do comportamento humano, sem dar importância ao elemento material do crime de lavagem de dinheiro.

Na linhagem do Funcionalismo de Knut Amelung, a atenção volta-se para a danosidade social como forma de disfunção do sistema, e por isso, há um certo distanciamento da noção do bem jurídico do aspecto material, no âmbito de um Funcionalismo sistêmico, onde há preocupação direcionada para a proteção da norma. O delito retrata exemplo daquilo que gera disfuncionalidade ao sistema, que deve ser protegido. Amelung não descarta a ideia de bem jurídico, que se relaciona com o objetivo da norma, e o considera ter função dogmática complementar à danosidade social, que tem relação com a função da norma. A ideia de bem jurídico complementa, no âmbito dogmático, a danosidade social. Diante disso, o conceito de bem jurídico é visto por ele como um dogma que se converte em um ponto de conexão entre a dogmática e a política, em que o complemento do conceito do bem jurídico positivado torna-se dinâmico para estabilizar o sistema jurídico[15]. Na medida em que há conexão entre o conceito de bem jurídico formal e a ideia de estabilidade do sistema, no momento em que se coloca o bem jurídico do delito de branqueamento de capitais a ser analisado deste ponto de vista, tem-se um bem jurídico criado pelo Legislador, em que sua lesão desestabiliza o sistema, este como função do Direito penal, e permite nos afirmar que adequa-se perfeitamente à possibilidade de alegação da existência de bem jurídico no crime de lavagem de dinheiro e que, uma vez violado, desestabiliza o Direito penal como sistema, pois "o injusto pressupõe a infração de uma norma de conduta".[16]

Na concepção funcionalista de Winfried Hassemer, tem-se o bem jurídico sob uma consciência cultural da sociedade no âmbito de proteção legal sob uma tutela de acordos seguidos por experiências dos indivíduos e da sociedade. Com isso, a verificação do bem jurídico no âmbito do crime de lavagem de capitais faz sentido se admitir que experiências sociais tenham o poder de levar a um acordo fruto da consciência cultural, por estarem sob proteção normativa, e se houver a conduta proibitiva deste delito sido acordada como algo lesivo. Para ocorrer o crime, do ponto de vista de Winfried Hassemer, não basta que haja conduta que viole norma, mas é necessário a identificação de violação de bem jurídico, considerando este perante o aspecto valorativo social cultural de uma sociedade. Assim, é preciso que haja lesão de interesse indispensável da sociedade, de modo que se verifique com a prática do crime, dano ou colocação em perigo de interesse cultural social. Há uma essência de experiência cultural elencando interesse socialmente protegido no conceito de

---

15. AMELUNG, Knut. El concepto 'bien jurídico' en la teoría de la protección penal de bienes jurídicos. In: HEFENDEHL, Roland (Ed.). *La teoría del bien jurídico*. ¿fundamento de legitimación del derecho penal o juego de abalorios dogmatico? Madrid: Marcial Pons, 2007. p. 232.
16. AMELUNG, Knut. El concepto 'bien jurídico' en la teoría de la protección penal de bienes jurídicos. In: HEFENDEHL, Roland (Ed.). *La teoría del bien jurídico*. ¿fundamento de legitimación del derecho penal o juego de abalorios dogmático? Madrid: Marcial Pons, 2007. p. 242.

bem jurídico considerado pelo Legislador[17]. A partir daí que se verifica o crime de lavagem de dinheiro.

Para avançar, Claus Roxin[18] propôs um novo sistema teleológico-funcional de Direito penal em 1970, por meio da publicação da obra *Kriminalpolitik and Strafrechtssystem – Política criminal e sistema jurídico-penal*, apresentando críticas ao Finalismo e desacordo com as estruturas lógico-reais[19]. Delimitou o "valor" como algo fundamental na construção sistemática de conceitos para a dogmática penal. Ao mesmo tempo em que realça esse valor de construção sistemática de conceitos, destaca os problemas que apareceram no decorrer do processo de sistematização da dogmática jurídico-penal. Acredita ainda que é correto deixar as decisões valorativas político-criminais serem introduzidas no Direito penal, de modo que haja adequação aos propósitos da política criminal e a submissão ao Direito, representando uma unidade sem contradição entre ambos. Roxin adota posição pós-finalista no sentido de que as investigações a respeito do sistema jurídico penal após a Segunda Guerra Mundial devem distanciar de dados prévios ontológicos e de estruturas lógico-reais[20]. Claus Roxin vem tratar a questão do bem jurídico penal na construção de um conceito material do delito, apontando diferença entre o conceito formal do delito e o conceito material do delito, na medida em que o primeiro tem uma conduta punível como objeto de definição decorrente do Direito positivo, apenas. Por outro lado, a concepção material requer algo para além do Direito penal codificado, questionando critérios materiais da conduta punível. O conceito material do delito é prévio ao Código Penal, fornecendo ao Legislador um critério político-criminal sobre o que pode apenar e o que pode deixar impune, observando, portanto, a proteção de bens jurídicos. Para Roxin, a lesão a um bem jurídico atua como pressuposto de punibilidade, pois o Direito penal tem como base assegurar determinados bens previamente dados, como a vida a integridade corporal, a honra, a administração da justiça etc.[21] Roxin[22] aponta direção de pensamento adequado ao Direito penal constitucional ao afirmar que a simples transcrição do objeto da lei não fundamenta o conceito de bem jurídico. Pois bem, o bem jurídico trava o Estado na criação pura e simples de

---

17. HASSEMER, Winfried. *Derecho penal simbolico y protección de bienes jurídicos*. Trad. Elena Larrauri. Santiago: Editorial Jurídica Conosur, 1995. p. 23-36.
18. ROXIN, Claus. *Política criminal y sistema del derecho penal*. Traducción e introducción de Francisco Muñoz Conde. 2. ed. Buenos Aires: Hammurabi, 2002. p. 17;29. (Colección Claves del derecho penal, v. 2).
19. ROXIN, Claus. *Teoria del tipo penal*: tipos abiertos y elementos del deber jurídico. Versión castellana del Prof. Dr. Enrique Bacigalupo (Universidad de Madrid). Buenos Aires: Ediciones Depalma, 1979. p. 164 ss.
20. ROXIN, Claus. In: BITENCOURT, Cézar Roberto. (Org.). *Sobre a fundamentação ontológica do sistema jurídico-penal do finalismo*. Porto Alegre: [s. n.], 2004. Cap. 4, p. 1. [Texto distribuído aos inscritos no seminário ocorrido em Porto Alegre, nos dias 18 a 20 de marco de 2004, em homenagem ao Professor Claus Roxin de Direito penal econômico]
21. ROXIN, Claus. *Derecho penal*: parte general: fundamentos: la estructura de la teoría del delito. 2. ed. Traducción y notas de Diego Manuel Luzón Peña e Miguel Díaz y García Conlledo, Javier de Vicente Remesal. Madrid: Editorial Civitas, S.A., 1997. t.1.p. 51-52.
22. ROXIN, Claus. *A proteção dos bens jurídicos como função do direito penal*. Organização e Trad. André Luís Callegari e Nereu José Giacomolli. 2. ed. Porto Alegre: Livraria do Advogado, 2009. p. 21.

delitos para satisfazer qualquer interesse que não seja essencial ao homem e sociedade no âmbito do Estado Democrático de Direito, levando em conta que bens jurídicos devem ser tidos e entendidos neste parâmetro do sistema funcionalista teleológico. Considerando os crimes de lavagem de dinheiro, no âmbito do sistema funcionalista teleológico, admitindo a origem histórica do delito de branqueamento de capitais, dificulta a identificação da violação pela conduta contida no tipo desta infração penal. A punição de delitos que pressupõem antijuridicidade e culpabilidade devem servir para proteger bens jurídicos, no Funcionalismo de Roxin. Assim, se caracteriza o bem jurídico como bem vital reconhecido socialmente como valioso, como valor jurídico ou interesse jurídico, como interesse juridicamente reconhecido, como a pretensão de respeito a coisas valiosas, na medida em que os órgãos estatais criam consequências jurídicas diante de uma lesão a tais bens jurídicos, com unidade funcional valiosa, tratando, nesse sentido, o bem jurídico no crime de lavagem de capitais. Destarte, no âmbito da teoria de Claus Roxin, é certo que o bem jurídico penal representa limite material à intervenção criminal, restando identificar com a conduta do crime de lavagem de capitais, o bem jurídico passível de lesão. Se não houver identificação da lesão ao bem jurídico, não haverá crime.

Conforme a teoria do Garantismo penal em Ferrajoli, encontra-se a exigência do limite ao *ius puniendi*. Como garantia do indivíduo, no Estado Democrático de Direito, o bem jurídico a ser tutelado pelo Estado, como fundamento de valor relevante para o Direito penal, em que a conduta lesiva, no âmbito do princípio da legalidade, confere alma material à dogmática penal. No Garantismo, para admitir uma conduta como criminosa, é preciso que haja o que tutelar, ou seja, um bem jurídico para proteger e justificar a aplicação de uma sanção penal após a passagem da análise do conteúdo da ação pelo filtro da dogmática penal, revelando, por óbvio, que o crime de lavagem de dinheiro, como qualquer outro delito, deverá representar moldura protetiva de bem jurídico penal, não podendo de modo algum ser vazio de ousía.

Quanto ao Funcionalismo Reducionista, para Zaffaroni e Pierangeli[23], o bem jurídico é aquele bem penalmente tutelado, sendo a relação de disponibilidade de um indivíduo com um objeto, protegida pelo Estado, que revela seu interesse mediante a tipificação penal de condutas que o afetam. O conceito de bem jurídico está adstrito à relação de disponibilidade. Esse pensamento não é de todo admitido fora da concepção funcionalista reducionista, pois liga o conceito de bem jurídico à disponibilidade de um direito. Por outro lado, sublinham que o legislador se interessa por certos bens e que expressa tal interesse em uma norma jurídica, fazendo com que sejam considerados juridicamente como bens jurídicos. No instante em que o Legislador passa a proteger a norma e punir a sua violação com uma sanção penal, aqueles bens jurídicos serão tutelados. Assim, não é possível admitir uma conduta

---

23. ZAFFARONI, Eugenio Raul; PIERANGELI, José Henrique. *Manual de direito penal brasileiro*: parte geral. 7. ed. São Paulo: Ed. RT, 2007. p. 399. v. 1.

típica que não afete um bem jurídico. Os tipos penais, além do que são, também representam manifestações específicas de tutela jurídica destes bens. O crime é mais que a violação de um bem jurídico, contudo, a lesão a um bem jurídico é indispensável para configurar crime, pela tipicidade conglobante, ou seja, pela tipicidade material. Assim, o bem jurídico revela presença no papel central da teoria do tipo, pois dá sentido teleológico à lei penal. O bem jurídico concede um fim à lei penal. O pensamento de Zaffaroni e Pierangeli revela claramente a evolução do posicionamento de Franz von Liszt, quanto à antijuridicidade material. Assim, conforme Cláudio Brandão[24], "nos dias atuais se reconhece que a ausência de bem jurídico a ser protegido, exclui a tipicidade por falta de antijuridicidade material." De acordo com a dogmática desdobrada pela teoria do delito revelada no Funcionalismo Reducionista, para ocorrer a tipicidade penal é preciso que considere, para além da tipicidade formal, admitindo a presença do bem jurídico no âmbito da tipicidade conglobante. A tipicidade conglobante é preenchida pela antinormatividade e pela tipicidade material, local de análise do bem jurídico e da intensa significância de afetação ao bem juridicamente tutelado. Dessa forma, se considerar que a conduta do crime de lavagem de dinheiro viola bem jurídico, é necessário ainda, para ter tipicidade material, que a lavagem de dinheiro não seja realizada com valor ínfimo, reduzido. Pois, se for, não haverá tipicidade material por ser insignificante a lesão ao bem jurídico, e, portanto, não haverá crime por ausência de tipicidade conglobante.

Por um outro lado da dogmática, agora numa construção estruturada sob diferente ótica, Vives Antón, a partir da filosofia da linguagem do segundo Wittgenstein e de Habermas utiliza da ação e seus signos para criar um novo conceito de delito. O crime de lavagem de dinheiro e seu conteúdo material pode ser avaliado a partir deste sistema. Pois bem, o bem jurídico será verificado com base em signos sociais, além de ser desnudado em vista do elemento da pretensão de relevância, novo requisito da teoria do delito. São relevantes para o Direito penal somente as ações que lesionam ou colocam em perigo bens juridicamente protegidos. Em que pese Tomás Salvador Vives Antón perceber o bem jurídico na "*conepción procedimental del bien jurídico*", no sentido de que o bem jurídico justifica racionalmente a liberdade, constitui o momento essencial do contexto de sentido das normas penais. O *Leitbild* do branqueamento de capitais terá que ter um sentido no tipo em decorrência da ação/signo para ser admitida como infração penal, além de haver um bem jurídico definido por signos e a comprovada violação. Na estrutura significativa de Tomás Salvador Vives Antón[25], a antijuridicidade material, ofensividade ao bem jurídico, existe na residência do tipo de ação, representando uma das pretensões de validade da norma, que é a pretensão de relevância. Nesse ponto, reside a figura do bem jurídico sob a

---

24. BRANDÃO, Cláudio. *Tipicidade penal:* dos elementos da dogmática ao giro conceitual do método entimemático. 2. ed. Coimbra: Almedina, 2014. p. 136.
25. VIVES ANTÓN, Tomás Salvador. *Fundamentos del sistema penal*. Valencia: Tirant lo Blanch, 2011. p. 274.

luz dos signos sociais, onde deve ser verificado se a conduta de branqueamento de capitais poderá violar um signo social.

Para Jesús Maria Silva Sánchez[26], a exigência de que o Direito penal intervenha exclusivamente para proteger bens jurídicos constitui uma garantia fundamental do Direito penal moderno, em que pese apontar críticas ao conteúdo do bem jurídico e a utilização deste conceito para justificar a aplicação do Direito penal como instrumento sancionador a partir da lesão ou perigo de lesão ao bem jurídico. A intervenção do Direito penal não resulta proporcionada se não tem lugar a proteção das condições fundamentais da vida em comum e para evitar ataques graves dirigidos aos bens sob proteção. O cumprimento da finalidade de garantia do bem jurídico exige uma adequada determinação do conteúdo do conceito do bem jurídico, uma vez que não poderá servir de mero motivo para proteção penal de todo tipo de interesse social. O bem jurídico entendido como realidade valorada positivamente pode ser incluído em qualquer estado, convicção ou princípio em função do poder dominante em uma sociedade, podendo inclusive ser manipulado para atender os próprios interesses. A concepção sociológica-funcionalista do bem jurídico aprecia a necessidade de atender os bens jurídicos em sua dimensão social como condição necessária para a conservação da ordem social, tendo a danosidade social, a característica comum para atender todos as violações ao bem jurídico sob tutela. O bem jurídico é elemento de proteção do Direito penal, sendo valor materializado pela norma, que tem relevância na proteção e na garantia de liberdade ao livre desenvolvimento do ser humano em sociedade. A violação de um bem jurídico lesa o indivíduo e revela-se numa danosidade social, de onde se retira a proporcionalidade e necessidade de intervenção penal. É possível concluir que este sistema exige a lesão ao bem jurídico como elemento para formatação do crime de lavagem de dinheiro.

Em que pese os modelos dogmáticos desnudados acima, adotamos a estrutura finalista de delito e suas concepções para ser possível desenvolver uma ideia segura quanto ao bem jurídico no crime de lavagem de dinheiro, de onde será possível verificar o princípio da lesividade, a consciência da lesão da matéria de proteção do Estado, a consciência de ilicitude da realização de uma conduta criminosa em vista do tipo penal no Direito penal constitucionalizado, no Estado Democrático de Direito e sua consideração como pós fato impunível, desvinculando tal conduta da condição de delito.

No Finalismo o delito significa o injusto, ou seja, fato típico e antijurídico, culpável. O injusto não é puramente objetivo, uma vez que o dolo faz parte da conduta. A culpabilidade é exclusivamente normativa. O injusto é composto por fato típico e antijuridicidade. O fato típico é composto pela conduta dolosa ou culposa;

---

26. "La exigencia de que el Derecho penal intervenga exclusivamente para proteger bienes jurídicos (-penales) constituye una garantia fundamental del Derecho penal moderno." SÁNCHEZ, Jesús Maria Silva. Aproximación al derecho penal contemporáneo. Barcelona: José Maria Bosch Editor, S.A., 1992. p. 267.

tipicidade; resultado naturalístico e nexo de causalidade nos crimes materiais ou de resultado. A culpabilidade é composta pela imputabilidade; potencial consciência da ilicitude; exigibilidade de conduta diversa. As causas de justificação exigem que sejam formadas por requisitos objetivos e subjetivos, de modo que, por exemplo, aquele que realiza conduta em legítima defesa, o faça com a intenção para tanto. Diante disso, pode-se dizer que há dois pilares que sustentam a teoria finalista, quais sejam, a teoria finalista da ação e a teoria normativa pura da culpabilidade. Assim, a conduta não é mais causal, mas um acontecer final direcionado pela vontade e consciência do agente. Quanto à culpabilidade, seus elementos contêm natureza normativa, representando juízo de reprovação pessoal sobre a estrutura lógico-real do livre arbítrio.

Miguel Reale Júnior[27] fixou entendimento no sentido da segurança jurídica proposta pelo Finalismo, uma vez que foi fundado em base ontológicas, em estrutura lógico-objetivas, sendo a construção da ação e do delito a partir da natureza das coisas de grande importância para o Direito penal atual.

Assim, as premissas lógico-objetivas buscam, com a teoria finalista, sustentar todas as articulações jurídico-penais, de maneira coerente com a natureza das coisas. Há direção vinculativa da teoria finalista com a importância do princípio da legalidade, sendo este princípio uma das pontes de ouro que ilumina a constituição para dentro da doutrina finalista, juntamente com a adequação social e a antinormatividade. Ensina Cláudio Brandão[28], nas entrelinhas, que o princípio da legalidade é fundamento constitucional do método penal.

Tanto o princípio da legalidade, a adequação social, quanto a antinormatividade, dão abertura necessária à estrutura finalista para que tenha a devida adequação constitucional na medida necessária da evolução jurídico penal constitucional. A teoria finalista não é fechada a ponto de impedir a inserção de princípios constitucionais. Pelo contrário, é aberta para a luz que ilumina o Direito penal constitucional, sendo revelação da opção segura da dogmática penal, por permitir a eficácia dos princípios constitucionais e dos direitos fundamentais, no Estado Democrático de Direito. Na estrutura finalista, o conteúdo material do tipo de injusto é o bem jurídico. Além da relação intrínseca existente entre o bem jurídico e a tipicidade, é possível verificar sua ligação com a antinormatividade penal. Considerando que a norma penal tenha sido criada por meio de um juízo de valor prévio ou inicial, e que a intenção seja que um determinado bem jurídico seja protegido pela lei, qualquer conduta que venha violar a norma criada para proteção do bem jurídico elencado, consequentemente viola este bem jurídico, sendo esta conduta, naturalmente, denominada antinor-

---

27. REALE JÚNIOR, Miguel. *Instituições de direito penal:* parte geral. Rio de Janeiro: Forense, 2003. p. 127. v. 1.
28. BRANDÃO, Cláudio. *Tipicidade penal:* dos elementos da dogmática ao giro conceitual do método entimemático. 2. ed. Coimbra: Almedina, 2014. p. 188.

mativa. Daí a relação entre o bem jurídico e a antinormatividade penal, onde violar a norma penal significa violação ao bem jurídico.

Para Hans Welzel, a missão do Direito penal não é proteger diretamente os bens jurídicos, mas a defesa dos valores éticos-sociais. O Direito penal possui a função ético-social, no Finalismo, tendo o escopo de proteger tais valores. Diante disso, verifica-se que o autor trata a questão do bem jurídico como desdobramento dos valores ético-sociais, ou seja, de modo secundário, não sendo menos fundamental ou menos importante. Assim, não significa que os bens jurídicos não são protegidos no sistema finalista, pois haveria bem jurídico lesionado com a ocorrência do desvalor do resultado de uma ação ilícita, em que, por consequência, teria a sanção penal como resposta do Estado. Além disso, o significado de bem jurídico encontra fundado em toda a ordem social, e não de forma isolada.

Considerando que o Direito penal representa estrutura de controle social que busca a proteção de bens jurídicos, não há dúvidas de que seja necessária a presença de um sistema seguro o bastante para fazer a proteção do homem, inclusive para protegê-lo do próprio Sistema Penal. A teoria finalista criada por Welzel, 1904–1977, estrutura-se no ontologismo, de sorte que o Direito penal deve ter como premissas básicas algumas estruturas lógicas que vinculam o legislador. A teoria ontológica parte de determinado conceito de ação previamente estabelecido, existindo estruturas lógicas-objetivas como o conceito finalista da ação, autodeterminação da pessoa. Os valores não estão nos conceitos, como no Neokantismo, mas na realidade das coisas. A função do Direito penal no Finalismo não é proteger bens jurídicos exclusivamente, mas valores elementares da sociedade, incluindo os bens jurídicos.

Nesse sentido, fica fácil perceber que Hans Welzel tenta determinar pré-verdades, conceitos ou realidades pré-jurídicas, ou seja, as estruturas lógico-objetivas da natureza das coisas que pudessem limitar o Legislador. Na verdade, tais estruturas permitem uma segurança jurídica universal, impondo reais limites ao Legislador na construção de um Direito penal mais adequado à ordem constitucional, sobretudo no Estado Democrático de Direito. Com isso, para o autor, são estruturas lógico-objetivas: a natureza final da ação humana, no sentido de que toda conduta humana seja finalista, e a autodeterminação do ser humano. A partir de tais estruturas lógico-objetivas, são construídas as categorias do Direito penal, onde há formação da dogmática-penal finalista.[29]

A necessidade da presença de uma estrutura dogmática estritamente organizada e segura, aos moldes das garantias constitucionais e do princípio da legalidade, tem relevância no Direito penal moderno. Além de um molde estrutural penal seguro, é preciso que haja possibilidade de entrada da evolução do Direito e de novos conceitos sociais neste sistema, para que não fique estanque a ponto de impedir a aplicação

---

29. WELZEL, Hans. Derecho penal: parte geral. Traducción de Carlos Fontán Balestra. Buenos Aires: Roque Depalma Editor. 1956. p. 35.

da justiça. Nesse sentido, verifica-se no sistema finalista a presença da segurança exigida por um Direito penal constitucional e a possibilidade de iluminar a estrutura finalista pela ponte da adequação social, da antinormatividade e do princípio da legalidade, e assim estudar o bem jurídico no crime de lavagem de dinheiro em relação aos princípios constitucionais e o Direito penal atual.

O Finalismo foi desenvolvido por Hans Welzel[30] como movimento sucessor em resposta à visão teórica-cognoscitiva do Neokantismo, tratando de doutrina fundamentada no método fenomenológico da investigação. O método adotado sustenta a construção de um conceito pré-jurídico de pressupostos materiais, sendo importante saber que o sistema finalista não é somente uma teoria da ação, nem uma simples reorganização de elementos dogmático-penal, sendo muito mais do que isso. Significa uma nova atitude epistemológica de cunho objetivo que constrói uma nova teoria do conhecimento com base na prioridade do objeto, em face do subjetivismo Neokantista. Há grande mudança de pensamento para ser trabalhada com o bem jurídico, sobretudo tendo sob análise o bem jurídico no crime de lavagem de dinheiro.

Diante disso, como opção de sistema dogmático lastreado em segurança jurídica, Garantismo e constitucionalidade de aplicação de pena, o Finalismo se apresenta adequado no âmbito de análise do bem jurídico do crime de lavagem de dinheiro. Além disso, a sua teoria de ação não é interpretada nem compreendida, mas sim verificada e explicada com base em aspectos e elementos científicos, tornando todo o sistema, da mesma forma, adequado à segurança jurídica exigida pelo Estado Democrático de Direito e ao mesmo tempo passível de evolução em sintonia com a Constituição da República.

Portanto, uma vez fundamentada a segurança jurídica do Finalismo, como estrutura dogmática para análise do bem jurídico no crime de lavagem de dinheiro, verifica-se a possibilidade de revelar concepções e princípios constitucionais como o princípio da lesividade, o princípio da legalidade, o princípio da adequação social, o princípio da culpabilidade, ao conteúdo do bem jurídico no crime de branqueamento de capitais e a evolução para verificação deste delito como pós fato impunível, pois vazio de bem jurídico como elemento essencial para a materialidade do crime.

---

30. WELZEL, Hans. El nuevo sistema del derecho penal. Montevideo: BdF, 2002. p. 41;57.

11
A LESIVIDADE NO ÂMBITO DO DELITO DE LAVAGEM DE CAPITAIS: ACEITAÇÃO FINALISTA E A ADEQUAÇÃO SOCIAL

11.1 INTRODUÇÃO

O Finalismo é reestruturado constantemente com inovações permitidas pela adequação social, pelo princípio da legalidade e pela antinormatividade, sustentando abertura para introdução de atualizações necessárias no sistema de Welzel. No Finalismo, o bem jurídico lesionado é a consequência do desvalor do resultado de uma ação antijurídica desvalorada. A consequência da pena é decorrente da violação ao valor ético, pois o bem jurídico encontra-se em torno de uma vida social, não sendo visto de forma isolada, mas em conjunto com toda a ordem compactada. Por isso, o delito, mais do que a lesão ao bem jurídico, ocorre com o desvalor do resultado, com a violação de um dever.

Para Hans Welzel, a missão do Direito penal não é proteger diretamente os bens jurídicos, mas a defesa dos valores éticos-sociais. O Direito penal possui a função ético-social, no Finalismo, tendo o escopo de proteger tais valores. A questão do bem jurídico, no Finalismo, é tratada como desdobramento dos valores ético-sociais, ou seja, de modo secundário, não significando que os bens jurídicos não sejam protegidos no sistema finalista, pois haveria bem jurídico lesionado com a ocorrência do desvalor do resultado de uma ação ilícita, em que, por consequência, teria a sanção penal como resposta do Estado. Além disso, o significado de bem jurídico encontra fundado em toda a ordem social, e não de forma isolada.

Juarez Tavares[1] ensina ainda, numa ótica mais profunda que na concepção de Hans Welzel, que o bem jurídico representa objeto de proteção, no entanto, substituído para um segundo plano, tendo sido como primeiro plano de proteção os valores ético-sociais. Ensina que ele compõe o bem jurídico sob dois caminhos, um como bem vital da comunidade ou do indivíduo, e outro como um estado social desejável. Mais à frente, Tavares destaca[2] que "A proteção de valores ético sociais nada mais é que a incriminação da antisociabilidade."

---
1. TAVARES, Juarez. *Teoria do injusto penal*. Belo Horizonte: Del Rey, 2000. p. 177.
2. TAVARES, Juarez. *Teoria do injusto penal*. Belo Horizonte: Del Rey, 2000. p. 178.

Percebe-se, nesse sentido, que o Direito penal pune as ações antijurídicas que violam o bem jurídico, e antes disso, os valores ético-sociais, de forma que o interesse deste ramo do Direito está inclinado com maior direcionamento para a ação. Hans Welzel[3] afirma que a missão central do Direito penal reside em assegurar a validez inviolável dos valores éticos-sociais mediante a ameaça de aplicação da pena, e que a tutela dos bens jurídicos é obtida proibindo e castigando as ações que os lesionar.

Cláudio Brandão[4] leciona no mesmo sentido que Hans Welzel. Definem o bem jurídico como um bem vital para uma comunidade ou para um indivíduo isoladamente que, por uma significação social, passa a ser protegido juridicamente. A proteção pode surgir a partir de várias formas, tal como a honra, objeto psicossocial, como um estado real ou relação vital e relação jurídica, concluindo o autor que o bem jurídico tem a figura de todo o estado social desejável que o Direito pretende resguardar de lesões. Assim, o bem jurídico não pode ter o significado, para apreciação, de algo isolado, mas em conexão com toda a ordem social.

A análise da violação do bem jurídico pela realização da ação desvalorada que, por consequência, leva a um resultado desvalorado, em que aplica-se a pena, como resposta ao desentendimento com a missão do Direito penal, que é a proteção de valores ético-sociais, é o âmbito e contexto que se analisa a conduta de lavagem de dinheiro. Por óbvio, os valores ético-sociais não admitem que sejam praticados crimes. Mas, assim como uma conduta de lesionar a orelha de uma criança recém-nascida para furar e enfeitar seu corpo é aceita pela sociedade como adequada, a conduta de ocultar ou dissimular bens ou valores decorrentes de outras condutas, mesmo que criminosas, será analisada, no Finalismo, no âmbito onde se encontra o bem jurídico, que a nosso ver, está atrás da construção artificial princípiológica da adequação social. A pergunta a ser feita quanto ao crime de lavagem de dinheiro e a lesão a bem jurídico para configurar ou não configurar crime no sistema finalista é verificada em segundo plano, não significando ser menos importante.

As inovações permitidas pela abertura finalista pela porta de entrada no sistema criada pela adequação social, pela legalidade e pela antinormatividade, admitem a lesividade ser identificada no âmbito do Finalismo para compreensão da exigência da violação do bem jurídico no crime de lavagem de dinheiro ao adotar o sistema finalista.

Welzel[5] pensa que o Direito penal tipifica condutas que tenham relevância social, de forma que se não tivesse, não poderia ser crime. Há condutas que não podem ser admitidas criminosas por serem adequadas socialmente. Isoladamente, a execução das três fases do branqueamento de capitais, não permitem verificação

---

3. WELZEL, Hans. *Derecho penal*: parte general. Traducción de Carlos Fontán Balestra. Buenos Aires: Roque Depalma Editor, 1956. p. 4.
4. BRANDÃO, Cláudio. *Tipicidade penal*: dos elementos da dogmática ao giro conceitual do método entimemático. 2. ed. Coimbra: Almedina, 2014. p. 146.
5. WELZEL, Hans. *Derecho penal alemán*. 12. ed. Santiago: Ed. Jurídica de Chile. 1987. p.83.

de lesão ético social, pois o que faz o agente é nada menos que introduzir no sistema financeiro econômico bens e valores, e apenas isso.

Considerando que o Finalismo tem abertura para admitir novos princípios, assim como a questão constitucional da lesividade, já tendo antecipadamente a proteção de valores éticos sociais, e a proteção ao bem jurídico em segundo plano, admite-se análise do crime de lavagem de capitais do ponto de vista da ausência da lesividade a bem jurídico, bem como verificação da adequação social em relação às fases de realização do delito de lavagem de dinheiro.

Welzel[6] ensina que a conduta adequada socialmente não será uma ação típica de lesão, ainda que como consequência produza a lesão de um bem jurídico. Além disso, ensina que[7] "a realização da ação típica e sua materialização em uma lesão ou perigo de lesão a um bem jurídico constituem indício da antijuridicidade."

O tipo penal revela uma seleção de comportamentos ao mesmo tempo que realiza uma valoração daquilo que é relevante socialmente. Nesse sentido, a tipicidade de uma conduta proibida é tratada com a importância do desvalor da ação e do desvalor do resultado que lesam efetivamente o bem juridicamente protegido, constituindo a tipicidade material. À tipicidade formal, acrescenta-se a tipicidade material. Haverá a exclusão da tipicidade se uma ação for adequada socialmente por faltar lesão a bem jurídico penalmente tutelado. Convém registrar que a adequação social divide-se em um duplo juízo de valoração, de forma que ocorre um juízo anterior que busca excluir do âmbito do injusto, negando o desvalor da ação e um juízo posterior, pretendendo excluir do âmbito do injusto consumado, negando o desvalor do resultado. Fundamenta-se o princípio da adequação social[8] com o estabelecimento de limites da liberdade de ação social, de onde se revela que há caracterização da necessidade de afetação a um bem jurídico no delito de lavagem de dinheiro.

Conforme o princípio da lesividade, para haver tipificação de um delito, no sentido material, é necessário que ocorra lesão a bem jurídico penal, ou pelo menos o perigo concreto de lesão a bem jurídico. Justifica-se a intervenção do Direito penal se existir efetivo e concreto ataque a um interesse socialmente relevante, de modo que entendemos pela inconstitucionalidade e a inadequação sistêmica finalista se houver imposição de pena a crime sem lesão a bem jurídico, tal como no crime de lavagem de dinheiro. Nesse sentido ensina Brandão[9] ao afirmar que "Não há como se interpretar o tipo penal, no âmbito da dogmática penal de um Estado Democrático

---

6. WELZEL, Hans. *O novo sistema jurídico-penal*: uma introdução à doutrina da ação finalista. 4. ed. São Paulo: Ed. RT, 2015. p. 73.
7. WELZEL, Hans. *O novo sistema jurídico-penal*: uma introdução à doutrina da ação finalista. 4. ed. São Paulo: Ed. RT, 2015. p. 107.
8. WELZEL, Hans. *O novo sistema jurídico penal*: uma introdução à doutrina finalista. Trad. Luiz Regis Prado. São Paulo: Ed. RT, 2001.p. 58-61.
9. BRANDÃO, Cláudio. *Tipicidade penal*: dos elementos da dogmática ao giro conceitual do método entimemático. 2. ed. Coimbra: Almedina, 2014. p.113.

de Direito, sem a ideia de bem jurídico," valendo para o branqueamento de capitais. Pois, o bem jurídico está na matéria do tipo enquanto objeto de proteção. O Direito penal de um Estado Democrático de Direito somente permite aplicar sanção penal em vista de delito com efetivo, real e concreto perigo de lesão a um bem jurídico determinado, de modo que se a conduta não afetar bem jurídico, não poderá haver infração penal. Gomes[10] direciona pensamento, quanto à lesividade, ensinando que se trata de função que pretende ter natureza material além de apresentar significado de constatação *ex post factum* a concreta presença de uma lesão ou de um perigo de lesão ao bem jurídico protegido. Ao adentrar na análise da lesividade das três fases de execução do crime de lavagem de dinheiro, *placement, layering, integration*, encontramos um grave problema, pois o que ocorre é somente a inserção de valores e bens no âmbito do sistema financeiro econômico sob o aval do Estado, que, inclusive, pelo princípio do *non olet*, exige pagamento de tributos para tanto. Difícil, portanto, perceber lesão de bem jurídico na execução das fases executórias do delito de branqueamento de capitais.

O princípio da lesividade exerce função preventiva e função dogmática. A preventiva é manifestada no momento que antecede a elaboração da legislação, ou seja, da criação dos tipos penais, sendo direcionada ao Legislador penal. A função dogmática é manifestada posteriormente, no momento de aplicação da norma penal ao caso concreto. O princípio da lesividade é um princípio garantista do Estado Democrático de Direito, pois antes de vincular a materialidade do delito, serve de uso para o Legislador criar tipos penais que tenham conteúdo de proteção de bem jurídico, evitando, assim, a ocorrência da criminalização de condutas ignorando a necessidade de possuírem conteúdo ofensivo a bem jurídico, base do sistema penal no Estado Democrático de Direito. As proibições penais se justificam com a afetação grave à direitos de terceiros, não podendo serem criadas para responder questões éticas ou qualquer outro problema estatal[11].

O tipo penal criado sem observação pelo Legislador do princípio da lesividade é vazio de conteúdo material, tornando-se inconstitucional e permitindo que o próprio Judiciário declare sua inconstitucionalidade como delito, pela via difusa ou por meio de uma ação direta de inconstitucionalidade, que é o caso do crime de lavagem de dinheiro como pós fato impunível. O Poder Judiciário é guardião da Constituição da República. Se o Estado Democrático de Direito for violado por intermédio da desconsideração do princípio da lesividade, seja pela função preventiva ou dogmática, a intervenção pela via da correção do devido processo legal e legislativo é necessária, uma vez que o Direito penal é a *ultima ratio*, instrumento de proteção de valores éticos sociais, e, portanto, de bens jurídicos fundamentais para a convivência e desenvolvimento da sociedade.

---

10. GOMES, Luiz Flávio. *Princípio da ofensividade no direito penal*. São Paulo: Ed. RT, 2003.
11. SARRULE, Oscar Emilio. *La crisis de legitimidad del sistema jurídico penal*. Buenos Aires: Editorial Universidad. 1998. p. 98.

11.2 VÍCIO DE TIPICIDADE MATERIAL NO DELITO DE LAVAGEM DE CAPITAIS: INCONSISTÊNCIA CONSTITUCIONAL E O FINALISMO

Considerando a lesividade e a adequação social no âmbito do sistema finalista e a análise das três fases de realização do delito de lavagem de capitais, importa registra a questão da tipicidade formal e material. A tipicidade, como elemento do fato típico, após verificação ideal do fato ocorrido com o tipo abstrato, é dividida em tipicidade formal e tipicidade material. Verificada a existência da tipicidade formal e da tipicidade material, tem-se a tipicidade penal.

A tipicidade formal ocorre ao realizar o juízo de subsunção entre a conduta praticada e o modelo desenhado pelo tipo penal. Ao realizar a operação de verificação entre a conduta realizada no mundo real e o tipo penal, identificando a exata correspondência entre esse fato e a estrutura do tipo, encontra-se a tipicidade formal. Por exemplo, na eventualidade do agente realizar a conduta descrita no modelo do delito de lavagem de capitais, de fato, decorrente da conduta humana praticada, adequa-se perfeitamente ao tipo descrito na lei penal, registrando, assim, a tipicidade formal. A tipicidade formal significa o juízo de subsunção entre a conduta humana e a estrutura modelo descrita pelo tipo penal, sem adentrar no âmbito da questão do bem jurídico. Trata-se do fato do mundo real encaixado ao modelo legal, gerando a tipicidade formal. A tipicidade formal no delito de lavagem de dinheiro ocorre com a realização dos núcleos "verbos" elementares do art. 1º da Lei 9.613/98.

O Estado Democrático de Direito, no âmbito do Direito penal constitucional, admite o princípio da lesividade como princípio garantia da pessoa, iluminados como estrutura princípiológica no Finalismo, com o princípio da legalidade, de forma que não basta somente a realização do fato e sua adequação ao molde legal. Exige-se a tipicidade material, também denominada tipicidade substancial, para ocorrência do delito. A tipicidade material/substancial ocorre quando houver lesão ou perigo de lesão ao bem jurídico tutelado pela norma penal, em vista da conduta praticada pelo agente. É importante considerar que nem todas as condutas humanas que sejam tipificadas formalmente, por adequação perfeita do fato ao tipo, ofendem bem jurídico tutelado pela norma penal. Nesse caso, não haveria tipicidade material. É possível que haja uma conduta formalmente típica, que, por não violar bem jurídico, não seja materialmente típica. Nesse sentido, para que ocorra a tipicidade material, é preciso que a conduta do agente se encaixe perfeitamente no tipo penal abstrato e que viole bem jurídico penalmente tutelado. O bem jurídico está na matéria do tipo enquanto objeto de proteção, no Estado Democrático de Direito.

Uma conduta que se adeque perfeitamente ao modelo abstrato descrito na lei, em que seja considerado o princípio da bagatela, não terá violação de bem jurídico, e dessa forma, não haverá a tipicidade material. Para existir tipicidade material, o bem jurídico penalmente tutelado deve ser violado ou posto em perigo. A tipicidade material ou substancial se relaciona com o princípio da lesividade, ou ofensividade, que exige, para existência de infração penal, ao menos que a conduta ofereça perigo de lesão a bem jurídico. Se não existir lesão ou perigo de lesão a bem jurídico, não haverá tipicidade material, e, portanto, não haverá crime.

Nesse sentido, se uma conduta não lesa bem jurídico de modo significante, a adequação social permite a exclusão da tipicidade, no sistema finalista constitucionalizado pelo princípio da legalidade, de modo que, se o exercício das três fases de execução do delito de lavagem de capitais não lesar bem jurídico, serão adequados socialmente, não havendo tipicidade material. Considerando que o delito de branqueamento de capitais, realizado pelo procedimento da ocorrência de suas três fases, insere produto ou bem no sistema econômico financeiro, sem violar diretamente bem jurídico, poderá ter tipicidade formal, contudo, será delito existente no ordenamento jurídico viciado por inconstitucionalidade, por ausência de tipicidade material. Sendo assim, a conduta denominada lavagem de capitais poderá ser admitida como pós fato impunível. Brandão[12] arremata o pensamento acima da seguinte forma: "No caso do legislador proibir sob a ameaça de uma pena condutas que não são materialmente percebidas como desvaliosas, o tipo penal estará em um descompasso cultural com a tipicidade material, será uma mera proibição (*delicta mere prohibita*) sem uma fundamentação de ordem valorativa."

11.3 DOGMÁTICA JURÍDICO-PENAL, IMPORTÂNCIA SISTEMÁTICA DO BEM JURÍDICO COMO INSTRUMENTO DE SUPRALEGALIDADE NO DIREITO PENAL NO ÂMBITO DO CRIME DE LAVAGEM DE DINHEIRO

Desde as construções sistemáticas causalistas de Liszt e Beling, às mais recentes estruturas de dogmas como as de Vives Antón e Silva Sánchez, identifica-se avanço da dogmática jurídico penal em torno de momentos históricos, culturais e políticos. Em acompanhamento paralelo à construção sistemática do delito, o conceito de bem jurídico se desenvolveu desde a função do Direito penal, em 1801, com a teoria da coação psicológica de Anselm von Feuerbach, em seu Tratado de Direito penal. Birnbaum passou a ser reconhecido como o criador do conceito de bem jurídico ao criticar Feuerbach quanto a proteção de direitos subjetivos.

A noção jurídica do bem segue em evolução dentro dos sistemas penais, considerando o Finalismo de Welzel, os vários de tipos de Funcionalismo, seja de Roxin, Jakobs, Sanchez, Zaffaroni, além do conceito do bem jurídico estruturado na filosofia da linguagem. A partir desta construção evolutiva paralela entre a teoria do delito e o bem jurídico, identifica-se a influência deste conceito de forma intrassistemática, ora dando relevância ao delito, ora justificando a pena.

---

12. BRANDÃO, Cláudio. Tipicidade penal: dos elementos da dogmática ao giro conceitual do método entimemático. 2. ed. Coimbra: Almedina, 2014. p.180.

Liszt e Beling, em fases periódicas próximas e distintas, apresentam elementos de dogmática penal para justificar a aplicação cartesiana da sanção penal. Fase esta causalista em que há início de uma estrutura de delito com a criação de um conceito estratificado baseado em elementos de conduta antijurídica somada à culpabilidade.

Na fase revolucionária Neokantista, vem à tona a inserção dos valores nos elementos da teoria do delito, conferindo a essência cultural aos já valorados elementos apanhados do positivismo. Fase esta em que Mayer insere a ação antes vaga, no elemento do tipo, pois este passa a ser indicio do desvalor da ilicitude. Neste âmbito, a tipicidade não pode ser moldura objetiva, pois o que é típico é digno de uma pena, e portanto, é tido como algo desvalioso. Mayer insere a tipicidade dentro do contexto valorativo. O que é valorado é predicado, não é substantivo. Para Mayer, valorar é atribuir signos, positivos ou negativos. A importância de Mayer para a dogmática é grandiosa, pois a estrutura de tipicidade que se tem hoje é devida à Mayer, uma vez que é o criador do conceito de tipicidade que tem a ação como núcleo, surgindo a estrutura do Direito penal atual.

A concepção finalista do delito reflete mudança de posicionamento para atender segurança jurídica pós-guerra. O Funcionalismo teleológico de Roxin surge como teoria da proibição da negação justificando superação do sistema de Welzel, conectando a política criminal e a dogmática numa construção sistemática única. Os enunciados dogmáticos não podem ser simplesmente negados pelos aplicadores do direito, pois quando se quer distanciar de uma determinada solução dogmática, há obrigação de contribuir com melhores argumentos, sendo o caso da superação do dogma causal com a teoria da imputação objetiva de Roxin.

Ferrajoli, em vertente positivista, cria um sistema dogmático penal estruturado numa base de concepção garantista constitucional. Zaffaroni apresenta uma teoria de linhagem política reducionista funcional em que a teoria do delito se estrutura em Welzel, contudo, com avanços e inovações lastreadas por uma abertura hermenêutica funcional para atender a antinormatividade e a materialidade da tipicidade. Vives Antón, com apoio em signos sociais e sentido de uma ação decorrente da filosofia da linguagem do segundo Wittgenstein e Habermas, cria uma inovadora teoria do delito, também fixando o valor constitucional dos seus elementos. Silva Sanchez, funcionalista de concepção filosófica roxiniana, cria estrutura de delito baseada na antijuridicidade penal e sancionabilidade penal, colocando a tipicidade em segundo plano. Neste processo de administração evolutiva da teoria do delito, há identificação em conjunto da também evolução do conceito do bem jurídico, que passou a ser imprescindível na consideração do delito e da aplicação da sanção penal.

Na atualidade, em virtude de um Estado faminto por condenações de agentes do colarinho branco, verifica-se a desconsideração dogmática da teoria do delito e os variados sistemas funcionalistas em torno da justiça, além da ausência de importância ao conceito de bem jurídico, de forma que passou-se a dar maior relevância à um sistema de aplicação de fato e lei, com rasa e vazia adequação, sem aprofundamento da dogmática penal em relação ao delito e, em virtude disso, também em relação ao bem jurídico. Nos parece que há volta ao positivismo jurídico. E nesse âmbito, encontra-se o crime de lavagem de dinheiro e a discussão do bem jurídico.

A dogmática jurídico-penal revela cientificamente o delito. Sem a estruturação da dogmática como sistema, inserindo o fato delituoso à um sistema que justifique a atuação do Estado, há perda de legitimidade na aplicação da sanção penal. É o sistema que define o delito, não é o delito que define e condiciona o sistema. A prestação da dogmática ao conceito de delito consiste em defini-lo sistematicamente. A dogmática possui um método próprio e exclusivo, em virtude do qual chega a alcançar a noção do delito, e também do bem jurídico. Esse método é o sistema. O crime é produto do sistema, que passa a fixar o que deve ser considerado como delito.

A dogmática não é hermenêutica, contudo o dogmata realiza um trabalho hermenêutico, pois a hermenêutica significa compreensão. O trabalho hermenêutico busca compreender textos jurídicos, símbolos e conceitos utilizados na linguagem jurídico-penal. Nesse sentido, a dogmática jurídico-penal efetua a análise hermenêutica. É possível afirmar que o resultado da análise hermenêutica da dogmática leva o dogmata a solucionar um caso concreto com legitimidade. Para se fazer compreensível, a dogmática jurídico-penal recorre a um conjunto prévio de unidades conceituais e raciocínio sistêmico. O objetivo é a produção de um sentido legítimo a um caso concreto e aplicar uma sanção penal. O trabalho da dogmática jurídico penal não se limita a descobrir um sentido, mas esforça para atribuir um sentido, desde um aparato conceitual próprio e preexistente.

A dogmática sistematiza e ordena o Direito por meio da descoberta de princípios e enunciados teóricos abstratos que permitam criar um aparato conceitual reduzido, ao qual se remetam as decisões jurídicas concretas. A dogmática busca dar respostas a questões, oferecendo uma segurança jurídica sistemática.

A dogmática influencia a prática, sendo o principal objeto de trabalho do dogmata, do interprete, do operador do direito. Os problemas práticos, a colocação de conceitos, os grupos de casos, as leis, são trabalhadas pela dogmática dentro dos sistemas penais, para justificar justiça de acordo com a cultura, a história, o momento de aplicação do direito.

A evolução da construção da teoria do delito para constatar justiça é aplicação da dogmática jurídico-penal de acordo com o pensamento da cultura local e atualizada ao caso concreto.

A sistematização ordenada de conceitos é o núcleo do pensamento dogmático, o que a faz superior a outras formas de análise da realidade. A sistematização é algo constante na ciência do Direito penal.

Com isso, a sistematização realizada pela dogmática penal pressupõe uma determinada concepção acerca da legitimidade do Direito penal e da aplicação da pena após atribuição de um fato ilícito ao agente da conduta. Por isso, é necessário registrar que não existe uma dogmática mais correta ou melhor em detrimento de outra.

Nesse sentido, a dogmática caracteriza-se pela procura constante de razões que, junto da justificativa da lei, legitima a imputação e a pena.

A atividade científica se ocupa da legitimação do Direito penal. A ciência do Direito penal deve dar resposta à pergunta acerca de qual o Direito penal é legítimo em uma época determinada e qual não o é. Para isso, utiliza-se a dogmática – jurídica penal, mesmo que seja arcaica, como a mera aplicação da lei, sem aprofundamento no aspecto elementar do delito e análise da lesão ao bem jurídico, como tem sido visto em relação a aplicação do Direito penal na atualidade, sobretudo em relação ao crime de lavagem de dinheiro.

A dogmática jurídico penal coloca o Direito penal em relação ao seu tempo de aplicação para que seja admitida com legitimidade uma imputação justa e uma aplicação de sanção penal também admitida e justificada. A atividade cientifica exercida pela dogmática confere resposta acerca de qual seria o Direito penal legítimo em determinada época. Os fundamentos dogmáticos giram em torno de uma acertada justiça conectada ao sistema adequado e ao crime ocorrido. Nesse sentido, o conceito de delito e a noção de bem jurídico representam elementos de sistema dogmático que irão dar legitimidade ao Estado para acionar o Direito penal.

Dogmática é método, sistema, meio técnico e científico que confere o poder de legitimidade ao Direito penal justificado. Pela via da dogmática há interpretação, sistematização e desenvolvimento da ciência penal. A dogmática confere um método de aplicação dos elementos necessário para tornar o Direito penal seguro e justo, levando em conta ideologias que a afirmam. Contudo, não pode ser negado que há ideologias de combate da dogmática como método de segurança, com o objetivo de atingir a segurança de aplicação do próprio Direito penal. Nesse sentido, afirma Zaffaroni[13] o seguinte:

> A dogmática é um método que não fica vinculado a uma ideologia determinada, porque pode ser aplicado à interpretação de leis que reconhecem conteúdos ideológicos distintos. Não obstante, há algumas ideologias (que geralmente se identificam ou aproximam do segundo sentido que damos à expressão) que são hostis à dogmática. A dogmática não se concilia com as ideologias que conduzem à insegurança jurídica na aplicação do direito. Essas ideologias combatem a dogmática porque combatem o direito, reduzindo a ciência jurídica a uma caricatura consistente em um jogo de conceitos difusos, do tipo dos componentes autoritários que fecham o discurso.

Não significa dizer que a dogmática garanta a segurança jurídica por si só, uma vez que há dogmática colocada à serviço da maldade, da violação dos direitos humanos, como ocorreu na Segunda Guerra Mundial. Mas é um fato incontroverso que sem dogmática não há segurança de aplicação do Direito penal de forma legítima.

---

13. ZAFFARONI, Eugenio Raul; PIERANGELI, José Henrique. Manual de direito penal brasileiro: parte geral. 7. ed. São Paulo: Ed. RT, 2007. v.1. p. 152.

A exigência da lesão ao bem jurídico, no momento atual de aplicação do Direito penal constitucional representa a cara da dogmática penal mais atual, podendo ser analisado no âmbito do Finalismo pela via da adequação, no Funcionalismo teleológico, pelo método da tipicidade material, no Funcionalismo reducionista, também pelo método dogmático da tipicidade material, por exemplo.

Há comprovada identificação da necessidade da existência do bem jurídico no âmbito do método da dogmática jurídico penal para validar a aplicação do método da teoria do delito como legítima ao sancionar penalmente uma conduta. Nesse sentido, Brandão[14] deixa claro que "O método penal estabelece que se investigue a violação do bem jurídico, que é o conteúdo da tipicidade, para que se justifique a violência da pena." Afirma ainda que, no âmbito da dogmática jurídica penal de um Estado Democrático de Direito, não é possível interpretar o tipo penal sem a ideia do bem jurídico.

> Não há como se interpretar o tipo penal, no âmbito da dogmática penal de um Estado Democrático de Direito, sem a ideia de bem jurídico. Isto se dá por que o tipo exerce, ao descrever e delimitar na lei, conceitual e abstratamente, o âmbito da conduta proibida, um limite inequívoco à intervenção penal. Pois bem, da referida limitação à intervenção penal (que, ressalte-se, é uma exigência de um Estado Democrático de Direito), emerge intrinsecamente a conceituação de bem jurídico para ocupar um lugar de destaque: o bem jurídico está na matéria do tipo enquanto objeto de proteção.

Para aplicar o Direito penal, antes deve haver identificação do método e a relação com a proteção dos bens jurídicos. Navarrete[15] afirma que as construções dogmáticas envolvem a noção de bem jurídico por mais de dois séculos, sendo este fundamental categoria da dogmática.

Para Navarrete[16], o bem jurídico é chave do conteúdo material do injusto típico. A realização de um comportamento antijurídico de gravidade que requeira cominação penal, em virtude da presença de lesão a um objeto de proteção que tenha significado social e exige a garantia punitiva, faz com que o Direito penal tenha sentido como ordem jurídica e como controle de política criminal. Por conta disso, é inevitável destacar o valor do bem jurídico no Direito penal. O reconhecimento do conceito do bem jurídico representa um pressuposto básico imprescindível para a justificação normativa do sistema penal. Não há como deixar de lado a existência da consideração do bem jurídico no crime de lavagem de dinheiro, para, inclusive, o considerar como delito vigente no Estado Democrático de Direito.

---

14. BRANDÃO, Cláudio. *Tipicidade penal*: dos elementos da dogmática ao giro conceitual do método entimemático. 2. ed. Coimbra: Almedina, 2014. p. 21.
15. NAVARRETE, Miguel Polaino. *El injusto típico en la teoría del delito*. Buenos Aires: Editora Mario A. Viera Editor, 2000. p. 329-330.
16. NAVARRETE, Miguel Polaino. *El injusto típico en la teoría del delito*. Buenos Aires: Editora Mario A. Viera Editor, 2000. p. 319-320.

Há grande importância do bem como objeto de proteção, que por sua significação social, exige garantia punitiva. Sem isso, o Direito penal iria carecer de sentido como ordem jurídica e meio de controle político criminal.

Nesse sentido, a tese do bem como objeto protegido pela norma penal, nos termos em que foi formulada por Birnbaum, em 1934, veio a ter uma delimitação da categoria do conceito substancial do bem jurídico, que se incorpora no sistema atual da dogmática, que a entidade fática do bem socialmente reconhecido passa a ser considerada como objeto de valoração jurídica e garantia positiva do ordenamento penal.

A noção do bem levantada por Birnbaum introduziu o conteúdo substancial da categoria dogmática do bem protegido. Destarte, a ideia de conteúdo de valor foi logo qualificada mediante o termo bem jurídico. O crime de branqueamento de capitais necessita, dogmaticamente, da presença de um bem jurídico sob proteção, tratando-se, em sentido dogmático-jurídico, da própria existência do delito, que, sem o bem jurídico, não passa de um tipo vazio de conteúdo, nos sistemas que exigem a tipicidade material.

Conforme Brandão[17], o Direito penal ganha legitimidade quando é racionalmente explicado. A justificação deste imperativo é a proteção de um valor, que não está no plano da literalidade dos signos, mas na lógica compreensiva dos signos. Assim, valor e este imperativo tem a mesma natureza, pois são compreendidos sem estarem expressos, ficando dependendo dos sujeitos cognoscentes para entender o conteúdo. A realização deste imperativo viola o valor, isso será chamado de antinormatividade, mesmo fora do injusto, considerado ação típica e antijurídica, esta antinormatividade do bem jurídico será determinante porque, quando nós dissemos que a base de reprovação da culpabilidade é a consciência da ilicitude, estamos dizendo que a violação do bem jurídico conduz ao conhecimento da norma proibitiva. Em complemento, é importante registrar ainda, que toda interpretação supralegal do Direito penal é baseada no bem jurídico.

Tavares[18] alerta que a exigência da lesão ao bem jurídico vem se esvaziando, no seguinte sentido:

> Essas alterações na noção de bem jurídico indicam o rumo tomado pelo poder punitivo, em face das modificações estruturais havidas na sociedade e no Estado. De uma sociedade liberal-individualista até a sociedade da comunicação pós-moderna, o que se observa é que a noção de bem jurídico vai diluindo gradativamente sua substancia material, até culminar praticamente na sua eliminação.

A matéria definida, a taxatividade penal, no âmbito da dogmática jurídica que este conceito oferece ao sistema jurídico penal, em consequência, vem dando lugar

---
17. Anotações de aula (Doutorado) do prof. Cláudio Brandão em 9 de março de 2016 na PUC Minas.
18. TAVARES, Juarez. *Teoria do injusto penal*. Belo Horizonte: Del Rey, 2000. p.178.

à delitos vazios, instrumentos de modelagem lastreados pela adequação de um fato à lei, somente, como na era positivista ortodoxa. O que é um perigo, ao admitir as exigências constitucionais do Estado Democrático de Direito da atualidade sistemática jurídica.

A dogmática como método, interpretação, sistematização alinha-se a uma estrutura taxativa da ordem jurídica penal, como matéria predefinida, e a justificação de um Direito penal legitimado em relação à imputação de fatos e aplicação de sanção penal ao indivíduo. A teoria do delito representa filtro dogmático jurídico constitucional de submissão de um caso concreto ao Estado para aplicação do Direito penal, assim como a exigência de lesão de bem jurídico. O bem jurídico é elemento significativo de sustentação do delito. Portanto, para saber se há bem jurídico no crime de lavagem de dinheiro é preciso recorrer à dogmática jurídico penal, além de buscar adequar qual a teoria do delito acertada para ser aplicada e qual seria o efeito do delito sem lesão de bem jurídico dentro do sistema adotado, para que então, haja possibilidade de apontar a atipicidade do crime de lavagem de dinheiro por ausência de lesão ao bem jurídico.

11.4 APONTAMENTOS DOGMÁTICOS E A RELAÇÃO QUANTO À NATUREZA JURÍDICA DO BRANQUEAMENTO DE CAPITAIS NA CONDIÇÃO DE POST FACTUM IMPUNÍVEL

Considerando que o ser humano está no centro de atenção no Estado Democrático de Direito, a estrutura da organização estatal deve atender às necessidades dos indivíduos, colocando a pessoa e os direitos que lhe asseguram dignidade, no alvo de proteção do Estado. Aquele que responder processo penal em que a imputação seja a prática de lavagem de dinheiro deve ter o apoio dogmático penal constitucional em relação ao filtro finalista e as garantias científicas da segurança estruturada pelo bem jurídico como matéria do tipo enquanto objeto de proteção.

A segurança da consideração do princípio da lesividade não pode ser esquecida. Da mesma forma, uma estrutura de realização do delito adequada à segurança ofertada pelo sistema finalista. Não é sem motivos que a Constituição da República prescreve no título I, art. 1º, que a República Federativa do Brasil constitui-se em Estado Democrático de Direito e tem como fundamento a dignidade da pessoa humana.

O bem jurídico analisado sob a luz do Direito penal, na linha de regras seguida pelo Estado Democrático de Direito, tem conexão com a finalidade de preservar as condições necessárias para viabilizar a coexistência livre e pacífica em sociedade, de forma que haja o respeito aos direitos fundamentais dos indivíduos integrantes do corpo social. Nesse sentido, aquele que praticar o delito de branqueamento de capitais, no âmbito finalista, deve ter o direito de questionar a lesão a bem jurídico para, somente então, ter sancionada sua conduta.

O bem jurídico está na matéria do tipo enquanto objeto de proteção. Quanto ao Finalismo, não é possível progredir com aplicação de pena a alguém, no Estado Democrático de Direito, sem antes haver certeza da lesão a bem jurídico penal, sobretudo no crime de lavagem de dinheiro. Além disso, a consciência de lesão de um delimitado bem jurídico com a prática e realização das fases da conduta de lavagem de capitais é inerente à matéria no Estado Democrático de Direito.

Em que pese o Finalismo demandar proteção a valores éticos sociais, o bem jurídico representa elemento de proteção secundária, o que não significa que não tenha a devida e grande importância no sistema penal. O bem jurídico lesionado é consequência do desvalor do resultado de conduta ilícita. Considerando que o bem jurídico gira em torno da vida social, a soma de bens jurídicos sob proteção do Estado tem conexão com toda a sociedade, devendo, de toda forma, representar o estado desejável que o ordenamento jurídico deve proteger de condutas lesivas. Nesse sentido, violando bem jurídico, viola ordem ético-social, viola a sociedade, viola a norma, e dessa forma, com o desvalor do resultado, ocorre o delito.

Pois bem, a análise do bem jurídico penal é relevante pelo aspecto democrático de um Estado de Direito e no Finalismo, mesmo que num segundo plano. A proteção do bem jurídico segue critério material de construção dos tipos penais, constituindo sua base de estrutura e interpretação. O bem jurídico deve ser utilizado como princípio de interpretação do Direito penal num Estado Democrático de Direito, sendo ponto de relevância material da estrutura do delito finalista.

A noção de bem jurídico é vinculada a valores constitucionais construídos pela sociedade em um dado momento histórico e cultural, sendo elencados de acordo com os princípios considerados de maior importância pela sociedade, devendo ser identificado e coletado pelo poder legislativo para ser protegido, sem possibilidade lógica de ser criado por uma lei abstrata. Na concepção finalista, Welzel[19] já apontava que no evento da realização de uma infração penal, há um desvalor da ação pela violação da norma e um desvalor do resultado pela ofensa ao bem jurídico pois, a finalidade primordial do Direito penal é assegurar a vigência de valores éticos sociais, o que acaba por incluir a proteção de bens jurídicos.

Nesse sentido, é possível verificar, com clareza, que a Lei 8.137/90 definiu crimes que, expressamente, visam proteger específico bem jurídico, qual seja, a ordem tributária. Nesse caso, o tipo penal evidencia o bem jurídico, de modo que o intérprete da lei fica vinculado à escolha do legislador quanto ao bem jurídico sob proteção. A tipicidade material terá destaque no momento em que a conduta sob exame violar o bem jurídico identificado. Diferentemente ocorre com os crimes de lavagem de dinheiro, que não tem no tipo penal a identificação do bem jurídico a ser tutelado. A Lei 9.613/98, modificada pela Lei 12.683/12, em seu art. 1º, tipifica o

---

19. WELZEL, Hans. Derecho penal alemán. Trad. Juan Bustos Ramirez e Sergio Yáñez Pérez. Santiago, Ed. Jurídica de Chile, 1970. p.91-92.

crime de lavagem de dinheiro, por meio de um modelo de tipo penal que não identifica, com especificidade, qual o bem jurídico a ser protegido. A hipótese que orienta este modelo típico apresenta-se com a verificação das variáveis do bem jurídico nos crimes de lavagem de dinheiro, buscando uma solução mais adequada diante do tipo penal e as características desta infração penal.

Apesar da matéria de proibição estar presente no tipo, não se confunde com ele. A indagação é comum, pois a matéria considerada de proibição engloba o resultado do injusto. A soma do desvalor da ação está adicionada ao desvalor do resultado para constituir o injusto penal, lembrando que a violação do bem jurídico está embutida em conduta que representa o desvalor do resultado. Temos que admitir que o tipo penal tem maior abrangência do que a matéria de proibição, uma vez que o tipo de injusto é proprietário de todos os elementos que rodeiam a imagem do delito. O bem jurídico está alocado no tipo de injusto, sendo iluminado no instante em que ocorre, por uma conduta, a identificação do desvalor do resultado. Assim que o legislador aponta, por meio da Lei penal, uma conduta tipificada, necessariamente, ocorre uma análise fria de um juízo de desvalor, mesmo que inicial. Pelo menos é o que deveria ocorrer. O fato do legislador conferir uma sanção penal para o indivíduo que realiza modelo de conduta que viola bem jurídico representa um juízo de valor inicial. Sendo assim, é seguro afirmar que a criação do tipo penal representa uma decisão política de um determinado momento histórico.

Nesse sentido, Maurach[20] afirma que

> O bem jurídico constitui o núcleo da norma e do tipo. Todo delito armazena um bem jurídico; o critério, em ocasiões defendido por Frank, cabe pensar também em delitos não referidos a um bem jurídico, se encontra hoje superado. Não é possível interpretar, nem por tanto conhecer, a lei penal, sem manter a ideia do bem jurídico.

O simples fato de identificar a realização de uma conduta típica, identifica-se, necessariamente, uma conduta baseada no desvalor da ação e do resultado. Isto ocorre por que o bem jurídico, objeto de proteção da norma penal, é violado pela prática da conduta desviante.

Welzel[21] acredita que o tipo tem um conteúdo amplificado em relação a matéria de proibição, de modo que o tipo (*Tatbestand*) significa um tipo de injusto (*Unrechtstypus*). Considerando o posicionamento de Welzel, Cerezo Mir[22] se posiciona no sentido de que, realmente, o tipo de injusto é mais abrangente do que a matéria de proibição.

---

20. MAURACH, Reinhart. Tratado de derecho penal. Barcelona: Ariel. 1962. t. I. p.253-254. "El bien jurídico constituye el núcleo de la norma y del tipo. Todo delito amenaza un bien jurídico; el critério, em ocasiones defendido por Frank, de cabe pensar también em delitos no referidos a um bien jurídico, se encontra hoy superado. No es posible interpretar, ni por tanto conocer, la ley penal, sin acudir a la ideia de bien jurídico."
21. WELZEL, Hans. *El Nuevo sistema del derecho penal*. Montevideo: BdF. 2002. p. 72.
22. CEREZO MIR, José. *Curso de direito penal*. Madrid: Tecnos. 1993. p. 319-320.

Diante disso, não há outra conclusão, senão a de que o resultado possui relevância penal do ponto de vista da ofensa de um bem jurídico, pelo desvalor do resultado, considerando ainda, a importância do desvalor da ação e a valoração inicial do legislador na criação do tipo penal. Assim, o bem jurídico é substrato material da tipicidade, sendo sua substância valorativa. O conteúdo material do tipo de injusto é o bem jurídico. Com isso, o crime de lavagem de dinheiro, para ser admitido como delito, no âmbito de análise do sistema finalista, constitucionalizado pela adequação social, pelo princípio da legalidade e pela antinormatividade, deve ter um bem jurídico identificado sob proteção. Caso contrário, não há sentido a existência do modelo legal lavagem de capitais. Além disso, importa afirmar que a norma penal tem a função de proteção do objeto de valoração, que é o bem jurídico caro à sociedade e que deve ser valorado previamente pelo legislador, ao elencá-lo item central do tipo de injusto. A colocação do bem jurídico em perigo ou sua violação direta acarreta o desvalor do resultado, gerando conexão do bem jurídico com a antinormatividade. A criação de modelo de crime inexistente de proteção de bem jurídico torna-o inconstitucional, vazia de justificação na ciência finalista.

Além da relação intrínseca existente entre o bem jurídico e a tipicidade, é possível verificar sua ligação com a antinormatividade penal. Considerando que a norma penal seja criada por meio de um juízo de valor prévio ou inicial realizado pelo legislador, e que a intenção deste é que um determinado bem jurídico caro à sociedade seja protegido pela lei, possivelmente a conduta que venha violar a norma criada para proteger o bem jurídico elencado, consequentemente pode violar este bem jurídico, sendo esta conduta, naturalmente, denominada antinormativa. Daí a relação entre o bem jurídico e a antinormatividade penal, pois violar a norma poderá violar também o bem jurídico. Um modelo de delito que não tem a proteção de um bem jurídico como pano de fundo, desordena a relação bem jurídico e antinormatividade, pois não há o que proteger. O tipo criado sem observar a proteção de um bem jurídico pode ser objeto de criação legislativa para atender vontade política, emergencialismo penal, ou qualquer outro motivo, mas faltará conteúdo doutrinário que o justifique.

Para além do exposto, Gracia Martin[23] ensina que há divisão da norma penal em norma de determinação e norma de valoração. A norma penal de valoração se refere ao desvalor do resultado, sendo este atingido com a violação ou exposição ao perigo dos bens jurídicos. A norma penal de determinação, na visão de Gracia Martin, tem função de proteção das normas de valoração. A lesão ou perigo de violação das normas de valoração, ou seja, dos bens jurídicos, se posicionam no mesmo endereço do desvalor do resultado.

---

23. GRACIA MARTIN, Luis. *Fundamentos de dogmatica penal*: una introducción a la concepción finalist de la responsabilidad penal. Barcelona: Atelier. 2006. p. 297-298.

É certo que o bem jurídico está inserido no tipo, na condição de objeto de proteção. Considerando que o Direito penal seja instrumento necessário para efetivar a proteção dos bens jurídicos, não pode ser esquecido que há conexão entre o Direito penal e a política. Este ramo do Direito gera a consequência da violência praticada pelo Estado, que é a aplicação da pena para o indivíduo que viola norma penal ao agredir bem jurídico sob tutela estatal. Não há possibilidade de realizar interpretação do tipo penal, no âmbito da dogmática penal do Estado Democrático de Direito, sem dar relevância para o bem jurídico. Portanto, o bem jurídico representa termômetro para verificação da dogmática penal no âmbito do Estado Democrático de Direito, sendo expressão política do Estado, sobretudo quando analisado do ponto de vista finalista do delito. O bem jurídico possui importância de relevância para um indivíduo e a sociedade, e por ter um significado social, deve ser protegido juridicamente, e sua ausência no molde típico de conduta revelada proibida, o torna inaceitável no Estado Democrático de Direito.

12
O PRINCÍPIO DA LEGALIDADE MATERIAL E O BRANQUEAMENTO DE CAPITAIS

12.1 INTRODUÇÃO

O branqueamento de capitais representa modelo penal que deve ser adequado ao princípio da legalidade, sobretudo da legalidade material. As fases de realização do delito precisam ser adequadas à legalidade material, pois se não for, identifica-se, por conseguinte, estrutura legal que lesiona a ordem constitucional. Há um significado material no princípio da legalidade, sendo norma de estrutura constitucional. Nesse sentido, prescreve o art. 5º, XXXIX, da Constituição da República, que "não há pena sem lei anterior que o defina, nem pena sem prévia cominação legal". O princípio da legalidade foi consagrado pela Constituição da República como cláusula pétrea, representando uma das bases do Estado Democrático de Direito, notadamente em matéria penal. Para além disso, o sistema garantista expõe o princípio da legalidade em um dos seus axiomas, sendo princípio base da teoria de Luigi Ferrajoli.[1] O princípio da legalidade garante segurança jurídica aos jurisdicionados, de forma que não poderão ser submetidos a punições criminais, sem apoio em legislação determinada, construída pelo devido processo legislativo. Brandão[2] ensina que "Onde termina a Legalidade começa a força despotica e um Direito penal separado do Princípio da Legalidade é simplesmente um instrumento de terror estatal. Isto posto, é na Legalidade que o Direito penal moderno encontra sua legitimidade."

Na ocorrência de conduta humana, somente poderá haver subsunção do fato ao tipo, com a devida consequência jurídica, se antes existir legislação válida para permitir a responsabilização penal com a aplicação da sanção penal. De outra forma, caso alguém seja responsabilizado criminalmente e penalizado por isso, sem existência de lei penal válida e anterior ao fato, haveria violação ao princípio da legalidade. Brandão[3] aponta que "pela lei não somente se protege o homem das ações lesivas aos bens jurídicos, pela lei se protege o homem do próprio Direito Penal".

---

1. FERRAJOLI, Luigi. *Direito e razão*: teoria do garantismo penal. 4. ed. Ed. RT, 2014. p. 344.
2. BRANDÃO, Cláudio. *Introdução ao direito penal*: análise do sistema penal à luz do princípio da legalidade. Rio de Janeiro: Forense, 2005. p. 2.
3. BRANDÃO, Cláudio. *Introdução ao direito penal*: análise do sistema penal à luz do princípio da legalidade. Rio de Janeiro: Forense, 2005. p. 41.

Há exigência de que ocorra perfeita subsunção entre a conduta humana e a norma penal, de modo que, por mais grave que seja, se não adequar a ação ou omissão a um tipo penal anteriormente previsto, não poderá existir sanção penal.

O princípio da legalidade exige que exista uma lei definindo determinada conduta humana como criminosa; da mesma forma, o delito de branqueamento de capitais, e que essa norma tenha conteúdo determinado; que seja anterior ao fato; que seja lei em sentido formal, que somente seja permitido analogia in bonan partem; sendo a lei garantida de forma isonômica para todos. Ademais, importante o registro da existência do conteúdo material da lei.

As leis penais incriminadoras não podem ser aplicadas a fatos passados, consagrando a expressão *nullum crimen nulla poena sine lege praevia*, como garantia fundamental. Não se admite que haja uma lei penal incriminadora criada após determinada ação ou omissão, vindo a norma a ser aplicada retroativamente para penalizar algum indivíduo, o que causaria enorme insegurança jurídica. Conforme Fernando Galvão[4],

> Se não havia a proibição, o indivíduo não pode ser responsabilizado por uma conduta que, no momento de sua realização, era lícita. No que diz respeito ao agravamento da pena, o mesmo raciocínio aplica-se. Se no momento da realização da conduta a consequência jurídica da prática da conduta era uma, não poderá o indivíduo, posteriormente, responder de maneira mais gravosa. A proibição da retroatividade assegura a preservação das regras do jogo instituídas pelo Estado de Direito.

Não existe princípio da legalidade sem a anterioridade, de forma que as leis penais somente retroagem para beneficiar o réu. Por isso, o crime somente pode ser definido em lei anterior ao fato. Quanto à pena, deve esta ser baseada em prévia cominação legal, aos moldes do art. 5º, incisos XXXIX e XL, da Constituição da República.

Para além disso, o princípio da legalidade não permite criação de infrações penais e penas por meio de costumes, sendo necessária a existência de lei no sentido formal, exceto como fonte mediata para atendimento às normas permissivas. O costume permite a tolerância da sociedade diante de determinada conduta, que pode ser utilizada como medida de exclusão de culpabilidade. O limite imposto aos costumes é quanto à criação de norma incriminadora e imposição de sanção penal. Consagra-se aqui a expressão *nullum crimen nulla poena sine lege*. Também não é admitido que se crie normas penais incriminadoras e sanções penais por meio de medidas provisórias, leis delegadas, resoluções. Por outro lado, admitem-se medidas provisórias *in bonam partem*, como instrumento de criação do Direito penal, servindo a regra para o delito de lavagem de capitais.

---

4. GALVÃO, Fernando. *Direito penal*: parte geral. 7. ed. Belo Horizonte: Editora D'Plácido, 2016. p. 141.

O princípio da legalidade proíbe o emprego da analogia *in malam partem*. Contudo, considerando que a analogia *in bonam partem* amplia a liberdade individual, não há obstáculo para sua permissão. Desse modo, somente a analogia in *malam partem*, por ser prejudicial ao indivíduo e por dar origem a crimes e penas, não pode ser permitida, uma vez que gera violação direta ao princípio da legalidade. A analogia representa um instrumento de integração, aplicando-se uma lei penal para fora do seu âmbito de incidência, com o objetivo de corrigir omissão. Por isso, não pode ser aplicada para prejudicar o jurisdicionado, somente para beneficiá-lo. Nesse sentido, não é possível criação de novas hipóteses de causas interruptivas e suspensivas de prescrição, uma vez que a prescrição é garantia do jurisdicionado.

Diferente é o método de interpretação extensiva, que permite apenas a expansão do alcance do significado da norma. Assim, é possível interpretar a norma extensivamente, de modo que seja prejudicial ao indivíduo. O princípio da legalidade exige que a norma penal incriminadora seja certa e precisa, não admitindo termos vagos, duvidosos e que deixam margens de dúvidas para o intérprete admitir variadas condutas como crime ou contravenção penal. *Nullum crimen nulla poena sinelege certa* é a expressão garantista que consagra a necessidade de precisão das normas penais incriminadoras. Não pode haver tipos penais que sejam genéricos e vagos, que permitem embarcar vários atos como ilícitos penais. Por exemplo, o tipo que determina que praticará crime quem "violentar sentimento do povo", "agredir a ideia central da lei penal", entre outros, será de tal forma genérico, que violará o princípio da legalidade. Contudo, é possível identificar exceções a essa regra. Nos crimes culposos, por exemplo, cabe ao juiz identificar a conduta que viola o cuidado objetivo exigido pela sociedade, pois a norma penal determina apenas o resultado naturalístico não desejado. Com relação à sanção penal, existe exceção no ordenamento penal. O art. 46, § 3º do Código Penal admite que o juiz possa limitar tarefas, de acordo com as aptidões do condenado, fugindo, assim, da regra imposta pelo princípio da legalidade.

Ferrajoli[5] ensina que, de todos os princípios garantistas, o princípio da legalidade é caracterizado por ocupar lugar no centro do sistema garantista. Assim, afirma:

> Basta aqui dizer, enquanto o princípio convencionalista de mera legalidade é uma norma dirigida aos juízes, aos quais prescreve que considera como delito qualquer fenômeno livremente qualificado como tal na lei, o princípio congnitivo de legalidade estrita é uma norma metalegal dirigida ao legislador, a quem prescreve uma técnica específica de qualificação penal, idônea a garantir, com a taxatividade dos pressupostos da pena, a decidibilidade da verdade de seus enunciados.

Expõe, Luigi Ferrajoli[6], que o princípio da mera legalidade e o princípio da estrita legalidade operam nos moldes da formula *nulla lex poenalis sine necessitate*. O princípio da estrita legalidade detém lugar no sistema garantista, uma vez que exige

---

5. FERRAJOLI, Luigi. *Direito e razão*: teoria do garantismo penal. 4. ed. Ed. RT, 2014. p. 93.
6. FERRAJOLI, Luigi. *Direito e razão*: teoria do garantismo penal. 4. ed. Ed. RT, 2014. p. 91;94.

todas as demais garantias como condição da legalidade penal. Representa metanorma que condiciona a validade das leis vigentes à taxatividade de seus conteúdos. É dirigida ao legislador e trata-se de uma condição de validade das leis vigentes. O princípio da mera legalidade exige a lei como condição necessária da pena e do crime. Exige que os pressupostos das penas estejam estabelecidos de antemão por um ato legislativo. Representa condição de existência das normas penais incriminadoras, sendo dirigida aos juízes. Nesse sentido:

> [...] o princípio de mera legalidade como uma regra de distribuição do poder penal que preceitua ao juiz estabelecer como sendo delito o que está reservado ao legislador predeterminar como tal; e o princípio de estrita legalidade como uma regra metajurídica de formação da linguagem penal que para tal fim prescreve ao legislador o uso de termos de extensão determinada na definição das figuras delituosas, para que seja possível a sua aplicação na linguagem judicial como predicados "verdadeiros" dos fatos processualmente comprovados.[7]

O princípio da legalidade é tido como um princípio norteador do Direito penal, representando uma forma de condição para o desenvolvimento da dogmática penal. Cláudio Brandão[8] avalia o princípio da reserva legal da seguinte forma:

> Com efeito, o princípio da legalidade possui um significado formal fundamental para a dogmática penal, porém igualmente importante é o seu sentido material. Pois bem, é desta dicotomia que brotam todos os demais princípios e instituições do direito penal, o que faz com que ele seja apontado como o "princípio de princípios" com justa correção, já que sem ele a dogmática penal não poderia ter os contornos que possui na atualidade.

O princípio da legalidade possui, quanto ao seu significado, uma vertente formal e outra material. O princípio da legalidade formal expressa características como a exigência da certeza e clareza da lei penal incriminadora, bem como das sanções penais; a proibição da norma penal maléfica retroagir em desfavor do agente; a proibição de aplicar costumes para criar penas e delitos e a proibição da analogia *in malam partem*. Além disso, o princípio da legalidade formal pode ser visto como norma princípiológica que exige a obediência aos ritos de criação das leis pela Carta Magna, para que uma lei penal possa fazer parte do ordenamento jurídico. Do ponto de vista de Ferrajoli[9], essa vinculação da origem da lei penal às regras e ritos, quanto ao procedimento de criação, representa a adoção do princípio da mera legalidade, possível de adequação ao art. 1º da Lei 9.613/98.

Por outro lado, a vertente material, constituída pelo princípio da legalidade material, reflete a face política do Estado, pois se identifica qual a sua feição, se totalitário, se liberal. É por meio do princípio da legalidade que o Direito conduz o uso da violência legitimada e formalizada pelo âmbito jurídico. Considerando a inserção do Direito penal

---
7. FERRAJOLI, Luigi. *Direito e razão*: teoria do garantismo penal. 4. ed. Ed. RT, 2014. p. 348.
8. BRANDÃO, Cláudio. *Tipicidade penal*: dos elementos da dogmática ao giro conceitual do método entimemático. 2. ed. Coimbra: Almedina, 2014. p. 148.
9. FERRAJOLI, Luigi. *Direito e razão*: teoria do garantismo penal. 4. ed. Ed. RT, 2014. p. 93.

no Direito constitucional, em que normas e regras do Direito penal passam a ter conteúdo constitucional e garantista, para além da mera legalidade, é absolutamente relevante levar em conta o conteúdo material do princípio da legalidade, que exige encontro do Direito penal com normas substanciais, como o princípio da igualdade, com os direitos fundamentais, com a necessidade de criação de tipos em que a violação do bem jurídico seja necessária para aplicação de sanção penal. Nesse sentido se destaca a relevância do princípio da estrita legalidade. Quanto ao delito de lavagem de capitais, é necessária sua observação nesta vertente substancial, pois o princípio da legalidade revela significado material, dando constitucionalidade ao tipo, no Estado Democrático de Direito.

Uma lei que tenha seguido seu rito de criação perfeitamente, mas viola um princípio penal da Constituição, de forma que não atenda ao princípio da legalidade material, será certamente lei penal inconstitucional. Um tipo penal que exista simplesmente por existir, talvez para atender à vontade política de políticos, ou que tenha qualquer outro motivo que não seja proteger bens jurídicos, estaria violando o princípio da legalidade material. O delito de lavagem de capitais, como pós fato impunível, reflete a criação de um modelo de delito que distancia, na sua origem histórica, da criação de um tipo visando proteger bem jurídico, pois trata-se de emergencialismo penal, criação estatal para atender uma vontade política.

Ora, o Direito penal tem como um dos objetivos a proteção de bens jurídicos, se levarmos em conta o Direito penal constitucional, de modo que, o indivíduo que viola bem jurídico responde com sanção penal. Se o Poder Legislativo cria tipo penal sem a preocupação de proteger bens jurídicos, haverá um vazio na moldura, no *Leitbild*, e, mesmo que haja exato atendimento aos ritos procedimentais para criação da lei penal que cria o tipo, haverá ausência da estrita legalidade, ou seja, da legalidade material, essencial na construção do Direito penal no Estado Democrático de Direito. Não existe necessidade da criação de uma moldura penal, se não existe substrato material, ou seja, se não existe bem jurídico a ser protegido.

Miguel Polaino Navarrete[10] deixa claro que o reconhecimento do conceito do bem jurídico representa um pressuposto básico que não se pode prescindir para a justificativa normativa do sistema penal. O bem jurídico é a chave do conteúdo material do injusto típico. Não é por acaso que Franz von Liszt viu no bem jurídico o conceito central da estrutura do delito. Com isso, não fica difícil concluir que a moldura penal tem como uma de suas finalidades, a identificação do bem jurídico protegido pelo legislador. Assim, "a função do Direito penal é tutelar valores, que são os bens jurídicos. Se o Direito penal se afasta da tutela de valores ele se torna um instrumento de arbítrio para servir a outros interesses"[11], que não a proteção da matéria de interesse social.

---

10. NAVARRETE, Miguel Polaino. *El injusto típico en la teoría del delito*. Buenos Aires: Editora Mario A. Viera Editor, 2000. p. 319.
11. BRANDÃO, Cláudio. *Introdução ao direito penal*: análise do sistema penal à luz do princípio da legalidade. Rio de Janeiro: Forense, 2005. p. 56.

É importante que haja limite ao arbítrio do legislador quanto ao conteúdo das normas penais incriminadoras. A exigência do bem jurídico violado na condição motivadora de aplicação da sanção penal é limite constitucional à criação de normas penais incriminadoras. Atenderia, nesse sentido, à vertente material do princípio da legalidade.

Há um ponto de encontro do princípio da legalidade com a tipicidade vislumbrando-se na expressão *nullum crimen nulla poena sine lege certa*, que consagra a taxatividade penal. É o princípio da legalidade, por meio da exigência da taxatividade, que proíbe o esvaziamento do tipo penal. Significa dizer que a conduta humana proibida deve ser delimitada e individualizada, não permitindo com que haja condutas penais abstratamente proibidas com abertura para várias interpretações, muito embora estejam formalmente previstas em lei. Ora, o bem jurídico está na matéria do tipo enquanto objeto de proteção, assim sendo no delito de lavagem de capitais.

Os tipos penais devem ser caracterizados com a maior exatidão possível. Por isso, é possível afirmar que a tipicidade penal seja verificada com o cumprimento do princípio da legalidade pela característica da taxatividade penal. Ao considerar que a tipicidade representa um juízo de subsunção entre uma conduta e a estrutura legal, se não existir o molde legal, não existirá a matéria proibida, não havendo, por consequência, o delito. No sistema finalista, constitucionalizado pelo princípio da legalidade, encontra-se direção para ausência de delito, caso não se verifique que o exercício do procedimento de realização do delito de lavagem de capitais venha a violar bem jurídico determinado.

Nesse sentido, Cláudio Brandão[12] conclui que o fundamento da tipicidade reside no princípio da legalidade, exemplificando da seguinte forma:

> Veja-se o exemplo do art. 69 da Lei 8078/90: "Deixar de organizar dados fáticos, técnicos e científicos que dão base à publicidade" É impossível haver a tipicidade, pois não pode haver o enquadramento de nenhuma conduta nesta descrição. Com efeito, o legislador não estabeleceu conceitualmente como os dados "que dão base à publicidade" devem ser organizados. De que tipo de "organização" se fala no tipo? A descrição não permite individualizar e conhecer a matéria da proibição, pois não há, minimamente, a taxatividade exigida como condição de coerência entre a lei penal e as exigências do princípio da legalidade.

Assim, considerando que a tipicidade realiza o enquadramento de uma conduta humana a um modelo legal, que expressa proibição, haja vista a relevância do comportamento negativo no âmbito penal, tem-se que o princípio da legalidade, por meio da característica da taxatividade, é fundamental para a construção da dogmática penal. Não é somente a tipicidade que está ligada ao princípio da legalidade, mas toda a dogmática do delito e da pena, devendo haver o respeito à interpretação do tipo penal, no âmbito da dogmática penal do Estado Democrático

---

12. BRANDÃO, Cláudio. *Tipicidade penal:* dos elementos da dogmática ao giro conceitual do método entimemático. 2. ed. Coimbra: Editora Almedina, 2014. p. 148.

de Direito, em relação à ideia do bem jurídico. Nesse sentido, sem a identificação da legalidade substancial no âmbito de identificação do delito de branqueamento de capitais, resta a vertente formal da legalidade apenas, tornando o modelo do delito incompatível com o presente sistema constitucional, pois o princípio da legalidade detém sentido material como reflexo da política, levando este princípio a ser norma de sede constitucional.

12.2 CRÍTICA GARANTÍSTICA QUANTO AO BEM JURÍDICO E O CRIME DE LAVAGEM DE DINHEIRO

A teoria do bem jurídico encontra segurança para ser aplicada no âmbito do garantismo penal como crítica princípiológica ao Sistema Penal, sobretudo sob o manto argumentativo de Luigi Ferrajoli. O garantismo penal tem origem na cultura jurídica esquerdista da Itália, surgindo, por volta de 1960, em decorrência de confronto com o punitivismo penal, autor de reduções de garantias penais e processuais penais. Trata-se de teoria do direito aplicado ao Direito penal. O garantismo penal impõe limites aos poderes públicos para garantir direitos fundamentais dos indivíduos em convivência numa sociedade organizada, sobretudo no Estado Democrático de Direito. Desta forma, se conecta com o pensamento penal liberal em face do poder punitivo, de maneira que a linha de pensamento garantista se identifica com o Direito penal mínimo. Não se trata de pensamento abolicionista, conforme defendido por Louk Hulsman e Jaqueline Bernat de Celis[13], em que se verificam ideais de afastamento do Estado na solução dos conflitos penais. Diante de premissas e exigências principiológicas verifica-se a questão do bem jurídico e a relação de um sistema de teoria do direito com a criminalização inconstitucional e ilegal do processo de lavagem de dinheiro.

O garantismo penal encontra-se em conexão com o Direito penal mínimo, levantando a posição de mínima intervenção do Estado, com a presença do máximo de garantias penais e processuais penais para o indivíduo, permitindo tratar as questões criminais com a devida tutela da liberdade do cidadão, em face do arbítrio punitivo do Estado.

Conforme ensina Luigi Ferrajoli[14], o Garantismo é:

além de um modelo racional de justificação, também um modelo constitucional de legalidade idôneo a limitar e ao mesmo tempo convalidar ou invalidar a potestade punitiva com razões de direito, ou seja, de legitimação interna, tanto quanto condiciona juridicamente seu válido exercício somente à prova dos comportamentos validamente proibidos pela lei sobre a base dos critérios ético-políticos de legitimação externa produzidos pelas próprias normas constitucionais.

---

13. HULSMAN, Louk; CELIS, Jaqueline Bernat de. *Penas perdidas*: o sistema penal em questão. Trad. Maria Lúcia Karam. 2. ed. Rio de Janeiro: LUAM Editora, 1997. p. 55;91.
14. FERRAJOLI, Luigi. *Direito e razão*: teoria do garantismo penal. 4. ed. Ed. RT, 2014. p. 785; 788.

Também, Túlio Vianna e Felipe Machado[15] apontam um firme rumo na noção conceitual do garantismo da seguinte forma:

> Como "garantismo" se entende então, nesta concepção mais alargada, um modelo de direito fundado sobre a rígida subordinação à lei de todos os poderes e sobre seus vínculos impostos para a garantia dos direitos fundamentais estabelecidos pela constituição. Nesse sentido, o garantismo é sinônimo de "estado constitucional de direito", quer dizer, de um sistema que segue o paradigma clássico do estado liberal, alargando-o em duas direções: de um lado, todos os poderes, não somente aquele judiciário, mas também aqueles legislativo e de governo, e não somente os poderes públicos, mas também os poderes privados; de outro lado, todos os direitos, não somente aqueles de liberdade, mas também aqueles sociais, com consequentes obrigações, além de proibições, a cargo da esfera pública. De resto, também historicamente o direito penal foi o terreno sobre o qual foram elaborados os primeiros lineamentos do estado de direito como sistema de limites ao poder punitivo, posteriormente alargados, no estado constitucional de direito, a todos os poderes e à garantia de todos.

Luigi Ferrajoli[16] publicou a primeira edição da obra *Diritto e ragione: teoria del garantismo penale*, que foi traduzida para a Língua Portuguesa como *Direito e razão: teoria do garantismo penal*, no final dos anos 1980. Num idealismo sustentando segurança jurídica de atenção a garantias penais e processuais do cidadão, Ferrajoli buscou fundamentos teórico-axiológicos de um sistema garantista para expor um idealismo de maior segurança jurídico e aplicação em casos práticos. Ferrajoli não cria um conceito de crime próprio com base em elementos dogmáticos que possam sustentar outra categoria de conceito analítico de crime, pois trabalha com princípios político-constitucionais e penais para serem aplicados na relação Estado – Indivíduo no âmbito de aplicação do *ius puniendi*. Denuncia a hipertrofia do Direito penal, em clara tentativa para desnudar as situações em que permanecem poderes extrajurídicos, sobre os quais o Estado ainda não alcançou regramentos, nas quais prevalecem sinais de desigualdade. Esse local inóspito, em que havia o prevalecimento do poder da desigualdade foi denominado por ele de "poderes selvagens"[17]. O Estado deve agir, sobretudo na intervenção da liberdade do indivíduo sob o manto do garantismo, respeitando os princípios constitucionais.

Sob este prisma, a teoria do bem jurídico é absolutamente sustentadora de limites ao poder estatal, representando um paradeiro à criação de qualquer tipo de crime, sem lastro dogmático seguro o bastante para atender a segurança jurídica exigida pelo Estado Democrático de Direito.

Norberto Bobbio,[18] em 1989, registrou o prefácio à primeira edição da obra, em italiano, delimitando o seguinte:

---

15. VIANNA, Túlio; MACHADO, Felipe. (Coord.). *Garantismo penal no Brasil*: estudos em homenagem a Luigi Ferrajoli. Belo Horizonte: Fórum, 2013. p. 16-17.
16. FERRAJOLI, Luigi. *Direito e razão*: teoria do garantismo penal. 4. ed. Ed. RT, 2014. p. 37.
17. BOBBIO, Norberto. Prefácio. In: FERRAJOLI, Luigi. *Direito e razão*: teoria do garantismo penal. 4. ed. Ed. RT, 2014. p. 12.
18. BOBBIO, Norberto. Prefácio. In: FERRAJOLI, Luigi. *Direito e razão*: teoria do garantismo penal. 4. ed. Ed. RT, 2014. p. 9.

Direito e Razão é a conclusão de uma vastíssima e devotada exploração continuada por anos nas mais diversas disciplinas jurídicas, de modo especial no direito penal, e de uma longa e apaixonada reflexão nutrida de estudos filosóficos e históricos, sobre os ideais morais que inspiram ou deveriam inspirar o direito das nações civis. Para esta obra, Luigi Ferrajoli estava preparado há tempos com estudos de filosofia, de epistemologia, de ética e de lógica, de teoria e ciência do direito, de história das doutrinas e das instituições jurídicas, enriquecidos pela experiência intensa e seriamente vivida, trazidas pelo exercício da sua prévia atividade de magistrado.

Todo o amplo discurso desenvolve-se de um modo fechado entre a crítica dos fundamentos gnosiológicos e éticos do direito penal, em um extremo, e a crítica da prática judiciaria em nosso país, em outro extremo, refugindo dos dois vícios opostos da teoria sem controles empíricos e da prática sem princípios, e não perdendo nunca de vista, não obstante a multiplicidade dos problemas enfrentados e a riqueza da informação, a coerência das partes com o todo, a unidade do sistema, a síntese final. Cada parte desenvolve-se segundo uma ordem preestabelecida e passo a passo rigorosamente respeitada. O princípio antecipa a conclusão, o fim se reconecta, depois de longo e linear percurso, ao princípio.

A aposta é alta: a elaboração de um sistema geral de garantismo ou, se preferir, a construção das vigas-mestras do Estado de direito que tem por fundamento e por escopo a tutela da liberdade do indivíduo contra as várias formas de exercício arbitrário do poder, particularmente odioso no direito penal. Mas é um jogo que tem regras: o autor, depois de tê-las estabelecido, observa-as com escrúpulo e assim permite ao leitor encontrar, sem muito esforço, a estrada. A coerência do conjunto torna-se possível pela declaração preventiva dos pressupostos metodológicos e teóricos, pelo proceder por conceitos bem definidos e das suas antíteses, pela concatenação das diversas partes e da progressão lógica de uma a outra.

A obra, não obstante a complexidade do empreendimento e a grande quantidade dos problemas enfrentados, é de admirável clareza.

O garantismo penal significa muito mais do que uma teoria jusfilosófica, representando um modelo ideal do qual a realidade pode tentar proximidade, de modo que, se visto como uma meta, dificilmente seria alcançada. Trata-se de um ideal, um alvo a ser alcançado em todos os aspectos garantidores de direitos àquele indivíduo que adentra no sistema criminal. Desde aspectos processuais até penais. O bem jurídico representa um destes pontos de necessária observação. O bem jurídico não é o centro de destaque na obra de Luigi Ferrajoli, mas é uma das barreiras de atenção exigida ao Legislador e criador do Direito penal emergencial. O Direito penal não é instrumento de punição, mas garantia do cidadão. Com base na teoria do bem jurídico, há reforço aos princípios garantistas apontados pelo autor.

Luigi Ferrajoli, como teórico geral do Direito é juspositivista decorrente da tradição de Hans Kelsen, Hart e dos juspositivistas italianos do último quarto do século passado. Como positivista e filósofo, distinguiu a validade formal das normas da sua validade substancial. Percebe-se que um ordenamento que tenha admitido os direitos fundamentais de liberdade não pode admitir que a validade seja somente formal, existindo em si um problema de justiça interna das leis e não somente externa. Na obra *Direito e razão* tem –se a conclusão de uma expandida exploração nas mais diversas disciplinas, tratando de reflexão nutrida em estudos filosóficos e históricos sobre os ideais morais que inspiram ou deveriam inspirar o Direito das nações civis.

Para escrever *Direito e razão*,[19] atenta para diversas matérias, como a Filosofia, Epistemologia, Ética, Lógica, teoria e ciência do Direito e história das doutrinas e das instituições jurídicas. O discurso de Luigi Ferrajoli se desenvolve de modo fechado entre a crítica dos fundamentos gnosiológicos[20] e éticos do Direito Penal.

O pensamento de Luigi Ferrajoli diz respeito à elaboração de um sistema geral de garantismo, podendo ser entendido como a construção das paredes principais do Estado de Direito, tendo por fundamento e por escopo a tutela da liberdade do indivíduo contra as várias formas de exercício arbitrário do poder particularmente odioso no Direito penal.[21] Apresenta soluções que alargam a esfera da liberdade e restringem o poder, ou seja, há a ampliação da esfera da liberdade, reduzindo o poder, de modo que o poder deve ser limitado para que permita a cada um gozar da máxima liberdade compatível com a igual liberdade de todos os outros. Aqui encontra-se apoio a teoria do bem jurídico, pois trata-se de um limite dogmático à atuação do Estado em face da liberdade do indivíduo, impedindo-o de criar um tipo lastreado pela própria vontade, sem atendimento à esfera essencial do bem jurídico lesado ou sob perigo de lesão.

A obra *Direito e razão* se desenvolve apoiada em antíteses, em que, da antítese liberdade-poder, surgem as demais. Especificamente no Direito penal, há antítese entre modelo garantista e modelo autoritário, entre garantismo e decisionismo, Estado de Direito contra Estado absoluto ou despótico, formalismo contra substancialismo, Direito penal mínimo contra Direito penal máximo, o direito do mais fraco contra o direito do mais forte e a certeza contra o arbítrio. O bem jurídico penal tem importante relevo na antítese contra o Direito penal máximo, exigindo proporcionalidade e limites à hipertrofia penal.

É importante que haja respeito à Lei, contudo, desde que haja alinhamento com a Constituição e os direitos e garantias fundamentais do ser humano. Nesse sentido, a dogmática garantista se estrutura para atender os princípios do Estado Democrático de Direito.

A liberdade regulada deve contrastar, tanto com a opressão da liberdade, toda forma de abuso do direito de punir, quanto com a falta de regulamentação, ou seja, a liberdade selvagem. O princípio da legalidade é contrário ao arbítrio, mas também ao legalismo obtuso, mecânico, que não reconhece a equidade, denominada por Luigi Ferrajoli, de poder de conotação.

O garantismo é um modelo ideal, representando uma meta que permanece existente mesmo quando não é alcançada. Nesse caso, não pode ser esquecido que o garantismo, como meta, não pode ser de todo atingido. Como meta a ser encontrada, o modelo garantista deve ser definido em todos os aspectos. Apesar de ser um alvo

---

19. FERRAJOLI, Luigi. *Direito e razão*: teoria do garantismo penal. 4. ed. Ed. RT, 2014. p. 89.
20. Parte da filosofia que trata dos fundamentos do conhecimento.
21. FERRAJOLI, Luigi. *Direito e razão*: teoria do garantismo penal. 4. ed. Ed. RT, 2014. p. 37-38.

para ser atingido, não é possível abrir mão de sua essência, dentre elas, a exigência da lesão ao bem jurídico ou sua colocação em perigo para aplicação de uma pena proporcional a tanto.

Em *Direito e razão*, percebe-se a distinção entre a validade formal das normas (o vigor) e a validade substancial. É preciso observar que, em um ordenamento jurídico que tenha recepcionado os direitos fundamentais de liberdade, a validade não pode ser somente formal. Deve ser analisado, o problema de justiça interna das leis, e não somente externa.[22] Verifica-se aqui, a importância do aspecto material em conjunto com o formal. O conteúdo material dos elementos do crime tem lastro na teoria do bem jurídico, não podendo haver crime sem violação ao aspecto material.

Em relação à política do Direito, o modelo garantista tem ligação com a tradição do pensamento iluminista e liberal. No âmbito do Direito Penal, vai de Cesare Beccaria a Francesco Carrara. Luigi Ferrajoli propõe uma revisão dos fundamentos epistemológicos, formalistas e realistas, por meio da distinção entre "significado" e "critérios" de verdade no processo.[23] Impõe a ideia de que um ordenamento, mesmo que aperfeiçoado, nunca poderá desejar a plena realização dos valores que efetivamente formam suas fontes positivas de legitimação. Há formação de um conjunto coerente de regras, ao mesmo tempo em que aponta contribuição para a formação do sistema garantista, levando em conta o Positivismo Jurídico.

Existem avançadas e inovadoras propostas de reforma, como os referentes à pena, sendo uma consequência da teoria liberal do relacionamento entre indivíduo e Estado. A regra é que, primeiramente, vem o indivíduo e, somente depois, o Estado. O Estado não é jamais um fim em si mesmo. O Estado é ou deve ser somente um meio que tem por fim a tutela da pessoa humana, dos seus direitos fundamentais de liberdade e de segurança social. Nesse sentido, não poderá o homem ser objetivo de intervenção estatal sem respeito às regras constitucionais, com base num Direito penal constitucionalizado, respeitando princípios penais e constitucionais, tal como o princípio da lesividade. A questão da contraposição entre a concessão ética e técnica do Estado e das demais instituições políticas percorre toda a obra de Luigi Ferrajoli. Nesse sentido, um dos inimigos do garantista é o Estado ético de Georg Wilhelm Friedrich Hegel e toda concessão organicista da sociedade.

Com isso, há proteção ao princípio da estrita legalidade, ao valor da certeza, ao valor fundamental da defesa do cidadão contra os poderes arbitrários que encontram seu espaço natural na definição não taxativa dos crimes, além da possibilidade de conclusão de que criar crimes por mera vontade do Legislador viola o garantismo penal.

A expressão "garantismo penal" representa um neologismo introduzido na cultura jurídica italiana, na segunda metade dos anos setenta, que surge pela crença na existência da distância entre a normatização estatal e o mundo empírico.

---

22. FERRAJOLI, Luigi. *Direito e razão*: teoria do garantismo penal. 4. ed. Ed. RT, 2014. p. 210; 220.
23. FERRAJOLI, Luigi. *Direito e razão*: teoria do garantismo penal. 4. ed. Ed. RT, 2014. p. 65.

Além de toda complexidade, a ideia de garantismo traduz a procura de uma melhor adequação entre a realidade e o aspecto normativo. A ideia é a tradução de um novo sistema baseado em parâmetros de racionalidade e justiça, sendo, ao mesmo tempo, uma concepção de limitação e minimização da intervenção do poder punitivo no aspecto da liberdade individual do cidadão. O Garantismo nasceu como um meio de procura pela defesa do Estado de Direito e de um ordenamento jurídico democrático. Nessa visão, não é possível deixar de lado o princípio da lesividade, em vista da teoria do bem jurídico penal.

O Garantismo Penal admite que deve o Estado de Direito agir como instrumento formal de proteção do indivíduo, tendo o dever de protegê-lo, inclusive do próprio Estado, e garantir que não haja violação dos seus direitos e princípios fundamentais consagrados pela Constituição. Além do mais, os valores de proteção dos indivíduos prescritos pela Constituição devem servir como limites para o próprio Poder Legislativo, não podendo este violar os direitos constitucionais das pessoas. Nesse sentido, a criação de tipos penais políticos, ideológicos, sem respeito ao conteúdo da dogmática atinge diretamente a noção de bem jurídico, que por consequência, viola o Direito penal constitucional.

"O *jus puniendi* estatal só pode ser exercido em uma lógica de mínima intervenção possível do sistema penal sobre as liberdades dos cidadãos, com uma máxima proteção às garantias individuais"[24]. Ou seja, somente quando houver violação de bem jurídico, deverá proporcionalmente aplicar sanção penal.

O modelo de Luigi Ferrajoli pode ser visto por três significados[25]. Antes de apontá-los, é preciso reconhecer que a orientação garantista regula um parâmetro de racionalidade, justiça e legitimidade da intervenção punitiva, considerando os direitos fundamentais do ser humano delineados pela Constituição.

Diante do primeiro significado, o Garantismo representa um modelo normativo de direito que, sob o plano epistemológico, designa um sistema cognitivo ou de poder mínimo. De acordo com o plano político, delimita um meio de proteção com capacidade para diminuir a violência e ampliar a liberdade. No plano jurídico, atua como técnica que busca vincular o poder punitivo estatal às garantias dos indivíduos. Qualquer modelo penal que tenha conformidade com o aspecto epistemológico (sistema de poder mínimo), político (forma de tutela que visa minimizar a violência e maximizar a liberdade) e jurídico (garantir direitos dos indivíduos) pode ser denominado garantista. Em acréscimo a tal apontamento, o dever de respeitar a dogmática penal em coerência com a Constituição.

---

24. PEREIRA, Henrique Viana. *A função social da empresa e as repercussões sobre a responsabilidade civil e penal dos empresários*. 2014. 214f. Tese (Doutorado) – Programa de Pós-Graduação em Direito, Pontifícia Universidade Católica de Minas Gerais, Belo Horizonte, 2014. p. 104.
25. VIANNA, Túlio; MACHADO, Felipe. (Coord.). *Garantismo penal no Brasil*: estudos em homenagem a Luigi Ferrajoli. Belo Horizonte: Fórum, 2013. p. 205; FERRAJOLI, Luigi. *Direito e razão*: teoria do garantismo penal. 4. ed. Ed. RT, 2014. p. 785;788.

Com base no segundo significado, o Garantismo Penal, levando em conta a relação com a ideia de vigência e existência das normas, pode ser visto como uma teoria de validade e efetividade. Observando um sentido para essa segunda acepção, é clara a procura de uma diferenciação entre a validade e a vigência da norma, diante da existência de normas vigentes que não podem ser consideradas válidas, por não haver conformidade com princípios e valores constitucionais.

O garantismo expressa uma aproximação teórica que mantém distante o "ser" e o "dever ser" no Direito. A crítica aponta divergência entre modelos teóricos com tendências garantistas e as práticas operacionais com tendências antigarantistas. Os primeiros têm validade e não efetividade. Os segundos não têm validade, mas são efetivos na prática, o que traz contrariedade às garantias dos indivíduos, que deveriam ser efetivadas conforme o sistema garantista. Veja que há uma teoria baseada na divergência entre normatividade e realidade, entre direito válido e direito efetivo. A teoria do bem jurídico penal é garantia do indivíduo.

Pelo terceiro significado, o Garantismo Penal é apresentado como uma filosofia política que exige, tanto do Direito, quanto do Estado o ônus da justificação externa com base no fundamento de que a tutela ou garantia constituem a finalidade do sistema. Pressupõe-se que há a separação entre direito e moral, entre validade e justiça, entre o ponto de vista interno e externo, quanto à valoração do sistema jurídico, entre o "ser" e o "dever ser".

Luigi Ferrajoli [26] "deseja contribuir com a reflexão sobre a crise de legitimidade que assola os hodiernos sistemas penais", com respeito aos seus fundamentos filosóficos, políticos e jurídicos. A ausência de lesão ou perigo de lesão a bem jurídico na existência de tipo penal é exemplo claro da crise no direito penal por falta de legitimidade, pois não basta somente o Legislador ter legitimidade para criar crimes, pois é necessário que haja legitimidade na própria essência do tipo, em relação ao bem jurídico como elemento do crime.

Os fundamentos da obra de Luigi Ferrajoli, em grande parte, foram construídos, levando em consideração o Estado moderno como um Estado de Direito, pelo pensamento iluminista identificado como uma estrutura de vínculos e garantias estabelecidas para a tutela do cidadão contra o arbítrio punitivo. Tal como Claus Roxin[27], a proteção de bens jurídicos não somente dirige a tarefa política do Direito penal, como faz parte da sistemática da teoria do injusto, respeitando o Estado de Direito. Mesmo que os vínculos de garantia estejam incorporados em todas as constituições mais modernas, são violados pelas leis ordinárias e, mais ainda, pelas práticas nada liberais por elas alimentadas se houver criação de tipo penal sem respeito à teoria do bem jurídico. Mesmo que o Direito penal seja circundado por limites e garantias,

---

26. FERRAJOLI, Luigi. *Direito e razão*: teoria do garantismo penal. 4. ed. Ed. RT, 2014. p. 785; 788.
27. ROXIN, Claus. *A proteção de bens jurídicos como função do direito penal*. Organização e Tradução André Luís Callegari, Nereu José Giacomolli. 2. ed. Porto Alegre: Livraria do Advogado, 2009. p. 61.

conserva-se sempre um intrínseco equívoco, que torna problemática e incerta sua legitimidade moral e política.

O sistema de Luigi Ferrajoli é conclusivo, no sentido de que um esquema garantista plausível exige uma reflexão dos fundamentos axiológicos externos do Direito penal e do Direito penal constitucional. *Mutatis mutandis*, há enorme aparência em relação à inserção de política criminal na dogmática, em vista do funcionalismo teleológico de Claus Roxin. No ambiente finalista de Hans Welzel, o princípio da adequação social e o princípio da legalidade permitem esta inserção de valores jovens na dogmática, rejuvenescendo o formato da fórmula inicial finalista.

Dando seguimento, a obra *Direito e razão*, expressão viva do garantismo, é mapeada com uma primeira parte sobre condições epistemológicas; a segunda e a terceira parte tratam da pena, do crime e do processo sobre a base de três interrogações, quais sejam, se, por que, quando e como punir; se, por que, quando e como proibir; se, por que, quando e como julgar.[28]

As questões do "se" e do "por que" são discutidas na segunda parte, por meio de crítica das doutrinas abolicionistas e justificacionistas do Direito penal. Ao mesmo tempo, há proposta de um utilitarismo penal reformado. Os problemas do "quando" e do "como" punir são discutidos na terceira parte, na qual as respostas a esses dois tipos de questões são identificados com as garantias penais e processuais no sistema de dez axiomas conexos, mais logicamente do que axiologicamente. Nesta terceira parte, do quando e como punir no sistema garantista, Ferrajoli trata da questão da materialidade do delito, onde questiona e discute os princípios da necessidade e da lesividade e os bens jurídicos, tratando da economia do Direito penal e da lesividade do resultado e o Direito penal como instrumento de tutela; da tutela de direitos subjetivos à tutela do Estado, uma análise metateórica do problema do bem jurídico, o problema político do bem jurídico, o bem jurídico entre normatividade constitucional, normatividade legal e efetividade do Direito penal e os bens jurídicos fundamentais e proibições mínimas necessárias.

Na quarta parte, Luigi Ferrajoli[29] trata da análise dos perfis de irracionalidade, injustiça e invalidez que marcam o ordenamento penal e processual italiano. A quinta parte de *Direito e Razão*[30] faz reflexões teóricas e filosóficas desenvolvidas na obra, que são solicitadas por uma desordem do Direito penal e que podem ser estendidas a outros setores do Direito público, investidas de uma crise estrutural de garantias do Estado de Direito.

Quanto às garantias, não somente as penais, representam vínculos normativos idôneos a assegurar efetividade aos direitos subjetivos e, em geral, aos princípios axiológicos sancionados pelas leis. Os direitos de liberdade correspondem às garantias

---

28. FERRAJOLI, Luigi. *Direito e razão*: teoria do garantismo penal. 4. ed. Ed. RT, 2014. p. 216.
29. FERRAJOLI, Luigi. *Direito e razão*: teoria do garantismo penal. 4. ed. Ed. RT, 2014. p. 649.
30. FERRAJOLI, Luigi. *Direito e razão*: teoria do garantismo penal. 4. ed. Ed. RT, 2014. p. 785.

negativas, que consistem em limites ou impedimentos de fazer. Os direitos sociais correspondem às garantias positivas, consistentes em obrigações de prestações individuais ou sociais. Em que pese não haver Lei exigindo uma análise do Legislador quanto a essência dos tipos penais criados, não é possível que venha surgir molduras penais de condutas que nada afetem bem jurídico, tornando-se vazia de conteúdo e distante das exigências do Estado Democrático de Direito.

O conteúdo de garantias do sistema de Luigi Ferrajoli consiste em vários mecanismos direcionados a assegurar a máxima correspondência entre normatividade e efetividade da tutela dos direitos, o que dá completo embasamento à teoria do bem jurídico penal.

No garantismo, a sanção penal, sem importar o modo como é justificada, representa de fato uma segunda violência, executada por uma coletividade organizada contra um simples e solitário indivíduo, após levar em conta determinado desvio praticado por ele.

A pena é uma violência resultado da política imposta pelo Direito penal. Aliás, o próprio Direito penal é político. O poder de punir e julgar é aquele que se revela de maneira violenta e direta sobre as pessoas, no qual se manifesta, de forma mais conflitante, o relacionamento entre o Estado e o cidadão; autoridade e liberdade; segurança social e direitos individuais. É por causa dessa antítese, que o Direito penal representa o centro de reflexão jurídico-filosófico.

A fundamentação racional foi advertida como equivalente à sua justificação ético-política. Sua irracionalidade, no Direito penal, foi equiparada ao despotismo e à opressão. *Direito e razão* deve ser destrinchado e traduzido da melhor forma, ou seja, com visão constitucional, dada a importância que representa para o Direito penal.

Nesse sentido, é correto averiguar, no conteúdo da obra de Luigi Ferrajoli[31], qual o significado da palavra "razão". O termo "razão" é entendido em três sentidos diversos, que correspondem às três ordens de fundamentos do Direito penal. É tratada nas três primeiras partes da obra como *Razão no Direito*, *Razão do Direito* e *Razão de Direito*.

Razão no Direito designa o tema pertencente à epistemologia do Direito, ramo da Filosofia que se relaciona com o conhecimento humano. Filosofia do conhecimento, que descreve os processos pelos quais se produz o conhecimento, e da racionalidade das decisões penais. Nesse ponto, ocorre a representação de um sistema de regras trabalhadas sobre a tradição liberal, dirigido ao conhecimento também, e não somente sobre autoridade, quanto aos processos de imputações e sanções penais. Significa que, para imputar condutas desviantes e sancioná-las, é preciso passar por um sistema prévio de conhecimento, e não somente autoridade.

---

31. FERRAJOLI, Luigi. *Direito e razão*: teoria do garantismo penal. 4. ed. Ed. RT 2014. p. 785; 788.

O fundamento cognoscitivo representa uma das marcas do sistema garantista que exige uma específica tecnologia legal e judiciária. É preciso que, antes que o Poder Legislativo tipifique um desvio punível, faça-o com base em fatos empíricos indicados, e não unicamente em valores.

A apuração jurisdicional, julgar e executar, ocorre através de verificações da acusação expostas à contradição da defesa. Sobre tais aspectos, o modelo garantista equivale a um sistema de minimização do poder e de maximização do saber judiciário, enquanto condiciona a validade das decisões à verdade, empírica e logicamente controlável, das motivações.

Razão do Direito trata do sentido axiológico e político quanto à justiça penal, ou seja, das justificações ético-políticas da qualidade, da quantidade, da necessidade das penas e das proibições, além das formas e critérios das decisões judiciais. Axiologia é filosofia dos valores.

Representa a preocupação quanto à fundamentação externa ou política do Direito penal acerca dos valores, interesses e finalidades metajurídicas. Em respeito ao funcionalismo teleológico de Claus Roxin, tal entendimento faz ligação à aplicação da política criminal no sistema jurídico penal, abrindo as portas das necessidades externas para o interior da dogmática.

O garantismo, com sua estrutura empírica e cognitiva assegurada pelos princípios da estrita legalidade e de estrita jurisdicionalidade, foi pensado e justificado pela filosofia jurídica iluminista como a técnica punitiva racionalmente mais idônea, sendo alternativa a modelos penais decisionistas e substancialistas, orientados pela cultura política autoritária. O garantismo busca maximizar a liberdade e minimizar o arbítrio de acordo com três opções políticas de fundo, respeitando o valor primário associado à pessoa e aos seus direitos naturais, o utilitarismo jurídico e a separação laica entre direito e moral.

A *Razão de Direito* representa sentido normativo e jurídico quanto à ciência penal, em vista da teoria geral do direito e da dogmática penal de cada ordenamento. Diz respeito à validade ou coerência lógica interna de cada sistema penal positivo, entre os seus princípios normativos, normas e práticas.

O modelo garantista foi, de fato, recebido, mesmo que de maneira sumária e lacunosa, pelo nosso ordenamento constitucional, como por outros sistemas jurídicos evoluídos. É um modelo que representa, ainda que em determinada medida, o fundamento interno ou jurídico da legitimidade da legislação e da jurisdição penal. Vincula normativamente a coerência com os seus princípios.

Luigi Ferrajoli vincula um modelo de justificação de normas penais a critérios ético-políticos de legitimação externa, buscados nas normas constitucionais. Afirma que o escopo principal que se faz com a reflexão sobre os três sentidos da palavra razão foi a revisão teórica do modelo garantista de legalidade penal e processual, o qual fora traçado pelo pensamento iluminista, das bases epistemológicas, dos critérios de justificação ético-política e das técnicas normativas, a assegurar-lhe um satisfatório grau de efetividade.

Por meio das críticas dos sistemas penais e processuais, apareceram valores da civilização jurídica moderna, considerando o respeito da pessoa humana, os valores fundamentais da vida e da liberdade pessoal, o nexo entre legalidade e liberdade, a separação entre direito e moral, a tolerância, a liberdade de consciência e de expressão, os limites da atividade do Estado, além da função de tutela dos direitos dos cidadãos como sua fonte primária de legitimação.

Em que pese o posicionamento de Luigi Ferrajoli, a ligação entre o Direito penal e a filosofia política reformadora se rompeu com a consolidação do Estado Liberal, prevalecendo uma linha penal conservadora como técnica de controle social, por meio de várias orientações autoritárias, idealistas, ético-estatais, positivistas, irracionais, espirituais, correcionais, tecnicistas e pragmáticas que, frequentemente, formam o tácito fundo filosófico da cultura penal dominante.

Em oposição ao mero legalismo, formalismo ou processualismo, o Garantismo versa na satisfação dos direitos fundamentais, vida, liberdade pessoal, liberdade civil e política e nas expectativas sociais de subsistência, direitos individuais e coletivos. Atende um Direito penal constitucional em conexão com o Estado Democrático de Direito, ao exigir, inclusive, a materialidade do injusto pelo bem jurídico. O próprio princípio da legalidade atua nesta medida, devendo haver a presença de um bem jurídico a ser tutelado, para que seja evitado conteúdo aberto dos tipos penais, com abertura para criminalização de qualquer tipo de conduta.

Para formular os princípios ou axiomas, Luigi Ferrajoli[32] usou dos seguintes termos: pena, delito, lei, necessidade, ofensa, ação, culpabilidade, juízo, acusação, prova e defesa. Cada um desses termos representa passos e condições para atribuição da responsabilidade penal e, consequentemente, da pena. Caso defina a responsabilidade penal como o conjunto das condições normativamente exigidas para que uma pessoa seja submetida à pena, cada um dos termos designa uma condição da responsabilidade penal.

Os axiomas garantistas não expressam proposições assertivas, mas proposições prescritivas, ou seja, não descrevem o que ocorre, mas prescrevem o que deve ocorrer. Os axiomas não enunciam condições que um sistema penal efetivamente satisfaz, mas as condições que devem satisfazer, em adesão aos seus princípios normativos internos ou a parâmetros de justificação externa. Trata-se de implicações deônticas, normativas ou de dever ser que, após se tornarem axiomatizados, dará vida a modelos deônticos, normativos ou axiológicos.

Luigi Ferrajoli[33] diz que adotar tais modelos é uma opção ético-política a favor dos valores normativamente por eles tutelados. Cada uma das implicações deônticas,

---
32. FERRAJOLI, Luigi. *Direito e razão*: teoria do garantismo penal. 4. ed. Ed. RT, 2014. p. 91.
33. FERRAJOLI, Luigi. *Direito e razão*: teoria do garantismo penal. 4. ed. Ed. RT, 2014. p. 92.

axiomas ou princípios, de que se compõe todo modelo de Direito penal, representa uma condição *sine qua non* e, melhor dizendo, uma garantia jurídica para a afirmação da responsabilidade penal e para a aplicação da pena. Significa que os axiomas não podem ser condições suficientes, em que basta sua presença para que seja permitido ou obrigatório punir. Trata-se de uma condição necessária, de modo que, havendo ausência de alguma, não será permitido ou estará proibido punir.

Na terceira parte da obra de Luigi Ferrajoli[34], há demonstração de que a função específica das garantias, no Direito penal, não é tanto permitir ou legitimar, senão condicionar ou vincular e, por consequência, deslegitimar o exercício absoluto da potestade punitiva. As garantias penais consubstanciadas no delito, na lei, na necessidade, na ofensa, na ação e na culpabilidade são requisitos ou condições penais. As garantias processuais delimitadas pelo juízo, acusação, prova e defesa designam requisitos ou condições processuais.

O sistema penal garantista, cognitivo ou de legalidade estrita, denominado sistema penal "SG", inclui axiomas penais e processuais. Trata-se de um modelo-limite, tendencialmente e jamais perfeitamente satisfatível, conforme prescreve[35].

Os axiomas garantistas são os seguintes:

a) A1 *Nulla poena sine crimine;*

b) A2 *Nullum crimen sine lege;*

c) A3 *Nulla lex (poenalis) sine necessitate;*

d) A4 *Nulla necessitas sine injuria;*

e) A5 *Nulla injuria sine actione;*

f) A6 *Nulla actio sine culpa;*

g) A7 *Nulla culpa sine judicio;*

h) A8 *Nullum judicium sine accusatione;*

i) A9 *Nulla accusatione sine probatione;*

j) A10 *Nulla probatio sine defensione.*

O axioma A1 representa o princípio da retributividade ou da consequencialidade da pena em relação ao delito; o A2 traduz o princípio da legalidade, no sentido lato ou no sentido estrito; o A3 designa o princípio da necessidade ou da economia do Direito penal. O A4, o princípio da lesividade ou da ofensividade do evento; o A5, o princípio da materialidade ou da exterioridade da ação; o A6, o princípio da culpabilidade ou da responsabilidade pessoal; o A7, o princípio da jurisdicionariedade, também no sentido lato ou no sentido estrito. O A8, o princípio acusatório ou da separação

---

34. FERRAJOLI, Luigi. *Direito e razão*: teoria do garantismo penal. 4. ed. Ed. RT, 2014. p. 325.
35. FERRAJOLI, Luigi. *Direito e razão*: teoria do garantismo penal. 4. ed. Ed. RT, 2014. p. 91.

entre juiz e acusação; o A9, o princípio do ônus da prova ou da verificação; o A10, por último, designa o princípio do contraditório ou da defesa ou da falseabilidade.

Esses dez axiomas, ordenados e conectados sistematicamente, definem o modelo garantista de direito ou de responsabilidade penal, isto é, as regras do jogo fundamental do Direito penal. Foram elaborados, sobretudo, pelo pensamento jusnaturalista dos séculos XVII e XVIII, que os concebera como princípios políticos, morais ou naturais de limitação do poder penal "absoluto".

Luigi Ferrajoli[36] afirma que alguns princípios já foram incorporados, mais ou menos na íntegra e rigorosamente, às constituições e codificações dos ordenamentos desenvolvidos, convertendo-se, assim, em princípios jurídicos do moderno Estado de Direito.

A estrita ligação entre a tutela do Direito penal, a pena e o conceito valorativo do bem jurídico, na linha de pensamento de Luigi Ferrajoli[37], delimita o conteúdo de referência à valores do bem jurídico penal e a importância da identificação para justificar a violência da pena, tal como a função de tutela do Direito penal. O Direito penal deve atuar diante da lesividade do resultado, de onde se verifica a origem da tutela penal em vista do valor bem jurídico. O bem jurídico lesionado pelo delito, justifica a reação da pena pelo Direito penal, como fim de sua aplicação.

> A necessária lesividade do resultado, qualquer que seja a concepção que dela tenhamos, condiciona toda justificação utilitarista do direito penal como instrumento de tutela e constitui seu principal limite axiológico externo. Palavras como 'lesão', 'dano', 'bem jurídico' são claramente valorativas. Dizer que um determinado objeto ou interesse é um 'bem jurídico' e que sua lesão é um 'dano' é o mesmo que formular um juízo de valor sobre ele; e dizer que é um 'bem penal' significa, ademais, manifestar um juízo de valor que avaliza a justificação de sua tutela, recorrendo a um instrumento extremo: a pena. Mas isto significa também, inversamente, que um objeto 'deve ser' (julgado e considerado como) um 'bem' para que esteja justificada sua tutela penal: e, mais ainda, que o valor que ao mesmo associado deve ser superior ao do que se atribui aos bens de cuja ofensa não decorra pena alguma. Sob este aspecto, ao menos a partir de uma ótica utilitarista, a questão do bem jurídico lesionado pelo delito não é diferente da dos fins do direito penal: trata-se da essência mesma do problema da justificação do direito penal, considerada já não desde os custos da pena, senão de acordo com os benefícios que com ela se pretendem alcançar.

Luigi Ferrajoli[38] tenta definir o bem jurídico, mas afirma que há enorme dificuldade, concluindo que não é possível conceituar com exatidão e de forma exaustiva o bem jurídico. Contudo, demonstra que o bem jurídico tem função de garantia e limite insubstituível na aplicação do Direito penal diante de conduta criminosa. É admissível que se aplique sanção penal justa, após identificar o bem jurídico lesionado. O conceito do bem jurídico pode fundamentar a atuação mais acertada da intervenção penal no momento em que se verifica ação contra bem juridicamente relevante. Permite melhor justificação para atuação do Direito penal, pois com a lesão

---

36. FERRAJOLI, Luigi. *Direito e razão*: teoria do garantismo penal. 4. ed. Ed. RT, 2014. p. 91-92.
37. FERRAJOLI, Luigi. *Direito e razão*: teoria do garantismo penal. 4. ed. Ed. RT, 2014. p. 428-429
38. FERRAJOLI, Luigi. *Direito e razão*: teoria do garantismo penal. 4. ed. Ed. RT, 2014. p. 432-433.

do bem jurídico identificada, há condução para aplicação de proporcional sanção penal. O bem jurídico funciona como limite ou garantia, consistindo no fato de que a lesão de um bem jurídico deve ser condição necessária, mesmo não sendo de todo suficiente, para justificar a proibição da conduta e a punição.

> Na realidade, não se pode alcançar uma definição exclusiva e exaustiva da noção de bem jurídico. O que significa que uma teoria do bem jurídico dificilmente pode nos dizer positivamente – e não adiantaria nada que nos dissesse – que uma determinada proposição penal é justo enquanto protege um determinado bem jurídico. Pode nos oferecer, unicamente, uma série de critérios negativos de deslegitimação – que não são somente a irrelevância ou o esvaziamento do bem tutelado, senão, também, a desproporção com as penas previstas, a possibilidade de uma melhor proteção por meio de medidas destituídas de caráter penal, a inidoneidade das penas na consecução de uma tutela eficaz, ou, inclusive, a ausência de lesão efetiva por ocasião da conduta proibida – para afirmar que uma determinada proibição penal ou a punição de uma concreta conduta proibida carecem de justificação, ou a tem escassamente, Mas, por outro lado, isto é tudo o que se pede à categoria do 'bem jurídico', cuja função de limite ou garantia consiste precisamente no fato de que a lesão de um bem deve ser condição necessária, embora não suficiente, para justificar sua proibição e punição como delito.[39]

A política penal de tutela de bens tem justificação e credibilidade quando for subsidiária de uma política extrapenal de proteção dos mesmos bens. Em que pese a construção do conceito extrapenal político de tutela de bens, é necessário que haja coerência para haver proibições e aplicação de penas de forma desproporcional. As proibições devem ser dirigidas à tutela de bens jurídicos proporcionalmente. O que significa dizer que a política externa ao direito em que deu relevância ao bem jurídico deve ter a mesma proteção intrassistema, inclusiva quanto à sanção penal cominada.

Considerando o Estado Democrático de Direito e diante da expansão do Direito penal para a formação de um sistema de emergência criminal, o Garantismo aponta forte linha de frente para assegurar os direitos penais e processuais penais dos indivíduos inseridos no sistema processual penal brasileiro, após verificação de desvio de conduta. Dentro deste contexto, encontra-se o bem jurídico a ser analisado, sobretudo em relação ao crime de lavagem de capitais.

Portanto, no sistema revelado pelo garantismo penal de Luigi Ferrajoli, é exigido como limite ao *ius puniendi* e como garantia do indivíduo, no Estado Democrático de Direito, bem jurídico a ser tutelado pelo Estado, como fundamento de valor relevante para o Direito penal, em que a conduta lesiva, no âmbito do princípio da legalidade, confere alma material à dogmática penal. No garantismo, para admitir uma conduta como criminosa, é preciso que haja o que tutelar, um bem jurídico para proteger e justificar a aplicação de uma sanção penal após a passagem da análise do conteúdo da ação pelo filtro da dogmática penal, revelando, por óbvio, que o crime de lavagem de dinheiro, como qualquer outro delito, deverá representar moldura protetiva de bem jurídico penal, não podendo de modo algum ser vazio de conteúdo substancial.

---

39. FERRAJOLI, Luigi. *Direito e razão*: teoria do garantismo penal. 4. ed. Ed. RT, 2014. p. 432-433.

13
O BEM JURÍDICO REVELADO NOS CRIMES DE LAVAGEM DE DINHEIRO E O VÍNCULO FINALISTA – CRISE DOGMÁTICA

13.1 INTRODUÇÃO

No sistema finalista, Welzel propõe que a missão do Direito penal não seja propriamente a defesa dos bens jurídicos, mas sim a defesa dos valores éticos-sociais[1]. Não menos importante, há a proteção do bem jurídico, em que pese estar em segundo plano, pois a proteção seria de valores elementares da consciência, ou seja, dos valores da conduta correta. Não é possível realizar a interpretação do tipo penal sem a ideia do bem jurídico, pois está o bem jurídico na matéria do tipo como objeto de proteção. O valor ético-social da ação encontra-se no centro do Finalismo, de forma que o fato punível decorre da violação de uma norma, que representa valores éticos da sociedade, e por isso, conforme o conceito de crime, há destaque quanto ao desvalor da ação. Nesse sentido, o bem jurídico violado representa consequência do desvalor do resultado de uma conduta ilícita tal como o valor ético do comportamento avaliado. Considera-se que o bem jurídico gira em torno da vida social, e pelo conjunto de bens jurídicos na sociedade, tem-se que há conexão com toda a ordem social. O bem jurídico em função da ordem social, desta maneira, é todo estado social desejável, e o ordenamento jurídico deve proteger o bem jurídico, levando em conta que o delito significa um desvalor do resultado como lesão ao bem jurídico e violação de um dever, além de tudo.

O papel científico do bem jurídico dentro do sistema jurídico penal finalista não pode ser descartado, sobretudo ao considerar o princípio da legalidade como atualizador do sistema de Welzel aos moldes do Estado Democrático de Direito, na presente ordem constitucional. Com isso, conclui-se que não é possível descartar a presença do bem jurídico como elemento de análise juntamente com o princípio da lesividade, pois o bem jurídico é matéria de proteção no tipo. Para ser crime no

---

1. ROXIN, Claus. *Derecho penal:* parte general. Fundamentos: la estructura de la teoria del delito. (em Civitas), 1997. Reimpressión, 2008. Madrid: Thomson Civitas. t.1. 2008. p. 68.

Estado Democrático de Direito, portanto, é preciso que o comportamento tipificado lesione um bem jurídico tutelado.

Em que pese a concepção finalista quanto ao bem jurídico em segundo plano, revelando que o bem jurídico lesado seja consequência do desvalor do resultado de uma ação ilícita, tendo o significado do bem jurídico de merecimento para apreciação em conexão com toda uma ordem social, em vista da missão do Direito penal defender valores éticos-sociais, Roxin[2] define que a função do Direito penal é a proteção de bens jurídicos considerados importantes para a sociedade, ao tratar do conceito material do delito.

Apesar de alguns bens jurídicos serem essenciais, significando valores eternos ao ser humano com merecida e constante proteção, é importante perceber que há extrema dificuldade em delimitar os bens jurídicos tutelados pelo Direito penal, uma vez que a sociedade é dinâmica e seus valores também, ocorrendo constantes mutações e necessário acompanhamento do Direito penal à evolução cultural. Com isso, é possível concluir que há dificuldade de enquadrar e fechar listas de bens jurídicos imutáveis para manutenção de imperativos categóricos absolutos para que a norma penal proteja constantemente os interesses sociais de relevância. Esta dinâmica desnuda a dificuldade de determinação do que deve ser passível de tutela pelo Direito penal. Mas não é o apontamento de certa imprecisão do conceito de bem jurídico que confere falibilidade ao conceito e nem o impossibilita de exercer sua função dogmática. Roland Hefendehl[3] reflete sobre a constante busca de identidade do conceito de bem jurídico para legitimação do Direito penal, de modo que haja um conceito aceitável, ideal, inatacável e coerente, possibilitando legitimidade aos tipos penais, permitindo estruturas delitivas e imputações adequadas. A fundamentação de que o bem jurídico seja mutável de acordo com as transformações sociais não retira o valor dogmático e sua importância em relação à ciência do Direito penal pois, no Estado Democrático de Direito, não há como interpretar o tipo penal sem a ideia do bem jurídico. Qualquer transformação deve ser acompanhada pelo Direito penal, portanto. Considerando as orientações constitucionais para um Direito penal voltado para a proteção de bens jurídicos, em vista da defesa dos valores éticos-sociais, admitindo o ser humano e o respeito à dignidade humana no centro do ordenamento jurídico, os bens jurídicos passíveis de proteção penal possuem referência antropológica essencial para a autodeterminação do ser humano. Assim, a norma penal, no âmbito finalista atualizado pelo princípio da legalidade, no Estado Democrático de Direito, tutela bens jurídicos que são relacionados à dignidade da

---

2. ROXIN, Claus. *Derecho penal*: parte general: fundamentos: la estructura de la teoría del delito. 2. ed. Traducción y notas de Diego Manuel Luzón Peña e Miguel Díaz y García Conlledo, Javier de Vicente Remesal. Madrid: Editorial Civitas, S.A., 1997. t. 1. p. 51-51.
3. HEFENDEHL, Roland. Las jornadas desde la perspectiva de un partidario del bien jurídico. In: HEFENDEHL, Roland (Org.). *La teoría del bien jurídico¿* fundamento de legitimación del derecho penal o juego de abalorios dogmatico? Madrid: Marcial Pons, 2007. p. 410-411.

pessoa humana. Nesse sentido, a lavagem de dinheiro deve ser observada não como delito, mas como fato impunível posterior ao delito.

Registrada a escolha do sistema finalista, ao aprofundar investigação sobre o bem jurídico no crime de lavagem de dinheiro, é possível verificar que há variações quanto a consideração do bem jurídico tutelado pela norma exposta pela Lei 9.613/98. Ora percebe-se que o bem jurídico sob proteção na lavagem de dinheiro é o mesmo bem jurídico do crime antecedente; ora verifica-se a consideração de que o bem jurídico da lavagem de dinheiro recai sobre a ordem financeira, ora em relação à administração da justiça. Nossa posição assume a defesa de que a atividade de lavagem de capitais representa *post factum* impunível, em virtude da origem histórica, criminológica e em vista do aspecto dogmático-científico penal considerado.

13.2 BEM JURÍDICO DO BRANQUEAMENTO DE CAPITAIS – BEM JURÍDICO DO CRIME ANTECEDENTE

Considerar o bem jurídico da lavagem de capitais como o mesmo bem jurídico tutelado pelo crime antecedente merece reflexão[4][5], pois haveria superproteção do bem jurídico do delito antecedente, além do aumento de pena pela prática de um fato posterior sem violação de bem jurídico, acarretando lesão ao princípio da proporcionalidade além do aspecto dogmático abaixo relacionado.

Admitindo como hipótese exemplificativa como crime antecedente o tráfico de drogas, que tutela a saúde pública, não há relação existente, numa abordagem quanto a proteção de bens jurídicos, em relação à lavagem de dinheiro como processo posterior ao delito para tornar lícito os bens, valores e direitos adquiridos com o tráfico. O agente condenado pela prática de tráfico de drogas, por lesar bem jurídico saúde pública, teria sua pena exacerbada pela condenação também pela lavagem de dinheiro, havendo, portanto, uma desproporcionalidade da pena, sem que este agente tenha ofendido o bem jurídico saúde pública com o processo de lavagem de dinheiro. A saúde pública, peculiar à infração penal do tráfico de drogas, certamente, não parece ter qualquer relação com a atividade de lavagem de capitais, como complexa ordem de condutas para tornar lícito o produto de um crime já praticado. Não é possível que uma conduta direcionada para camuflar ilicitude de bens ou direitos tenha relação com a saúde pública. O fato de investir dinheiro produto de crime antecedente na bolsa de valores, com o objetivo de integrar capital no sistema financeiro, não pode ter conexão com o mesmo objeto de proteção do tráfico, qual seja, a saúde pública.

Da mesma maneira, ocorre com outros delitos, como a corrupção, e o aproveitamento do ganho econômico ilícito da atividade criminosa ser direcionado para a

---
4. SÁNCHEZ, Carlos Aránguez. *El delito de blanqueo de capitals*. Barcelona: Marcial Pons. 2000. p. 82-83.
5. BLANCO CORDERO, Isidoro. *El delito de blanqueo de capitals*. 2. ed. Navarra: Aranzadi. 2002. p. 198-199.

aquisição de imóveis ou móveis, a compra e venda de objetos antigos, artes, pedras preciosas etc. Forçosamente, a não ser na ficção, não seria possível haver o deslocamento do bem jurídico do fato anterior para o delito posterior.

O tipo subjetivo do crime de lavagem de dinheiro é representado pelo elemento dolo, com a consciência e vontade de realizar o tipo objetivo, que é "ocultar" ou "dissimular" a natureza, origem, localização, disposição, movimentação ou propriedade de bens, direitos ou valores provenientes, direta ou indiretamente, de infração penal, sem haver a vontade de realizar a conduta do crime antecedente, ao dar andamento ao procedimento de lavagem de dinheiro. A consciência no branqueamento está direcionada, finalisticamente, para tornar o fruto do crime antecedente em valores admitidos formalmente como lícitos pelo Estado, que inclusive, tributa o montante inserido na ordem econômica financeira por meio do processo de lavagem, sem sequer questionar a origem, fundamentado pela via do princípio do *non olet*.

No sistema de Welzel, o objeto condiciona o método, não o contrário, de modo que os valores estão na essência das coisas, e não no entendimento do intérprete. "O Finalismo manteve a estrutura idealizada pela concepção tripartida do sistema de Liszt e Beling, mas fez adequação no conceito de conduta, compreendendo-a como uma ação consciente e finalisticamente orientada".[6] Ao criticar o subjetivismo epistemológico e o relativismo valorativo do Neokantismo, Welzel visualizou um objetivismo metodológico que concebe a ideia de que os valores residem nas coisas em si e não no intérprete, sendo o objeto condicionador do método.[7] Hans Welzel coloca o bem jurídico e sua lesão para ser analisada no âmbito da adequação social, o que significa que encontra-se a questão do bem jurídico por detrás da adequação social, mas como elemento indispensável a ser analisado, sobretudo, havendo lesão. A consciência da lesão ao bem jurídico deve estar presente no movimento final do agente. Ao movimentar o aspecto subjetivo para o tipo, deixando o dolo no tipo, aos moldes da teoria normativa pura da culpabilidade, e considerando que o bem jurídico está no tipo enquanto objeto de proteção, nos permite concluir que o bem jurídico definido é essencial para a própria existência do delito, além de que é necessário a ação finalista direcionada para atingir delimitado bem jurídico, não podendo pensar que o bem jurídico protegido pela norma penal do crime antecedente serve como objeto de proteção para o fato posterior lavagem de dinheiro. Considerando que o objeto condiciona o método e não o contrário, deve considerar a ação finalisticamente orientada pela consciência do agente, e não a interpretação do intérprete. A realidade das coisas condiciona o método, e não a interpretação, o que impede

---

6. PEREIRA, Henrique Viana. *A função social da empresa e as repercussões sobre a responsabilidade civil e penal dos empresários*. 2014. 214f. Tese (Doutorado) – Programa de Pós-Graduação em Direito, Pontifícia Universidade Católica de Minas Gerais, Belo Horizonte, 2014. p. 112.
7. WELZEL, Hans. *Derecho penal*: parte geral. Traducción de Carlos Fontán Balestra. Buenos Aires: Roque Depalma Editor. 1956. p. 1;21

que seja interpretada a vontade do agente quanto eventual ação finalisticamente e conscientemente dirigida para determinado fim.

A lavagem de dinheiro é crime exclusivamente doloso, devendo ainda haver a prova do dolo, no sentido de que há consciência do agente para realizar as condutas dos verbos núcleos do tipo. Somente com a realização da conduta do tipo, conscientemente direcionada para um fim específico, será possível ocultar ou dissimular a natureza, origem, localização, disposição, movimentação ou propriedade de bens, direitos ou valores provenientes, direta ou indiretamente, de infração penal. O tipo contém o dolo e também o bem jurídico como objeto de proteção.

No Estado Democrático de Direito, no âmbito da dogmática penal, não poderá admitir que a lavagem de dinheiro como processo posterior tenha no tipo, variações de bem jurídico tutelado, aos moldes do delito antecedente. Não é crível que o comportamento tipificado do processo de lavagem tenha ao mesmo tempo, como matéria do tipo enquanto objeto de proteção, o mesmo bem jurídico do tráfico de drogas, tráfico de armas, sequestro, extorsão, corrupção, terrorismo, furto, roubo, assalto a banco, e toda sorte de crime antecedente passível de produzir bens, valores e direitos capazes de se tornarem lícitos por meio do processo de lavagem. Não é aceitável admitir que a lavagem de dinheiro seja crime por lesar o bem jurídico do fato antecedente, admitindo a todo momento uma diferente proteção, violando a individualização da conduta finalista, direcionada esta para um fim específico. A ação finalista é direcionada para um fim. Welzel[8] ensina que a ação humana é um exercício de uma atividade final, de modo que atividade final é uma atividade dirigida conscientemente em razão de um fim, não podendo, dessa forma, admitir que a ação lavar dinheiro seja delito por lesar um diferente bem jurídico, dependendo do fato antecedente.

No Finalismo de Welzel, a tipicidade é integrada pelos elementos objetivos e subjetivos como o dolo e a culpa, fundamentando na natureza das coisas para encontrar em toda conduta criminosa uma estrutura lógico-objetiva, qual seja, o direcionamento final da ação. Toda conduta finalista tem uma finalidade consciente e direcionada para um resultado. Conforme Welzel[9],

> A ação humana é exercício de uma atividade final. A ação é, portanto, um acontecimento final e não puramente causal. A finalidade, o caráter final da ação, baseia-se no fato de que o homem, graças ao seu saber causal, pode prever, dentro de certos limites, as possíveis consequências de sua conduta, designar-lhes fins diversos e dirigir sua atividade, conforme um plano, à consecução desses fins.

---

8. WELZEL, Hans. *O novo sistema jurídico-penal*: uma introdução à doutrina da ação finalista. Trad. Luiz Regis Prado. 4. ed. São Paulo: Ed. RT, 2015. p. 31-32.
9. WELZEL, Hans. O novo sistema jurídico-penal: uma introdução à doutrina da ação finalista. Trad. Luiz Regis Prado. 4. ed. São Paulo: Ed. RT, 2015. p. 31.

Posto isso, é possível concluir que é constitucionalmente ilegítima a criminalização de um comportamento incidente sobre um bem jurídico já lesado em virtude de uma conduta já realizada, ocorrendo bis in idem na aplicação da pena do comportamento referente à lavagem de dinheiro pela prática de uma única lesão a bem jurídico do delito antecedente. Fica clara a incidência da proibida dupla aplicação de pena ao analisar a lavagem de dinheiro do ponto de vista da autolavagem ou selflaundering em casos em que o mesmo agente que pratica o crime antecedente, realiza a lavagem de dinheiro. Punir este agente pelo crime anterior e pela lavagem de dinheiro com base no mesmo bem jurídico violado duas vezes, sendo uma vez com a prática do crime antecedente e outra vez com a lavagem de dinheiro, seria um exagero, uma dupla punição pela lesão a um mesmo bem jurídico, uma dupla valoração do bem jurídico, não condizendo com a dogmática penal finalista no Estado Democrático de Direito, além de ser mais uma comprovação de que a lavagem de dinheiro está mais para exaurimento do delito antecedente do que para crime autônomo.

Além da dupla punição, violando o princípio da proporcionalidade, há direto desentendimento quanto à lógica dogmática finalista, por admitir responsabilidade por conduta fim sem dolo direcionado para atingir bem jurídico, não havendo reprovabilidade da conduta posterior, e consequentemente, não podendo haver sustentação da culpabilidade como juízo pessoal de reprovabilidade após verificação da tipicidade sem dolo específico e sem bem jurídico lesado.

Quanto à política criminal, considerar que o bem jurídico da lavagem de dinheiro seja o mesmo que o delito antecedente, vai contra o posicionamento do legislador, ao incriminar o comportamento da lavagem de dinheiro como categoria autônoma de delito. Verifica-se que há um esforço do legislador para criar um delito autônomo da lavagem de capitais, nos termos do art. 2º, § 1, da Lei 9.613/98, ao prescrever que poderá haver punição do agente pela conduta de lavagem de capitais mesmo que desconhecido ou isento de pena o autor, ou extinta a punibilidade da infração penal antecedente. Além disso, a denúncia será instruída com indícios suficientes da existência da infração penal antecedente. O processo e julgamento da lavagem de dinheiro não depende do processo e julgamento das infrações penais antecedentes, conforme o art. 2º da Lei 9.613/98. Nesse sentido, a política criminal direcionada a autonomia da lavagem de dinheiro como crime, não condiz com a admissão de que o bem jurídico lesado com o comportamento de lavagem de capitais seja o mesmo do delito anterior. Nesse sentido, Bottini e Badaró[10] apontam que "a ideia da identidade dos bens jurídicos tutelados parece contrária a todo o movimento político-criminal de autonomia da lavagem de dinheiro."

De acordo com o caput do art. 1º da Lei de Lavagem de Dinheiro e seu preceito secundário, foi cominada sanção penal com reclusão de 3 anos a 10 anos e multa pela prática da lavagem de dinheiro, independentemente da infração penal antecedente.

---

10. BADARÓ, Gustavo Henrique; BOTTINI, Pierpaolo Cruz. *Lavagem de dinheiro*: aspectos penais e processuais penais. 3. ed. São Paulo: Ed. RT, 2016. p. 83.

Considerando a lavagem de dinheiro como fato posterior à contravenção penal do jogo do bicho, a pena será de reclusão de 3 anos a 10 anos e multa, admitindo hipoteticamente que o bem jurídico foi o mesmo lesado em consideração ao fato anterior. Por outro lado, se o agente realiza o procedimento de lavagem de dinheiro em vista do fato anterior ter sido o crime de tráfico de drogas, a sanção penal da lavagem de dinheiro seria a mesma da contravenção do jogo do bicho como delito antecedente, qual seja, reclusão de 3 anos a 10 anos e multa. Portanto, há grave incongruência se for considerada a lavagem de dinheiro como delito que tenha como objeto de tutela o mesmo bem jurídico da infração penal antecedente, pois haveria claramente a violação do princípio da proporcionalidade. À luz do princípio da proporcionalidade, não faz sentido o bem jurídico da lavagem de dinheiro decorrente do jogo do bicho como contravenção penal ter a mesma sanção penal que a lavagem de dinheiro como fato posterior ao crime de tráfico de drogas.

A superproteção do bem jurídico antecedente pela prática do processo de lavagem de dinheiro não permite concluir que o agente do branqueamento estaria reforçando a lesão ao bem jurídico do crime antecedente, por mero e exclusivo comportamento direcionado consciente e dolosamente para o fim de formalizar um processo de licitude dos valores, bens ou direitos provenientes de um comportamento criminoso antecedente. A lavagem de dinheiro não pode representar continuidade da lesão do crime prévio ao seu processo, devendo haver uma análise jurídico dogmática isolada da conduta do agente. Considerar a lavagem de dinheiro como delito que viola o bem jurídico do comportamento tipificado antecedente confere elasticidade à figura do tipo penal anterior, negando a ideia da segurança finalista do tipo penal, o que seria absolutamente inconstitucional diante do princípio da legalidade, do princípio da adequação social e pela via da antinormatividade.

Ainda na análise do tipo, merece destaque a reflexão sobre a não condenação do agente pelo crime antecedente e sua condenação pela prática de lavagem de capitais, conforme permite o art. 2º, § 1º da Lei de Lavagem de Dinheiro, o que seria um absurdo, pois estaria o agente sendo condenado por lavagem de dinheiro cuja lesão ao bem jurídico quanto ao crime antecedente foi inexistente. Ora, o bem jurídico está na matéria do tipo enquanto objeto de proteção, não podendo haver o deslocamento de uma lesão considerada extinta ou inexistente ou não ocorrida de um comportamento para outro comportamento futuro e posterior de branqueamento de ativos, violando assim a lógica da dogmática penal finalista.

Ademais, a consideração da lesão do bem jurídico pela realização do processo de lavagem como o mesmo bem jurídico lesado pela prática do delito antecedente gerador dos ativos encontra resistência na admissão de que a lavagem de capitais não contribui nem agrava a violação ou lesão do delito do comportamento anterior[11]. A

---

11. WELTER, Antônio Carlos. Dos crimes: dogmática básica. In: CARLI, Carla Veríssimo De. (Org.). *Lavagem de dinheiro*: prevenção e controle penal. Porto Alegre: verbo jurídico, 2011. p. 153.

ação de lavagem de dinheiro é comportamento direcionado para assegurar a origem ilegal dos recursos como dinheiro, bens ou valores obtidos por meio do crime anterior. O comportamento da lavagem de dinheiro é autônomo, não se confundindo com bens jurídicos tutelados pelo delito anterior. A proteção que a lei penal quer fornecer aos bens jurídicos tutelados pelo tipo do delito antecedente esgota-se na sua tipificação e punição quando cometidos, havendo ou não branqueamento após a inicial conduta, a lesão ao bem jurídico já foi configurada[12].

Ao admitir o deslocamento do bem jurídico de um fato antecedente para um fato posterior, além da superproteção do bem jurídico e a desproporcionalidade do feito, estaria também violando o princípio do *ne bis in idem*. Uma vez sancionado uma conduta, esgota-se a função da pena. Se aplica uma sanção penal em virtude da lesão de um bem jurídico e novamente vem impor outra sanção penal em virtude do mesmo bem jurídico violado, estaria aplicando a mesma pena mais de uma vez, fazendo do tipo de lavagem de dinheiro instrumento de vingança, em que se lesa também o princípio do *ne bis in idem*.

Pelo exposto, considerando a superproteção inapropriada do bem jurídico do delito antecedente; o deslocamento do bem jurídico do delito antecedente para o exaurimento do crime como fato posterior; a consideração da questão da consciência aos moldes da teoria normativa pura da culpabilidade; a variação do bem jurídico da lavagem de dinheiro de acordo com o crime antecedente; a direção da política criminal para individualização do processo de lavagem na condição de delito; o *selflaudering* ou autolavagem como absorção da lavagem de dinheiro pelo crime antecedente; a proibição do *bis in idem*; a desproporcionalidade das penas cominadas aos moldes da infração penal antecedente; o bem jurídico estar na matéria do tipo como objeto de proteção; a questão da autonomia do comportamento anterior e a impossibilidade de conferir elasticidade ao tipo; a consideração da lavagem de dinheiro como comportamento futuro e autônomo; e a possibilidade de extinção do fato antecedente sem incriminação do agente que realiza o branqueamento pelo crime inicial e sua condenação pelo processo de lavagem; concluímos que não há possibilidade jurídica dogmática da consideração do bem jurídico do crime de lavagem de capitais ter como objeto de tutela o mesmo bem jurídico tutelado da infração penal antecedente.

13.3 BEM JURÍDICO DO BRANQUEAMENTO DE CAPITAIS – BEM JURÍDICO ADMINISTRAÇÃO DA JUSTIÇA

A lavagem de dinheiro como processo criminalizado para dar licitude formal ao produto do crime antecedente, servindo como instrumento histórico de combate ao crime em apoio às agencias estatais, fruto do emergencialismo penal, obteve primeiro

---

12. CANAS, Vitalino. *O crime de branqueamento*: regime de prevenção e de repressão. Coimbra: Almedina, 2004. p. 16.

sua criação para depois haver a busca doutrinária de um bem jurídico lesado pela sua prática para que fosse dogmaticamente justificado no âmbito da ciência penal. Para tanto, surgiu também posicionamento da ordem de que a prática da lavagem de dinheiro lesaria a administração da justiça.

Quanto a esta segunda posição, o bem jurídico a ser protegido pela Lei 9.613/98 seria a administração da justiça, ao levar em conta que a prática do crime de lavagem de dinheiro vai ao desencontro da estrutura judicial e fiscal organizada para conter o crime antecedente, uma vez que a lavagem de capitais é concebida para tanto como uma espécie de instrumento de auxílio aos criminosos. Se considerarmos que o crime de lavagem de capitais, de algum modo, camufla o produto de infrações penais anteriormente praticadas, é verdade que o crime em discussão dificulta a ação ou aparato judicial e fiscal organizado para aplicar a Lei penal em relação aos crimes antecedentes. Contudo, o que deve ser objeto de reflexão é a consideração da prática de crimes de lavagem de dinheiro poder violar a administração da justiça como bem jurídico sob tutela penal.

Vale a pena lembrar que, no âmbito da estrutura finalista, no Estado Democrático de Direito, incriminar uma conduta sem consciência para violar um bem jurídico denominado administração pública não permite a formação do delito. Sem o crime da Lei 9.613/98, o produto do crime anterior teria a destinação legal atingida com mais eficácia pelos agentes públicos que atuam em favor da justiça, mas, não é possível atribuir ao agente o dolo, a consciência e vontade de lesar a administração pública pela simples escolha do legislador. Assim, na eventualidade de alguém praticar o crime de corrupção, e com o dinheiro, investir na compra de ações no exterior, ou investimentos em paraísos fiscais, como forma de lavagem de dinheiro, certamente, a estrutura organizada pelo Estado para aplicar a Lei aos corruptos e corruptores, o investimento estatal em concursos públicos, treinamento de agentes públicos, aparelhos e maquinários tecnológicos de contenção de delitos praticados contra o sistema financeiro, tudo isso, não poderia ser admitido como bem jurídico protegido no exercício do branqueamento de capitais, tratando-se, portanto, de atividade que não lesa conscientemente, e com clareza, a administração da justiça.

Canas[13] ensina que o bem jurídico tutelado no delito de branqueamento de capitais seria a boa administração da justiça através da criação de dificuldades em relação à investigação quanto à identificação e punição dos agentes dos crimes subjacentes. No mesmo ritmo, Mendroni[14] admite a lesão da administração da justiça com a execução do processo de lavagem de capitais, esclarecendo que trata-se o branqueamento de crime parasitário, pois depende da existência de outro crime, sendo, portanto, conduta de processamento de ganhos ilícitos que retira o poten-

---

13. CANAS, Vitalino. *O crime de branqueamento*: regime de prevenção e de repressão. Coimbra: Almedina, 2004. p. 15-17.
14. MENDRONI, Marcelo Batlouni. *Crime de lavagem de dinheiro*. São Paulo: Atlas, 2006. p. 30-31.

cial de aplicação da justiça em relação aos crimes antecedentes. Grandis[15] também assume posição de que o bem jurídico protegido na prática da lavagem de dinheiro é a administração da justiça. Godinho[16] aponta que a lavagem de dinheiro protege a administração da justiça, apoiando-se no Código Penal de Portugal, artigo 368º - A[17] admitindo que o crime de lavagem de dinheiro afetaria bem jurídico da boa administração da justiça aos moldes do favorecimento real, impossibilitando a punição dos responsáveis do delito antecedente. Palitot Braga[18] apoia a ideia de que o bem jurídico protegido pela execução da lavagem de dinheiro seja a administração da justiça, fundamentando posição sob a base de que o delito de lavagem de dinheiro lesa a administração da justiça, sobretudo em sua função de investigação e aplicação de pena aos delinquentes. Martínez-Bujan Pérez[19] também direciona pensamento revelando o bem jurídico no âmbito do delito da lavagem de capitais em atenção à lesão à administração de justiça. Badaró e Bottini[20] revelam pensamento no sentido de que a lavagem de dinheiro é processo de mascaramento que coloca em risco a operacionalidade e a credibilidade do sistema de Justiça, tendo em vista utilizar transações de alta complexidade para afastar o produto de sua origem ilegal e com isso impedir seu rastreamento pelas autoridades estatais, violando o satisfatório avanço da atividade policial, judicial e administrativa de combate ao crime.

    O termo administração da justiça merece maior investigação quanto ao seu conceito, considerando-o, para tanto, a atividade do Poder Judiciário como um todo. Ainda, pode o termo englobar a atividade do Poder Judiciário no trato diário de combate ao crime. Além disso, administração da justiça representa o conjunto de aparatos do ponto de vista material e pessoal à disposição dos agentes públicos que desempenham o labor no sentido de investigar crimes. É a função do Estado para investigar, utilizando o material, humano ou não, disponível para aplicar a lei e sancionar condutas criminosas. Palitot Braga[21] busca apontar que o termo Administração da Justiça revela bem jurídico no sentido de função judicial de administração da justiça para obtenção de metas e finalidades do interesse do Estado. Badaró e Bottini[22]

---

15. GRANDIS, Rodrigo de. O exercício da advocacia e o crime de "lavagem" de dinheiro. In: CARLI, Carla Veríssimo de. (Org.). *Lavagem de dinheiro*: prevenção e controle penal. Porto Alegre: verbo jurídico, 2011. p. 121
16. GODINHO, Jorge Alexandre Fernandes. *Do crime de branqueamento de capitais*. Coimbra: Almedina, 2001. p. 140-141.
17. CANAS, Vitalino. *O crime de branqueamento*: regime de prevenção e de repressão. Coimbra: Almedina. 2004. p. 15.
18. PALITOT BRAGA, Romulo Rhemo. *Lavagem de dinheiro*: fenomenologia, bem jurídico protegido e aspectos penais relevantes. 2. ed. Curitiba: Juruá Editora. 2013. p. 74-75.
19. PÉREZ, Carlos Martínez-Bujan. *Derecho penal económico y de la empresa*: parte especial. 2. ed. Valência: Tirant lo Blanch, 2005. p. 496-498.
20. BADARÓ, Gustavo Henrique; BOTTINI, Pierpaolo Cruz. *Lavagem de dinheiro*: aspectos penais e processuais penais. 3. ed. São Paulo: Ed. RT, 2016. p. 89.
21. PALITOT BRAGA, Romulo Rhemo. *Lavagem de dinheiro*: fenomenologia, bem jurídico protegido e aspectos penais relevantes. 2. ed. Curitiba: Juruá Editora. 2013. p. 75.
22. BADARÓ, Gustavo Henrique; BOTTINI, Pierpaolo Cruz. *Lavagem de dinheiro*: aspectos penais e processuais penais. 3. ed. São Paulo: Ed. RT, 2016. p. 85.

aponta que a Administração da Justiça deve ser considerada como o exercício da atividade jurisdicional e de tudo quanto é instituto envolvido na solução institucional de conflitos na apuração de um fato considerado infração penal. Grandis[23] destaca um conceito de maior amplitude ao termo Administração de Justiça, considerando como tal todos os comportamentos que tenham qualquer relação com o objeto final da justiça. A doutrina portuguesa desnuda o conceito de Administração da Justiça delimitada com a boa estabilidade e ao bom funcionamento das instituições políticas, particularmente as democráticas, aos moldes do pensamento de Canes[24].

Aos nossos sentidos, a Administração da justiça pode ser todo o arcabouço que envolve a justiça na sua integralidade, contabilizando para o conceito desde o aparato policial de perseguição até o cumprimento de decisões judiciais, além de admitir como tal as agências estruturadas pelo Estado para investigar, julgar e punir o agente que praticar comportamento considerado pelo Legislador como conduta criminosa. A amplitude do conceito é patente e desestabilizadora de garantias e segurança, do ponto de vista finalista, no âmbito do Estado Democrático de Direito. O termo Administração da Justiça é vago, impreciso, e carregado de insegurança pela falta de limites conceituais. A expressão é demasiadamente ampla e tão perigosamente vaga que engloba qualquer relação com o objetivo também vago, amplo e impreciso do conceito de justiça. O sistema finalista preza pela segurança dos conceitos e para tanto, aplica-se a regra penal das estruturas lógico-reais, observando o princípio da legalidade e um Direito penal constitucionalizado pela força das garantias da segurança jurídica.

Não é possível aplicar o Direito penal finalista em relação a um comportamento considerado crime por ofensa a um bem jurídico que não permite delinear os limites de suas fronteiras conceituais, podendo alcançar qualquer tipo de conduta, aproximando o Direito penal brasileiro ao Direito penal protetor da norma, aos moldes do funcionalismo radical sistêmico de Jakobs[25], que desenvolve estrutura sistemática penal em que o desenvolvimento da dogmática encontra-se no interior do próprio sistema e não se sujeita aos limites externos. Aplicar um conceito aberto de Administração de Justiça como bem jurídico sob tutela do Direito penal em vista da lavagem de dinheiro, nos leva a crer que prevalece, neste ponto, a admissão do Direito penal concebido como sistema normativo fechado, autopoiético, limitando a dogmática jurídico-penal quanto à análise normativo-funcional de um Direito exclusivamente positivo, em função da finalidade de prevenção geral positiva da pena, e dessa forma, excluindo as considerações empíricas não normativas e valorações externas ao sistema jurídico positivo, além de deixar de lado o aspecto principal de

---

23. GRANDIS, Rodrigo de. O exercício da advocacia e o crime de "lavagem" de dinheiro. In: CARLI, Carla Veríssimo de. (Org.). *Lavagem de dinheiro*: prevenção e controle penal. Porto Alegre: verbo jurídico, 2011. p. 121.
24. CANAS, Vitalino. *O crime de branqueamento*: regime de prevenção e de repressão. Coimbra: Almedina, 2004. p. 17.
25. JAKOBS, Günther. *Sociedad, normas y personas en un derecho penal funcional*. Trad. Cancio Meliá y Feijoo Sánchez. Madri: Civitas. 1996. p. 25-28.

tutela estatal que são as valorações ético-sociais que permitem a segurança jurídica necessária oferecida pelo Finalismo de Welzel.

O Estado Democrático de Direito distingue o ser humano e sua dignidade no ordenamento jurídico, de modo que o homem está no centro de proteção do Estado pelas normas da Constituição da República e pelas demais normas abaixo da carta magna que devem acompanhar seus princípios e orientações, sem poder normatizar qualquer questão dando prioridade de relevância a qualquer aparato estatal em detrimento do homem como centro constitucional de proteção. Nesse sentido, a consideração da Administração da Justiça como justificativa do Estado – Legislador para retirar a liberdade do homem por meio de um comportamento posterior ao delito antecedente para esconder o fruto do crime, não possui um bem jurídico com conteúdo antropocentrista, sendo, portanto, inconstitucional por violação do princípio revelador decorrente do Estado Democrático de Direito. Se admitir a Administração da Justiça como o bem jurídico sob proteção em relação ao comportamento lavagem de dinheiro teremos então, uma aceitação de que instrumentos objetivos e subjetivos do Estado detém maior valor constitucional do que o próprio homem e sua liberdade, abrigando o Estado meras funcionalidades sistêmicas. O bem jurídico no Estado Democrático de Direito deve ter como referência o ser humano e não aparatos estatais quaisquer que sejam eles. As questões de maior importância para a sociedade, considerando elas decorrentes do aspecto ético-social não permite deixar de lado a liberdade do homem para atribuir maior valor aos aparatos instrumentais do Estado como justificativa para aplicar o Direito penal como solução para o fracasso das instituições de investigação e aplicação da lei pelo Estado.

O reconhecimento da Administração da Justiça como bem jurídico sob tutela penal no âmbito da lavagem de capitais como resultado de uma vontade política criminal, encontra-se a revelação do fracasso do Estado em utilizar do Direito penal e a criação vazia de tipos penais como arma para investigar o crime antecedente, pois não pode ser aceito tal conceito do ponto de vista constitucional nem sob a viés argumentativa da dogmática penal.

13.4 BEM JURÍDICO DO BRANQUEAMENTO DE CAPITAIS – BEM JURÍDICO E ORDEM ECONÔMICO-FINANCEIRA

A ordem econômico-financeira também é uma opção doutrinária[26,27,28] de bem jurídico tutelado pela Lei 9.613/98. Para que a prática do crime de lavagem de capitais afete a ordem econômico-financeira, teria que atingir o sistema financeiro como um todo ou em parte, levando-o ao colapso ou mesmo criando embaraços

---

26. MENDRONI, Marcelo Batlouni. *Crime de lavagem de dinheiro*. São Paulo: Atlas. 2006. p. 31.
27. BARROS, Marco Antonio de. *Lavagem de capitais e obrigações civis correlatas:* comentários, artigo por artigo, à Lei 9.613/98. 2. ed. São Paulo: Ed. RT, 2007. p. 54.
28. ARÁNGUEZ SANCHEZ, Carlos. *El delito de blanqueo de capitais*. Madrid: Marcial Pons. 2000. p. 97.

para o bom funcionamento da economia que, a nosso ver, não atingiria, em regra, uma máquina econômica de imensidão incalculável, como é a do Brasil. Não há como admitir que um único crime de lavagem de dinheiro pudesse afetar a econômica brasileira injetando mais dinheiro na economia. Não podemos dizer que seria impossível nos dias de hoje, mas podemos afirmar que não seria plausível e muito menos razoável que isso acontecesse. Concluir que o crime de lavagem de dinheiro representa instrumento de violação de bem jurídico ordem econômica não passa de mero pensamento sem base científica.

Um país com tanta diversidade de fontes de renda, com produção para exportação de bens manufaturados, matérias-primas, empresas produtoras de tecnologia, agronegócios, com a presença da máquina inesgotável do turismo, e tantas outras fontes de produção de capital, teria muita dificuldade de ter atingida, sua engenharia econômico-financeira com a ocorrência de um único crime de lavagem de dinheiro. Mesmo que o crime anterior gere consequências para o sistema financeiro, como a concorrência desleal, o comprometimento do fluxo padrão de capitais, a pouca visibilidade das operações financeiras, dentre outras, seriam apenas consequências de um ou de outro crime anterior, podendo haver ou não haver tais consequências. Ocorre que a atividade decorrente do branqueamento de capitais injeta valores na economia, fazendo girar dinheiro na sociedade. Nestes casos, o crime antecedente poderá vir ou não a atingir tais bem jurídicos, de modo que não pode admitir como verdade, a certeza de que a ordem econômica será atingida. Diante disso, a consideração da ordem econômico-financeira como bem jurídico tutelado pela tipificação da conduta referente à atividade do delito de lavagem de dinheiro não merece ser a opção mais acertada.

Mendroni[29] revela posição em sentido contrário, adotando a ordem socioeconômica como bem jurídico a ser tutelado na lavagem de capitais, afirmando que a astronômica quantidade de dinheiro lavado no mundo impacta na ordem socioeconômica em todos os níveis, atingindo empresas regulares por perderem estas a concorrência em vista das empresas que utilizam fundos provenientes das ações criminosas, pois conseguem ter capital suficiente para provocar outros delitos como a formação do cartel com outras empresas nas mesmas condições. Ainda justifica sua posição apontando a questão do desemprego provocado pela lavagem de dinheiro, pois acredita que o comportamento posterior ao delito, de branqueamento de capitais, ataca diretamente as leis naturais da economia, como a livre concorrência e a oferta e procura, gerando inflação. Além disso, acredita Mendroni que a lavagem de dinheiro aperfeiçoa o próprio crime antecedente. Em que pese apontar tais consequências, não indica comprovação técnica de seu posicionamento, ficando apenas em lucubrações e exercício de inteligência. Palitot Braga[30] também defende que o crime de lavagem de dinheiro tutela a ordem econômica social, destacando-se a importância

---
29. MENDRONI, Marcelo Batlouni. *Crime de lavagem de dinheiro*. São Paulo: Atlas. 2006.p. 31.
30. BRAGA, Romulo Rhemo Palitot. *Lavagem de dinheiro*: fenomenologia, bem jurídico protegido e aspectos penais relevantes. 2. ed. Curitiba: Juruá. 2013. p. 89-98.

da livre concorrência e o bom funcionamento da economia, sob o argumento de que é incontestável que a instabilidade da economia poderia supor implicações por meio de vários fatores, como a concorrência desleal, o abuso do poder econômico, o surgimento privilegiado de grupos dominantes e outras questões de relevo. Não concordamos com este pensamento, pois qualquer posição que viole as regras de equilíbrio da economia pode ser feito, e é feito, com base em estratégias de atuações lícitas praticadas por agentes que atuam no mercado econômico financeiro. Ademais, a lavagem de dinheiro é somente um processo de formalização daquilo que vem como fruto do crime para um âmbito de formalidade lícito. Palitot Braga[31] conclui que

> a ordem socioeconômica é o bem jurídico protegido pelo crime de lavagem de dinheiro, posto que os efeitos causados por este delito desacreditam as políticas econômicas, impõem regras de mercado e fomentam o poder das organizações criminosas, as quais, a sua vez, promovem a corrupção pública e privada, a instabilidade dos Governos e o descrédito nos sistemas políticos e econômicos dos Estados.

Nesse sentido, Isidoro Blanco Cordero[32] aponta que as organizações criminosas investem até 40% em suborno das autoridades, penetrando, com o dinheiro ilícito, no âmbito do poder público. Mais uma vez, com todas as vênias aos defensores deste pensamento, não concordamos, pois acreditamos serem meras especulações, sem concretude de fundamento jurídico penal e técnico econômico.

A ocorrência da lavagem de dinheiro tem como consequência prática imediata a colocação de dinheiro ilícito sob o manto da licitude no mercado financeiro, dependendo do caso. Aquele que pratica o crime de corrupção, e com o fruto do delito realiza a compra de um avião, não ofende a ordem econômica, pois estaria adquirindo um bem da mesma forma que qualquer outra pessoa. Aquele que utiliza os valores adquiridos pelo tráfico de drogas para abrir uma empresa de distribuição de alimentos a preços mais baratos estaria, na verdade, escondendo o dinheiro adquirido no tráfico de drogas. A operação abrir empresa e vender produtos mais baratos no mercado com o dinheiro do tráfico de drogas revela apenas a ocultação do fruto do crime antecedente. O fato de empregar um preço mais em conta no mercado não é crime e nem pode haver a constatação de que atinge uma ordem econômica na sua integralidade. Pode até atingir o concorrente ou concorrentes, mas não com o corte da operação que envolve a lavagem de capitais, mas com a conduta desleal. Até por que esta conduta desleal pode ser praticada propositadamente com dinheiro lícito de investidor, com o único propósito de desestabilizar o mercado financeiro. Pitombo[33] aponta fundamento neste sentido ao esclarecer posicionamento de que a reinserção de valores derivados de infrações penais na economia poderia afetar a

---

31. BRAGA, Romulo Rhemo Palitot. *Lavagem de dinheiro*: fenomenologia, bem jurídico protegido e aspectos penais relevantes. 2. ed. Curitiba: Juruá. 2013. p. 98-99.
32. BLANCO CORDERO, Isidoro. *El delito de blanqueo de capitais*. 2. ed. Navarra: Aranzadi. 2002. p. 223.
33. PITOMBO, Antônio Sérgio A. de Moraes. *Lavagem de dinheiro*: a tipicidade do crime antecedente. São Paulo: Ed. RT. 2003. p. 83.

livre iniciativa, o sistema concorrencial, as relações de consumo, a transparência, o acúmulo de capital e seu reinvestimento sem lastro em atividades e produtos, turbando o funcionamento da economia formalizada e o equilíbrio do ambiente econômico. Contudo, não concordamos com isso, pois além de ser fundamento especulativo, sem comprovação prática e auditada matematicamente, sem estatística, este mesmo resultado levantado é decorrente do poder do dinheiro, que pode ser implementado no mercado financeiro por estratégia de investidores ou agentes que atuam neste mercado para alavancar empresas, falir a concorrência sobressaltando outra empresa, inserindo dinheiro para atingir um resultado interessantemente estratégico para aquele que pretende ver o resultado que deseja e ganhar com suas ações. Para tanto, não é necessário o dinheiro ilícito. Além disso, a lavagem de dinheiro, dentro do seu bloco de condutas, simplesmente representa processo que torna lícito valores, bens e direitos que decorrem do crime. A lavagem de dinheiro esconde, oculta, maquia a origem ilícita de valores, independente dos números. Seja de pouca ou muita monta, não é razoável afirma que a lavagem de capitais lesa a ordem econômica. O capital sujo não pode ser considerado o desestabilizador da segurança das relações comerciais como dizem os que defendem esta opção de bem jurídico para lavagem de dinheiro, até por que o próprio Estado aceita este capital e tributa suas operações utilizando o princípio do *non olet*. Afirmar[34] que aqueles que utilizam da lavagem de dinheiro teria melhores condições para acumular bens de produção, fixando melhores preços, salários e questões de relevância no mercado, não prospera, em vista do fundamento de que o dinheiro e quem o detém é que dá o condão do poder que dita as normas de mercado, e não sua origem lícita ou ilícita. Também não prospera as afirmações de que a lavagem de dinheiro afeta a arrecadação tributária, que afeta a livre concorrência e o mercado de consumo. O Estado não importa com a origem do dinheiro ao tributar as movimentações e as relações negociais decorrentes da lavagem de capitais. Além disso, é possível "lavar" dinheiro sem ao menos pensar na injeção de dinheiro na economia, como por exemplo, a compra de joias, pedras preciosas, obras de artes, veículos etc. Nesse caso, como poderia ocorrer a condenação de alguém por lavagem de dinheiro sem esta pessoa ter violado o mercado, com a compra de algum desses objetos, por exemplo. Se prosperasse tal pensamento, o agente seria sancionado penalmente sem violar o bem jurídico que justifica a existência da lavagem de dinheiro como crime.

De todo modo, teria que haver uma perícia completa, uma aprofundada auditoria para verificar o *modus* operacional e a violação de um sistema econômico complexo para qualquer conclusão certeira. Não é possível saber se a pratica de lavagem atinge a ordem econômica ou a coloca em perigo, e, contudo, se admitir a ordem econômico financeira como bem jurídico, teria que aplicar a mesma pena ao agente simplesmente pelo fato de tornar lícito o produto do crime sem saber se

---

34. BONFIM, Edilson Mougenot; BONFIM, Marcia Monassi Mougenot. *Lavagem de dinheiro*. 2. ed. São Paulo: Malheiros. 2008. p. 33.

houve lesão à ordem econômico financeira ou somente perigo à ordem econômico financeira. Verifica-se, portanto, que a consideração da ordem econômica como bem jurídico da lavagem de dinheiro não passa de mera e pura escolha doutrinaria, podendo, além do mais, regular uma possível penalidade desproporcional e completamente injusta ao agente.

Há quem alega que a inserção de dinheiro reciclado na economia formal aprimoraria o ambiente do mercado financeiro, injetando novos recursos nele[35]. Sem importar com a origem lícita ou ilícita do capital, tais valores não deixam de serem ativos financeiros, incentivando a produção, gerando empregos, aprimorando o mercado, fazendo correr mais dinheiro de mão em mão, tornando o mercado mais rico e estimulando o consumo, além de outros benefícios. Não concordamos também com esta posição, pois seria especulativo afirmar que o dinheiro decorrente da lavagem de dinheiro inserido na economia traz benefícios ao mercado, sendo necessário uma análise do ponto de vista estatístico e decorrente de profunda auditoria e complexos estudos econômicos para identificar os reais benefícios do processo.

A alegação de que a lavagem de dinheiro estipula benefícios ou malefícios ao mercado financeiro, se afeta ou agrega valores à livre iniciativa e a livre concorrência, ou aos elementos que estruturam a ordem econômica, teria que ser dito e comprovado por economistas ou especialistas no ramo da economia após profundos estudos sobre o tema, e não por mera especulação da doutrina do direito, pois a matéria sob discussão ultrapassa os limites da matéria jurídica, demonstrando ser extra disciplinar, estruturada em conhecimentos de estatísticas e economia aplicada.

Ademais, falta precisão quanto ao termo ordem econômica. Prado[36] aponta que a ordem econômica tem conceito ambíguo, entendendo que a ordem econômica é regulação jurídica da intervenção do Estado na economia e também é regulação jurídica de produção, distribuição e consumo de bens e serviços. Dirley da Cunha Júnior[37] vislumbra um conceito constitucional para a ordem econômica afirmando que é um conjunto de elementos compatíveis entre si, ordenadores da vida econômica de um Estado, direcionados para um fim. Bernardo Gonçalves Fernandes[38] aponta que o fim da expressão ordem econômica, segundo a Constituição da República de 1988, decorre da garantia da vida digna, conforme os ditames da justiça social. Vital Moreira[39] observa que a noção do termo ordem econômica revela duplo sentido, sendo por um lado um conjunto de normas que estruturam e determinam as relações econômicas, estabelecendo diretivas que atuam no plano do dever –ser, e de outro lado, a ordem econômica pode ser utilizada para designar um conjunto de práticas

---

35. HERRERA, José Manuel Palma. *Los delitos de blanqueo de capitals*. Madrid: Edersa. 2000. p. 144.
36. PRADO, Luiz Regis. *Direito penal econômico*. 2. ed. São Paulo: Ed. RT, 2007. p. 37.
37. CUNHA JÚNIOR, Dirley da. *Curso de Direito Constitucional*. Salvador: Ed. Jus Podivm, 2008. p. 1.057.
38. FERNANDES, Bernardo Gonçalves. *Curso de direito constitucional*. 3. ed. Rio de Janeiro: Lumen Juris. 2011. p. 1033.
39. MOREIRA, Vital. *A ordem jurídical do capitalismo*. Coimbra: Centelha, 1973. p. 67-71.

econômicas concretas ligadas ao plano do ser. José Afonso da Silva[40], no âmbito da histórica do constitucionalismo, lembra que a questão da ordem econômica ganhou vida jurídico-constitucional a partir de 1917, e no Brasil, o primeiro texto constitucional que revelou a matéria foi a Constituição da República de 1934, influenciada pela Constituição de Weimar, na Alemanha. A ordem econômica constitucional tem relação com o conjunto de normas que tem por objeto a disciplina jurídica do fato econômico e das relações principais delas decorrentes. Portanto, de qualquer modo, o conceito de ordem econômica encontra-se aberto e perigoso o suficiente por ser considerado fluido, sem limites aparentes, de difícil concisão para ser admitido seguro o necessário e aceito cientificamente como bem jurídico no âmbito da lavagem de capitais.

A imprecisão do conceito de ordem econômica não pode ser justificativa para o Estado criar delitos com o intuito de proteger tudo quanto é relação jurídica que encaixe num termo tão amplo e generalista como a ordem econômica, podendo esta ser protegida pelo ordenamento jurídico civil e administrativo, deixando o Direito penal para aquilo que realmente interessa, aos moldes do Direito penal mínimo, condenando condutas que lesem ou ponham em perigo bens jurídicos precisamente destacados pelo interesse social. A ordem econômica financeira e seus princípios, nos termos do art. 170 da Constituição da República, é referência de grande importância para a sociedade, mas é conceito aberto que não permite ser admitido como bem jurídico a ser tutelado pelo Direito penal, pois violaria, dessa forma, a segurança do sistema finalista.

O conceito é fluido, ilimitado, podendo qualquer conduta que envolva aspecto negocial entre particulares ou entre particulares e o poder público se envolver no âmbito da ordem econômica, tornando este termo, o ambiente propício para uma vastidão incalculável de operações sem possibilidade de formatar limites ao conceito exigido pelo sistema finalista. Esta imprecisão retira a segurança devida e exigida pelo Direito penal no Estado Democrático de Direito. Não há como interpretar o tipo penal, no âmbito da dogmática penal de um Estado Democrático de Direito, sem um bem jurídico firmado na delimitação necessária de sua natureza jurídica.

Fernandes[41] revela que as Constituições construídas a partir da década de 1917 passaram a trazer em seus textos normas sobre direitos econômicos, demonstrando normatividade da questão econômica não se encontrando restrita ao âmbito do poder público e privado, e que após a crise econômica de 1929, com maior profundidade e força, o Estado buscou normas constitucionais para regular as relações econômicas. Da mesma forma que ocorre com a imprecisão do conceito de administração da justiça, também o conceito de ordem econômica é ausente de segurança, e diante

---

40. SILVA, José Afonso da. *Curso de direito constitucional*. São Paulo: Ed. RT, 1989. p. 786.
41. FERNANDES, Bernardo Gonçalves. *Curso de direito constitucional*. 3. ed. Rio de Janeiro: Lumen Juris, 2011. p. 1034.

disso, não é possível aplicar o Direito penal finalista em relação a um comportamento considerado crime por ofensa a um bem jurídico que não permite delinear os limites de suas fronteiras conceituais, podendo alcançar qualquer tipo de conduta, aproximando o Direito penal brasileiro ao Direito penal protetor da norma, aos moldes do Funcionalismo radical sistêmico de Jakobs[42], que desenvolve estrutura sistemática penal em que o desenvolvimento da dogmática encontra-se no interior do próprio sistema e não se sujeita aos limites externos.

Aplicar um conceito amplo como a ordem econômica a ponto de representar bem jurídico sob tutela do Direito penal em vista da lavagem de dinheiro, nos leva a crer que prevalece, neste momento, a admissão do Direito penal concebido como sistema normativo fechado, autopoiético, limitando a dogmática jurídico-penal quanto à análise normativo-funcional de um Direito exclusivamente positivo, em função da finalidade de prevenção geral positiva da pena, e dessa forma, excluindo as considerações empíricas não normativas e valorações externas ao sistema jurídico positivo, além de deixar de lado o aspecto principal de tutela estatal que são as valorações ético-sociais que permitem a segurança jurídica necessária oferecida pelo Finalismo atualizado pelo princípio da legalidade aos moldes da Constituição da República, onde se exige a impressão do princípio da lesividade seguramente aplicado.

A ausência de segurança pela vastidão do conceito da ordem econômica fere o sistema finalista e impede a admissão da ordem econômica como bem jurídico na lavagem de dinheiro. Ademais, mesmo que a exposição de motivos da Lei de Lavagem de Dinheiro imponha um bem jurídico como a credibilidade e estabilidade econômica financeira do país, seria à luz do clássico conceito de Karl Binding com uma criação do direito puramente estatal, sem amparo na realidade das questões ético sociais[43]. Karl Binding, no âmbito do positivismo legal, contribuiu para a formação de uma concepção da noção do bem jurídico com base num viés formal, em que o Estado fornece o bem jurídico em virtude da norma. O bem jurídico é, para Binding, criação do Legislador. O Estado, na figura do Legislador, criador da lei, da norma, também cria o bem jurídico que passa a tutelar[44]. É nesse sentido que o legislador atuou ao apontar o bem jurídico da lavagem de dinheiro baseado na ordem econômica pela credibilidade e estabilidade econômica financeira do país, aos moldes da exposição de motivos[45] da Lei de Lavagem de Dinheiro. Portanto, comprova-se a impossibilidade jurídica dogmática da escolha da ordem econômica como bem jurídico para a tutela do Estado pela prática do processo da lavagem de dinheiro.

---

42. JAKOBS, Günther. *Sociedad, normas y personas en un derecho penal funcional*. Trad. Cancio Meliá y Feijoo Sánchez. Madri: Civitas, 1996. p. 25-28.
43. ISHIDA, Válter Kenji. *Bem jurídico penal moderno*. Salvador: Jus Podivm, 2017. p. 39.
44. BRANDÃO, Cláudio. *Tipicidade penal*: dos elementos da dogmática ao giro conceitual do método entimemático. 2. ed. Coimbra: Almedina. 2014. p. 128-129.
45. EM 692/MJ, itens 33 e 34.

13.5 CONSIDERAÇÕES CONCLUSIVAS QUANTO AO BEM JURÍDICO DA LAVAGEM DE DINHEIRO EM RELAÇÃO AO CRIME ANTECEDENTE, À ADMINISTRAÇÃO DA JUSTIÇA E À ORDEM ECONÔMICA

A lavagem de dinheiro como procedimento de transformação do produto de infração penal decorre do expansionismo penal, além de significar sua criminalização pelo fracasso do Estado em relação à apuração dos fatos antecedentes ao branqueamento. Uma vez criminalizado o procedimento de lavagem de dinheiro, coube à doutrina apresentar argumentos que a justificam cientificamente para admitir o processo de branqueamento com viés dogmático penal e constitucionalmente aceito, elegendo bem jurídico para o tipo penal do art. 1º da Lei de Lavagem de Dinheiro, como o bem jurídico do crime antecedente, a administração da justiça e a ordem econômico financeira. Considerando que não há possibilidade de interpretar o tipo penal, no âmbito da dogmática penal do Estado Democrático de Direito, sem a ideia do bem jurídico, tentou a doutrina justificar a existência do crime de lavagem de dinheiro com base nos bens jurídicos retro mencionados. Contudo, comprova-se a impossibilidade de admiti-los como bem jurídico eleito, revelando o delito de lavagem de dinheiro, na verdade, fato posterior impunível por ausência de requisito elementar do tipo, qual seja, o bem jurídico como matéria do tipo enquanto objeto de proteção.

Considerando a superproteção inapropriada do bem jurídico do delito antecedente; o deslocamento do bem jurídico do delito antecedente para o exaurimento do crime como fato posterior; a variação do bem jurídico da lavagem de dinheiro de acordo com o crime antecedente; a direção da política criminal para individualização do processo de lavagem na condição de delito; o *selflaudering* ou autolavagem como absorção da lavagem de dinheiro pelo crime antecedente; a proibição do *bis in idem*; a desproporcionalidade das penas cominadas aos moldes da infração penal antecedente; o bem jurídico estar na matéria do tipo como objeto de proteção; a questão da autonomia do comportamento anterior e a impossibilidade de conferir elasticidade ao tipo; a consideração da lavagem de dinheiro como comportamento futuro e autônomo; e a possibilidade de extinção do fato antecedente sem incriminação do agente que realiza o branqueamento pelo crime inicial e sua condenação pelo processo de lavagem; não há viabilidade jurídica dogmática a consideração do bem jurídico do crime de lavagem de capitais ter como objeto de tutela o mesmo bem jurídico tutelado da infração penal antecedente.

A consideração da prática da lavagem de dinheiro lesar a administração da justiça, como segunda opção doutrinaria, também não prospera. O bem jurídico a ser protegido pela Lei 9.613/98 sob a luz da administração da justiça, ao levar em conta que a prática do crime de lavagem de dinheiro vai ao desencontro da estrutura judicial e fiscal organizada para conter o crime antecedente, uma vez que a lavagem de capitais é concebida como uma espécie de instrumento de auxílio aos criminosos, apresenta inconsistências no âmbito da estrutura finalista e quanto a essência do Estado Democrático de Direito ao incriminar uma conduta sem consciência para violar um bem jurídico denominado administração pública, não permitindo a formação do delito. Além disso, a expressão é demasiadamente ampla e tão perigosamente vaga que engloba qualquer relação com o objetivo também vago, amplo e impreciso do conceito de justiça. O sistema finalista preza pela segurança dos conceitos e para tanto, aplica-se a regra penal das estruturas lógico-reais, observando o princípio da legalidade e um Direito penal constitucionalizado pela força das garantias da segurança jurídica. Admitir a Administração da Justiça como o bem jurídico sob proteção em relação ao comportamento lavagem de dinheiro terá, portanto, uma aceitação de que instrumentos objetivos e subjetivos do Estado detêm maior valor constitucional do que o próprio homem e sua liberdade traduzida pela dignidade, abrigando o Estado meras funcionalidades sistêmicas. O bem jurídico no Estado Democrático de Direito deve ter como referência o ser humano e não aparatos estatais quaisquer que sejam eles.

Como terceira via doutrinária, encontra-se a ordem econômico-financeira como bem jurídico tutelado pela Lei 9.613/98. Mas não há como admitir que um único crime de lavagem de dinheiro pudesse afetar a econômica brasileira injetando mais ativos financeiros na economia. É como jogar fogo no fogo. O capital sujo não pode ser considerado o desestabilizador da segurança das relações comerciais como dizem os que defendem esta opção de bem jurídico para o processo de lavagem de dinheiro, até por que o próprio Estado aceita este capital e tributa suas operações utilizando o princípio do *non olet,* como justificativa. A consideração da ordem econômica como bem jurídico da lavagem de dinheiro não passa de mera e pura especulação doutrinaria, podendo, além do mais, regular uma possível penalidade desproporcional e completamente injusta ao agente. Ademais, falta precisão quanto ao termo ordem econômica, pois a ordem econômica tem conceito ambíguo, de modo que a ordem econômica apresenta-se regulação jurídica da intervenção do Estado na economia e também regulação jurídica de produção, distribuição e consumo de bens e serviços. O conceito é fluido, frágil e ilimitado, podendo qualquer conduta que envolva aspecto negocial entre particulares ou entre particulares e o poder público se envolver no âmbito da ordem econômica, tornando este termo, o ambiente propício para uma vastidão incalculável de operações sem possibilidade de formatar limites ao conceito exigido pelo sistema finalista. A ausência de segurança pela vastidão do conceito da ordem econômica fere o sistema finalista e impede a admissão da ordem econômica como bem jurídico na lavagem de dinheiro.

Uma vez justificada a impossibilidade de se aceitar que o bem jurídico do fato antecedente é o mesmo bem jurídico do processo de lavagem de dinheiro, que a administração da justiça ou a ordem econômica financeira possam ser admitidas como bem jurídico no procedimento de branqueamento de capitais, afirmamos fortemente que a melhor e mais adequada científica hipótese dogmática jurídico-penal conclusiva não pode ser outra que não a consideração de inexistência de bem jurídico violado pela prática de lavagem de dinheiro. Não há bem jurídico que justifique tutela penal na lavagem de dinheiro, não havendo que considerar o processo de branqueamento um *Leitbild*. Nesse sentido, corroboramos pensamento aos moldes dos afirmados pelos doutrinadores João Carlos Castellar[46], Manuel Cobo Rosal e Carlos Zabala Lopez[47], dentre outros[48]. Diante disso, há crise dogmática penal em relação ao tipo de lavagem de dinheiro, aos moldes do que se expõe acima.

---

46. CASTELLAR, João Carlos. *Lavagem de dinheiro:* uma questão do bem jurídico. Rio de Janeiro: Revan, 2004. p. 195 e seguintes.
47. ROSAL, Manuel Cobo Del; GÓMEZ, Carlos Zabala Lopez. *Blanqueo de capitals:* aboagados, procuradores y notaries, inversores, bancarios y empresarios. Madrid: Cesej, 2005. p. 93-94.
48. BONACCORSI, Daniela Villani. *A atipicidade do crime de lavagem de dinheiro:* análise crítica da Lei 12.684/12 a partir do emergencialismo penal. Rio de Janeiro: Lumen Juris, 2013. p. 196.

14
ASPECTOS SUBJETIVOS, DOLO, DOLO EVENTUAL E A CEGUEIRA DELIBERADA, A CONSCIÊNCIA E O ERRO NO CRIME DE LAVAGEM DE DINHEIRO

14.1. INTRODUÇÃO

Considerando o papel do bem jurídico no Direito penal constitucional, momento em que se dá relevância às regras do Estado Democrático de Direito, em que se admite o bem jurídico no sistema finalista, este como parâmetro dogmático para análise da conduta no crime de lavagem de dinheiro, confere importância ao tema a questão da análise do dolo, do dolo eventual e a cegueira deliberada e da consciência da antijuridicidade material na realização das elementares do tipo deste modelo de delito, nos termos do art. 1º da Lei 9.613/98. O elemento subjetivo nuclear do delito de branqueamento de capitais, conforme a lei brasileira, está limitado no dolo, não admitindo a forma culposa, seja a culpa inconsciente seja a culpa consciente. Nesse sentido, é necessário que prove o dolo no processo penal, o qual busca averiguar a imputação ao agente, pois, não se presume dolo. Nesta linha, Badaró[1] delimita que "somente será responsável pelos crimes de lavagem de dinheiro cometidos nesta seara se for demonstrada sua relação psíquica com aqueles fatos, o conhecimento dos elementos típicos e a vontade de executar ou colaborar com sua realização." Sem a prova do dolo, não haverá tipicidade, e, portanto, não haverá crime. Para além disso, a ausência da consciência e da vontade de realizar os verbos núcleos do tipo eliminam o delito de branqueamento, remetendo ainda, à necessária questão do erro, sobretudo no Finalismo.

Considerando que o agente deve ter completa consciência da origem ilegal dos bens e capital para ocorrer o crime de lavagem de capitais, e que o dolo é o elemento subjetivo nuclear do crime, se o agente desconhecer a procedência dos bens e dinheiro, não ocorrerá o crime de lavagem de capitais por ausência de tipicidade. Veja que a consciência da conduta de inserção de bens e valores, isolada de conhecimento

---
1. BADARÓ, Gustavo Henrique; BOTTINI, Pierpaolo Cruz. *Lavagem de dinheiro*: aspectos penais e processuais penais. 3. ed. São Paulo: Ed. RT, 2016. p. 138.

de procedência infracional destes bens e valores, por si só, não atinge bem jurídico. Basta fazer um corte imaginário na conduta do branqueamento, a separando do delito antecedente.

Além disso, não entendemos pela procedência do delito se o grau de consciência for diminuído, a ponto de considerar o dolo eventual em relação à procedência dos bens e do capital ilícito decorrente do delito antecedente.

É preciso que o agente tenha a consciência plena da origem ilícita dos bens e dinheiro, pois o comportamento do tipo pressupõe a ciência de um estado ou circunstância de fato anterior. É preciso haver a prova do dolo, com a consciência plena do agente em relação às circunstâncias do delito em estudo. Não se admite, portanto, o dolo, se há suspeita do agente em relação à origem ilegal dos recursos, mesmo que o agente assuma o risco. O dolo do branqueamento de capitais é direto, não podendo ser aceito o dolo eventual.

Importa analisar a questão da colocação do agente, intencionalmente, em situação de ignorância quanto à origem da ilicitude dos bens e dinheiro provenientes de delito antecedente. Trata-se da cegueira deliberada. A Wilfull Brindness não afasta o dolo do agente que se coloca intencionalmente em situação de ignorância com o objetivo de caracterizar erro. Permanece o dolo e não afasta a responsabilidade do agente, devendo necessariamente haver a prova do dolo. Nesta linha de pensamento, aponta Badaró[2] da seguinte forma.

> Ainda no campo do elemento subjetivo do tipo penal de lavagem de dinheiro, importa tratar de um instituto desenvolvido por países de *common law* conhecido por cegueira deliberada (*wilfull blindness*), pelo qual se reconhece o dolo não apenas nas hipóteses em que o agente conhece (dolo direto) ou suspeita (dolo eventual) da origem ilícita do capital, mas também naqueles nos quais cria conscientemente uma barreira para evitar ter ciência de qualquer característica suspeita sobre a procedência dos bens.

A teoria da cegueira[3] deliberada exige que o agente crie consciente e voluntariamente uma situação de impedimento do seu próprio saber para se isolar da ciência da origem ilegal dos bens e valores, e com isso realizar a conduta intencionada de forma aproximada ao dolo eventual, inaceitável no âmbito subjetivo do delito de lavagem de dinheiro.

Portanto, é preciso deixar de lado o dolo eventual, a culpa consciente e inconsciente e ter o dolo direito (o agente quer o resultado) como elemento subjetivo do tipo do delito do crime em questão. O agente que pratica o delito de lavagem de dinheiro deve fazer uma valoração quanto à realidade que se encontra, de modo

---

2. BADARÓ, Gustavo Henrique; BOTTINI, Pierpaolo Cruz. *Lavagem de dinheiro:* aspectos penais e processuais penais. 3. ed. São Paulo: Ed. RT, 2016. p. 143.
3. BLANCO CORDERO, Isidoro. *El delito de blanqueo de capitales*. 3. ed. Navarra: Thomson Reuters Arazandi, 2012. p. 850-851.

que o agente precisa ter a consciência de que os bens tenham procedência de uma infração penal antecedente como elemento normativo do tipo.

Diante disso, somente completa o requisito subjetivo do delito no momento em que se percebe que o agente oculta ou dissimula a natureza, a origem, a localização, a disposição, o movimento ou propriedade de valores, bens ou direitos, sabendo antecipadamente que tais recursos decorrem de infração penal. Os verbos núcleos do tipo "ocultar" e "dissimular" não abre espaço para assunção de riscos, mas sim à intencionalidade, a vontade, a consciência, o querer, ou seja, o dolo direto. O que significa dizer que é neste âmbito circunstancial que se investiga a relação subjetiva com o bem jurídico, que se encontra na matéria do tipo na condição de objeto de proteção.

Antes de prosseguir, registro que é de suma importância esclarecer que a expressão "bens, direitos e valores", contidas no tipo do delito de lavagem de dinheiro encontra-se no sentido genérico, podendo ser quaisquer bens, direitos ou valores que sejam produto ou resultado de infração penal antecedente.

No momento da realização do delito de lavagem de dinheiro, conforme o art. 1º da Lei 9.613/98, identifica-se, conforme apontado acima, três fases para configurar o completo ciclo do branqueamento de capitais. O *placement* ou colocação, consistindo na conduta de infiltrar os bens ou valores de origem ilícita no sistema financeiro, de forma que há dificuldade em identificar sua procedência ilegal; o *layering*, que tem o objetivo de impedir o rastreamento da origem ilícita dos bens ou valores adquiridos com a atividade antecedente, sendo a verdadeira lavagem de dinheiro, de maneira que é colocada em prática por meio de várias movimentações financeiras ou a realização de vários negócios, de sorte que há a dificuldade de reconstruir o caminho percorrido pelo dinheiro, denominado trilha de papel – *paper trail,* pela maquiagem da trilha contábil. A terceira fase, *integration*, ocorre quando os bens ou valores são formalmente incorporados ao sistema financeiro. Contudo, a fase *placement*, a fase *layering* e a última fase *integration* representam, resumidamente a conduta de incorporar, conscientemente, valores ou bens decorrentes de condutas, admitidas pelo Estado como delituosas, num âmbito formal financeiro lícito, em que há, inclusive, o pagamento de tributos. Nesse instante, é preciso verificar se houve violação de bem jurídico e muito além disso, se ocorreu consciência de violação de bem jurídico. Para tanto, é necessário o entendimento da localização e papel doutrinário da consciência e da culpa na dogmática penal, sobretudo a finalista.

Pois bem, no sistema finalista, o desvalor da ação tem relevância, de sorte que o dolo e a culpa saíram da culpabilidade e foram para o âmbito do fato típico. Welzel não utiliza o conceito do dolo jurídico (ou normativo) ou *dolus mallus* que é o dolo com a consciência do fato e a consciência da ilicitude, mas utiliza o conceito do dolo natural, que é o dolo com a consciência do fato. A consciência da ilicitude não fica no dolo, mas sim na culpabilidade. Contudo, fica a potencial consciência da ilicitude. Basta ter potencial consciência da ilicitude, pois não é necessário a consciência plena. A antijuridicidade é pessoal, significando a contrariedade do fato relacionada ao autor. A culpabilidade passa a ser puramente normativa, não tem requisito subjetivo, sendo preenchida pela imputabilidade, potencial consciência da ilicitude e exigibilidade de conduta diversa. A tipicidade tem uma relação indiciária com a antijuridicidade, assim, a antijuridicidade exige que haja consciência do agente quanto às causas que a excluem. A culpabilidade passa a ser puro juízo de valor, uma vez excluídos os aspectos subjetivos. O juiz verifica se houve capacidade de entender e de querer do agente (imputabilidade), quando examina se o agente tinha condições de entender o caráter ilícito do fato e se podia agir de modo diverso. O autor de delito, portanto, é aquele que tem o domínio final do fato. Importa ainda apontar que as estruturas lógico-objetivas[4] – "*sachlogische Strukturen*" – são estruturas da matéria de regulação jurídica destacadas pela lógica concreta, que se orienta diretamente na realidade, objeto do conhecimento.

No sistema de Hans Welzel, é o objeto que condiciona o método. Não o contrário, ou seja, os valores estão na essência das coisas, e não no entendimento do intérprete. "O Finalismo manteve a estrutura idealizada pela concepção tripartida do sistema de Liszt e Beling, mas fez adequação no conceito de conduta, compreendendo-a como uma ação consciente e finalisticamente orientada".[5] Ao criticar o subjetivismo epistemológico e o relativismo valorativo do Neokantismo, Hans Welzel visualizou um objetivismo metodológico que concebe a ideia de que os valores residem nas coisas em si e não no intérprete, sendo o objeto condicionador do método.[6] Welzel aloca o bem jurídico e sua lesão para ser analisada no âmbito da adequação social. O que significa, que encontra-se a questão do bem jurídico por detrás da adequação social, mas como elemento indispensável a ser analisado, sobretudo, havendo lesão. A consciência da lesão ao bem jurídico deve estar presente no movimento final do agente.

Para chegar a este entendimento, ocorreram modificações na doutrina penal, do Causalismo ao Finalismo, que merecem registro. A culpabilidade movimentou-se, historicamente, seus elementos conforme a dogmática, pela teoria psicológica da culpabilidade no período positivista científico; teoria psicológica-normativa da culpabilidade com o Neokantismo; teoria normativa pura da culpabilidade no Finalismo; teoria funcionalista da culpabilidade em que há sua interpretação com os fins da pena; e teoria significativa da culpabilidade conforme o aspecto da filosofia da linguagem e sua interpretação, lembrando que fixamos nosso paradigma dogmático no finalismo, em que a teoria pura da culpabilidade é aquela adotada para análise

---

4. WELZEL, Hans. *O novo sistema jurídico-penal*: uma introdução à doutrina da ação finalista. Trad. Luiz Regis Prado. 4. ed. São Paulo: Ed. RT, 2015. p. 10.
5. PEREIRA, Henrique Viana. A função social da empresa e as repercussões sobre a responsabilidade civil e penal dos empresários. 2014. 214f. Tese (Doutorado) – Programa de Pós-Graduação em Direito, Pontifícia Universidade Católica de Minas Gerais, Belo Horizonte, 2014. p. 112.
6. WELZEL, Hans. Derecho penal: parte geral. Traducción de Carlos Fontán Balestra. Buenos Aires: Roque Depalma Editor, 1956. p. 1;21

da consciência em lesar bem jurídico no crime de lavagem de dinheiro. Para além da análise da culpabilidade, está a concentração da verificação da consciência da antijuridicidade e a antissocialidade da ação e sua relação com os demais elementos do delito, necessários para verificação do aspecto dogmático do delito de lavagem de capitais.

Conforme Reinhart Maurach[7], a culpabilidade significa um juízo de reprovação pessoal realizado em relação ao agente de um fato típico e antijurídico, de modo que o agente poderia ter se comportado aos moldes do direito, mas escolheu livremente atuar contra o ordenamento jurídico. Tendo em vista o agente do delito receber a reprovação sobre um fato típico e antijurídico, configura a culpabilidade como um juízo derivado, devendo somente ser verificada, e também seus elementos, após a identificação de um fato típico e antijurídico. Um fato somente é típico e antijurídico, no Estado Democrático de Direito, se houver lesão a bem jurídico, aos moldes do sistema finalista iluminado pela via constitucional por meio do princípio da legalidade, princípio da adequação social e a antinormatividade. Cláudio Brandão[8], doutrinador ortodoxo finalista, ensina que " Não há como se interpretar o tipo penal, no âmbito da dogmática penal de um Estado Democrático de Direito, sem a ideia de bem jurídico".

Assim, a reprovação da ação final recai sobre aquele que agir conscientemente para se comportar tipicamente e contrário ao direito, o que nos permite concluir que há direcionamento da conduta para lesionar bem jurídico. Nesse sentido, quanto ao crime de branqueamento de capitais e as fases *placement, layering* e *integration*, deve haver a consciência para agir contra o direito, além da consciência para lesar bem jurídico, mesmo que seja analisado sob a ótica da antijuridicidade material, ou seja, da antissocialidade.

A consciência da antijuridicidade significa a estrutura básica para haver reprovação da conduta do agente. Nas três fases do delito de lavagem de capitais, não parece possível encontrar consciência para lesar bem jurídico, mas para formalizar valores e bens e inseri-los formalmente no sistema econômico-financeiro.

Além disso, o Estado se quer preocupa com a colocação formal de tais bens e valores no âmbito formal econômico, pois, pelo princípio do *Non Olet*, não se dá importância da origem dos valores inseridos na economia, cobrando, de qualquer forma, o pagamento dos devidos tributos conforme as devidas operações. Sem bem jurídico definido sob proteção do Estado, não há possibilidade de haver consciência para lesionar o direito. O motivo da reprovação realizada pelo juízo de culpabilidade encontra-se no fato do agente se comportar contrariamente ao ordenamento, que por fim, protege o bem jurídico.

---

7. MAURACH, Reinhart. *Tratado de derecho penal*. Barcelona: Ariel, 1962. t. II, p. 14.
8. BRANDÃO, Cláudio. *Tipicidade penal*: dos elementos da dogmática ao giro conceitual do método entimemático. 2. ed. Coimbra: Almedina, 2014. p. 113.

Pois bem, o doutrinador Cláudio Brandão vai além para explicar o sentido dogmático da culpabilidade penal, ao apresentar os elementos estruturantes do conceito de pessoa, que dão suporte a este instituto. Ensina que a vontade é a base para firmar o conceito de dolo, a liberdade fundamento o conceito de exigibilidade de conduta diversa, a consciência a sustentação da consciência da antijuridicidade e a capacidade para a verificação da imputabilidade. Sem a identificação de tais conceitos, não é possível a análise da culpa daquele que realiza as três fases do delito de branqueamento de capitais.

Os romanos desenvolveram o estudo do dolo e da culpa por meio da interpretação das leis, e não através dos textos legais. Teodoro Mommsen[9] ensina que o conceito de culpa, sendo o mesmo que *dolus,* é decorrente da intepretação científica das leis. Veja que o dolo para os romanos, reconhecido como *dolus malus*, possuía dois elementos, o elemento normativo, que era a consciência da antijuridicidade e o elemento naturalístico que era a vontade. Significando que o dolo romano representava a vontade do agente para um proposito mau, que é, na verdade, a vontade em conexão com a consciência da antijuridicidade. Hipoteticamente, neste âmbito de análise, aquele que pratica as condutas das três fases do delito de branqueamento de capitais, teria que ter a vontade aliada à consciência de violar direito, o que fica difícil de atingir, pois com a prática das três condutas/fases, há inserção de bens e valores na economia. Contudo, é importante o registro de que os romanos tinham a consciência de antijuridicidade como natureza de uma conduta contra a moral e não contra a lei.

14.2 TEORIA PSICOLÓGICA DA CULPABILIDADE E A LAVAGEM DE DINHEIRO

De acordo com a teoria psicológica da culpabilidade, dominante no século XIX, quando havia o destaque da metodologia científica, diferentemente do dolo dos romanos, o elemento naturalística era deslocado do elemento normativo, significando, de fato, que o dolo carregava a vontade como elemento naturalístico, somente. O elemento normativo, representado pela consciência da ilicitude, estava distanciado e deslocado do conteúdo do dolo. Com isso, o dolo possuía os elementos consciência, como elemento intelectivo, e o elemento vontade, como elemento volitivo. Portanto, o dolo na teoria psicológica da culpabilidade é dominado pelo conteúdo naturalístico apenas, de forma que é composto pelo elemento intelectivo (consciência) e pelo elemento volitivo (vontade). O elemento normativo (consciência da antijuridicidade) não faz parte do dolo. Diante disso, ao analisar as três fases do delito da lavagem de capitais e o conjunto resultante do resultado do delito, e o dolo na teoria psicológica da culpabilidade, percebe-se que é também necessária a presença de vontade e cons-

---
9. MOMMSEN, Teodoro. El derecho penal romano. Traducción de P. Dorado. Madri: España Moderna, 1989. t. 1, p. 98.

ciência de realização, sem verificação da consciência da antijuridicidade do dolo. O crime na sua forma dolosa passa a ser identificado, quanto ao elemento subjetivo, em relação somente aos elementos consciência e voluntariedade. O agente deve prever e buscar a consequência da ação realizada por ele. Franz von Liszt[1011] confirma este entendimento ao dispensar a consciência da antijuridicidade, tendo a definição do dolo como representação do resultado e manifestação de vontade.

14.3 TEORIA PSICOLÓGICO NORMATIVA DA CULPABILIDADE E A LAVAGEM DE DINHEIRO

Em momento posterior, com a teoria psicológica normativa da culpabilidade, o dolo volta a ter o elemento normativo consciência da antijuridicidade além da vontade e previsibilidade, retomando o antigo conceito dos romanos. Conforme ensina Cláudio Brandão[12], deveu-se a Frank, em 1907, sua formulação, posteriormente aprimorada por Mezger e Goldschmidt. O dolo faz parte da culpabilidade, elemento do crime, tendo dois elementos, o naturalístico representado pela vontade, e o elemento normativo, sustentado pela consciência de antijuridicidade. A consciência da antijuridicidade revela a necessidade do agente poder conhecer a ilicitude de sua vontade, contudo, a exigência deste conhecimento não era potencial ainda, mas real e atual. Sem a real consciência de antijuridicidade do agente em relação ao direito, não é possível a identificação e formação do dolo, não havendo crime doloso. Portanto, o agente deveria ter a consciência de antijuridicidade em relação ao direito para a formação do dolo e configuração do crime, servindo tal conhecimento do delito de lavagem de capitais em relação às suas três fases, numa análise hipotética.

14.4 TEORIA NORMATIVA PURA DA CULPABILIDADE E A LAVAGEM DE DINHEIRO

No Finalismo, há reformulação dos elementos do delito e também do próprio dolo. Welzel retira o dolo e a culpa da culpabilidade, restando os elementos normativos apenas. A consciência de antijuridicidade deixa de ser real e passa a ser potencial, ficando este elemento na culpabilidade. O dolo deixa de ter o elemento consciência de antijuridicidade. A consciência de antijuridicidade, como potencial, passa a residir na culpabilidade, e o dolo passa a ser estabelecido na tipicidade, onde a vontade é verificada. Assim, a consciência de antijuridicidade deixa de residir no dolo e passa a ser elemento da culpabilidade. O dolo, que residia na culpabilidade, passa a compor lugar na ação, no âmbito da tipicidade. A ação, no Finalismo, é dirigida para um fim,

---

10. LISZT, Franz von. *Tratado de derecho penal*. Trad. Luis Jiménez de Asúa. Madri: Reus, [19--]. t. 2. p. 410.
11. LISZT, Franz von. *Tratado de direito penal alemão*. Trad. José Hygino Duarte Pereira. Ed. Fac-sim. Brasília: Senado Federal, Conselho Editorial: Superior Tribunal de Justiça, 2006. p. 270.
12. BRANDÃO, Cláudio. *Teoria jurídica do crime*. 4. ed. São Paulo: Atlas, 2015, p. 121.

de forma que o dolo faz parte da ação e não da culpabilidade. Welzel[13] ensina que a "ação humana é o exercício da atividade finalista." A ação humana é consciente para a realização de um fim. Welzel[14] deixa claro que o dolo é somente a vontade de ação orientada para a realização de um tipo de delito. Diante disso, verifica-se que, no Finalismo, o dolo é deslocado para a ação na tipicidade, contendo somente o seu elemento naturalístico (vontade), e deixa, na culpabilidade, seu elemento normativo, que é a consciência de antijuridicidade. Na culpabilidade não existe mais o elemento naturalístico, lá residindo somente elementos normativos, dando o nome à teoria, qual seja, teoria normativa pura da culpabilidade. Ao analisar a conduta das três fases do crime de lavagem de dinheiro, e o conjunto da ação, percebe-se que se não há vontade de realizar vontade fim quanto ao tipo do delito, não há tipicidade, não havendo crime. Se verificar ausência de potencial consciência de antijuridicidade, não haverá culpabilidade, não havendo também a figura delituosa.

14.5 CULPABILIDADE NO FUNCIONALISMO TELEOLÓGICO E SISTÊMICO E A LAVAGEM DE DINHEIRO

Quanto ao Funcionalismo, em que pese a existência de outros formatos, o que teve maior contribuição estrutural em relação ao delito foi a teoria desenvolvida por Claus Roxin[15], que apresenta como elementos do crime a tipicidade, a antijuridicidade e a responsabilidade, em que a culpabilidade reside neste último elemento. Cada uma destas categorias foi reestruturada pela concepção político-criminal na análise e construção dos elementos do crime. A ação significa a manifestação da personalidade do agente. A tipicidade está configurada como formal, material ou normativa, com a imputação objetiva, e subjetiva. A antijuridicidade[16] revela o local adequado para a ponderação dos bens jurídicos. A responsabilidade[17] compreende a culpabilidade e a necessidade preventiva especial de pena, de modo que o agente somente seria responsável se houver necessidade da pena. A culpabilidade e a necessidade preventiva de pena integram o conceito da responsabilidade penal[18]. A ideia

---

13. WELZEL, Hans. *Teoría de la acción finalista*. Buenos Aires: Editorial Depalma. 1951. p. 19-20. "La acción humana es el ejercicio de la actividad finalist."
14. WELZEL, Hans. *Derecho penal alemán*: parte general. 11. ed. Santiago: Editorial Jurídica de Chile, 1997. p. 77.
15. ROXIN, Claus. *Derecho penal*: fundamentos. la estructura de la teoría del delito. Trad. Diego – Manuel Luzón Pena, Miguel Díaz y García Conlledo y Javier de Vicente Remensal. Madrid: Civitas, 1997. t. 1. p. 792.
16. ROXIN, Claus. *Derecho penal*: parte general: fundamentos: la estructura de la teoría del delito. 2. ed. Traducción y notas de Diego Manuel Luzón Peña e Miguel Díaz y García Conlledo, Javier de Vicente Remesal. Madrid: Editorial Civitas, S.A., 1997. t. 1. p. 558.
17. ROXIN, Claus. *Culpabilidad y prevencion en derecho penal*. Traductor: Muñoz Conde. Madrid: Instituto Editorial Reus, S.A., 1981. p. 58.
18. ROXIN, Claus. *Derecho penal*: parte general: fundamentos: la estructura de la teoría del delito. 2. ed. Traducción y notas de Diego Manuel Luzón Peña e Miguel Díaz y García Conlledo, Javier de Vicente Remesal. Madrid: Editorial Civitas, S.A., 1997. t. 1. p. 791.

da responsabilidade é fixada no sentido de saber se o agente merece uma pena pelo injusto que tenha realizado, tendo como pressuposto para tanto, a culpabilidade e a necessidade preventiva de punição.[19] Ademais, Roxin[20] ainda expõe que a lesão de um bem jurídico ainda é empregada como pressuposto para a punibilidade. Frente à esta nova concepção, Claudio Brandão[21] apresenta fundamentada e lógica crítica à esta estrutura de responsabilidade criada por Roxin, ao ensinar que há contradição no sistema funcionalista teleológico quanto à consideração do tratamento da pena como causa do crime. Ora, a pena é consequência do crime, não podendo ser sua causa. Diante disso, verifica-se que a pena confirma a culpabilidade, sendo integrada como seu elemento estrutural. O que significa dizer que, para haver culpabilidade, deveria antes admitir a concretização de um juízo de valor normativo acerca da necessidade preventiva da pena. A culpabilidade precisa ser confirmada por um juízo de valor normativo referente à finalidade da pena. A crítica é lógica e coerente, pois, se a culpabilidade é elemento do crime, o próprio crime ficaria condicionado à necessidade da pena, quando esta deveria ser a consequência da existência dogmática do delito. Ao trabalhar o delito de branqueamento de capitais, a verificação da necessidade preventiva da sanção penal poderia resultar na eliminação da configuração do próprio delito, pois a culpabilidade como elemento da responsabilidade precisa ser confirmada pelo juízo de valor normativo referente à finalidade da pena. Roxin[22] orienta a culpabilidade pela dirigibilidade normativa, pois exige que o agente da conduta típica e antijurídica tome decisão de conduta dirigida conforme a norma em condições psíquicas normais e aceitáveis. Na análise do elemento responsabilidade, é preciso que haja, portanto, o preenchimento do requisito da culpabilidade e do juízo de necessidade da pena, considerando a finalidade da prevenção.

Para além do pensamento sistemático de Roxin, merece análise a culpabilidade funcionalizada por Jakobs em relação às necessidades preventivas da sanção penal, pois no Funcionalismo sistêmico-radical, a culpabilidade passa a ser juízo de atribuição da ausência de fidelidade ao Direito. Havendo falta de fidelidade ao ordenamento, deverá o agente ser punido para ocorrer a manutenção da confiança na norma violada, quando se tem, desse modo, a culpabilidade fundamentada na finalidade preventiva geral da pena[23], pois, a sanção penal na medida correta é aquela

---

19. ROXIN, Claus. *Derecho penal*: parte general: fundamentos: la estructura de la teoría del delito. 2. ed. Traducción y notas de Diego Manuel Luzón Peña e Miguel Díaz y García Conlledo, Javier de Vicente Remesal. Madrid: Editorial Civitas, S.A., 1997. t.1. p. 223-223.
20. ROXIN, Claus. *Derecho penal*: parte general: fundamentos: la estructura de la teoría del delito. 2. ed. Traducción y notas de Diego Manuel Luzón Peña e Miguel Díaz y García Conlledo, Javier de Vicente Remesal. Madrid: Editorial Civitas, S.A., 1997. t. 1. p. 52.
21. BRANDÃO, Cláudio. *Teoria jurídica do crime*. 4. ed. São Paulo: Atlas, 2015. p. 125.
22. ROXIN, Claus. *Derecho penal*: parte general: fundamentos: la estructura de la teoría del delito. 2. ed. Traducción y notas de Diego Manuel Luzón Peña e Miguel Díaz y García Conlledo, Javier de Vicente Remesal. Madrid: Editorial Civitas, S.A., 1997. t. 1. p. 195.
23. JAKOBS, Günther. *Dogmática de derecho penal y la configuración normativa de la sociedad*. Madrid: Thomson Civitas, 2004. p. 40-41.

suficiente para impor a estabilização e respeito à norma[24]. Jakobs, ao expor sobre o dolo e a consciência da antijuridicidade do agente, apresenta a crença de que a regulação do direito positivo admite imposição da sanção penal quando há conhecimento do agente viciado, defeituosamente evitável[25]. Trata-se, contudo, de posição radical que acaba por gerar declínio à garantia da autonomia individual em razão de uma perspectiva valorativa utilitarista do Direito penal. Esta concepção empregada ao delito de branqueamento de capitais levaria à punição daqueles que, porventura, praticarem as três fases do crime, ou em relação ao conjunto final da obra, quando da inserção de valores e bens no sistema financeiro, sem verificação da lesão a bem jurídico, mas com a atenção focalizada na fidelidade ao Direito, quando então teria a punição do agente para estabilizar expectativas sociais[26].

14.6 TEORIA DA MOTIVABILIDADE DA CULPABILIDADE E A LAVAGEM DE DINHEIRO

Mir Puig[27] aponta concepção da sociedade como sistemas de processos de interação e comunicação, em que a estrutura das normas penais representa uma concepção baseada numa recíproca comunicação do sujeito ativo, sujeito passivo e o Estado, tendo a norma penal como ente de condução e regulação. Diante da estrutura comunicativa da norma penal, vem à tona a teoria da motivabilidade, que vincula pensamento no sentido de que a teoria normativa pura, em que a culpabilidade é composta pela capacidade, potencial consciência da antijuridicidade e a exigibilidade de conduta diversa, deve ser acrescida da crença de que o fundamento da reprovação não pode ser baseado na possibilidade de agir de outro modo, pois o que sustenta a culpabilidade, para além disso, deve ser a função motivadora da norma penal. Mir Puig[28] e Muñoz Conde[29] aplicam a teoria da motivabilidade para justificar a culpabilidade com a teoria normativa pura na relação estabelecida entre o agente e o conteúdo da norma penal, deixando a sustentação da reprovação da culpabilidade, em relação ao agir de outro modo, para adotar a função que a norma penal tem em relação à motivação de agir do agente. Pela teoria da motivabilidade pelas normas, o agente tem fundamentada sua reprovabilidade em relação à quebra de mandados normativos, e não em relação ao poder agir de outra maneira.

---

24. JAKOBS, Günther. *Derecho penal*: parte general: fundamentos y teoría de la imputación. Madrid, Marcial Pons, 1995. p. 589.
25. JAKOBS, Günther. *Sociedad, norma y persona en una teoría de un Derecho penal functional*. Traducción de Manuel Cancio Meliá y Bernardo Feijóo Sánchez. Madrid: Civitas Ediciones, 1996. p. 55-56.
26. JAKOBS, Günther. *Sociedad, norma y persona en una teoría de un Derecho penal functional*. Traducción de Manuel Cancio Meliá y Bernardo Feijóo Sánchez. Madrid: Civitas Ediciones, 1996. p. 15.
27. MIR PUIG, Santiago. *Introducción a las bases del derecho penal*. 2. ed. Buenos Aires: Editorial BdeF, 2003. p. 26-27.
28. MIR PUIG, Santiago. *Derecho penal*: parte general. 8. ed. Barcelona: BdeF. 2010. p. 541-544.
29. MUÑOZ CONDE, Francisco; GARCÍA ARÁN, Mercedes. *Derecho penal*: parte general. 3. ed. Valencia: Tirant lo Blanch, 1998. p. 360.

Mir Puig[30] ensina que a culpabilidade no Direito penal de um Estado Democrático de Direito, há que observar o elemento normativo da motivação da norma como fundamento da culpabilidade. O Direito penal assume a missão de proteger a sociedade de forma democrática, devendo entender a culpabilidade a partir da função motivadora da norma. Para ele, a abordagem tradicional baseia-se na ideia da liberdade de vontade e a considera como pressuposto fundamental da responsabilidade do poder de atuar de outro modo. Contudo, o poder de atuar de outro modo não permite a construção de provas científicas enquanto elemento da culpabilidade, pois o não poder agir de outro modo, por razões físicas, elimina a própria ação e não a culpabilidade.

A visão tradicional criticada por Mir Puig[31].revela que as causas que excluem a culpabilidade deveriam encontrar como fundamento a ausência do autor da possiblidade de atuar de outra forma, e que isso resulta impossível demonstrar cientificamente a existência da pretendida desvinculação da vontade humana da lei da causalidade segundo a qual todo efeito obedece a uma causa. Nesse sentido, o fundamento da culpabilidade não poderia derivar da natureza das coisas, não cabendo aplicar castigo ao inimputável por não poder ele atuar do outro modo, mas sim por que não pode ser motivado em absoluto pela norma.

Pela teoria da motivabilidade pelas normas, a norma penal é direcionada aos indivíduos capazes de serem motivados em suas condutas pelas normas penais e sua direção de mandamentos. Não importa o agente poder escolher qual conduta adotará diante de várias outras possíveis, e a partir daí verificar a reprovabilidade dele. Mas o que importa é que seja o agente motivado pelos mandamentos das normas penais a não realizar um ou vários comportamentos reconhecidos pela norma como proibidos por lesar bem jurídico protegido. O mandamento normativo proibido seria aquele em que a consequência da conduta realizada teria sanção penal. Diante das normas e seus mandamentos, o agente, a partir da cultura adquirida e do desenvolvimento biológico e mental, estaria motivado pela norma a não realizar delimitada conduta. Se o agente resolver praticar determinada conduta motivada pela norma a não ser praticada, diante de determinado grau de desenvolvimento biológico, psíquico e cultural, será atribuído a ele a consequência da responsabilidade penal pelo grau de reprovabilidade.

Pois bem, ao realizar o juízo de culpabilidade em relação ao indivíduo que realiza conduta injusta, considerando grau de desenvolvimento mental, biológico e cultural, teria sua responsabilidade penal fundamentada na motivabilidade da norma e não na análise do poder agir de outro modo. A motivabilidade pela norma aliada aos demais fatores, permite que aplique responsabilidade penal a alguém sem

---

30. MIR PUIG, Santiago. *El derecho penal en el Estado social y democratico de derecho*. Barcelona: Editorial Ariel S.A. 1994. p. 79-83.
31. MIR PUIG, Santiago. *El derecho penal en el Estado social y democratico de derecho*. Barcelona: Editorial Ariel S.A. 1994. p. 84-85.

padronizá-lo, fazendo a justiça adequada a cada caso, pois não é papel do Direito penal no Estado Democrático de Direito a punição de indivíduos que não podem ter as mesmas condições de igualdade na sociedade[32], de modo que o elemento do delito culpabilidade atenderia os princípios e valores democráticos. Para além disso, o Direito penal é necessário quando exige-se a proteção dos bens jurídicos, penalizando aqueles que conduzem seus atos para lesá-los.

Portanto, a motivabilidade do agente pela norma, em conjunto aos fatos biológicos, psíquicos, culturais, aliados à pratica do injusto penal em relação à consideração de que o Direito penal ocupa lugar destacado no Estado Democrático de Direito, pelo princípio da exclusiva proteção dos bens jurídicos, permite punição do agente em vista da responsabilidade penal em tais parâmetros[33].

Nesse paradigma, o delito de lavagem de dinheiro, em suas três fases, ou no resultado da realização global destas fases, para impor responsabilidade penal ao agente que insere bens ou valores no âmbito econômico e financeiro decorrente de delito anterior, terá que, além de comprovar violação de bem jurídico, após análise do injusto, verificar a culpabilidade considerando aspectos de desenvolvimento psíquico, biológico e cultural do agente, aliando aos efeitos destes aspectos à relação da motivabilidade do agente pelas normas. Além da exigência de lesão a bem jurídico, esta teoria impõe uma análise normativa no conteúdo da culpabilidade, qual seja, a motivabilidade do agente pelas normas, tornando a responsabilidade penal adequada à personalidade do agente, integrante de um Estado Democrático de Direito.

14.7 PRETENSÃO DE REPROVABILIDADE EM VIVES ANTÓN E A LAVAGEM DE DINHEIRO

Do ponto de vista de Tomás Salvador Vives Antón, admite-se a ação como expressão de sentido. A análise do branqueamento de capitais e sua relação com a pretensão de reprovação revela a investigação da consciência da antijuridicidade do agente neste âmbito, além de buscar a identificação do dolo no âmbito da pretensão de ilicitude. Aqui, o tipo de ação regula o sentido desta ação, colocando-a numa classe de interesse do corpo social. Há significado nas condutas entendidas como relevantes para acionar o Direito penal, diante de lesão ou perigo de lesão a bem jurídico. Os elementos que compõem o tipo passam a ser vistos com base no sentido de que é dado à ação de modo que todos os elementos do tipo, descritivos, subjetivos terão vínculo com o sentido da ação. A pretensão de relevância é traduzida por uma

---

32. MUÑOZ CONDE, Francisco; GARCÍA ARÁN, Mercedes. Derecho penal: parte general. 3. ed. Valencia: Tirant lo Blanch, 1998. p. 355-356.
33. MIR PUIG, Santiago. *El derecho penal en el Estado social y democratico de derecho*. Barcelona: Editorial Ariel S.A. 1994. p. 159.

pretensão conceitual de relevância, revelada pelo tipo de ação, sem esquecer do tipo de omissão. Doutrina Tomás Salvador Vives Antón:[34]

> [...] a primeira pretensão de validade da norma penal está ligada a concordância do tipo de ação. É, por assim dizer, de alguma forma, uma pretensão epistémica: tem por objeto a afirmação de que a ação realizada é a que o Direito Penal interessa. Para que tal coisa possa ser afirmada, é preciso que a ação particular que se julga possa ser entendida conforme um tipo de ação definido em lei. (Tradução nossa)[35]

A pretensão de relevância é afirmada pela pretensão conceitual de relevância e pela pretensão de ofensividade. O tipo de ação ou omissão percebido diante de evento passível de violar ou por em perigo bem jurídico revela a pretensão de relevância. A pretensão de ofensividade revela a importância das condutas destacadas para o Direito penal, em vista dos bens jurídicos lesados ou em perigo (equivalente à antijuridicidade material). O delito de lavagem de dinheiro tomará existência se houver relevância da conduta para o Direito penal, vislumbrando tal importância na relevância da ofensa a bem jurídico destacado pela sociedade. Conclui Tomás Salvador Vives Antón[36] da seguinte forma:

> Uma pretensão de ofensividade – a antijuridicidade material – (pretensão substantiva de incorreção) acompanha já, inevitavelmente, a pretensão conceitual de relevância. Isto porque é relevante para o Direito penal somente ações que lesionam ou põem em perigo bens juridicamente protegidos. (Tradução nossa)[37]

A pretensão de antijuridicidade, ou pretensão de ilicitude, ou antijuridicidade formal, como contrariedade da norma, está identificada na afirmação da regra de que determinada conduta viola o ordenamento jurídico, havendo pretensão de antijuridicidade se existir dolo e imprudência (tipo subjetivo), sem a presença das causas de justificação. É preciso que identifique o dolo ou imprudência (ausência de dever de cuidado) em relação à norma e ao bem jurídico. Verificado o dolo e a imprudência, há identificação do aspecto subjetivo. A análise da violação do dever objetivo é observado na pretensão de relevância. A ação deve constituir-se na reali-

---

34. VIVES ANTÓN, Tomás Salvador. *Fundamentos del sistema penal*: estudio preliminar: acción significativa y derechos constitucionales. Trad. M. Jiménez Redondo. 2. ed. Valência: Tirant lo blanch, 2011. p. 491;496.
35. [...] "la primera pretensión de validez de la norma penal se halla ligada a la concurrencia del tipo de acción. Es, por decirlo de algún modo, una pretensión epistémica: tiene por objeto la afirmación de que, en efecto, la acción realizada es de las que al Derecho Penal interesan. Para que tal cosa pueda afirmar-se, es preciso que la acción particular que se enjuicia pueda ser entendida conforme a un tipo de acción definido en la Ley."
VIVES ANTÓN, Tomás Salvador. *Fundamentos del sistema penal*: estudio preliminar: acción significativa y derechos constitucionales. Trad. M. Jiménez Redondo. 2. ed. Valencia: Tirant lo blanch, 2011. p. 491;496.
36. VIVES ANTÓN, Tomás Salvador. *Fundamentos del sistema penal*: estudio preliminar: acción significativa y derechos constitucionales. Trad. M. Jiménez Redondo. 2. ed. Valencia: Tirant lo blanch, 2011. p. 491.
37. "Una pretensión de ofensividad – o antijuridicidad material – (esto es, una pretensión sustantiva de incorrección) acompaña ya, inevitablemente, a la pretensión conceptual de relevancia. Y ello porque relevantes para el Derecho penal son sólo acciones que lesionan o ponen en peligro bienes jurídicamente protegidos."
VIVES ANTÓN, Tomás Salvador. *Fundamentos del sistema penal*: estudio preliminar: acción significativa y derechos constitucionales. Trad. M. Jiménez Redondo. 2. ed. Valencia: Tirant lo blanch, 2011. p. 491.

zação do proibido, contrariando a norma entendida como diretiva de conduta. Vives Antón revela que as causas de justificação (permissões fortes) e as causas de exculpação (permissões fracas – excludentes de responsabilidade) devem ser analisadas no âmbito da antijuridicidade. Ensina ainda que as causas de justificação são mais relevantes, com maior força permissiva, do que as dirimentes. Tanto as permissivas fortes (causas de justificação) quanto as permissivas fracas (causas exculpantes) são analisadas no contexto da antijuridicidade. A pretensão de relevância e a pretensão de ilicitude são vinculadas à ação. Por outro lado, a pretensão de reprovação versa sobre a pessoa do agente.

A culpabilidade na condição de pretensão de reprovação é preenchida pela imputabilidade e pela consciência da ilicitude. Tomás Salvador Vives Antón[38] afirma que "A la pretensión de ilicitud, que versa sobre la acción, sigue la de reproche, que recae sobre el autor." Pela pretensão de reprovação, busca identificar a possibilidade do agente ter agido de outro modo, sendo possível. Verifica-se se o agente praticou ação antijurídica e que sua conduta tenha sido seguramente admitida como algo que poderia ter sido realizada de outro modo, no sentido de que o agente tenha escolhido a ação ilícita. O juízo de culpabilidade exige a presença do elemento imputabilidade como algo que identifique a capacidade de reprovação do agente. Além disso, é necessário que o imputável tenha consciência da ilicitude de sua conduta do branqueamento de capitais

A pretensão de necessidade de pena requer a presença da proporcionalidade da pena, tendo a punibilidade que ver preenchidos requisitos objetivos para punir, além de não estar presente causas pessoais que excluem a pena e inexistência de medidas de graça, como a anistia e o indulto. Assim, por consequência, a ausência do princípio constitucional da proporcionalidade na pena, a torna injusta, violando o próprio ordenamento jurídico utilizado para aplicá-la. Isto porque, diante de um caso concreto, busca-se a justiça. Aplicar pena injusta viola o sistema.

Ex positis, verifica-se que a pretensão de relevância, pretensão de ilicitude, pretensão de reprovação e pretensão de necessidade da pena estão vinculadas à pretensão de validade da norma penal[39]. Busca-se, com este sistema, a justiça. No delito de lavagem de dinheiro, na realização das fases do delito ou no resultado global da ação, ao inserir valores ou bens no sistema econômico financeiro, teria também que haver identificação da consciência da antijuridicidade e a lesão a bem jurídico violado.

---

38. VIVES ANTÓN, Tomás Salvador. *Fundamentos del sistema penal*: estudio preliminary: acción significativa y derechos constitucionales. Trad. M. Jiménez Redondo. 2. ed. Tirant lo blanch. Valencia, 2011. p. 494.
39. VIVES ANTÓN, Tomás Salvador. *Fundamentos del sistema penal*: estudio preliminary: acción significativa y derechos constitucionales. Trad. M. Jiménez Redondo. 2. ed. Tirant lo blanch. Valencia, 2011. p. 491;495

14.8 SANCIONABILIDADE PENAL COMO ELEMENTO DE DELITO DA REPROVABILIDADE NO CRIME DE LAVAGEM DE DINHEIRO

Adiante na análise da culpabilidade e consciência de violação de bem jurídico no crime de lavagem de dinheiro, considerando suas três fases de realização do delito, é imprescindível o estudo do pensamento de Silva Sánchez. O sistema proposto pelo sistema teleológico de Sánchez vincula as categorias da antijuridicidade penal e sancionabilidade penal, apoiados ambos na teoria das normas e aspectos teleológicos relacionados aos fins do Direito penal[40]. Nesse sentido, a norma primária tem o objetivo de proibir condutas e convencer o indivíduo a não comportar da maneira proibida, tratando-se da limitação da liberdade em virtude da ameaça de uma sanção penal. A antijuridicidade revela, no âmbito da norma primária, o merecimento de pena pela conduta praticada, havendo uma intimidação abstrata, pois existe uma mensagem dada pela norma de que aquele que a descumprir será apenado pela prática de determinado comportamento não admitido pelo Direito penal. A norma secundária tem o objetivo de castigar o indivíduo que tenha violado a norma primária, por meio da necessidade da pena ao autor do crime. Ao adentrar no sistema de Sánchez, verifica-se que o bem jurídico deve ser protegido pelo Direito penal, formatado pela ideia de que as diretrizes normativas de comportamentos proibidos e sob a ameaça de uma sanção penal fazem parte de uma das prestações do Direito penal, que é a tutela de bens jurídicos.

As condutas interessam ao Direito penal quando forem capazes de lesar um bem jurídico. Ademais, a sanção penal decorrente da violação da norma primária representa uma decisão político-criminal, pois a limitação de liberdade nada mais é do que um golpe do Estado nos direitos fundamentais. É a partir do elemento da sancionabilidade penal que se analisa outros pressupostos diferentes da violação da norma primária, tal como a culpabilidade e a lesividade penal. Para Silva Sánchez, o delito é composto pela antijuridicidade penal e pela sancionabilidade penal, onde encontra a culpabilidade como elemento de atribuição de responsabilidade e a lesividade penal como elemento que exige violação de bem jurídico. Em oposto ao pensamento de Mir Puig e Muñoz Conde em relação à teoria da motivabilidade pelas normas, Sánchez confere valor ao poder agir de outro modo. Pois bem, no âmbito da análise do delito de lavagem de dinheiro, a teoria funcionalista de Sánchez, considera um sistema bipartido de orientação teleológica construído pela teoria das normas (normas primárias e normas secundárias) em que o Direito penal, desde uma perspectiva de uma teoria dos fins, manifesta decisões de política criminal pela via da teoria das normas, levando em conta duas categorias, a antijuridicidade penal e sancionabilidade penal, em que a conduta contenha um perigo penalmente relevante para um bem jurídico penal – valor (reunindo caracteres de um injusto penalmente

---

40. SÁNCHEZ, Jesús Maria Silva. Aproximación al derecho penal contemporáneo. Barcelona: José Maria Bosch Editor, S.A., 1992. p. 376.

típico – pois a tipicidade é subcategoria das demais), uma vez que somente assim haverá legitimidade constitucional da limitação da liberdade dos indivíduos pela aplicação da sanção penal. Assim, é possível concluir que este sistema exige a lesão ao bem jurídico como elemento para formatação do crime de lavagem de dinheiro, além da exigência de verificação da culpabilidade como atribuição de responsabilidade lastreada pelo poder de agir por outro modo.

15
CONSCIÊNCIA DA ANTIJURIDICIDADE E O ERRO NO CRIME DE LAVAGEM DE DINHEIRO: POSIÇÃO FINALISTA

15.1. INTRODUÇÃO

O finalismo direciona a formação do crime a partir da tipicidade, antijuridicidade e culpabilidade, de forma que o aspecto subjetivo passou para a tipicidade com o dolo e culpa na ação e a culpabilidade estabeleceu-se puramente normativa, onde reside o elemento da potencial consciência da antijuridicidade, como um dos elementos normativos da reprovabilidade, ao lado da inexigibilidade de conduta diversa e da imputabilidade.

Para explicar a posição dogmática da consciência da antijuridicidade na teoria do delito, em contraposição às teorias do dolo, a doutrina desenvolveu as teorias da culpabilidade. Contudo, convém registrar que as teorias do dolo perderam sentido com a reforma penal da Alemanha, em 1975, prevalecendo as teorias da culpabilidade.

Na teoria estrita ou extremada do dolo, a consciência da antijuridicidade é elemento do dolo, excluindo-o se não verificar na conduta do agente a consciência da antijuridicidade. O dolo está na culpabilidade e a atual consciência da antijuridicidade dentro do dolo. Este dolo é normativo, pois o integra, a vontade, a previsão e o conhecimento atual de uma conduta proibida. Se houver erro, seja de tipo seja de proibição, haverá exclusão do dolo, e, portanto, da culpabilidade, pois o erro elimina o elemento normativo (consciência da antijuridicidade) e o elemento intelectual do dolo (previsão). Brandão[1] ensina que pelo erro de tipo, haverá a exclusão da vontade de praticar o fato típico e antijurídico, excluindo-se, portanto o elemento psíquico do dolo. Pelo erro de proibição, haverá exclusão da consciência de antijuridicidade. Se fosse adotado esta teoria no delito de lavagem de dinheiro, qualquer erro quanto a conduta de qualquer das três fases, eliminaria a culpabilidade, havendo ainda configuração do injusto pela integridade dos demais elementos restantes.

A teoria limitada do dolo admite a consciência da antijuridicidade como elemento do dolo também, mas a consciência da antijuridicidade será potencial. Esta

---

1. BRANDÃO, Cláudio. *Teoria jurídica do crime*. 4. ed. São Paulo: Atlas, 2015. p. 132-133.

teoria decorre do desenvolvimento do pensamento de Mezger[2] quanto ao agente, normalmente o criminoso habitual, que despreza o ordenamento jurídico e os valores da sociedade, de modo que atua em "cegueira jurídica" ou "hostilidade ao Direito", mas em potencial conhecimento da ilicitude de suas condutas. Não poderá alegar como defesa o agente que atua em descaso às regras sociais. Para Mezger[3], o agir hostil ao direito, pela "culpabilidade pela conduta da vida" se equipara à ação dolosa, quanto aos efeitos jurídicos e a pena. Trata-se, na verdade, de presunção de dolo em situação de cegueira jurídica, ou seja, de descaso com a socialidade. O pensamento de Mezger permitiu evolução da teoria do delito, notadamente sob o aspecto da consciência de antijuridicidade, abrindo as portas para a potencial consciência quanto à ilicitude dos fatos como elemento da culpabilidade. Assim, nos casos em que há hostilidade ao direito, desprezo ao ordenamento deliberadamente, houve a substituição da consciência atual pela potencial. Quanto ao delito de lavagem de capitais, hipoteticamente, aquele que agir desprezando o direito, teria a potencialidade da consciência da antijuridicidade verificada nas fases de realização do delito.

No Finalismo, adota-se a teoria estrita ou extremada da culpabilidade. O dolo, na sua vertente puramente psicológica, denominado dolo natural, passa a residir no injusto. A consciência da antijuridicidade permanece na culpabilidade como elemento normativo. A ausência da consciência da antijuridicidade exclui a culpabilidade e não o dolo, pois este esgota-se com o querer objetivo do tipo. A consciência da antijuridicidade é potencial, o dolo é atual (previsão). Se o erro viciar o dolo, incidindo sobre o elemento intelectual do dolo, ou seja, a previsão, ocorrerá erro de tipo, deixando a culpabilidade íntegra, de modo que ocorrerá delito culposo se o erro for evitável, e houver previsão legal, o que, a propósito, não há do delito de lavagem de capitais. Se o erro incidir sobre potencial consciência de antijuricidade, haverá erro de proibição. Se for inevitável, exclui a culpabilidade. Se for evitável, acarretará atenuação da pena, permanecendo a natureza do delito doloso.

A teoria limitada de culpabilidade exclui o dolo se houver erro quanto a existência da causa de justificação (erro de tipo permissivo); excluindo a culpabilidade se houver erro quanto aos limites da causa de justificação (erro de proibição). Há erro de tipo, excluindo o dolo, quando houver erro quanto a existência da descriminante e haverá erro de proibição, excluindo a culpabilidade, se o erro for inerente aos limites da causa de justificação. A teoria estrita da culpabilidade sempre excluirá a consciência da antijuridicidade, ocorrendo sempre o erro de proibição, havendo erro quanto à existência da descriminante ou havendo erro quanto aos limites da descriminante.

---

2. MEZGER, Edmund. *Derecho penal*: libro de estudio parte general. Buenos Aires: Editorial Bibliografia Argentina. 1958. p. 247.
3. MEZGER, Edmund. *Derecho penal*: libro de estudio parte general. Buenos Aires: Editorial Bibliografia Argentina. 1958. p. 247.

Importa registrar que a diferença entre a teoria finalista estrita ou extremada da culpabilidade e a teoria limitada da culpabilidade, esta adotada no CP brasileiro, art. 20, § 1º, e item 19 da Exposição de Motivos do CP, encontra-se nos parâmetros acima. Ambas fixam como elementos da culpabilidade a potencial consciência da antijuridicidade, a imputabilidade e a exigibilidade de conduta diversa, havendo diferença em relação ao elemento excluído na verificação do erro de descriminantes putativas ou circunstancia fática de uma causa de justificação e o erro decorrente dos seus limites, assim aplicando ao delito de lavagem de capitais a teoria limitada da culpabilidade.

Hipoteticamente, se o agente acredita piamente que oculta valor para o seu irmão não ser cobrado por dívida lícita, inserindo dinheiro decorrente do tráfico de drogas no ambiente de formalidade econômico financeira para ajudar o irmão, imaginado pelo agente devedor, estaria ele em situação de erro de tipo, pois não teria conhecimento de que os recursos ocultados são de origem criminosa. Trata-se de um equívoco quanto ao fato. Seria, neste caso, afastada a tipicidade. O agente deve conhecer as circunstancias de fato que circundam o delito, além de ter ciência do caráter delituoso da origem dos bens, valores e direitos. Se houver erro nestes âmbitos de conhecimento devido, aplica-se a teoria limitada da culpabilidade para identificar os elementos a serem trabalhados na teoria do delito finalista, e assim, fixar se haverá o erro de tipo ou erro de proibição.

Interessante é o caso do erro recair sobre a consciência de uma elementar típica. Se o erro recair sobre elementar típica, sendo o objeto do erro decorrente da consciência da antijuridicidade, será erro de proibição. É o caso do agente conhecer o fato antecedente, mas acreditar que é lícito, ocorrendo o erro de subsunção, pois o erro recai sobre elemento típico, que é a "infração penal". Haverá o erro de proibição também se não recair equívoco na consciência do agente sobre elementar típica[4]. Roxin afirma que nem sempre constitui erro de tipo ou erro de proibição, como uma "receita de bolo", devendo observar "as circunstancias determinantes do injusto e a antijuridicidade da ação"[5]. Welzel[6] ensina que os elementos do dever jurídico, mesmo constantes do tipo penal, são de ilicitude, e qualquer erro sobre eles deve ser tratado como erro de proibição.

Se ocorrer erro ou desconhecimento da infração penal antecedente que deu origem ao capital e bens ilegais, não haverá crime, faltando dolo. Se o erro for evitável, não haverá crime, pois não há o delito de branqueamento de capitais na vertente culposa.[7] O agente deve ter a consciência plena de que o capital e os bens que faz a

---

4. BITENCOURT, Tratado de direito penal. 20. ed. São Paulo: Saraiva. 2014. p. 514.
5. ROXIN, Claus. Teoría del tipo penal. Buenos Aires: Depalma. 1979. p. 217.
6. WELZEL, Hans. Derecho penal alemán. Trad. Juan Bustos Ramirez e Sergio Yánez Pérez. Santiago: Ed. Jurídica do Chile. 1970. p. 234.
7. BADARÓ, Gustavo Henrique; BOTTINI, Pierpaolo Cruz. Lavagem de dinheiro: aspectos penais e processuais penais. 3. ed. São Paulo: Ed. RT, 2016. p. 140.

inserção no âmbito do mercado econômico financeiro decorre originariamente de uma infração penal antecedente[8].

15.2 CONSCIÊNCIA DA ANTIJURIDICIDADE NO CRIME DE LAVAGEM DE DINHEIRO: ASPECTO DOGMÁTICO E O BEM JURÍDICO

Conforme já apontado, o crime de lavagem de capitais é realizado com a execução de três fases, *placement, layering e integration*, quando ao final, terá o agente inserido no sistema financeiro e econômico valores e bens obtidos de outra conduta anterior reputada criminosa. A análise quanto à consciência de antijuridicidade em cada fase, e ao final com o resultado destas fases, torna-se necessária para formação do delito e para verificar a ocorrência da lesão a bem jurídico.

A consciência da antijuridicidade é elemento da culpabilidade que permite a análise da reprovabilidade da conduta, possibilitando a realização de uma valorização em relação ao agente daquilo que é contrário ao ordenamento jurídico. A consciência da antijuridicidade representa a estrutura da reprovação do juízo de culpabilidade. A culpabilidade é um juízo de censura realizada sobre o agente em relação ao injusto penal. No Finalismo, a consciência da antijuridicidade passou a ser potencial, não sendo mais atual. O que significa que, basta o agente ter condições de auferir a antijuridicidade. Não é necessário que esteja a consciência da antijuridicidade presente, bastando sua potencialidade.

A consciência da antijuridicidade revela a percepção do agente em relação ao desvalor da ação, não tendo relação com a conduta contrária à lei. Wessels ensina esta diferença ao direcionar entendimento de que o objeto da consciência do indivíduo está na compreensão do agente em relação à conduta juridicamente proibida e não quanto ao conhecimento da norma penal ou da punibilidade[9]. No mesmo sentido, Mezger[10] revela a consciência da antijuridicidade como valoração paralela na esfera do profano, dando sentido material ao elemento normativo, contudo como elemento do dolo. Sem importar com a localização da consciência da antijuridicidade, mas com a essência material de sua colocação, o sentido da valoração paralela na esfera do profano coloca a consciência da antijuridicidade distante da exigência do conhecimento da lei pelo agente, mas enquanto valoração pelo agente daquilo que é ilícito em seu ambiente cultural e social.

A consciência da antijuridicidade está na mente do agente permitindo a verificação da reprovação da conduta típica e antijurídica. Por outro lado, a ausência da consciência da antijuridicidade na mente do agente em relação ao injusto, leva

---

8. CALLEGARI, André Luís. *Lavagem de dinheiro*. Porto Alegre: Livraria do Advogado, 2008. p. 164.
9. WESSELS, Johannes. *Direito penal*: parte geral. Porto Alegre: Fabris, 1976. p. 90.
10. MEZGER, Edmund. *Tratado de derecho penal*. Madri: Revista de Derecho Privado, 1935. t. 2. p. 122.

à identificação do erro de proibição e suas consequências quanto à ausência de responsabilidade penal.

A consideração da ilicitude do agente em relação às fases do crime de lavagem de capitais ou do resultado da sua conduta deve ser comprovada, pelo menos na sua potencialidade, além da verificação da lesão a bem jurídico. Nesse sentido, o agente deve, ao realizar o *placement, layering, integration*, de que há um significado ilícito neste comportamento e no resultado deste comportamento. É preciso que o agente tenha percepção dos signos de proibição da sua conduta, que tenha sabedoria o bastante para identificar rastros de proibição em seu comportamento, que perceba desvalor da ação em relação aos três momentos da formação do delito de branqueamento de capitais, formando, assim, a configuração do significado ilícito da conduta. Caso contrário, não haverá reprovação do injusto.

Com a formação de um significado daquilo que é ilícito, na mente do agente, percebe-se que a consciência da antijuridicidade representa um conhecimento do agente sobre a antissocialidade da ação, qual seja, a realização do *placement, layering e integration* e o resultado prático da realização global destes comportamentos. Somente havendo conhecimento da antissocialidade da ação, haverá consciência da antijuridicidade. É preciso perceber com nitidez que a reprovabilidade na culpabilidade passa pela compreensão da conduta juridicamente proibida; da verificação da mente do agente em relação à antissocialidade do comportamento empregado por ele na realização das fases do delito de lavagem de capitais.

Aquele que vive em sociedade deve observar um código transparente de comunicação entre os integrantes do corpo social que envolve o que é correto, o que é ético, o que é ilícito, sem importar o que consta na lei, mas aquilo que tenha significado do que seja certo ou errado, do que tenha antissocialidade. A sociedade se desenvolve e cria signos. O bem jurídico, nesse sentido, pode ser um signo de valoração de algo pela sociedade, que passa a ser protegido pelo ordenamento jurídico.

Nesse sentido, o agente do branqueamento de capitais deve ter noção da reprovabilidade de sua conduta ao realizar as fases *placement, layering e integration* e a ideia de que pode lesar bem jurídico, caso contrário, não seria possível a configuração do injusto reprovável por ausência de consciência de antijuridicidade, para além da ausência de lesão a bem jurídico, pois o bem jurídico está na matéria do tipo enquanto objeto de proteção.

Brandão[11] ensina que "Os conceitos penais de bem jurídico e relevância do dano são compreendidos através da comunicação. O consenso do grupo sobre esses conceitos penais faz com que eles sejam aceitos como verdadeiros, pois o consenso é um dos critérios de verdade." Considerando que uma das funções do Direito penal no Estado Democrático de Direito é proteger os mais importantes valores da

---

11. BRANDÃO, Cláudio. *Teoria jurídica do crime*. 4. ed. São Paulo: Atlas, 2015. p. 130.

sociedade, deve ser levado em conta a análise da consciência da antijuridicidade no âmbito do delito de lavagem de dinheiro e a consideração da lesão de bem jurídico, pois a consciência da antijuridicidade deve estar presente no delito, assim como o bem jurídico lesado, matéria do tipo enquanto objeto de proteção.

16
A LAVAGEM DE DINHEIRO COMO REFLEXO DO DIREITO PENAL DA SOCIEDADE DE RISCO E A RELAÇÃO COM O MOVIMENTO DE LEI E ORDEM COMO SÍMBOLO DO EXPANSIONISMO PENAL E DO DIREITO PENAL MÁXIMO

16.1 INTRODUÇÃO

No âmbito das Escolas Criminológicas Sociológicas do Crime não há desdobramento teórico que permita identificar a origem do delito de lavagem de dinheiro como posicionamento do Estado para proteger bem jurídico. No mesmo sentido, a dogmática aponta a exigência da lesividade e a necessária relação quanto ao aspecto substancial da lavagem de dinheiro.

A maior proximidade encontrada com o branqueamento de capitais apresenta relação com os crimes de colarinho branco, em que pese nas Escolas Criminológicas Sociológicas do Crime não haver tal preocupação.

Na concepção de Sutherland[1], o crime em si não passa da violação a um preceito legal. Assim, ainda que exista a precisa necessidade da busca de uma concepção originária da lavagem de dinheiro como delito, identificamos no âmbito da criminologia, com os crimes de colarinho branco, uma nova onda expansionista penal que permitiu, por conseguinte, criação de novos delitos, quais sejam, os praticados por pessoas de alto calibre social. O movimento de lei e ordem revela a continuidade desta busca para criminalizar condutas que, mesmo sem violar bem jurídico, são tornadas crimes, ainda que não haja explicação dogmática para tanto. Nesse sentido, consideramos de suma importância a busca da relação entre o bem jurídico no âmbito da lavagem de dinheiro e os movimentos que, possivelmente, levaram à criação deste delito como mera consequência do emergencialismo penal em busca da aplicação de um Direito penal máximo.

---

1. SUTHERLAND, Edwin H. *Crime de colarinho branco*: versão sem cortes. Trad. Clécio Lemos. Rio de Janeiro: Revan, 2015. p. 85.

Importa, antes de tudo, relatar pensamento sociológico quanto ao movimento possivelmente causador do inflacionismo penal que certamente revelou demanda social da criminalização da lavagem de dinheiro. Trata-se da "sociedade de riscos" de Ulrich Beck[2] como resultado da mudança de paradigma de preocupação social pela modernização do estilo de vida das pessoas em vista do desenvolvimento da sociedade moderna, em que os riscos sociais, políticos, científicos, econômicos e individuais criados pelo impulso da inovação levam cada vez mais à preocupação de haver um certo controle pelas instituições públicas. Numa visão realista e ao mesmo tempo idealista-construtivista, Beck[3] aponta que há racionalidade quanto a natureza complexa do risco em que se passa a sociedade global. E por isso, os riscos não se referem aos danos produzidos pela sociedade na modernidade, mas quando acaba a confiança na segurança desejada. O conceito de risco caracteriza um peculiar estado intermediário entre a segurança e a destruição, em que a percepção dos riscos que nos ameaçam determina o pensamento e a ação, gerando uma cultura de risco e de medo, numa sociedade moderna e de risco[4].

Ulrich Beck[5] revela pensamento no sentido de que a sociologia do risco reconstrói um acontecimento social quanto a sua imaterialidade, quando as pessoas passam a crer que os riscos são, na verdade, reais e os fundamentos da economia, a política, a ciência e a vida cotidiana tornam-se fluidos, perdendo sustentação, podendo levar ao fracasso social ou até mesma a destruição imaginária da segurança e conforto da vida moderna, prontos para desmoronamento de conquistas. Consequentemente, o conceito de risco, quando se considera cientificamente (risco = acidente x probabilidade) adota a forma do cálculo de probabilidades, que não se pode excluir o pior caso possível. A partir daí, decisões são tomadas, tal como a criação de leis penais emergênciais para conter o risco e o medo da desordem, da perda de tudo que se conquistou.

Como revelação de um sociedade de riscos, operada por consequências desastrosas de medidas extremamente equivocadas, Ulrich Beck[6] expõe fatos como a segunda grande guerra mundial, a matança em Auschiwits, a bomba em Nagasaki, o acidente em Chernobil, as fugas dos refugiados políticos e de guerra e questões fáticas outras no mesmo sentido, para desnudar perigos da modernidade, que geram o medo do que está por vir, do que pode ocorrer, do que é possível existir, podendo elevar o conteúdo da imaginação da sociedade para se preparar para o pior. Além disso,

---

2. BECK, Ulrich. *La sociedade del riesgo global*. Traducción de Jesús Alborés Rey. Madrid: Siglo Veintiuno de España Editores, 2002. p. 113-115.
3. BECK, Ulrich. *La sociedade del riesgo global*. Traducción de Jesús Alborés Rey. Madrid: Siglo Veintiuno de España Editores, 2002. p. 212-213.
4. BECK, Ulrich. *La sociedade del riesgo global*. Traducción de Jesús Alborés Rey. Madrid: Siglo Veintiuno de España Editores, 2002. p. 214-215.
5. BECK, Ulrich. *La sociedade del riesgo global*. Traducción de Jesús Alborés Rey. Madrid: Siglo Veintiuno de España Editores, 2002. p. 216-217.
6. BECK, Urich. *La sociedad de riesgo*: hacia una nueva modernidad. Traducción Jorge Navarro, Daniel Jiménez, Mª Rosa Borrás. Barcelona: Ediciones Paidós Ibérica, S.A. 1998. p. 11.

há que haver a percepção da revolução cultural das formas de vida, onde mudanças reveladas pela modernidade transformam a estrutura social e o modo de pensar da sociedade agora mais individualista e protetoras de um novo modo de vida[7]. A partir daí, surge uma sociedade que pretende se antecipar ao perigo, gerando demanda social imaginária, mas também real do ponto de vista da necessidade de se criar leis emergenciais para estancar o medo. Em lugar das utopias políticas, surge o enigma das consequências secundárias, em que a configuração do futuro não se resolve no parlamento, senão em falhos laboratórios de investigação[8] e tribunais.

A crise social de desordem especulativa do por vir, gerando a demanda social penal, faz nascer um Direito penal de crise, em que, conforme Brandão[9], "De um lado o legislador, que prevê o modelo abstrato de conduta através da lei penal por ele elaborada, carece da técnica penal na elaboração das normas." E "De outro lado, o técnico, que aplica o Direito penal, tende a não vislumbrar o conteúdo material do tipo penal, que é o bem jurídico." O político que não deveria criar projeto de lei criminalizando comportamentos que não ofendem bem jurídicos, equivocadamente o faz. O aplicador da lei, sobretudo o juiz que deveria julgar a inconstitucionalidade do artigo em que estampa tipo penal sem bem jurídico a ser tutelado, não o faz, e pior, aplica a violência da sanção penal, em patente violação dos direitos fundamentais.

Além da necessidade social para proteção de bens jurídicos, o Direito penal pensa e raciocina por meio de tipos[10], pois, para que um comportamento individualizado tome relevância penal, é preciso que esteja adequadamente subsumido a um tipo penal, momento em que há consideração no sentido de que a conduta materializada na lei penal deve ter valor de proibição. O método de verificação penal estabelece obrigatória investigação da violação do bem jurídico, que é conteúdo da tipicidade. Somente a partir daí haverá justificação da sanção penal aplicada pelo Estado.

Em virtude do dinamismo inerente à sociedade moderna, ocorre a desconfiguração das formações de classes, extratos de ocupações, regras familiares, empresariais, científicas, tecnológicas, em que este "progresso" pode converter-se na auto destruição da nova sociedade, denominada por Ulrich Beck[11] como modernização reflexiva. A demanda social gerada pelo medo do risco, decorrente de uma sociedade de risco, de uma grande mudança social em importantes setores estruturais da

---

7. BECK, Urich. *La Sociedad de riesgo*: hacia una nueva modernidad. Traducción Jorge Navarro, Daniel Jiménez, Mª Rosa Borrás. Barcelona: Ediciones Paidós Ibérica, S.A. 1998. p. 102-104.
8. BECK, Urich. *La Sociedad de riesgo*: hacia una nueva modernidad. Traducción Jorge Navarro, Daniel Jiménez, Mª Rosa Borrás. Barcelona: Ediciones Paidós Ibérica, S.A. 1998. p. 278.
9. BRANDÃO, Cláudio. *Tipicidade penal*: dos elementos da dogmática ao giro conceitual do método entimemático. Coimbra: Almedina. 2014. p. 19-20.
10. SAUER, Guilhermo. *Derecho penal*. Barcelona: Bosch. 1956. p. 114.
11. BECK, Ulrich; GIDDENS, Anthony. LASH, Scott. *Modernización reflexiva*: política. Tradición de y estética en el orden social modern. Madrid: Alianza Editorial S.A. 1997. p. 15.

sociedade, aos moldes do pensamento de Ulrich Beck[12][13], não pode gerar a criação de inúmeras leis penais vazias de bem jurídico sob tutela, apenas para inflacionar o sistema penal com o objetivo de criar um falso ambiente de segurança.

Assim, o Direito penal como *ultima ratio* deixa de existir, passando agora para ser o primeiro instrumento de apoio da sociedade, como *prima ratio*, onde qualquer questão de maior demanda seja atribuída como solução primária do Direito penal, com a criação de leis penais emergenciais, num verdadeiro expansionismo penal. Pelos riscos e o medo, há proliferação de leis no sistema penal com base em supostas demandas sociais, gerando inflacionismo penal e a busca por um inimigo público. O criminoso agora não é mais o tradicional delinquente, causador de mal e violência, mas aquele eleito pela demanda social em virtude do medo do por vir, deslocando a sanção do âmbito administrativo e civil para o mundo do Direito penal, sem, no entanto, atentar para a questão do bem jurídico. Nesse sentido, está a criminalização da lavagem de dinheiro, sem respeito aos parâmetros da dogmática penal, mas muito mais para atender a demanda social calibrada pelo temor, que exige uma resposta imediata para todos os males existentes, futuros e imaginários, tornando, com o inflacionismo penal, uma sociedade que se acha protegida. Perante esta nova necessidade, novos movimentos relativos à uma imposição dura do Direito penal surgem, como o movimento de lei e ordem, o Direito penal máximo, o Direito penal do autor, o expansionismo penal, o Direito penal do inimigo, o Direito penal aplicado à pessoas jurídicas, à fatos irrelevantes penalmente e socialmente, à comportamentos que não lesam bem jurídico, onde se encontra a criminalização da lavagem de dinheiro.

O movimento de lei e ordem utiliza um discurso do Direito penal máximo, sustentando que o Direito penal é a solução imediata para as demandas que afligem a sociedade. Neste viés, o Direito penal deve ser utilizado como *prima ratio*, e não como *ultima ratio* da intervenção da força pelo Estado nos acontecimentos sociais, com um Estado cumprindo um papel educador e repressor, ao mesmo tempo, sem admitir que as condutas não toleráveis, por menor que sejam, deixem de ser reprimidas. Com isso, a sociedade passa a ser educada sob a ótica do Direito penal, de modo que comportamentos ou condutas de pouco valor negativo, irrelevantes para o Direito, levam seus protagonistas a sofrer as consequências graves das sanções penais. Este papel educador e repressivo do Direito penal faz com que tudo interesse a ele, tendo como consequência um pensamento de um Direito penal puramente simbólico.

Em troca de um necessário Estado Social, entra em ação um Estado Penal, havendo priorização de investimentos no setor repressivo ao invés de atender questões fundamentais como educação, saúde etc., havendo uma glorificação do

---

12. BECK, Ulric; GIDDENS, Anthony. LASH, Scott. *Modernización reflexiva*: política. Tradición de y estética en el orden social modern. Madrid: Alianza Editorial S.A. 1997. P. 13-15.
13. BECK, Urich. *La sociedad de riesgo*: hacia una nueva modernidad. Traducción de Jorge Navarro, Daniel Jiménez, Mª Rosa Borrás. Barcelona: Ediciones Paidós Ibérica, S.A. 1998. p. 278-279.

Direito penal repressivo. O poder legislativo deixa de produzir leis necessárias para o desenvolvimento do país, para responder aos anseios da sociedade com uma produção desenfreada de leis penais sem um estudo prévio da necessidade e do real cabimento da lei, no sentido técnico e jurídico, como a criação de um crime, em vista de um comportamento sem qualquer lesão a bem jurídico.

Além disso, a escolha da cominação de penas, parece não corresponder a um critério de proporcionalidade e que seja racionalmente constitucional. Ralf Dahrendorf[14], ao apresentar o movimento de lei e ordem, critica as penas substitutivas ao dizer que "Uma teoria penal que abomina a detenção a ponto de substituí-la totalmente por multas e trabalho útil, por restrições ao padrão de vida, não só contém um erro intelectual, pois confunde lei e economia, como também está socialmente errada. Ela sacrifica a sociedade pelo indivíduo." Por outro lado, a aplicação do Direito penal máximo leva, consequentemente, à sua falta de credibilidade, pois, quanto mais tipos penais são criados, maior será a cifra negra e maior será a dificuldade do Estado atingir a efetividade exigida pela sociedade. Beccaria[15], em 1764, sustentou que "a certeza de um castigo, mesmo moderado, sempre causará mais intensa impressão do que o temor de outro mais severo."

Ralf Dahrendorf, autor de *A Lei e a Ordem*, nasceu em 1º de maio de 1929 em Hamburgo, na Alemanha, tendo sua família tomado posição contra a tirania estatal, quando seu pai, líder do partido Social Democrata durante a República de Weimar, fez parte da resistência ao nazismo e foi preso em 1933, também em 1938 e novamente no dia 20 de julho de 1944, dia do atentado fracassado contra Adolf Hitler. Posteriormente, esteve ameaçado de prisão pelos comunistas da República Democrática Alemã. Dahrendorf também sofreu perseguição e foi preso pela Gestapo em novembro de 1944 por atividades antinazistas. Diante disso, seu trabalho quanto à lei e a ordem tem como ponto de partida o terror nas ruas e brigas nos campos de futebol, abordando ainda questões de ordem social e liberdade.[16] O movimento de lei e ordem e as consequências da aplicação de um Direito penal máximo, revela um falso conforto à sociedade, ao mesmo tempo que levanta um sentimento de segurança, representa insegurança por violação de garantias penais e processuais penais já conquistadas.

Há criação de um número excessivo de leis penais, que apregoam a promessa de maior punição para os autores de delitos, podendo levar ao descrédito do Direito penal pelo inchaço de processos judiciais para apurar tudo quanto é fato considerado crime pelo Legislador, gerando enorme cifra-negra. A lavagem de dinheiro, como

---

14. DAHRENDORF, Ralf. *A lei e a ordem*. Trad. Tamara D. Barile. Brasília: Instituto Tancredo Neves; Fundação Friedrich Naumann. 1987. p. 109.
15. BECCARIA, Cesare. *Dos delitos e das penas*. Trad. Torrieri Guimarães. São Paulo: Hemus – Livraria Editora Ltda. 1971. p. 87.
16. DAHRENDORF, Ralf. *A lei e a ordem*. Trad. Tamara D. Barile. Brasília: Instituto Tancredo Neves; Fundação Friedrich Naumann. 1987. p. 1-22.

procedimento para legalizar dinheiro decorrente do fruto da prática de outros crimes, representa reflexo deste emaranhado de leis, de forma que o Estado aplica o Direito criminal do modo que bem entende, sem atender à dogmática e seus requisitos, não conseguindo justificar cientificamente a existência do comportamento como crime.

Figueiredo Dias e Costa Andrade[17] criticam o movimento de lei e ordem apontando que "cada hora de labor da polícia, do ministério público, do tribunal e das autoridades penitenciárias gasta nos domínios marginais do direito criminal, é uma hora retirada à prevenção da criminalidade séria." O discurso do movimento de lei e ordem prega a máxima intervenção do Direito penal e não permite uma análise dogmática e científica do operador do direito em relação aos comportamentos criminalizados, assim como na análise do processo de lavagem de capitais, que foi criminalizado para suprir uma vontade política do Estado de conter um tipo de criminalidade praticada por um tipo de agente, qual seja, o criminoso de colarinho branco.

A política de lei e ordem apresenta consequência no sentido de deixar o aparato estatal atender a solução de delitos de grande potencial ofensivo, havendo perda de tempo com pequenos desvios, condutas de pouca relevância, criação de crimes sem atenção à estrutura científica, inflando a legislação criminal, servindo apenas para afirmar o caráter simbólico do Direito penal, que busca encontrar o papel de educador da sociedade. No mesmo sentido, Zaffaroni[18] alertou para a necessidade de contenção do poder punitivo, afirmando que "Temos de fazer um filtro do poder punitivo" e que "O poder punitivo virou um ídolo, que como religião falsa, tem os seus fanáticos".

Como movimento de lei e ordem, sua essência pode ser verificada na política de tolerância zero[19] em que prevê o Direito penal como a solução para a proteção da sociedade como um todo e a qualquer custo. A sociedade é educada sob a ótica do Direito penal e a ameaça do Estado forte, independente da infração, sem atenção às regras e técnica científica penal. Nesse sentido, Alberto Silva Franco[20] deixa muito claro que a ordem não é mais a descriminalização ou despenalização, mas a criminalização, ainda que a feição punitiva tenha uma finalidade puramente simbólica, como é o caso da lavagem de capitais. Nesse sentido, admitir o processo de lavagem de dinheiro como crime, sem considerar um bem jurídico especificamente violado reflete, além de tudo, o fenômeno da hipertrofia do Direito penal, considerando a aplicação de uma política do movimento de lei e ordem para justificar a aplicação do

---

17. DIAS, Jorge de Figueiredo; ANDRADE, Manuel da Costa. *Criminologia*: o homem delinquente e a sociedade criminogena. Coimbra: Coimbra Editora. 1997. p. 410-411.
18. BEZERRA, Elton. Zaffaroni defende contenção do poder punitivo. *Consultor Jurídico*, 29 ago. 2012.
19. HASSEMER, Winfried; MUÑOZ CONDE, Francisco. *Introducción a la criminología*. Valencia: Tirant lo blanch. 2001. p. 235.
20. FRANCO, Alberto Silva. Prefácio. In: ZAFFARONI, Eugenio Raúl; PIERANGELI, José Henrique. *Manual de direito penal brasileiro*: parte geral. 7. ed. São Paulo: Ed. RT, 2007. p. 17.

Direito penal máximo, em detrimento do aspecto científico e dogmático necessário ao Direito penal.

No âmbito do Direito penal máximo está o Direito penal do inimigo, delimitado pelo professor Günter Jakobs[21] na obra "Direito Penal do Inimigo". Jakobs apontou uma distinção entre um Direito penal do cidadão e um Direito penal do inimigo, de forma que uma pessoa que vive dentro das regras de uma sociedade, considerada na condição de cidadão, teria um direito penal aplicado com todas as garantias necessárias, e de outro lado, aquele indivíduo considerado inimigo não teria as mesmas garantias[22].

O Direito penal do inimigo representa um Direito penal desgarrado de garantias, pois o Estado não estaria diante de um cidadão comum, mas sim de uma pessoa considerada inimiga do Estado. Jakobs sustenta que existem pessoas que resolveram se afastar do Direito e das regras sociais, declarando guerra a sociedade, como o caso dos terroristas[23]. Para estes indivíduos, não se aplicam as mesmas regras que seriam aplicadas ao cidadão. Segundo Jakobs[24], entende-se que numa guerra, as regras devem ser diferentes. Assim, uma pessoa que não admite entrar em um estado de cidadania, não pode participar dos benefícios ou garantias referentes aos cidadãos, mas dos inimigos, onde há regramento especial.

No Direito penal do inimigo, há três elementos caracterizadores. Uma vez identificado o inimigo, ocorre o adiantamento da punibilidade, ou seja, há a antecipação da punição do agente pela sua condução de vida. Pune-se o agente pela sua condição de autor e não pelo fato praticado. O ponto de referência é o possível fato futuro, por acreditar que o inimigo, pelas suas decisões, condutas e modo de viver, poderá vir a praticar condutas atentatórias ao corpo coletivo e seu regramento. Trata-se de uma análise prospectiva, em vez de observar o fato passado eventualmente praticado pelo agente criminoso. As penas previstas para o inimigo são altas e desproporcionais e inúmeras garantias penais e processuais penais são desconsideradas ou relativizadas. Como exemplo, tem-se a prática do crime de racismo, tráfico de drogas, crimes hediondos, nos termos do art. 5°, incisos XLII, XLIII, XLIV da Constituição da República. Muitos destes etiquetados delitos, o agente poderá praticá-los e legalizar o dinheiro obtido por meio de um processo de lavagem de dinheiro, contudo sendo esta segunda etapa um fato posterior impunível por ausência de lesão a bem jurídico. O crime antecedente pode lesar bem jurídico, e com isso obter fruto financeiro, contudo, a lavagem de dinheiro é fato posterior impunível, não havendo bem jurídico

---

21. JAKOBS, Günther; MELIÁ, Manuel Cancio. *Derecho penal del enemigo*. Madrid: Civitas Ediciones, S.L. 2003. p. 47-56.
22. JAKOBS, Günther; MELIÁ, Manuel Cancio. *Derecho penal del enemigo*. Madrid: Civitas Ediciones, S.L. 2003. p. 47-50.
23. JAKOBS, Günther; MELIÁ, Manuel Cancio. *Derecho penal del enemigo*. Madrid: Civitas Ediciones, S.L. 2003. p. 50.
24. JAKOBS, Günther; MELIÁ, Manuel Cancio. *Derecho penal del enemigo*. Madrid: Civitas Ediciones, S.L. 2003. p. 56.

lesado, tendo sido criminalizado, o processo de lavagem de dinheiro, pelo Estado, em virtude da onda do Direito penal simbólico[25] e decorrente de um movimento de Direito penal máximo, onde se encontra o Direito penal do inimigo, para satisfazer uma sociedade sedenta por justiça a qualquer custo.

Atualmente, diante do expansionismo penal, o Direito penal do inimigo encontra-se na terceira velocidade do Direito penal, conforme Günther Jakobs, Manuel Cancio Meliá[26] e Jesús-Maria Silva Sanchez[27]. Diante do enfrentamento de novos riscos pela sociedade, a sensação social de insegurança, o clamor público pelo endurecimento da lei penal, uma mídia voltada para o sensacionalismo, o medo pelo enfraquecimento das instituições diante de novos desafios quanto à segurança pública, resulta, portanto, no expansionismo penal e numa política criminal direcionada para o Direito penal máximo, distanciando as garantias do cidadão, além da criminalização de condutas sem respeito ao aspecto dogmático e científico, o que, a nosso ver, insere a tipificação da lavagem de dinheiro como delito para que o Estado possa atingir seus objetivos de uma política de endurecimento penal. Para o inimigo, utiliza-se o Direito penal de terceira velocidade.

Jésus-Maria Silva Sánchez[28], em *La expansión del derecho penal*, aponta a diferença entre a primeira, segunda e terceira velocidade do Direito penal de forma que o Direito penal de primeira velocidade segue as regras tradicionais do Direito penal, determinando que sejam observadas todas as garantias penais e processuais penais para que um delinquente seja condenado à pena privativa de liberdade; o Direito penal de segunda velocidade já apresenta novidade, uma vez que admite-se aplicação de penas não privativas de liberdade, para acelerar a aplicação da lei penal, retirando algumas garantias do jurisdicionado, tal como o instrumento da transação penal, que aplica pena não privativa de liberdade sem ocorrer a instrução processual; a terceira velocidade do Direito penal representa o Direito penal forte e sem garantias, sendo aplicada ao inimigo, como aquele que não é considerado cidadão por não admitir as regras sociais. Sustenta Silva Sánchez[29] que pode ser considerada uma velocidade híbrida, pois demanda prisão privativa de liberdade (primeira velocidade), mas sem as garantias ou com estas relativizadas (segunda velocidade).

---

25. JAKOBS, Günther; MELIÁ, Manuel Cancio. *Derecho penal del enemigo*. Madrid: Civitas Ediciones, S.L. 2003. p. 76.
26. JAKOBS, Günther; MELIÁ, Manuel Cancio. *Derecho penal del enemigo*. Madrid: Civitas Ediciones, S.L. 2003. p. 79-82.
27. SÁNCHEZ, Jesús-Maria Silva. *La expansión del derecho penal*: aspectos de la política criminal en las sociedades postindustriales. Madrid: Civitas. 2001. p. 124-127.
28. SÁNCHEZ, Jesús-Maria Silva. *La expansión del derecho penal*: aspectos de la política criminal en las sociedades postindustriales. Madrid: Civitas. 2001. p. 163-167.
29. SÁNCHEZ, Jesús-Maria Silva. *La expansión del derecho penal*: aspectos de la política criminal en las sociedades postindustriales. Madrid: Civitas. 2001. p. 163-164.

O grande problema dessa linha de pensamento é definir quem seria o inimigo, e quais as condutas de vida teria que tomar para ser considerado o inimigo. Uma vez que a punição do agente é antecipada, importa saber o critério de escolha de determinação ou identificação de qual o tipo de atividade merece ser considerada típica de um inimigo. Ao que parece, na atualidade, o inimigo tem sido aquele a quem o acusador formal aponta o dedo, obtendo, pelo Poder Judiciário, êxito em relação aos pedidos de prisão provisória, e também em condenações, sem apoio de uma fundamentação justificável e aprofundada em garantias de ordem constitucional. As dúvidas demonstram insegurança deste sistema de bom cidadão e inimigo da coletividade, pois nos parece que a escolha do inimigo ficaria a cargo daquele que exerce o poder institucional.

Francisco Muñoz Conde[30], na obra *Edmund Mezger y el derecho penal de su tiempo*, identifica um tratamento inconstitucional e diferenciado aos moldes do inimigo social a quem fosse considerado "estranhos à comunidade". Nesta perspectiva, Muñoz Conde aprofunda suas investigações quanto ao projeto de poder de Adolf Hitler após a primeira guerra mundial. Para exemplificar, pretendiam penalizar seus inimigos com a castração dos homossexuais, esterilização, morte e outros terríveis experimentos, como de fato ocorreu. Seus critérios e fundamentos para a aplicação de um Direito penal que justifique a demanda da força do Estado são os mesmos do movimento de lei e ordem, também ausentes da ciência e dogmática penal em relação à proteção de bens jurídicos.

O que Jakobs pretendia fazer, era considerar determinado indivíduo ou grupo de pessoas como inimigos, para aplicar um Direito penal de guerra, sem garantias (terceira velocidade), com regras separadas apenas para os escolhidos. Da mesma forma, foi feito nos Estados Unidos da América após o ataque às torres gêmeas do World Trade Center em Nova York, com a criação da prisão em Guantánamo em Cuba e as "Leis" aplicadas aos possíveis terroristas. Conforme consta no surgimento histórico da tipificação da lavagem de dinheiro, sua criminalização decorre da necessidade de criar um tipo penal, usando o pós fato impunível, como crime para que o Estado pudesse atingir um certo tipo de criminoso, aquele de colarinho branco, inatingível pelos métodos de investigação tradicionais, considerado inimigo da sociedade, como por exemplo, ocorreu com "Al" Capone, como ocorreu com a luta internacional contra o narcotráfico.

O movimento de lei e ordem, englobando um Direito penal máximo, estruturado no simbolismo de força estatal penal, no Direito penal do inimigo, numa aplicação constante do Direito penal de terceira velocidade, vai contra a dogmática penal, lastreada pela necessidade de atenção da ciência penal e respeito ao princípio da dignidade da pessoa humana, princípio constitucional no Estado Democrático

---

30. MUÑOZ CONDE, Francisco. *Edmund Mezger y el derecho penal de su tiempo*. 4. ed. Valencia: Tirant lo blanch, 2003. p. 64-65.

de Direito, ao princípio da culpabilidade, ao princípio da lesividade, à exigência de um bem jurídico por traz da criação de um tipo penal. A lavagem de dinheiro como instrumento de adequação dos frutos de um crime antecedente às formalidades do Estado, foi comportamento criminalizado pela onda do movimento de lei e ordem, pois ausenta-se de cientificidade por ausência da finalidade de proteção de bens necessários e vitais à sociedade, mas por ser sua criminalização um meio, um instrumento do Estado para atingir o inimigo.

Neste âmbito, a segurança do sistema finalista[31], obrigando atenção do operador do Direito aos princípios constitucionais do Direito penal, exige atenção ao princípio da culpabilidade, assim como à proteção de bens importantes e necessários ao convívio social, como pano de fundo da defesa dos valores éticos-sociais como a vida, a liberdade, a propriedade, pois o significado do bem jurídico[32] não pode ser apreciado de forma isolada, mas em conexão com toda a ordem social[33]. Isso por que não é possível interpretar o tipo penal, no âmbito da dogmática penal de um Estado Democrático de Direito, sem observar o bem jurídico, que está na matéria do tipo enquanto objeto de proteção[34].

Portanto, registra-se uma profunda mudança de paradigma imposta pela sociedade de risco, surgindo, a partir daí, evidente demanda social para o emergencialismo penal, vindo à tona um Direito penal máximo, com inimigos para serem abatidos e tratados com normas sem garantias, ou menos garantias, além da escolha da criminalização de condutas sem atentar o Estado para a dogmática penal, sobretudo em relação ao valor do bem jurídico como matéria de proteção do tipo. Diante disso, destaca-se a estrutura finalista como sistema de aplicação do Direito penal vinculando a necessária observação da dogmática penal constitucional.

16.2 A RELAÇÃO DA LAVAGEM DE DINHEIRO COM OS CRIMES DE PERIGO ABSTRATO E O PRINCÍPIO DA LESIVIDADE NA SOCIEDADE DE RISCO – INCONSISTÊNCIA CONSTITUCIONAL

A sociedade atual caracteriza-se como uma sociedade de riscos, permitindo nova demanda social penal gerada pelo medo do desconhecimento do que está por vir, além da já testada mudança social em importantes setores estruturais da

---

31. WELZEL, Hans. *Derecho penal*: parte general. Traducción de Carlos Fontán Balestra. Buenos Aires: Roque Depalma Editor, 1956. p. 4.
32. ROXIN, Claus. *Derecho penal:* parte general, fundamentos: la estructura de la teoría del delito. 2. ed. Traducción y notas de Diego Manuel Luzón Peña e Miguel Díaz y García Conlledo, Javier de Vicente Remesal. Madrid: Editorial Civitas, S.A., 1997. p. 68. t.1.
33. BRANDÃO, Cláudio. *Tipicidade penal*: dos elementos da dogmática ao giro conceitual do método entimemático. 2. ed. Coimbra: Almedina, 2014. p. 146.
34. BRANDÃO, Cláudio. *Tipicidade penal*: dos elementos da dogmática ao giro conceitual do método entimemático. 2. ed. Coimbra: Almedina, 2014. p. 113.

sociedade, aos moldes do pensamento de Ulrich Beck[35][36]. Leis penais, vazias de bem jurídico sob tutela, surgem como necessidade social e acabam inflacionando o sistema criminal com o objetivo de criar ambiente de segurança, em que pese não haver consistência. O Direito penal deixa de ser o campo do Direito extraordinário, para ser o instrumento de controle ordinário de primeira linha de chamada pelo Estado, objetivando solucionar toda estirpe de demandas decorrentes do convívio social.

O medo e o surgimento dos riscos e o emergencialismo penal trouxeram junto ao inflacionismo legal criminal novos tipos penais. Foi deixando de lado a técnica garantista e estruturas dogmáticas, princípios penais alinhados à Constituição da República, como a legalidade e a lesividade, para dar lugar a um novo modelo de Direito penal, qual seja, o Direito penal do risco.

Pensa Gonzáles[37] que diante da expansão de novos riscos, novos conflitos, sejam sociais ou econômicos, ausentes de novas diretrizes políticas fixando novos meios de proteção, há surgimento de um sentimento geral de temor na sociedade, o que justifica um Direito penal sem fundamento dogmático. Este fenômeno de insegurança geral reflete modificações estruturais de adaptação no sistema repressivo, à luz dos novos riscos e da nova demanda social alinhada à potencialidade dada pela mídia e novos meios de comunicação como as redes sociais – *whatsapp, facebook, instagran* e outros tantos conectados à recente tecnologia.

Esta admissão do Direito penal como sistema de gerenciamento de riscos e contenção imediatista de questões sociais determina seus paradigmas e seus limites.

Em relação ao perigo, há que se considerar uma situação de fato permissiva da conclusão quanto ao risco que o caracteriza como qualidade de situação que o antecede. O risco revela uma consciência de perigo e a escolha do intérprete diante deste perigo, sendo forma de representação mental do que está por vir e modalidade de vínculo com este futuro, na visão de Raffaele De Giorgi[38]. O futuro, o que está por vir e o risco traçam o planejamento estratégico do agir humano diante de opções imaginárias, revelando a gerência de condutas. Os riscos não se referem aos danos produzidos pela sociedade na modernidade, mas quando acaba a confiança na segurança desejada. O conceito de risco caracteriza um peculiar estado intermediário entre a segurança e a destruição de crenças de segurança, em que a percepção dos

---

35. BECK, Ulrich; GIDDENS, Anthony. LASH, Scott. *Modernización reflexiva*: política. Tradición de y estética en el orden social modern. Madrid: Alianza Editorial S.A. 1997. p. 13-15.
36. BECK, Urich. *La sociedad de riesgo*: hacia una nueva modernidad. Traducción de Jorge Navarro, Daniel Jiménez, Mª Rosa Borrás. Barcelona: Ediciones Paidós Ibérica, S.A. 1998. p. 278-279.
37. GONZÁLEZ, Carlos J. Suárez. Societá del rischio e diritto penale. In: STORTONI, Luigi; FOFFANI, Luigi. *Critica e giustificazione del diritto penale nel cambio di secolo*: l'analisi critica della scuola di Francoforte. Atti del Convegno di Toledo del 13-15 aprile 2000. Milano: Giuffré, 2004. p. 415.
38. GIORGI, Raffaele de. O risco na sociedade contemporânea. Trad. Cristiano Paixão, Samantha Dobrowolski, Daniela Nicola. *Revista do Curso de Pós-Graduação em Direito da Universidade Federal de Santa Catarina*, Florianópolis, n. 28, p. 45-54, jun. 1994.

riscos que nos ameaçam determina o pensamento e a ação, gerando uma cultura de risco e de medo, numa sociedade de risco[39].

A partir desta nova concepção de insegurança, o Direito penal, como instrumento de controle social, passa a ser utilizado tanto pelo legislador quanto pelo aplicador da lei como munição de gestão de riscos, com atuação antecipada à possível ocorrência dos riscos e a implantação de estratégias de aplicação e criação do novo Direito penal para o enfrentamento dos riscos do por vir[40]. A gestão de riscos abriu portas para o *compliance* como meio de proteção de riscos na medida em que pessoas jurídicas empresariais passam a preocupar com a implantação de normas internas e regulamentos na tentativa de minimizar perigos inerentes à sua atividade, assim como a criação, nos bancos públicos e privados, de setores de prevenção de lavagem de dinheiro. Isso gera encontro de opções ideológicas e interessadas tanto no âmbito do Poder Legislativo quanto em relação à dogmática penal para criar e aplicar um Direito penal em coerência com a gestão de riscos.

Assim, encontra-se tensão entre a aplicação de um Direito penal garantista, estruturado por regras constitucionais, sistematizado pela dogmática da segurança, finalista, pois coerente com a Constituição e seus princípios, e de outro lado, um Direito penal decorrente da gestão de riscos, imediatista, ilustrado pela emergência, ausente de técnica e ausente de dogmática fundamentada. Desta tensão, surge a criação de tipos penais sem atenção ao bem jurídico tutelado, como a lavagem de dinheiro, crimes abstratos e outras tantas questões penais e processuais gerenciadoras de riscos, amparadas por uma estrutura de política criminal sem dogmática e insegurança. Conforme Bottini, *"a norma criminal é chamada a cumprir o papel de instrumento de controle de riscos e, por isso, sofre o paradoxo que incide sobre os demais mecanismos de contenção de atividades inovadoras."*

Perante os novos riscos, o Direito penal expansionista criado e aplicado sob o manto da gerencia de riscos, envolve, nesse sentido, a política criminal ausente de fundamento dogmático, onde se encontram os crimes abstratos. Os crimes abstratos revelam também a atual tendência expansionista do Direito penal, caracterizada pela violação de princípios penais e processuais penais estruturados em segurança jurídica constitucional, uma vez influenciada pela sociedade de risco, vista por Zaffaroni[41] como o novo autoritarismo *cool*.

Os crimes de perigo são aqueles que se contentam, para a consumação, com a simples probabilidade de ocorrer um dano ao bem jurídico sob tutela do Estado,

---

39. BECK, Ulrich. *La sociedade del riesgo global*. Traducción de Jesús Alborés Rey. Madrid: Siglo Veintiuno de España Editores, 2002. p. 214-215.
40. BOTTINI, Pierpaolo Cruz. *Crimes de perigo abstrato*: direito pena da sociedade de risco, direito penal e gestão de risco, imputação objetiva e perigo abstrato, princípio da precaução. 3. ed. São Paulo: Ed. RT, 2013. p. 42.
41. ZAFFARONI, Eugenio Raul. *O inimigo no direito penal*. Trad. Sérgio Lamarão. Rio de Janeiro: Revan, 2007. p. 70-80.

diferentemente dos crimes de dano, que exigem, para a consumação, a efetiva lesão a um bem jurídico tutelado. Os delitos de perigo abstrato fazem parte da categoria dos crimes de perigo, de forma que são divididos em dois grupos, os crimes de perigo individual e coletivo e de perigo abstrato. O crime de perigo individual ocorre quando a probabilidade do dano abranger apenas uma pessoa. O crime de perigo coletivo ocorre quando a probabilidade de dano envolve um número indeterminado de pessoas. Neste ambiente doutrinário encontra-se o crime de perigo abstrato que ocorre quando a probabilidade de ocorrência de dano está presumida no tipo penal, independentemente de prova de lesão a bem jurídico protegido. Há ainda o crime de perigo concreto, que ocorre quando a probabilidade de ocorrência de dano precisar ser investigada e comprovada[42]. Para além disso, é possível verificar que os crimes de perigo são aqueles que se consumam com a mera exposição do bem jurídico penalmente tutelado a uma situação de perigo, bastando a probabilidade de dano, e subdivide-se em crimes de perigo abstrato, presumido ou de simples desobediência, pois consumam-se com a prática de conduta, não exigindo a comprovação da produção da situação de perigo, havendo presunção absoluta pelo Legislador de que determinadas condutas produzem lesão a bens jurídicos. Os crimes de perigo concreto se consumam com a efetiva comprovação da ocorrência da situação de perigo. Os crimes de perigo atual ocorrem com a situação de perigo ao longo do tempo. Os crimes de perigo iminente têm sua consumação com o fato do perigo estar prestes a ocorrer. Os crimes de perigo futuro ou mediato ocorrem quando a situação de perigo decorrente da conduta se projeta para o futuro[43]. No mesmo sentido, Gomes[44] ensina a diferença entre crimes de lesão e crimes de perigo, de modo que o primeiro exige a efetiva lesão ao bem jurídico tutelado para a consumação material e o segundo apenas coloca em perigo o bem jurídico, sendo que o crime de perigo abstrato não exige comprovação da violação ao bem jurídico.

O crime de perigo abstrato está representado pela técnica legislativa no sentido de atribuir a característica de um crime a um comportamento sem produção de resultado naturalístico, em que trata-se apenas de uma prescrição normativa, bastando a realização da conduta para o Estado a qualificar como crime, sem qualquer exigência de lesão a bem jurídico. O desvalor está no comportamento e não no resultado.

Os crimes de perigo abstrato como técnica legislativa como medida de enfretamento de novos contextos de riscos reflete momento de expansão do Direito penal, assim como a criação de tipos penais sem atenção ao princípio da lesividade. O que importa para este tipo de Direito penal não é o tratamento do resultado, mas a gestão da antecipação do resultado, criando assim um Direito penal gerenciado a partir de violação constitucional no Estado Democrático de Direito. Não mais há a

---
42. NUCCI, Guilherme de Souza. *Manual de direito penal*. 4. ed. São Paulo: Ed. RT, 2008. p. 172.
43. MASSON, Cleber. *Direito penal esquematizado*: parte geral. 6. ed. São Paulo: Método, 2012. p. 193.
44. GOMES, Luiz Flávio; MOLINA, Antonio García-Pablos de. *Direito penal*: parte geral. São Paulo: Ed. RT, 2007. v. 2. p. 524.

preocupação de reprimir resultados, mas evitar e controlar condutas, não havendo a preocupação de atuar após a ocorrência da lesão, mas agir para antecipar ao resultado, diante da possibilidade de danos imaginários. A norma penal é criada para ser elemento de antecipação de tutela, dirigindo o tipo penal para uma conduta e não para o resultado. A partir desta técnica de criação e aplicação do Direito penal preventivo, deixa-se de lado o princípio da lesividade, em prol da técnica legislativa do perigo abstrato ou qualificação de comportamentos na condição de crimes sem atentar para a segurança finalista constitucionalizada pelo princípio da antinormatividade. O autoritarismo *cool*[45] é, na verdade, uma volta ao positivismo de Binding[46], pois segue orientação na qual o sistema penal é construído apenas com base no ordenamento positivo, sem base estruturado na lesão ao bem jurídico de fato.

No mesmo sentido, Brandão[47] ensina que Binding vincula o conceito de bem jurídico ao Estado, pois o faz partindo da norma, o que confere ao Legislador a atribuição de escolher quais os objetos de tutela da lei penal, monopolizando a criação do Direito penal. Bottini[48], no mesmo sentido, revela a mesma posição ao ensinar que o fundamento do injusto penal não será, conforme Binding, a lei divina, natural ou sociológica, mas a norma positiva, sendo este o único objeto sobre o qual se estrutura a dogmática, pois a ação tipicamente relevante seria para o Direito penal positivista jurídico aquela que se adequa na descrição legal, e por isso o tipo penal tem função meramente descritiva, sendo desprovido de qualquer referência a valores. Ocorre que os crimes de perigo abstrato, mesmo que admitidos no âmbito de um sistema positivista sem referência de legitimação externa, merece críticas, pois dirigem a sanção penal à mera norma, ou seja, ao simples descumprimento de regras impostas[49].

Por outro lado, a consideração Neokantista sobre o delito não envolve apenas normatização na forma mais pura, uma vez que esta construção dogmática, aproxima o sistema jurídico da realidade social utilizando o método de análise dos objetos sob uma perspectiva dos sujeitos cognoscentes e sua compreensão do mundo, de modo que os elementos do sistema penal são vistos como decorrência da valoração a partir dos processos de conhecimento humano. O Direito é analisado através do aspecto axiológico, em que os valores culturais passam a envolver a dogmática penal, afastando as estruturas dogmáticas estritamente formalistas. No âmbito Neokantista, para identificar a tipicidade diante de um comportamento, é preciso ter o significado e sua materialidade valorativa, em que o tipo penal é legitimado

---

45. ZAFFARONI, Eugenio Raul. *O inimigo no direito penal*. Trad. Sérgio Lamarão. Rio de Janeiro: Revan, 2007. p. 70.
46. BUSTOS RAMÍREZ, Juan. *Introducción al derecho penal*. 2. ed. Santa Fe de Bogotá: Temis, 1994. p. 118.
47. BRANDÃO, Cláudio. *Tipicidade penal*: dos elementos da dogmática ao giro conceitual do método entimemático. 2. ed. Coimbra: Almedina, 2014. p. 128.
48. BOTTINI, Pierpaolo Cruz. *Crimes de perigo abstrato*: direito pena da sociedade de risco, direito penal e gestão de risco, imputação objetiva e perigo abstrato, princípio da precaução. 3. ed. São Paulo: Ed. RT, 2013. p. 99.
49. SILVEIRA, Renato de Mello Jorge. *Direito penal supra-individual*: interesses difusos. São Paulo: Ed. RT, 2003. p. 96.

por uma norma de cultura, e a ação, para ser ilícita, deve ir além do aspecto formal da lei, mas contrariar valores. O Direito penal Neokantista estrutura-se com base em um sistema cultural agregando valores aos elementos dogmáticos, afastando-se do formalismo como único meio de ver o Direito. Assim, ao elencar a noção de bem jurídico no sistema Neokantista, considerando os valores culturais e a interpretação baseada numa interligação entre o objeto de conhecimento e o *sujeito cognoscendi*, o bem jurídico passa a ser compreendido sob o âmbito cultural, de onde é valorado para o Direito penal. Diante dessa nova epistemologia, no aspecto dogmático, o bem jurídico no Neokantismo passa a ser vinculado à esfera cultural, não mais à atividade do Legislador, como no Positivismo, permitindo a dogmática desenvolver, a partir daí, para a consideração e importância do conceito do bem jurídico para a formação, inclusive, do crime. Se há violação do bem jurídico há crime, pois o bem jurídico passa a ter residência fixa no centro teleológico da norma penal, tendo relevante papel na contribuição para o desenvolvimento do Direito Penal e a dogmática penal.

De fato, portanto, a diretriz Neokantista percebe o bem jurídico como um valor cultural, podendo ser resumido num valor abstrato, de origem ética e social, protegida por um tipo. A criação exacerbada de tipos penais por um legislador ávido e insaciável para punir condutas, sem verificar o fundo dogmático necessário, se distancia de um Direito penal fundado em valores, contudo, se aproximando de um positivismo acentuado novamente.

Mezger[50] delimita que a constatação do perigo pode agregar um elemento de experiência, em respeito à realidade empírica, e um elemento normativo, levando em consideração valores vigentes no momento da prática do ato e a liberdade envolvida, afastando um juízo causal predeterminado, mas possibilitando uma análise sobre um acontecimento provável. O Neokantismo revela a importância do bem jurídico, mesmo que estruturado em valores, no tipo penal, como essência para acionar o Direito penal. A função do Direito penal é proteger os valores mais importantes da vida em comunidade, podendo definir o bem jurídico como o conteúdo material do tipo de injusto, devendo observar o significado do bem jurídico a ser apreciado em conexão com a ordem social. No momento em que Mezger percebe que o bem jurídico representa o conteúdo material do injusto sendo a lesão ou a colocação em perigo de um bem jurídico[51], há clara possibilidade de conclusão de que o bem jurídico é imprescindível para o Direito penal neokantista, apesar de haver a possibilidade de acionar o Direito penal para atender comportamento que coloca em perigo o bem jurídico, admitindo assim, o crime de perigo abstrato. Vale lembrar ainda que o bem jurídico tem uma função teleológica no Neokantismo, abrindo possibilidade de interpretação do tipo penal, de forma que permite a abertura dogmática para a aplicação supralegal do Direito penal.

---

50. MEZGER, Edmund. *Tratado de derecho penal*. Madrid: Revista de Derecho Privado, 1955. t.1. p. 232.
51. BRANDÃO, Cláudio. *Tipicidade penal*: dos elementos da dogmática ao giro conceitual do método entimemático. 2. ed. Coimbra: Almedina, 2014. p. 139.

O Finalismo toma distância do normativismo puro e busca a formação de um sistema jurídico ligado à natureza das coisas a partir da formação de elementos lógico–objetivos e ontológicos para garantir a segurança das construções dogmáticas, em que se utiliza de uma ação final dando importância ao comportamento final humano. A partir daí, confere ênfase negativa às condutas intencionalmente contrárias aos valores éticos-sociais. A ação penal finalista de relevo detém finalidade dirigida para um acontecer causal final, de maneira que o centro da ação típica finalista passa a ser o elemento subjetivo da conduta, conscientemente e intencionalmente finalística, e não exclusivamente o resultado dos atos praticados[52]. Se a conduta do agente, intencionalmente, ameaçar bem jurídico, encontra-se ao pensamento finalista, adequando a estrutura do perigo abstrato ao aspecto finalista da ação. Contudo, em que pese, neste ponto o sistema finalista permitir delito que coloca em perigo bem jurídico, uma vez que a ação típica cria um contexto de periculosidade para o bem jurídico que se quer proteger, atingindo os valores éticos sociais, há que atender ao princípio da legalidade e a antinormatividade como ponte de aplicação do princípio da lesividade no sistema finalista, exigindo lesão efetiva de bem jurídico para a consideração do crime.

De um lado, apesar de adequar-se tecnicamente ao Finalismo, o crime de perigo abstrato como fruto de gerenciamento de risco na sociedade de riscos, é amostra clara da expansão do Direito penal, exacerbadamente. De outro lado, porém, não se adequa ao sistema finalista atual, pois este evoluiu aos moldes da Constituição para exigir, conforme a ofensividade, a real lesão a bem jurídico, atendendo assim, os aspectos éticos–sociais. Da mesma forma, o sistema funcionalista teleológico de Roxin, o sistema funcionalista reducionista de Zaffaroni e o sistema significativo de Vives Antón, todos exigindo lesão a bem jurídico para consideração do delito no âmbito da tipicidade material e pretensão de relevância conforme a teoria significativa, em que pese o pensamento funcionalista sistêmico de Jakobs dirigir-se em sentido contrário, ou seja, de atenção e respeito à norma pela norma[53].

Por força do princípio da lesividade não se pode conceber a existência de qualquer crime sem ofensa ao bem jurídico (nullum crimen sine iniuria). O princípio da lesividade tem como fonte, além do aspecto constitucional e dogmático, o princípio geral de direito constituído pelo *neminem laedere* (ninguém é facultado causar prejuízo a outrem), que constitui a base de sustentação de um novo sistema penal, irradiando consequências tanto no sentido político-criminal-legislativo quanto dogmático-interpretativo e de aplicação da lei penal. Com esta lógica, de um Direito penal finalista ou mesmo funcionalista da lesividade, há contradição ou conflito frontal quanto a ideia do delito como violação de um dever ou infração de

---

52. WELZEL, Hans. *Derecho penal alemán*: parte general. 11. ed. Trad. Juan Bustos Ramirez e Sergio Yañez Pérez. Santiago: Jurídica de Chile,1993. p. 53-55.
53. JAKOBS, Günther. *Sociedad, norma y persona en una teoría de un Derecho penal functional*. Traducción de Manuel Cancio Meliá y Bernardo Feijóo Sánchez. Madrid: Civitas Ediciones, 1996. p. 25-26.

mera desobediência, assim como algumas formas ilegítimas de antecipação da tutela penal como punição de atos preparatórios e comportamentos de perigo abstrato, além de condutas sem ofensa a bem jurídico, como ocorre com a lavagem de dinheiro.

O princípio da lesividade está estreitamente coligado ao princípio da legalidade, ganhando *status* de princípio da reserva legal, pois do ponto de vista sistemático, a lesão ou o perigo concreto de lesão ao bem jurídico não é uma soma extranormativa exigida para a existência no injusto penal, mas um elemento do fato típico condicionado e limitado pela legalidade – *nulla iniuria sine lex* (não pode haver lei sem ofensa a bem jurídico)[54]. A lesividade é condição necessária, mesmo que não suficiente, para a intervenção penal e no sentido de que o delito representa expressão de uma infração formal e material ao Direito penal. A lesão ou perigo concreto de lesão ao bem jurídico protegido tem relevância de validade dogmática para exigir do Legislador a descrição do fato típico como uma ofensa a um determinado e específico bem jurídico penal. Nesse sentido, diante do Finalismo constitucionalizado pelo princípio da legalidade, pela antinormatividade e pelo princípio da adequação, é tecnicamente inaceitável a possibilidade do Legislador criar delito em vista de mera desobediência ou simples infração da norma imperativa, ou com simples desvalor da ação como ocorre no perigo abstrato, sem considerar qualquer lesão ao bem jurídico protegido. O crime não deve se esgotar na realização literal da lei nem tampouco na mera antinormatividade formal, devendo ocorrer a infração formal e material, violando a norma imperativa, mas também a afetação do bem jurídico valorado e protegido pela norma[55].

O princípio da lesividade introduz efeitos no plano político criminal e na dogmática penal, no sentido de que serve de guia na atividade legiferante ao orientar o Legislador no momento da formulação do tipo penal, com o objetivo de vincular a construção de tipos dotados de conteúdo ofensivo a bens jurídicos socialmente relevantes. Ademais, serve para representar critério de interpretação dos aplicadores do Direito, sejam juízes ou procuradores ou advogados no sentido de verificar em cada caso concreto a existência da necessária ofensividade ao bem jurídico protegido[56]. A função revelada pela política criminal constitui um limite ao direito de punir do Estado, pois é dirigida ao Legislador, sendo a segunda função um limite ao Direito penal, pois dirige ao intérprete e ao juiz na condição de aplicador da lei penal. Se o legislador não cumpre seu papel criminalizando conduta sem ofensa ao bem jurídico, o intérprete na condição de juiz, poderá declarar a inconstitucionalidade pela via difusa, uma vez que o Estado Democrático de Direito exige atenção, inclusive do Estado, aos princípios constitucionais, sobretudo o princípio da legalidade em conexão com a lesividade.

---

54. GOMES, Luiz Flávio; MOLINA, Antonio García-Pablos de; BIANCHINI, Alice. *Direito penal*: introdução e princípios fundamentais. São Paulo: Ed. RT, 2007. v. 1. p. 481.
55. TAVARES, Juarez. *Teoria do crime culposo*. 4. ed. Florianópolis: Empório do Direito, 2016. p. 253.
56. GOMES, Luiz Flávio; MOLINA, Antonio García-Pablos de; BIANCHINI, Alice. *Direito penal*: introdução e princípios fundamentais. São Paulo: Ed. RT, 2007. v. 1.p. 464-465.

Para haver tipo penal de comportamento, em sentido material, é imprescindível que haja, pelo menos, um perigo concreto, real e efetivo de dano a um bem jurídico tutelado, uma vez que somente se justifica a intervenção do Estado em termos de repressão penal se ocorrer concreto e efetivamente lesão a um interesse socialmente relevante. Por esse motivo, são inconsistentes pela via constitucional todos os crimes de perigo abstrato, pois na estrutura do Estado Democrático de Direito, somente se admite a existência de infração penal quando houver o real perigo de lesão a um bem jurídico determinado. O Legislador deve abster-se de criar tipos penais em cima de comportamentos decorrentes de condutas incapazes de lesar, ou no mínimo, colocar em perigo concreto o bem jurídico protegido pela norma penal, pois sem afetar o bem jurídico, no mínimo colocando-o em perigo, não existe infração penal[57]. Há que se observar, portanto, que o que gravita em torno do desvalor do resultado de perigo é a exigência da conservação do bem jurídico[58]. No mesmo sentido, Torío López[59] pensa que é correto a exclusão dos tipos penais de perigo abstrato do ordenamento jurídico, tendo em vista sua incompatibilidade com o Estado Democrático de Direito, fundamentando o exercício do poder punitivo na proteção de bens jurídicos com base na lesividade. Gomes[60] alerta para a verificação do que está por trás da letra da lei, ou seja, a norma, levando em conta que a materialidade dos delitos deve ser o dano ou a colocação em perigo concreto do bem protegido, pois, prevalecendo o sentido contrário, estaria ocorrendo a violação ao princípio da lesividade, corolário de um Direito penal liberal e limitado por normas constitucionais. Apesar de entender que o princípio da lesividade não implica rejeição dos crimes de perigo abstrato, Bottini[61] ensina que a previsão de infrações penais sem um resultado material, seja de perigo ou de lesão, é incompatível com um Direito penal garantista, uma vez que a incriminação da mera conduta implicaria a repressão de atos de desobediência, sem vínculo imediato com bens jurídicos, que não entrariam na esfera da conduta ilícita. Queiroz[62] alerta que a intervenção penal não deve ter lugar senão em face de um dano efetivo ou perigo de dano ocorrido, pois dano ou perigo concreto do dano vincula justificativa de aplicação da matéria penal com a proteção de bem jurídico, caso contrário estaria penalizando somente a desobediência à norma penal, tornando o Direito penal incompatível com o Estado Democrático de Direito.

---

57. BITENCOURT, Cezar Roberto. *Tratado de direito penal*: parte geral. 20 ed. São Paulo: Saraiva, 2014. p. 61.
58. COLEN, Guilherme. Dolo eventual e taxatividade penal. In: FILHO, Marco Aurélio Florêncio; FONSECA, Pedro H. C. (Org.) *Ciências penais e teoria do direito em perspectiva*: estudos em homenagem ao professor Cláudio Brandão. Belo Horizonte: D'Plácido, 2017. p. 533.
59. TORÍO LÓPEZ, Angel. Los delitos del peligro hipotético: contribución al studio diferencial de los delitos de peligro abstracto. *Anuario de Derecho Penal y Ciencias Penales*, Madrid, v. 34, fasc. 2/3, p. 825-847, maio/dez. 1981.p. 826.
60. GOMES, Luiz Flávio. *Princípio da ofensividade no direito penal*. São Paulo: Ed. RT, 2002. p. 103.
61. BOTTINI, Pierpaolo Cruz. *Crimes de perigo abstrato*: direito pena da sociedade de risco, direito penal e gestão de risco, imputação objetiva e perigo abstrato, princípio da precaução. 3. ed. São Paulo: Ed. RT, 2013. p. 129.
62. QUEIROZ, Paulo de Souza. *Do caráter subsidiário do direito penal*: lineamentos para um direito penal mínimo. 2. ed. rev. e atual. Belo Horizonte: Del Rey, 2002. p. 88.

O modelo de organização do poder político no Brasil é o Estado Democrático de Direito, devendo haver a consideração, portanto, de que os institutos do Direito penal e seus princípios devem estar estritamente alinhados aos preceitos da Constituição da República, pois os vetores deste modelo de Estado indicam o pleno exercício da soberania popular, orientados sob o manto da dignidade da pessoa humana, e como seu alinhamento e extensão, encontra-se a liberdade justificada por parâmetros de proporcionalidade. A violência do Estado contra esta liberdade, a partir da aplicação da pena, somente pode ser constitucionalmente admitida em decorrência de comportamentos que lesam efetivamente as estruturas da integridade do ponto central do Estado Democrático de Direito, qual seja, o homem e sua dignidade. Somente a partir daí, estaria o Direito penal constitucional justificado pela sua aplicação. Por isso, o sistema finalista representa a devida segurança ao exigir lesão a bem jurídico, mesmo que em segundo plano, ao considerar antes de tudo a violência às questões ético-sociais. O Direito penal de um Estado Democrático de Direito tem como uma das suas missões, proteger a dignidade da pessoa humana, aplicando proporcionalmente sanção penal em relação às condutas que lesam bens e interesses essências à sociedade. Assim, é possível afirmar que o conceito do bem jurídico está atrelado ao conceito da dignidade da pessoa humana, considerando assim o direito de liberdade como um dos aspectos de proteção do homem. Por isso, há necessidade de violação comprovada de bem jurídico para dar legitimidade à repressão estatal pela via do Direito penal.

Perante o expansionismo penal, decorrente do inflacionaria criação de leis penais a todo custo, como objeto instrumental da gerencia de riscos, numa sociedade considerada de risco, apresentando o Direito penal como *prima ratio* e não como *ultima ratio*, tem-se que há necessária observância à proteção de bens jurídicos como fator limite à esta expansão do Direito penal. Mesmo que os crimes abstratos não revelem natureza jurídica do crime de lavagem de dinheiro, representam, assim como o branqueamento de capitais, exemplo prático e vivo do emergencialismo penal por tipos estruturados por inconsistência constitucional, não devendo ser admitidos pelo intérprete para justificar a violência que o Estado pratica contra a pessoa ré no processo penal.

O bem jurídico cumpre função de limite ao exercício da pretensão punitiva, afastando a legitimidade de normas penais com finalidade exclusivamente simbólica, como a técnica tratada para os crimes abstratos e também ao comportamento do procedimento de lavagem de dinheiro. O resultado jurídico exigido pela tipicidade material precisa ser desvalioso, considerando que somente a ofensa desvaliosa integra a tipicidade. O Direito penal da ofensividade não se coaduna com o perigo abstrato, em virtude do princípio da lesividade, podendo enfatizar que o perigo abstrato é totalmente incompatível com o Direito penal constitucionalizado[63], assim como

---

63. GOMES, Luiz Flávio; MOLINA, Antonio García-Pablos de; BIANCHINI, Alice. *Direito penal*: introdução e princípios fundamentais. São Paulo: Ed. RT, 2007. v. 1. p. 508.

deve ocorrer com o procedimento de lavagem de dinheiro. A lavagem de dinheiro não é crime de perigo abstrato, não envolve a periculosidade, não representa perigo a qualquer bem jurídico, seja ele do crime antecedente, seja a administração pública, seja questão de ordem econômico-financeira, tendo em comum com os delitos abstratos, a emergencialidade da sociedade de risco enfraquecida pela ausência de bem jurídico como limitador do avanço Estatal meramente simbólico. Somente será penalmente relevante a conduta que lesiona o bem jurídico protegido, de forma que serão atípicos os atos que não lesionam os interesses tutelados.

Finalista ortodoxo, Brandão[64] ensina que

> o método penal estabelece que se investigue a violação do bem jurídico, que é o conteúdo da tipicidade, para que se justifique a violência da pena. Porque a pena é uma forma de privação de direitos fundamentais, o técnico não deve ser um aplicador autista da forma, isto é, não deve ser politicamente alienado.

Sales[65] também revela pensamento neste sentido ao revelar que

> Certo é que, mesmo sendo impossível extrair da Constituição ou do sistema social um conceito de bem jurídico que vincule o legislador penal, impossível desconhecer que da Constituição assurgem significativas indicações político-criminais, a serem complementadas com outros princípios, evidentemente sem perder de vista a extrema ratio.

Considerando a posição do homem na estrutura política do Estado, em relação ao Estado Democrático de Direito, o princípio da dignidade da pessoa humana e a relação da Constituição da República com o Direito penal, levando em conta o princípio da lesividade e o princípio da legalidade, com base no papel limitador do bem jurídico em relação ao poder punitivo, tem-se que a lavagem de dinheiro como procedimento de inserção de valores no âmbito da ordem econômica financeira, admitindo as questões de bem jurídico, como a relação com o delito antecedente, a administração pública e a ordem financeira, não pode ser considerado crime. Aos moldes dos fundamentos do exercício de justificação dos crimes abstratos, a concepção exposta do bem jurídico cumpre uma função de limite ao exercício da pretensão punitiva, não havendo legitimidade de normas penais com finalidade exclusivamente simbólica, além da ausência de materialidade no tipo penal finalista. A norma penal no Estado Democrático de Direito tem a função de resguardo da dignidade da pessoa humana. Não sendo concebidos, pelo viés do Direito penal constitucional finalista, os tipos penais sem atenção ao princípio da lesividade. São, portanto, tanto os crimes de perigo abstrato quanto o branqueamento de capitais, meros resultados da má gestão dos riscos de uma sociedade de riscos.

---

64. BRANDÃO, Cláudio. *Tipicidade penal*: dos elementos da dogmática ao giro conceitual do método entimemático. 2. ed. Coimbra: Almedina, 2014. p. 21.
65. SALES, Sheila Jorge Selim de. *Escritos de direito penal*. 2. ed. Belo Horizonte: Del Rey, 2005.p. 126-127.

17
INVESTIGAÇÃO QUANTO À CONSTITUCIONALIDADE DA LAVAGEM DE DINHEIRO NO ESTADO DEMOCRÁTICO DE DIREITO – BEM JURÍDICO COMO MATÉRIA DO TIPO ENQUANTO OBJETO DE PROTEÇÃO

17.1 INTRODUÇÃO

Para o processo de lavagem de dinheiro ser admitido como infração penal no Estado Democrático de Direito, precisa antes de tudo haver a identificação de um bem jurídico protegido. O tipo, por exigência do Estado Democrático de Direito, realiza um limite à intervenção penal, e desta limitação surge a questão do bem jurídico, de forma que este bem jurídico reside na matéria do tipo enquanto objeto de proteção. Diante disso, é possível revelar que, no Estado Democrático de Direito, aplica-se a sanção penal no momento em que for necessária a utilização do Direito penal como instrumento de proteção de um bem jurídico relevante para a sociedade, considerando que há que ser observado o princípio da lesividade, o princípio da mínima intervenção, e o respeito à dignidade da pessoa humana, como centro do ordenamento, para então, e somente então, pensar em aplicar a violência da pena criminal à pessoa. Trata-se de segurança jurídica. O Finalismo, orientado e atualizado constantemente pela antinormatividade, pelo princípio da legalidade e pelo princípio da adequação social, revela sistema dogmático penal de aplicação do Direito penal ao fato aos moldes da Constituição da República, pois vincula a devida aplicação da ideia do bem jurídico como segunda linha de proteção, após identificação das questões de necessidades éticas sociais. Conforme ensina Brandão[1],

> Não há como se interpretar o tipo penal, no âmbito da dogmática penal de um Estado Democrático de Direito, sem a ideia do bem jurídico. Isto se dá por que o tipo exerce, ao descrever e delimitar na lei, conceitual e abstratamente, o âmbito da conduta proibida, um limite inequívoco à intervenção penal.

---

1. BRANDÃO, Cláudio. *Tipicidade penal*: dos elementos da dogmática ao giro conceitual do método entimemático. 2. ed. Coimbra: Almedina, 2014. p. 113.

Neste sentido, convém já deixar claro que não há crime, no Estado Democrático de Direito, sem a ideia do bem jurídico como matéria de proteção do tipo. O crime de lavagem de dinheiro somente será crime se houver a identificação de um bem jurídico sob proteção por detrás da norma. Caso contrário, trata-se de conduta atípica, impunível. Com isso, verifica-se a grandiosa importância da identificação do significado do Estado Democrático de Direito como meio de revelação de um Direito penal constitucional e sua relação com o Neoconstitucionalismo. A Constituição da República, no título I, "princípios fundamentais", art. 1º, prescreve que a República Federativa do Brasil é formada pela união indissolúvel dos Estados, Municípios e do Distrito Federal, constituindo-se em Estado Democrático de Direito, além de determinar que todo o poder emana do povo. O paradigma do Estado Constitucional ou Estado Democrático de Direito se faz presente diante da submissão do próprio Estado às regras constitucionais, devendo estas serem respeitadas pelo Estado e pelo povo. A Constituição da República encontra-se no centro do sistema legal, como norma determinante e que ilumina toda a organização estatal. O termo "paradigma" faz referência a um modelo estrutural de um tempo e lugar, em que há consenso quanto a teorias e modelos de compreensão de algo. O paradigma no Direito leva ao entendimento da maneira como a comunidade jurídica se identifica e de quais regras e princípios estruturais de uma ordem jurídica são entendidos como adequados.

Importa apontar a observação do Estado[2] como estrutura de poder organizado, estabilizando uma identidade politicamente enquadrada de acordo com específica concepção social. A partir daí, é possível idealizar a necessidade do Estado na condição de poder de organização para a devida implementação dos direitos necessários e vitais de uma sociedade. O Estado[3] representa um molde histórico de estrutura jurídica de poder com qualidades específicas para atender aos integrantes de determinado território. Além de o Estado servir para a construção da organização social, é considerado estrutura de formação jurídica, em relação à qual, no Estado Democrático de Direito, vigora a submissão às regras legais e constitucionais. Nesse âmbito de verificação legal, deve o aplicador da Lei admitir a suprema importância do bem jurídico como matéria de proteção do tipo, pois há um limite para a intervenção penal. O *jus puniendi* somente é admissível no momento em que for indispensável, aos moldes da organização da estrutura do Estado.

Diante da análise do paradigma[4] pré-moderno, na Antiguidade e na Idade Média, o Direito era baseado em regras religiosas, com profunda atenção à moral e aos costumes, além de ser dirigido a um pequeno grupo ou mesmo a apenas um indivíduo, sem caráter de generalidade, sem atenção ao aspecto dogmático-penal, e sobretudo

---

2. HABERMAS, Jürgen. *Direito e democracia*: entre facticidade e validade. Trad. Flávio Beno Siebeneichler. Rio de Janeiro: Tempo Brasileiro, 1997. p. 169. v.1-2.
3. CANOTILHO, José Joaquim Gomes. *Direito constitucional e teoria da Constituição*. 3. ed. Coimbra: Almedina, 1999. p. 168;170.
4. CARVALHO NETTO, Menelick de. Requisitos paradigmáticos da interpretação jurídica sob o paradigma do Estado Democrático de Direito. *Revista de Direito Comparado*, Belo Horizonte, v. 3. p. 473;486. 1999.

da questão do bem jurídico. Diante do paradigma[5] do Estado Liberal, verifica-se, dentre outras características, uma intervenção mais distante e menor do Estado no âmbito das relações privadas, significando que o indivíduo pertencente a um corpo social poderia agir livremente, desde que não violasse a legislação vigente, onde há possibilidade de verificar o bem jurídico vinculado à criação legal, aos moldes do pensamento de caráter positivista normativista de Binding[6].

Diante da menor intervenção possível do Estado Liberal, havendo, por consequência, acumulação de riqueza para poucos indivíduos, veio surgir o Estado Social, para atender às demandas sociais, como direito à saúde, educação, trabalho e outros que se identificam com a massa humana. Diante disso, o Estado deixou de ser neutro para se tornar interventivo, com o dever transformador social e promovente do bem-estar econômico, garantindo serviços públicos a todas as pessoas. Ocorre a busca da transformação da realidade social, reforçando e definindo os direitos individuais identificados no Estado Liberal e atendendo a uma nova linha de direitos, os sociais e coletivos de segunda geração. O Estado Social foi importante para servir de apoio para o Estado Democrático de Direito, neste instante.

No Estado de Direito, ocorre a conformação do exercício do poder a uma ordem jurídica pré-estabelecida, devendo todos respeitarem as regras que, pelo povo, foram vinculadas. Existe uma ordem jurídica relativamente centralizada que coloca a jurisdição e a administração vinculadas às normas estabelecidas por representantes do povo, após adoção da regra de que o Estado está vinculado ao ordenamento jurídico constitucional. Diante de uma estrutura constitucional, o Estado deve obedecer e atuar nos moldes das leis aprovadas pelos representantes do povo. Vigora, no Estado de Direito, o império da lei, por meio do qual, o povo e o próprio Estado ficam adstritos aos limites impostos pelas regras legais, criadas pelos agentes políticos constitucionalmente constituídos para tal fim. A comunidade política do Estado é integrada por pessoas dotadas de direitos prescritos nas leis e na Constituição da República, sendo que esses direitos podem ser invocados em face de outras pessoas ou em face do próprio Estado, devendo prevalecer o que for determinado pela norma. No âmbito do Direito penal, a norma dita ordens com sentidos que devem ser respeitados, inclusive pelo Poder Constitucionalizado como é o Poder Judiciário. O respeito ao bem jurídico como essência de proteção da norma penal que justifica a aplicação da violência da pena à pessoa faz parte da alma do Estado Democrático de Direito. Nesse sentido, havendo violação do pacto normativo, poderão, os indivíduos que compõem a comunidade jurídica, recorrer ao poder julgador para fazer prevalecer o conteúdo da norma violada, em favor daquele que teve o seu direito violado. De fato, poderá ser julgada inconstitucional a norma que cria comportamento reconhecidamente criminoso sem um bem jurídico para

---

5. BONAVIDES, Paulo. *Curso de direito constitucional*. São Paulo: Malheiros, 2001. p. 524-525.
6. BRANDÃO, Cláudio. *Tipicidade penal*: dos elementos da dogmática ao giro conceitual do método entimemático. 2. ed. Coimbra: Almedina, 2014. p. 113.

ser protegido. É importante considerar que a democracia significa mais do que uma forma de Estado, representando um princípio constitucional que gera legitimação do exercício do poder com origem no povo. O Estado Democrático de Direito é configurado pelo resultado da conexão entre o princípio da democracia e o Estado de Direito, de modo que dá relevância à inserção da regra constitucional à comunidade jurídica e todos aqueles inseridos nela. Havendo a agregação do princípio democrático com o Estado de Direito, considerando que este determina submissão de todos à norma jurídica, diante da Constituição da República, há determinação para conformar as atividades do Estado à regra constitucional, e por consequência, ocorre limitação do seu poder.

A idealização do Estado Democrático de Direito é centralizada em dois pontos fundamentais, no sentido de que o Estado é limitado pelo Direito, e o poder político é legitimado pelo povo. A lavagem de dinheiro, nesse sentido, somente poderá ser crime se houver, concretamente, uma justificativa dogmática penal para sua existência, qual seja, um bem jurídico legitimo a ser ofendido pelo processo de branqueamento de capitais. A democracia tem relação com a fonte de legitimação do poder, originado constitucionalmente do povo, formando o lado democrático do Estado de Direito, que expressa vinculação do exercício do poder pelo Estado ao Direito, garantindo as liberdades individuais e garantindo os direitos fundamentais expressos na Constituição. Nesse sentido, Ronaldo Brêtas de Carvalho Dias[7] ensina que:

> Na ordem de ideias, no que tange, em particular, à Constituição brasileira, ao se visualizá-la concretamente, vê-se que seu texto aglutina os princípios do Estado Democrático e do Estado de Direito, sob normas jurídicas constitucionalmente positivadas, a fim de configurar o Estado Democrático de Direito, objetivo que lhe é explícito (artigo 1º). Observa-se, por importante, que o enunciado normativo do artigo 1º da Constituição, que se refere ao Estado Democrático de Direito, está contido no Título I, que trata, exatamente, dos seus princípios fundamentais, razão de nossa constante referência ao princípio do Estado Democrático de Direito.

O princípio da democracia, aliado ao Estado de Direito, revela que as regras constitucionais e infraconstitucionais devem ser observadas e aplicadas indistintamente. Não é possível constitucionalmente o Legislador criar tipos penais sem observar o que sustenta a norma, por meio do bem jurídico. A base jurídica e constitucional que atende ao Estado, fundamentada para observar os direitos e garantias fundamentais, o princípio da reserva legal, a garantia do devido processo legal, o princípio da legalidade, o princípio da necessidade de fundamentação das decisões judiciais, dentre outras regras constitucionais, estabelece a concretização da luz central do Estado de Direito, no sentido de dar garantia aos jurisdicionados da aplicação dos direitos fundamentais estabelecidos na Constituição da República, juntamente com a ideia de respeito do Estado aos princípios e regras jurídico-constitucionais.

---

7. DIAS, Ronaldo Brêtas de Carvalho. *Processo constitucional e Estado Democrático de Direito*. 2. ed. Belo Horizonte: Del Rey, 2012. p. 61.

O sistema finalista, ao nosso ver, identifica com o regramento constitucional penal, pois impõe princípios de atenção indispensável para a aplicação da sanção penal somente após a identificação de uma conduta que viole os valores ético-sociais, em segundo plano, e não menos importante, o bem jurídico. O bem jurídico lesionado seria consequência do desvalor do resultado da ação ilícita, que por sua vez, é ilícita por ofender valores éticos-sociais.

Existe concretização na ideia de que o Estado Democrático tem estrutura constitucional com legitimação do poder, com base na vontade do povo, respeitando as regras e garantias fundamentais. Se há necessidade de respeitar a vontade do povo, no Brasil, deve respeitar o princípio da lesividade, o princípio da legalidade, a interpretação do tipo penal vinculado à ideia do bem jurídico, caso contrário, haverá patente inconstitucionalidade. Referindo-se ao Direito penal, é possível entender que o poder de punir é do povo, ao considerar que o Estado possui o dever de efetuar os interesses sociais, e por traz disso, o bem jurídico como algo valoroso.

Ao considerar que o poder emana do povo, sujeitando todos ao poder da lei decorrente da vontade geral, inclusive o próprio Estado, a atividade administrativa estatal submissa à legalidade, levando em conta o controle pelo Poder Judiciário, mas na medida da tripartição dos poderes, e a obrigatória atenção aos direitos fundamentais, caracteriza-se, de forma geral, o Estado Democrático de Direito. No Estado Democrático de Direito, sobretudo em atenção ao Direito penal, preenche lugar, a presença de um Direito penal constitucionalizado, com estrita observância do princípio da legalidade, princípio da lesividade, o respeito às garantias fundamentais e uma ordem segura de aplicação da dogmática penal. Nesse sentido, tem-se o Neoconstitucionalismo, como instrumento de respeito aos direitos fundamentais, por eficácia da letra constitucional, inclusive com inserção dos princípios decorrentes da Carta Magna na esfera penal, não havendo como aplicar uma pena a uma pessoa sem antes ter a prova de que esta pessoa lesou um bem jurídico.

O Neoconstitucionalismo reforça a ideia de defesa de direitos fundamentais, não podendo haver violação a tais direitos pelo Estado, no momento da aplicação da pena, sem verificar qual o bem jurídico foi lesado, e se foi lesado. Mais uma vez, há claramente o reforço da ideia de que não é possível haver a consideração da lavagem de dinheiro como crime, pois não há bem jurídico a ser protegido. O movimento histórico para criar o processo de lavagem de dinheiro como crime é atipicamente desnudado ao identificar as premissas do Estado Democrático de Direito. Nesta linha, entende-se por Neoconstitucionalismo uma nova perspectiva a respeito do Constitucionalismo, que passa a verificar que há forte posição de limitação do poder político, dando eficácia à letra da Constituição, para concretizar direitos fundamentais. Diante disso, a consideração do processo de branqueamento como delito perde tal qualidade, pois não se verifica violação dos bens jurídicos elencados pela doutrina, quais sejam, o bem jurídico do delito antecedente, o bem jurídico administração da justiça ou o bem jurídico ordem econômico-financeira.

Existe grande diferença entre as normas constitucionais e infraconstitucionais, que evolui para ser não mais apenas uma diferença de grau, mas também de valor, de modo que as normas constantes na carta constitucional sejam atendidas pelas demais. Isso reforça o vínculo entre as normas penais infraconstitucionais e a Constituição da República e seus princípios. Os princípios e regras que integram a Constituição da República irradiam para as demais normas, iluminando-as com o teor constitucional, de forma que há clara busca da concretização dos direitos fundamentais, inclusive na dogmática penal, o que também deve ser feito na Lei de Lavagem de Dinheiro.

A Constituição da República passou a ser o centro do sistema legal, registrada por intensa carga valorativa, de modo que a lei, em geral, os particulares e o Poder Público, como um todo, devem respeitar as normas constitucionais, notadamente os direitos fundamentais, sobretudo uma pena justificada pela lesão a um bem jurídico, dirigindo todas as condutas com o espírito axiológico constitucional. Todo movimento legal deverá ser interpretado do ponto de vista constitucional, para promover sempre a dignidade da pessoa humana, de modo que cai por terra a consideração da ordem econômica financeira e a administração da justiça como bem jurídico penal, por falta de proporcionalidade em relação à dignidade do ser humano.

Há atenção à centralidade dos direitos fundamentais, com uma forte tentativa de aproximação entre o Direito e a Ética, dando apoio à ideia do Estado Democrático de Direito. A supremacia da Constituição, como regra central, exige a submissão de todos à norma constitucional, inclusive do próprio Estado, para promover a dignidade da pessoa humana, atendendo à efetividade dos direitos fundamentais. Em suma, identifica-se, no contexto do Neoconstitucionalismo, a ideia de presunção da constitucionalidade das normas, dos atos do Poder Público e a interpretação conforme a constituição para dar efetividade ao texto normativo constitucional, não podendo, nesse sentido, haver tipos penais em que o bem jurídico não está na matéria do tipo enquanto objeto de proteção, conforme José Adércio Leite Sampaio[8].

A Constituição da República fornece constantemente a luz princípiológica da legalidade, do respeito ao homem, aos direitos fundamentais e sua dignidade ao ordenamento jurídico, que passa a atender à carga axiológica do texto constitucional. A partir do entendimento neoconstitucionalista, os casos de lavagem de dinheiro teriam que ser avaliados do ponto de vista constitucional, inclusive como motivo para ser julgada matéria inconstitucional por violar a dignidade da pessoa humana pela aplicação de sanção penal por comportamento sem lesão a bem jurídico.

O Estado Constitucional de Direito e a estrutura de conteúdo valorativo da Constituição representam pilares do Neoconstitucionalismo, além da busca pela concretização das garantias fundamentais para fortalecer a presença da dignidade da pessoa humana. Ao apontar o Estado Constitucional de Direito como base do

---

8. SAMPAIO, José Adércio Leite. *Teoria da Constituição e dos direitos fundamentais*. Belo Horizonte: Del Rey, 2013. p. 184-185.

Neoconstitucionalismo, verifica-se que a norma constitucional deve ser colocada no centro do sistema, apontando tentáculos para as demais normas, obrigando-as a atender intensa carga valorativa constitucional, como se desse vida para normas antes meramente legalistas e superando o Estado Legislativo de Direito. Com a imposição do conteúdo axiológico constitucional às leis infraconstitucionais, há atenção dessa legislação à dignidade do ser humano e aos direitos fundamentais, que direcionam a criação e produção de novas normas, inclusive as penais.

Posto isso, em virtude da vertente neoconstitucionalista, diante do Estado Democrático de Direito, considerando o poder de inserção da luz constitucional nas demais normas que compõem o ordenamento, trata-se, agora, de um novo Direito penal, o Direito penal constitucional, atendendo aos princípios e regras que conduzem eventos penais avaliados com base no princípio da dignidade da pessoa humana e nos direitos fundamentais.

Brandão[9] ensina que o Direito penal é necessário quando o exigir a proteção dos bens jurídicos. As normas e os princípios da Constituição da República estão presentes na construção, na aplicação e na execução do Direito penal, valendo, portanto, para o processo criminalizado da lavagem de dinheiro para conter o fracasso do Estado em aplicar o *jus puniendi* ao agente do crime antecedente.

Nesse sentido, "a Constituição da República de 1988 marcou uma ruptura com as bases autoritárias dominantes. Todos os ramos do Direito estão ligados à Constituição, especialmente o Direito penal, que lida com a liberdade",[10] e profundamente com uma pena que desestrutura a condição de ser humano.

Ex positis, a Lei Penal que violar regras da Carta Magna, sobretudo os direitos fundamentais do homem, serão consideradas constitucionalmente inconsistentes. Tal justificativa decorre da análise obrigatória que se deve fazer entre a Lei de Lavagem de Dinheiro e a Constituição da República.

O *ius puniendi* emana da própria Constituição da República e se realiza por meio das normas e das decisões judiciais, de maneira que o legislador, o juiz e o intérprete se encontram vinculados aos valores liberdade, igualdade, justiça, dignidade, e sobretudo aos princípios constitucionais da legalidade, proporcionalidade e lesividade. A própria evolução do Constitucionalismo moderno criou um elo entre valores constitucionais e o núcleo da Política Criminal, que dá origem ao Direito penal. Dessa forma, o Direito penal se constitucionalizou, exigindo aplicação de um sistema criminal baseado na mínima intervenção, na busca de soluções justas, com respeito ao princípio da dignidade da pessoa humana, sem poder se quer existir crime sem verificação de lesão a bem jurídico como matéria do tipo enquanto objeto de proteção.

---

9. BRANDÃO, Cláudio. *Tipicidade penal*: dos elementos da dogmática ao giro conceitual do método entimemático. 2. ed. Coimbra: Almedina, 2014. p. 114.
10. PEREIRA, Henrique Viana; SALLES, Leonardo Guimarães. *Direito penal e processual penal*: tópicos especiais. Belo Horizonte: Arraes Editores, 2014. p. 1.

A ordem constitucional, além de moldar o Direito penal na criação de suas normas – tipos penais, deve exercer também um elevado controle de constitucionalidade das leis penais, possibilitando tal alegação caso a caso, por meio do controle difuso, ou *erga omnes* por meio de ação direta de constitucionalidade.

No modelo de estrutura do Estado Constitucional, o Direito penal deve se alinhar aos princípios constitucionais e garantias fundamentais, respeitando os direitos básicos daqueles que tiverem o nome inserido no sistema penal e obrigando o poder repressivo estatal a atuar dentro dos limites legitimamente regrados pelos representantes do povo, e nessa linha, a lavagem de dinheiro.

De nada adianta constitucionalizar o Direito penal no âmbito formal, sem levar em conta a consideração de princípios e regras de um modelo de direito baseado na Carta Magna, exigindo a presença de regras e princípios como a intervenção fragmentária e subsidiária do Direito penal; a materialização do fato, proibindo, dessa forma, a aplicação do Direito penal do autor e valorizando o Direito penal do fato; a legalidade do fato, não admitindo crime nem pena sem lei anterior que os defina; a ofensividade ou lesividade do fato em relação ao bem jurídico, proibindo a configuração do crime sem existência de lesão; responsabilidade subjetiva do agente; tratamento igualitário a todos os indivíduos; proibição da pena indigna e desproporcional como poderia ocorrer se fosse admitido o bem jurídico na lavagem de dinheiro como o mesmo bem jurídico do crime antecedente ou mesmo o bem jurídico administração da justiça; humanidade na cominação, aplicação e execução das penas. Luigi Ferrajoli[11] encampou tais ideias, na medida em que aponta que "A dimensão substancial introduzida nas condições de validade das leis pelo paradigma constitucional modificou profundamente, como se viu, a estrutura do Estado de Direito." Ocorre clara identificação da harmonização da matéria penal com a Constituição da República, não somente pela conexão dos princípios constitucionais inseridos nas leis infraconstitucionais penais, considerando a Lei de Lavagem de Dinheiro, mas principalmente na presença do Direito penal no texto constitucional. Há princípios penais-constitucionais que formam a base princípiológica do Direito penal, quais sejam, o princípio da legalidade[12], o princípio da dignidade da pessoa humana[13] e o princípio da culpabilidade[14]. Além disso, existem os derivados, tais como o princípio da lesividade, o princípio da intervenção mínima, o princípio da humanidade, o princípio da individualização da pena, o princípio da retroatividade benéfica.

Portanto, é incontestável a presença de um regime de supremacia constitucional, em que a Constituição da República passa a irradiar princípios e normas para as

---

11. FERRAJOLI, Luigi. *A democracia através dos direitos: o constitucionalismo garantista como modelo teórico e como projeto político.* Trad. Alexander Araujo de Souza et al. São Paulo: Ed. RT, 2015. p. 61.
12. Princípio da legalidade: art. 5º, inciso XXXIX da Constituição da República Federativa do Brasil de 1988.
13. Princípio da dignidade da pessoa humana: art. 1º, inciso III da Constituição da República Federativa do Brasil de 1988.
14. Princípio da culpabilidade: art. 5º, inciso LVII da Constituição da República Federativa do Brasil de 1988.

demais normas do ordenamento jurídico, identificando clara mudança de um Estado Legalista de Direito para um Estado Constitucional, principalmente no âmbito da Lei de Lavagem de Dinheiro.

Neste contexto, verifica-se o direito fundamental da liberdade como ponto de vulnerabilidade pela aplicação de uma pena decorrente da lavagem de dinheiro como comportamento considerado crime pela Lei 9.613/98 resultado de uma política criminal emergencial como resposta ao fracasso do Estado para aplicar sanção penal ao agente do crime antecedente.

17.2 CONSIDERAÇÕES DO ITER CRIMINIS E POST-FACTUM IMPUNÍVEL E O PROCESSO DE LAVAGEM DE DINHEIRO

O rito pelo qual caminha os atos de uma infração penal, considerando eles desde o desígnio criminoso surgido no foro íntimo do agente como fruto de sua imaginação, até a efetiva consumação do delito, é traduzido por um processo pelo qual se passa a formação do crime, como um verdadeiro procedimento com sequencias de atos cartesianamente concatenados. Esse processo que significa o conjunto de etapas sucessivas para o desenvolvimento e a formação do delito é denominado *iter criminis*. O iter criminis ou caminho do crime é composto pelas fases da cogitação (*cogitatio*); preparação (atos preparatórios); execução (atos de execução) e pela consumação (*summatum opus*).

A cogitação representa a fase do caminho do crime que se passa no imaginário do agente, quando ocorre a definição mental da ação criminosa que deseja realizar a partir da escolha de um resultado final. A cogitação em Direito penal é impunível, pois mentalmente, todo crime pode ser idealizado, em que pese na história do Direito penal a *nuda cogitatio* já ter tido relevância, sobretudo no âmbito do Direito penal nazista, idealizado pela Escola de Kiel, destacado o nome do professor Schaffstein[15], ao considerar que o Direito penal é um direito de periculosidade, devendo punir o agente antes mesmo que ele comece a delinquir. No Direito Penal do fato, somente se admite punição do pensamento se houver a exteriorização de fato, conforme o princípio da materialização[16], havendo abismo separando o pensamento do fato[17]. No Estado Democrático de Direito, não há possibilidade de se punir a fase interna da cogitação, sem ação exteriorizada e direcionado para violação de bem jurídico.

Ultrapassada esta fase com a escolha do delito pelo resultado final imaginário, passa o agente a realizar a preparação do feito para a obtenção de êxito, selecionando os meios e instrumentos que tenham aptidão para atingir o resultado fim de sua

---

15. BRANDÃO, Cláudio. *Teoria jurídica do crime*. In: BRANDÃO, Cláudio. (Coord.). 4. ed. São Paulo: Atlas, 2015. v. 1 (Coleção ciência criminal contemporânea). p. 172.
16. GOMES, Luiz Flávio; MOLINA, Antonio García-Pablos de. *Direito penal*: parte geral. São Paulo: Ed. RT, 2007. p. 473. v. 2.
17. WELZEL, Hans. *Derecho penal alemán*. Santiago: Editorial Jurídica del Chile, 1997. p. 221.

obra. Estes atos preparatórios são aqueles atos que antecedem os atos executórios, sendo impuníveis em regra. São puníveis se o verbo núcleo do tipo significar ato preparatório (*conatus remotus*). Contudo, importa considerar que se a mera preparação não lesar bem jurídico, mesmo com a execução do verbo núcleo do tipo, estará eivado de inconstitucionalidade qualquer tipo neste sentido. Existem sérias dificuldades na separação nítida da fase de preparação e execução. Welzel[18] revela que os atos de execução começam com a atividade com a qual o agente se põe em relação imediata com a ação típica. A questão fica mais clara ao pensar em que ponto o agente começa a penetrar propriamente na margem da ilicitude, constituindo com a ação, direção ao perigo de violação ou violação efetiva de um bem jurídico.

Santiago Mir Puig[19], Francisco Muñoz Conde e Mercedes García Arán[20] utilizam da teoria objetivo-material para explicarem a diferença entre a fase de preparação e a fase de execução, revelando o ponto de diferenciação a conduta capaz de provocar a lesão de um bem jurídico tutelado, considerando a tentativa o início da execução da conduta típica. O momento diferencial está relacionado ao ataque direto ao objeto de tutela, considerando o momento em que o bem jurídico é posto em perigo pela conduta do agente. No entanto, a conduta que não constituir ameaça ou ataque direto ao bem jurídico será ato preparatório. Por outro lado, a teoria objetivo-formal desconsidera a questão do bem jurídico, colocando o centro de atenção à realização do tipo pelo verbo do núcleo do tipo, o que, obviamente, foge da realidade do Estado Democrático de Direito.

Vencida a fase da imaginação e da preparação, o agente executa a ação delitiva direcionada ao resultado final, quando então poderá ocorrer a consumação, se não ocorrer circunstancias alheias que impedem a *summatum opus*. A consumação ocorrerá, no Estado Democrático de Direito, no âmbito do sistema finalista, com a efetiva lesão ao bem jurídico e a violação dos valores éticos da sociedade. A consumação formal ocorrerá com a ocorrência do resultado naturalístico nos crimes materiais, havendo vinculação com o conceito de tipicidade formal. Conforme o Direito penal constitucionalizado, em que se exige o aspecto material do delito, em atenção ao princípio da ofensividade, consuma-se o delito na sua integralidade quando se verificar efetivamente a lesão ou perigo concreto de lesão ao bem jurídico tutelado. Nesse sentido, a verdadeira consumação se dá com o resultado jurídico, qual seja, o desvalor do resultado, vinculando a perspectiva da tipicidade material, colocando no centro do crime a violação concreta dos bens jurídicos. Para além do resultado naturalístico ou da conduta como desvalor da ação, o crime somente se

---

18. WELZEL, Hans. *Derecho penal alemán*. Trad. Juan Bustos Ramirez e Sergio Yáñez Pérez. Santiago, Ed. Jurídica de Chile, 1970. p. 260.
19. MIR PUIG, Santiago. *Derecho penal*: parte general. Barcelona: PPU, 2010. p. 349-350.
20. MUÑOZ CONDE, Francisco; GARCÍA ARÁN, Mercedes. *Derecho penal*: parte general. 3. ed. Valencia: Tirant lo Blanch, 2010. p. 413-416.

consuma materialmente com a concreta lesão do bem jurídico, levando em conta a administração da verificação do desvalor do resultado.

O exaurimento ou *post factum* não faz parte do *iter criminis*[21-22], ao nosso ver, em que pese haver doutrina[23] em sentido contrário. Não fazendo o *post factum* parte do crime, a lavagem de dinheiro não pode ser infração penal, também por este fundamento, além do aspecto subjetivo e da relação com o bem jurídico, considerando as fases de ocorrência do rito de branqueamento, *placement, layering e integration*, e a formação do delito pelo *iter criminis*.

Ao adentrar na análise do tipo penal do artigo 1º da Lei de Lavagem de Dinheiro, onde se encontram as elementares do tipo, sobretudo os verbos núcleos "ocultar" ou "dissimular" a natureza, origem, localização, disposição, movimentação ou propriedade de bens, direitos ou valores provenientes de fato anterior, conforme já verificado anteriormente, não há, se quer lesão de bem jurídico tutelado passível de ser atingido, seja em relação ao comportamento antecedente considerado infração penal, a administração da justiça ou a ordem econômica financeira. Existe um vazio de tipicidade material. O procedimento de lavagem de dinheiro foi historicamente criminalizado para servir como instrumento para as agencias estatais obterem êxito no combate ao crime antecedente, sendo isso um dado histórico incontroverso.

Nesse sentido, não há que se verificar *iter criminis* no processo de lavagem, pois não há bem jurídico a ser atingido. A lavagem de dinheiro, em seus verbos núcleos, não fazem parte do rito do *iter criminis*, tratando-se de *post factum* impunível ou comportamentos atípicos por condutas ausentes de lesão ao bem jurídico, considerando isso, claro, após a adoção do Finalismo constitucionalizado pelo princípio da legalidade, atendendo ao princípio da lesividade, no Estado Democrático de Direito.

Conforme o pensamento de Manuel Cobo Del Rosal e Carlos Zabala Lopez Gómez[24], não há bem jurídico merecedor de tutela na tipificação da lavagem de dinheiro, não cabendo a consideração do processo de branqueamento como figura típica, no mesmo sentido de João Carlos Castellar[25] e Bonaccorsi[26], ao compararem as nuances do delito de receptação com o processo de lavagem de dinheiro criminalizado, também concluindo que o crime de lavagem de dinheiro tem natureza de *post factum* impunível.

---

21. BRANDÃO, Cláudio. *Teoria jurídica do crime*. In: BRANDÃO, Cláudio (Coord.). 4. ed. São Paulo: Atlas, 2015. v.1 (Coleção ciência criminal contemporânea). p. 172.
22. BITENCOURT, Cezar Roberto. *Tratado de direito penal*: parte geral. 20. ed. São Paulo: Saraiva, 2014. p. 530.
23. GRECO, Rogério. *Curso de direito penal*. 6. ed. Rio de Janeiro: Impetus, 2006. p. 264.
24. ROSAL, Manuel Cobo Del; GÓMEZ, Carlos Zabala Lopez. *Blanqueo de capitales*: Abogados, procuradores y notários, inversores, bancários y empresários. (Repercusión en las leyes españolas de las nuevas directivas de la comunidad europea). Madrid: Cesej, 2005. p. 93-94.
25. CASTELLAR, João Carlos. *Lavagem de dinheiro*: uma questão do bem jurídico. Rio de Janeiro: Revan, 2004. p. 195.
26. BONACCORSI, Daniela Villani. *A atipicidade do crime de lavagem de dinheiro*: análise crítica da Lei 12.684/12 a partir do Emergencialismo Penal. Rio de Janeiro: Editora Lumen Juris, 2013. p. 180-197.

17.3 INSTRUMENTOS DE VIABILIDADE PRÁTICA DA TESE

Ao considerar o posicionamento constitucional quanto a fundamentação de que o processo de lavagem de dinheiro, pelos suas etapas de execução, e pela sua consequência prática de inserção de valores no espaço econômico-financeiro, no âmbito do Direito penal Constitucional garantista, admitindo ainda o sistema dogmático finalista para justificar o vício dogmático no tipo de lavagem de dinheiro, pela ausência de lesão a bem jurídico tutelado pelo Estado, além da questão da impropriedade quanto ao exaurimento do delito como fase de infração penal e o aspecto de ausência subjetiva dolosa consciente para execução de conduta violadora de bem jurídico, convém apontar meios de instrumento de aplicação da tese, qual seja, o *habeas corpus* e o controle difuso de inconstitucionalidade através da ação penal para apuração de lavagem de dinheiro. Uma vez verificada a inconsistência da tipicidade material da estrutura típica da lavagem de dinheiro, merece o art. 1º da Lei 9.613/98, quanto ao preceito primário, a desconsideração do ordenamento jurídico brasileiro, não sendo aplicada, por consequência, a sanção penal.

A liberdade está estampada na Constituição da República como direito fundamental[27], além de ser desdobramento da dignidade da pessoa humana, centro de proteção e razão do ordenamento jurídico no Estado Democrático de Direito. Além de ser valor fundamental e estruturante do Estado brasileiro, a dignidade humana, art. 1º, inciso III, da Constituição da República, é meta-princípio, irradiando valores e vetores de interpretação para todos os demais direitos fundamentais assim considerados pela Constituição, e exige, por isso, que o homem tenha um tratamento moral e corporal de respeito, condizente e igualitário, acima dos interesses do Estado, onde há o tratamento da pessoa como um fim em si mesma, nunca como instrumento para satisfazer outros interesses[28], sobretudo a criminalização de uma conduta para suprir a fraqueza das agências de controle da criminalidade, como ocorreu historicamente com o processo de lavagem de capitais.

Já se sabe que a lavagem de dinheiro foi criminalizada para responder a uma necessidade instrumental do estado, não havendo fundamento dogmático penal para ser considerado tal comportamento como infração penal. Nesse sentido, não pode a liberdade como direito fundamental ser subvalorizada e colocada abaixo do interesse do Estado. Admitir o processo de lavagem de dinheiro como crime e aplicar o preceito secundário ao agente é o mesmo que subverter a ordem do Estado Democrático de Direito, dando maior valor à legislação ordinária viciada por tipo inconsistente pela via dogmática do que à Constituição da República.

A liberdade constitui o maior direito do ser humano, sendo direito inato da pessoa, além de ser compreendida como autonomia ou capacidade de autodirigir

---

27. LENZA, Pedro. *Direito constitucional esquematizado*. 14. ed. São Paulo: Saraiva, 2010. p. 765.
28. MORAIS, Alexandre de. *Direitos humanos fundamentais*: teoria geral. 8. ed. São Paulo: Atlas, 2007. p. 46.

sua vida e suas escolhas a partir da razão[29]. A partir daí, qualquer arbítrio contra a liberdade deve ser vinculado à extrema legalidade e constitucionalidade, pois, não havendo, deverá ser tal arbitrariedade de pronto rechaçada. A pessoa tem o direito ao *status* negativo da liberdade, de modo que haja um direito dirigido ao Estado no sentido de uma vedação a qualquer restrição, limitando seu poder de interferência na vida das pessoas. A legitimidade dos atos estatais contra a liberdade depende da criação de um direito que esteja apto a conservar o equilíbrio entre liberdade de membros da sociedade, sem que ocorra a interferência na liberdade ou direito de outrem, ao mesmo tempo em que também está ligada à essência de que o poder coercitivo do Estado somente se justifica para harmonizar e garantir liberdades[30].

Ao considerar a liberdade como direito fundamental, reflexo do meta-princípio da dignidade da pessoa humana, considerando ainda a relação estabelecida entre o Constitucionalismo e a afirmação dos direitos fundamentais, determinando a superioridade da Constituição da República como norma superior e matriz das demais, há segurança ao ser humano quanto a maior proteção possível de iguais direitos fundamentais a todas as pessoas no âmbito social, não podendo de modo algum prevalecer o interesse do Estado em detrimento do indivíduo, significando afirmar que os direitos fundamentais são impostos em face dos interesses dos órgãos estatais[31]. Admite-se o Constitucionalismo[32], na visão de Canotilho, como "técnica específica de limitação do poder com fins garantísticos."

Os direitos fundamentais formam a base do ordenamento jurídico do Estado Democrático de Direito representando um norte de eficácia irradiante fundamentando toda a legislação infraconstitucional, e nesse sentido, devendo impulsionar a Lei de Lavagem de Dinheiro ao registro da sua inconsistência dogmática, ao criminalizar conduta por mero interesse do Estado, sem base de fundamentos dogmáticos que justificam o branqueamento de capitais como delito. Nesse sentido, o direito fundamental da liberdade torna o agente titular de direito subjetivo contra o Estado para fazer, por meio do Poder Judiciário, incidir seu direito contra qualquer arbitrariedade. O instrumento para tanto, no âmbito do processo penal, é vislumbrado via *habeas corpus* e controle de constitucionalidade difuso. José Roberto Dromi[33] aponta o direcionamento do Constitucionalismo exatamente para a universalização como

---

29. FERNANDES, Bernardo Gonçalves. *Curso de direito constitucional*. 3. ed. Rio de Janeiro: Editora Lumen Juris, 2011. p. 280.
30. VIEIRA, Oscar Vilhena. *Direitos fundamentais*: uma leitura da Jurisprudência do STF. São Paulo: Malheiros, 2006. p. 135-145.
31. MENDES, Gilmar Ferreira. *Direitos fundamentais e controle de constitucionalidade*: estudos de direito constitucional. 3.ed. São Paulo: Saraiva, 2004. p. 2.
32. CANOTILHO, José Joaquim Gomes. *Direito constitucional e teoria da Constituição*. 6.ed. Coimbra: Almedina, 1993. p. 51.
33. DROMI, José Roberto. La reforma constitucional: el constitucionalismo del "por-venir". In: ENTERRÍA, Eduardo García de; ARÉVALO, Manuel Clavero (Coord.). *El derecho public de finales de siglo*: una perspectiva iberoamericana. Madrid: Fundación Banco Bilbao Vizcaya/Civitas, 1997. p. 54-57.

consagração dos direitos fundamentais, fazendo prevalecer a dignidade da pessoa humana. Antes disso, Uadi Lammêgo Bulos[34] deixa claro que o Constitucionalismo contemporâneo encontra-se definido na ideia de que a Constituição de 1988, como totalitarismo constitucional, irradia seus valores ao ordenamento jurídico como um todo, sobretudo em relação aos direitos fundamentais.

Walber de Moura Agra[35] revela que, em continuidade ao Constitucionalismo contemporâneo, já como o denominado "constitucionalismo pós-moderno" ou "constitucionalismo pós-positivista" ou "neoconstitucionalismo", há direcionamento para a busca da eficácia das normas constitucionais, deixando o texto constitucional de ter um caráter meramente retórico para ser mais efetivo às pessoas nas suas relações com o Estado e suas relações privadas, sobretudo diante da expectativa de concretização dos direitos fundamentais. A Constituição representa, no teor do Neoconstitucionalismo, uma ideologia no sentido de concretização máxima da efetivação e concretização dos direitos fundamentais. A ideologia neoconstitucionalista revela a Constituição da República no centro do sistema, além da imperatividade e superioridade das normas constitucionais, promovendo a dignidade humana e os direitos fundamentais[36][37].

Conforme o art. 5º, § 1º da Constituição da República, as normas definidoras dos direitos e garantias fundamentais devem ter imediata aplicação. Pedro Lenza[38] aponta a teoria dos quatro *status* de Jellinek para explicar o papel desempenhado pelos direitos fundamentais na relação Constituição e o ordenamento jurídico, de modo que, "pelo status positivo ou status civitatis, o indivíduo tem o direito de exigir que o Estado atue positivamente, realizando prestação a seu favor", no sentido de que deve o Estado agir em prol da indivíduo, constitucionalizando seus direitos de forma eficaz. A lavagem de dinheiro, inserida neste contexto, somente poderá ser admitida como crime se houver comprovação de lesão ao bem jurídico, em vista do princípio da lesividade, tendo em vista que, conforme Brandão[39], "não há como se interpretar o tipo penal, no âmbito da dogmática penal de um Estado Democrático de Direito, sem a ideia de bem jurídico." O atual Constitucionalismo exige a irradiação dos direitos fundamentais no ordenamento jurídico, valorando a dignidade da pessoa humana como meta-princípio, havendo a efetividade dos direitos fundamentais, sobretudo a liberdade, determinando aplicação da legalidade e do princípio da lesividade, o que explica de pronto a aceitação por completo do

---

34. BULOS, Uadi Lammêgo. *Constituição Federal anotada*. São Paulo: Saraiva, 2000. p. 16-18.
35. AGRA, Walber de Moura. Curso de Direito Constitucional. 4.ed. Rio de Janeiro: Forense, 2008. p. 31.
36. BARCELLOS, Ana Paula de. Neoconstitucionalismo, direitos fundamentais e controle das políticas públicas. *Revista de Direito Administrativo*, Rio de Janeiro, n. 240, p. 83-103, abr./jun. 2005.
37. BARROSO, Luis Roberto. Neoconstitucionalismo e constitucionalização do direito (o triunfo tardio do direito constitucional no Brasil). *Revista Forense*, Rio de Janeiro, v. 102, n. 384, p. 71-104, mar./abr. 2006.
38. LENZA, Pedro. *Direito constitucional esquematizado*. 14.ed. São Paulo: Saraiva, 2010. p. 743-744.
39. BRANDÃO, Cláudio. *Tipicidade penal*: dos elementos da dogmática ao giro conceitual do método entimemático. 2. ed. Coimbra: Almedina, 2014. p. 113.

Finalismo como sistema de Direito penal, exigindo a lesão ao bem jurídico como essência de fundamento para aplicar a sanção penal.

Pelo princípio da máxima efetividade e da força normativa[40], aquele que for operar o Direito deve conferir a máxima efetividade às normas constitucionais, de forma que o sentido de uma norma constitucional tenha a maior e mais ampla efetividade sob qualquer instrumento de aplicação do Direito, principalmente quando for aplicar norma infra constitucional que sobreponha intervenção nos direitos da pessoa contra a constituição. Diante disso, no momento de aplicação da pena da lavagem de dinheiro, por aplicação do art. 1º da Lei de Lavagem de Dinheiro, deverá haver a ponderação acima apontada, podendo o jurisdicionado ativar seus direitos constitucionais, conforme os fundamentos desenvolvidos nesta tese, por meio do controle difuso de constitucionalidade e pelo remédio constitucional do *Habeas Corpus*.

A ideia do controle difuso de constitucionalidade, historicamente, é devida ao caso julgado, nos Estados Unidos, pelo Juiz John Marshall da Suprema Corte norte-americana, que apreciou o caso Marbury x Madison, em 1803, quando decidiu que, na hipótese de conflito entre a aplicação de uma lei em um caso concreto e a Constituição, deveria no momento prevalecer a Constituição, por ser hierarquicamente superior[41].

O controle difuso é realizado com base em caso concreto, caso a caso, podendo ser atravessada petição nos autos requerendo aplicação da norma constitucional em face da norma ordinária contrária à Constituição. Trata-se de uma via instrumental processual incidental – *incidenter tantum*, prejudicial ao mérito, por meio de alegação da parte requerente sob fundamento de incongruência entre a carta magna e o tipo da lei penal de lavagem de dinheiro, tendo efeito inter-partes, declarada na decisão judicial – sentença ou acórdão, não aplicando a lei ao caso. Se eventual recurso extraordinário levar a questão incidental ao pleno do Supremo Tribunal Federal, para julgamento incidental de controle de constitucionalidade difuso, após declarada a inconsistência constitucional da lei, deverá haver a comunicação da decisão ao Senado Federal, que poderá, por resolução, suspender a execução da lei, no todo ou em parte inaplicada por decisão definitiva do Supremo Tribunal Federal, quando então haverá efeito *erga omnes*, nos termos do art. 97 da Constituição da República, art. 178 do Regimento Interno do Supremo Tribunal Federal e art. 52, inciso X da Constituição da República.

Convém ainda mencionar que os juízes de primeira instância podem julgar qualquer lei infraconstitucional para não ser aplicada por falta de paralelo constitucional

---

40. CANOTILHO, José Joaquim Gomes. *Direito constitucional e teoria da Constituição*. 6.ed. Coimbra: Almedina, 1993. p. 227-228.
41. MARSHALL, John; 1755-1835. *Decisões constituintes de Marshall*. Reimpressão fac-similar. Brasília: Ministério da Justiça, 1997. Trad. Américo Logo; Apresentação de Nelson A. Jobim; Introdução de Josaphat Marinho. p. 22-29 [Arquivos do Ministério da Justiça].

pela via do controle difuso, e nos tribunais, pela cláusula de reserva de plenário, somente poderá declarar tal efeito à lei, o pleno ou órgão especial, nos termos do art. 97 da Constituição da República, em vista da Cláusula de Reserva de Plenário.

Assim, em qualquer processo penal em que há possibilidade de condenação de alguém por crime de lavagem de dinheiro, por meio do controle difuso de constitucionalidade, poderá a parte ré alegar ausência de paralelo constitucional do art. 1º da Lei de Lavagem de Dinheiro, com apoio na tese desenvolvida neste trabalho, quanto ao vício da tipicidade material e ausência de estrutura substancial do injusto no processo de lavagem de capitais.

Para além da via incidental do controle difuso de constitucionalidade, pode o jurisdicionado utilizar da ação de *habeas corpus* como instrumento de alegação do vício no tipo da lavagem de dinheiro, sob o fundamento da necessidade da tutela do indivíduo como interesse de agir pela violência ou coação decorrente de fundamentos de perigo de restrição de liberdade lastreada por ilegalidade e incongruência constitucional aos moldes da tese revelada.

Para o *habeas corpus* ser utilizado pelo agente, o texto constitucional exige que sofra ou se ache ameaçado de sofrer violência ou coação em sua liberdade de ir e vir em virtude de constrangimento baseado em ilegalidade e vício dogmático. Nesse sentido, nada mais distante da estrutura constitucional ou ilegal do que aplicar sanção penal em uma pessoa, restringindo sua liberdade, em virtude da prática de um comportamento sem lesão a bem jurídico, assim como ocorre no procedimento da lavagem de dinheiro pela realização das etapas do processo assim as admitindo a fase *placement,* a fase *layering* a fase *integration,* com o resultado final de inserir valores, bens ou direitos no âmbito econômico financeiro.

O *habeas corpus* é instrumento constitucional que viabiliza a eficácia do direito fundamental da liberdade. Portanto, se houver o perigo da perda da liberdade ou a efetiva perda deste direito fundamental, violador da dignidade da pessoa humana, em vista da colocação pelo Estado de seus interesses de investigação sobre os direitos do indivíduo, será o *habeas corpus* e o controle de constitucionalidade difuso as vias de salvação adequadas, imediatas e práticas, caso a caso, até o Estado ater para os fundamentos desta tese, como medida de julgamento da inconsistência constitucional do tipo da lavagem de dinheiro pela ação direta de inconstitucionalidade, ou criação de lei posterior revogando a consideração da lavagem de dinheiro como infração penal.

18
CONCLUSÃO

No Estado Democrático de Direito, a admissão do procedimento de lavagem de dinheiro na condição de infração penal requer análise quanto à questão do bem jurídico, assim considerando a estrutura sistemática penal baseada na vigente ordem constitucional. Não é possível realizar a interpretação de um tipo penal sem a vinculação da ideia do bem jurídico, levando em conta o Direito penal constitucionalizado, em vista do bem jurídico estar na matéria do tipo enquanto objeto de proteção.

A origem da essência do bem jurídico na dogmática penal encontra luz na οὐσία – "ussía" "ousía" sendo o bem substância valorativa de proteção jurídico penal. Para moldurar uma conduta aos moldes do tipo penal, estruturando o preceito primário e secundário com a devida legitimidade constitucional, é preciso que haja substância de relevância ético social valorada, protegida e alinhada à lesividade da οὐσία. O *Leitbild* está vinculado à οὐσία, sobretudo no ambiente de análise do tipo penal diante do sistema finalista, onde se analisa a moldura do delito de lavagem de dinheiro. Nesse sentido, a οὐσία representa substância reveladora do valor exigido pela dogmática para a formação do conceito de bem jurídico, sendo necessário considerar a lesão ao bem jurídico como requisito essencial da consideração de um crime, no Estado Democrático de Direito, assim considerando a lavagem de dinheiro como processo de inserção de valores, bens e direitos no âmbito econômico-financeiro com objetivo de esconder a origem ilícita dos frutos de outra infração penal.

Uma vez fixada a imprescindibilidade da presença de bem jurídico a ser investigado na moldura penal da lavagem de dinheiro, revelou-se de extrema importância a investigação percorrer os caminhos da história da criação do tipo de lavagem de dinheiro, onde se encontra emergencialismo penal por interesse político criminal na tipificação do delito de branqueamento. Assim, ao verificar a ordem internacional, tendo como instituição formal de combate à lavagem de capitais, apontou destaque o FATF – Financial Action Task Force ou GAFI – Grupo de Ação Financeira Internacional, formado inicialmente por 33 países, além do Conselho de Cooperação do Golfo e uma Comissão Europeia, que apresentou 40 normas de recomendação repressiva ao branqueamento de capitais, que acabou influenciando a legislação de vários países e as normas deontológicas da declaração dos princípios da Basileia. O GAFI foi criado pelo antigo Grupo G-7, em 1989, em Paris, sendo composto pela Alemanha, Estados Unidos, Japão, França, Itália, Reino Unido e Canadá, tendo o objetivo de tentar frear a lavagem de dinheiro decorrente do tráfico de drogas, dando origem a uma cooperação internacional na luta contra o branqueamento de capitais, quando então, mais de 130 países adotaram as recomendações. A Recomendação do Conselho da Europa, de 1980, denominada *Measures Against the Transfer and Safekeeping of Funds os Criminal Origin,* conferiu importantes contribuições para desenvolvimento do FATF, quanto à lavagem de dinheiro, registrando que, além de todo o aspecto histórico, a Recomendação do Conselho da Europa, de 1980, foi o primeiro instrumento normativo internacional sobre a lavagem de dinheiro.

Na América Latina, foi criado o GAFISUD – Grupo de Acción Financera de Sudamerica Contra el Lavado de Actios, com o objetivo de adaptar as regras do GAFI ou FATF à realidade dos Estados do Grupo Sul–Americano de Ação Financeira contra a Lavagem de Dinheiro, sendo composto por Uruguai, Peru, Equador, Paraguai, Chile, Colômbia, Brasil, Argentina e Bolívia.

Historicamente, verificou-se que o nascimento da lavagem de dinheiro como crime foi fruto de política criminal voltada para inibir a prática da criminalidade organizada e o narcotráfico internacional, contudo, sem apreço à dogmática, sem respeito à ciência, sendo o delito de lavagem de dinheiro mera criação legal forjada para atingir uma atividade que não lesa bem jurídico, mas decorrente do fracasso do Estado no combate ao crime organizado, ou seja, no fracasso do Estado no combate ao delito antecedente e aos mecanismos utilizados para dar aparência de licitude à recursos ilícitos, seguindo o Brasil, a mesma linha, uma vez signatário das Convenções de Viena, Palermo e Mérida. Historicamente, comprova-se que o delito de lavagem de dinheiro não tem origem na dogmática como fenômeno científico do delito, na preocupação em proteger bens jurídicos de relevância social, mas sim, de uma ideia dos integrantes da Comissão de Estupefacientes das Nações Unidas, tratando-se, na verdade, muito mais de uma questão de estratégia política de combate ao crime de tráfico de drogas internacional do que de uma conduta ofensiva a bem de importância e relevância social. O crime de lavagem de dinheiro surgiu, formalmente, perante a história, de uma ideia dos participantes de uma comissão das Nações Unidas, para auxiliar, como instrumento, no combate ao narcotráfico. A partir daí, o comportamento de branqueamento tornou-se infração penal em vários países signatários, o que deixa claro a origem política do delito, o distanciando da ciência e da dogmática penal.

Trata-se, na verdade, de uma vontade do Estado e das envolvidas autoridades na criação de uma conduta punível sem parâmetro científico em decorrência da admissão do fracasso das instituições no combate ao narcotráfico. A história comprova que a lavagem de dinheiro chamou a atenção das autoridades para criarem uma cultura antilavagem, dificultando a atividade posterior dos agentes de crimes antecedentes. Verificou-se a dificuldade de combater o crime organizado somente com a sanção penal tradicional, partindo o Estado para novos recursos, como o confisco de bens e dinheiro. A partir de uma tentativa de seguir o dinheiro, e a percepção de inúmeras atividades de ocultação e dissimulação de recursos de infrações penais de alto lucro, a atividade do Estado tornou-se também complexa, criando órgãos estatais voltados para o combate inteligente de uma nova criminalidade, como também de novos recursos e meios instrumentais como o rastreamento de bens e dinheiro (*follow the Money*). Assim, os registros históricos comprovam o vício dogmático do tipo penal da lavagem de dinheiro.

A história da criminalização da lavagem de dinheiro ultrapassa tais registros ao revelar importância quanto a investigação criminológica. Nesse sentido, com base na teoria dos rótulos – "Outsiders", tem-se que aquele que pratica a lavagem de dinheiro representa um *outsider* por ser estigmatizado por um grupo de poder dominante, e não por ter violado bem jurídico relevante. Ao admitir a criminologia crítica e o exército industrial de reserva que há relação direta entre pobreza e criminalidade, sendo o crime fruto da desigualdade social, temos que esta vertente sociológica da criminologia vai contra a ideia da criminalização da lavagem de dinheiro, pois não faz sentido a própria burguesia como grupo de poder que tem por objetivo acumular recursos financeiros, criminalizar suas próprias condutas. A Escola de Chicago, pela ecologia criminal, ainda distancia da origem do tipo de lavagem de dinheiro, em que pese haver alguma relação indireta na sua criação, pois pela teoria da desorganização social, os crimes decorrentes dos *Ghettos* vinculam-se a pequenos atos desviantes. Conforme a teoria da Subcultura, há vinculação direta com a origem do branqueamento dentro dos códigos, leis e organizações reveladas por uma cultura dentro de outra cultura, legitimando a atividade de branqueamento por grupos de domínio, assim como ocorreu com Al Capone numa Chicago proibitiva de venda de bebidas alcoólicas. A teoria da anomia, por Robert King Merton, e o delito como fragilidade moral da sociedade, ao revelar que a conduta desviante representa sintoma social de dissociação entre os desejos impostos culturalmente e os caminhos socialmente estruturados para realizar as metas e desejos individuais, permite espaço para a prática do crime de lavagem de dinheiro, muito embora tal teoria não faz qualquer menção a este delito. De acordo com a teoria da associação diferencial, Edwin Sutherland, apontou posicionamento de que a criminalidade nada tem de relação com a condição econômica do delinquente. O crime, na verdade, é revelado por associação de agente para agente, onde o aprendizado em relação ao delito segue evolução. Nesse sentido, a conduta delitiva é expressão de necessidades e de valores gerais, assim considerando a lavagem de dinheiro, aprendida por contato diferencial do agente. Para além disso, Sutherland desenvolveu pesquisa quanto aos principais processos de formação do delinquente, surgindo semente para a teoria do crime do colarinho branco, tendo esta teoria aproximação, mas não relação direta com o delito de lavagem de dinheiro, mas crimes praticados por pessoas de poder financeiro e destaque social, sobretudo nas grandes industrias dos Estados Unidos. Sutherland adota conceito de crime estritamente legalista, se desvinculando de qualquer aspecto material do delito, de onde se conclui que sua contribuição é revelada por aspectos históricos e sociológicos em relação à criminologia, sem vínculo com a dogmática penal.

Em alinhamento com a investigação criminológica da lavagem de dinheiro, encontra-se conclusão no sentido de que a criminologia teve papel importante para identificar que a lavagem de dinheiro veio a se tornar infração penal, não por necessidade de proteção de bem jurídico, mas para atender uma necessidade do Estado em atingir um tipo de criminoso que praticava crimes comuns e tornava o dinheiro, fruto do delito, ausente de ilicitude por meio do procedimento de branqueamento de capitais. Nesse sentido, o foco não foi proteger bens jurídicos culturalmente relevantes para a sociedade ou questões de importância ético-social, mas atingir um tipo de *outsider* que praticava crimes comuns de forma complexa, mais inteligente e avançada do que poderia o Estado conter.

Para além dos registros históricos e a criminologia sociológica histórica do tipo penal de branqueamento de capitais, há também encontro da revelação de vício quanto ao aspecto substancial da οὐσία do tipo de lavagem de dinheiro em relação à dogmática jurídico penal alinhada à constituição. Para tanto, em relação ao paralelo da investigação entre o bem jurídico e os sistemas penais, o tipo de branqueamento de capitais revela desconcerto quanto a estrutura substancial do injusto, sobretudo diante do Finalismo constitucionalizado.

O Direito penal no período pré-iluminista era caracterizado pela violência das penas decorrentes de crimes que se confundiam com pecados, momento da dogmática em que a Igreja estava entranhada no Estado, de onde partiam as decisões e o poder. O Direito penal estava no âmbito de criação da Igreja, de onde havia a vinculação entre as condutas criminosas e os pecados, não havendo dogmática penal baseada em aspectos científicos, prevalecendo o autoritarismo. O delito era um atentado contra a vontade divina, não havendo relação com lesão a bem jurídico penal.

Em seguida, no período da razão iluminista, verificou-se início da superação da ideia absolutista de que o rei representava Deus na terra e que o crime era o pecado contra a vontade de Deus. O período iluminista permitiu inserir a razão e a relevância da utilidade de uma visão nova frente ao *Anciém Regime*. Ao considerar o crime como ente jurídico e não mais como conduta pecadora e violadora do âmbito divino, nova construção do conceito de crime permite também uma visão da origem da noção do bem jurídico. Com tais considerações, a lavagem de dinheiro passa a merecer investigação quanto à racionalidade de um sistema que justifica a aplicação de pena. Nesse sentido, o crime visto como ente jurídico e não como ente de fato dá ensejo à maior segurança jurídica, sobretudo, uma visão racional e segura do ordenamento jurídico e sua aplicação. No Iluminismo encontra-se permissão para a evolução da noção do bem jurídico na lavagem de dinheiro, notadamente do sistema penal a ser constitucionalizado, pois tinha como paradigma a ciência como certeza. Houve grande esforço em conceder padrão à conceitos jurídicos, inclusive o conceito do delito, a padronizar leis e a limitar a atuação do legislador. O Direito penal teria que ter uma função, e como objeto da tutela penal, a visão de um bem de interesse social sob proteção permitiu a noção do conceito do bem jurídico penal para ser vinculado à tipicidade, permitindo então o surgimento da tipicidade material, essencial para consideração da lavagem de dinheiro como crime.

Anselm von Feuerbach, em 1801, criou tese que possibilitou o nascimento do conceito de bem jurídico, ao entender que a função do Direito penal é a tutela de direitos subjetivos, de maneira que o direito subjetivo radica no centro de tutela do Direito penal. Sustenta a concepção material do crime como violação a um direito subjetivo, revelando agressão à lei penal, formatada por consequência do contrato social. Nesse sentido, a prática de lavagem de dinheiro, assim considerada crime, teria que respeitar o princípio da legalidade para justificar a aplicação da pena, mas antes de tudo, deveria haver a comprovação substancial, qual seja, a violação de um direito com o exercício de um comportamento lesivo. A grande contribuição ao conceito de bem jurídico decorre de Anselm von Feuerbach, pois ao formular, no século XIX, entendimento de que a função do Direito penal era proteger direitos subjetivos, deu início à crítica sobre sua tese. Consequentemente, a crítica sobre seu pensamento permitiu o desenvolvimento do conceito do bem jurídico.

A crítica foi realizada por Johann Michael Franz Birnbaum sobre o objeto de tutela do Direito penal delimitado por Anselm von Feuerbach, permitindo a evolução e a construção do conceito de bem jurídico.

Johann Michael Franz Birnbaum firmou entendimento baseado numa teoria que atende aos interesses iluministas, contrários à ideia de que o Direito penal deve somente tutelar interesses morais e éticos de uma linha teocrática e absolutista. Nesse sentido, limitou a utilização do Direito penal à proteção de bens, objetos concretos, podendo, inclusive, ser percebido, do ponto de vista atual, que garantias estavam sendo criadas no âmbito penal. Não utilizou o termo bem jurídico, ou seja, *Rechtsgut*. Muito menos que isso, colocou a ideia de bem no âmbito do ordenamento jurídico, e a partir daí seguiram as discussões e desenvolvimento na matéria penal e dogmática em relação ao bem e ao Direito, dando início ao desenvolvimento dogmático histórico do conceito, sendo, portanto, passível de utilização em relação à lavagem de dinheiro.

Verifica-se evolução da análise em relação à concepção positivista normativa de Karl Binding e quanto ao pensamento positivista sociológico de Franz von Liszt.

Assim destacando Binding, o conceito de bem jurídico se vincula exclusivamente à vontade estatal, partindo eminentemente da norma, de onde se origina a escolha de qual bem ou objeto encontra-se o objeto da tutela penal. A lavagem de dinheiro, nesta vertente se revela delito de criação estatal, com bem jurídico também criado pelo Estado. Numa segunda via evolutiva do pensamento positivista, Liszt exige do Legislador a identificação e valoração do bem jurídico para ser objeto de proteção penal, não podendo ser o conceito originado somente da norma, havendo em sua concepção um necessário conteúdo material do ilícito em vista da exigência de atenção à antissocialidade, o que atende concepções modernas quanto à dogmática atual que exige a tipicidade material para consideração de um comportamento criminoso, como se espera da análise do processo de lavagem de dinheiro. Nesse sentido, permitiu Liszt o desenvolvimento da matéria substancial do bem jurídico na antijuridicidade e a abertura da possibilidade da consideração atual de uma tipicidade material como elemento imprescindível para admitir a lavagem de dinheiro como crime.

No final do século XIX, ocorreu uma forte oposição ao pensamento jurídico-positivista que acabou por provocar o nascimento de outras linhas de orientação filosófica como o modelo neokantista. Verifica-se no Neokantismo grandes nomes como Gustav Radbruch, Graf zu Dohnna, Jimenez de Asúa, Max Ernest Mayer, que acabaram por influenciar a teoria do delito como hoje é tida. O delito para o Neokantismo é representado pela conduta típica, antijurídica e culpável, contudo, com valores vinculados aos seus elementos de formação.

O Neokantismo não abandonou de vez o Positivismo, contudo procurou aprimorá-lo e dotou os elementos da teoria do delito com valores. Nesse sentido, sua orientação representou, no sistema dogmático penal, um modelo caracterizado pela filosofia e metodologia transcendental ao dar prosseguimento a um processo de transformação que permitiu a mudança da etapa clássica para uma nova concepção baseada no método teleológico, acabando por direcionar todas as suas categorias com fundamento em valores. Nesse paradigma, a lavagem de dinheiro como delito teria também que atender as etapas de configuração do delito levando em conta os valores nelas inseridos. Ao elencar a noção de bem jurídico no sistema neokantista, considerando os valores culturais e a interpretação baseada numa interligação entre o objeto de conhecimento e o *sujeito cognoscendi*, o bem jurídico passa a ser compreendido sob o âmbito cultural, de onde é valorado para o Direito penal. Diante dessa nova epistemologia, no aspecto dogmático, o bem jurídico no Neokantismo é vinculado à esfera cultural, não mais à atividade do Legislador, como no Positivismo de Binding. Com o Neokantismo, portanto, vê-se que o bem jurídico é o conteúdo material do injusto penal, além de representar o valor tutelado pelo Direito penal, assim considerando o tipo penal da lavagem de dinheiro viciado quanto a estrutura substancial do injusto.

Partindo do sistema neokantista, a teoria finalista de Welzel estrutura-se com base em vertente ontologista, de sorte que a dogmática penal evoluiu para ter como premissas básicas algumas estruturas lógicas que vinculam o legislador e o aplicador do Direito. Nesse sentido, a teoria ontológica parte de determinado conceito de ação previamente estabelecido, existindo estruturas lógicas-objetivas como o conceito finalista da ação, considerando que os valores não estão mais nos conceitos, como no Neokantismo, mas na realidade das coisas.

A função do Direito penal no Finalismo não é simplesmente proteger bens jurídicos em si, mas valores elementares da sociedade. O crime é revelado como fato típico, antijurídico e culpável, contudo, mudanças de enorme significado foram realizadas internamente nestes elementos. Com isso, o tipo de lavagem de dinheiro deve ser visto, a partir do Finalismo, como fato tipicamente material, antijurídico e culpável, devendo haver prova de lesão a bem jurídico. Tal exigência dogmática finalista, permitiu nos apontar vício na estrutura substancial do injusto deste delito, dando margem, ainda, para revelar conteúdo de desconcerto entre o tipo penal elencado e o princípio da lesividade.

Ao criticar o subjetivismo epistemológico e o relativismo valorativo do Neokantismo, o Finalismo permitiu visualizar um objetivismo metodológico que concebe a ideia de que os valores residem nas coisas em si e não no intérprete, sendo o objeto condicionador do método, ficando fácil perceber como as estruturas lógico-objetivas da natureza das coisas podem limitar o legislador na criação de tipos penais vazios de proteção da οὐσία.

Na verdade, tais estruturas permitem uma segurança jurídica universal, impondo reais limites ao Legislador na construção de um Direito penal mais adequado à ordem constitucional, sobretudo ao Estado Democrático de Direito.

Nesse sentido, conforme o Finalismo, a análise da violação do bem jurídico pela realização da ação desvalorada que, por consequência, leva a um resultado desvalorado, em que aplica-se a pena, como resposta ao desentendimento com a missão do Direito penal, que é a proteção de valores ético-sociais, tem-se o âmbito e contexto em que se analisa a conduta de lavagem de dinheiro. Portanto, se existe um tipo penal, no Finalismo, que não tem como pano de fundo a οὐσία, tem-se que o tipo de lavagem de dinheiro está viciado por defeito na estrutura substancial do injusto.

Ao admitir o Finalismo como sistema a ser adotado, importa também dizer que o tipo de lavagem de dinheiro, para ser moldura penal constitucionalmente aceita, precisaria ter uma estrutura material de injusto sob proteção, que somente se violada tal substancia, haveria acionamento constitucional legitimamente admitido do Direito penal como instrumento de proteção ético-social.

Adiante, com o Funcionalismo monista funcional-sistêmico, verifica-se desencontro do Direito penal constitucionalizado pela carta magna de 1988 e a responsabilidade penal, pois Günther Jakobs não oferece conexão da conduta penalmente relevante e o bem jurídico substancia afetado, mas diretamente com o comportamento da pessoa em relação à norma estabelecida.

A conduta do agente contra as expectativas da norma determina a sua responsabilidade penal. Na concepção do funcionalista sistêmico, a estrutura do tipo de branqueamento de capitais não exige violação de bem jurídico específico, bastando a realização de ato que contrarie a norma imposta pelo Estado para que seja imposta sanção penal. Nesse sentido, para Jakobs, a realização do comportamento proibitivo pela norma criadora do tipo de lavagem de dinheiro, independentemente de lesão a bem jurídico, seria já motivo para aplicação de sanção penal para reativar a fidelidade do agente ao ordenamento, após a quebra da expectativa esperada.

Da mesma forma que Günther Jakobs, Knut Amelung trabalha o Direito penal num viés funcionalista sistêmica, também adotando um pensamento em que o bem jurídico penal encontra-se vinculado à danosidade social em respeito à disfunção do sistema em virtude de uma conduta violadora da norma.

Ao inserir a análise da lavagem de dinheiro no ambiente funcionalista de Amelung, verifica-se distanciamento da exigência de lesão de bem jurídico para configuração material do injusto penal, admitindo o cometimento do ilícito penal com base na expectativa normativa violada com a conduta do agente no momento em que oculta bens provenientes de delitos precedentes com o objetivo de camuflar a ilicitude por meio de instrumentos de formalização legal. Amelung se aproxima de Jakobs, de modo que para ocorrer um delito, não é necessário que haja violação de bem jurídico, bastando que a conduta seja disfuncional em relação ao sistema social, havendo a partir daí, uma disfuncionalidade sistêmica com a ocorrência do delito. O comportamento tipificado e praticado pelo agente gera ofensa à norma institucional, ocorrendo a existência da danosidade social. O Funcionalismo de Amelung admite o bem jurídico como elemento de mera criação do Estado, com base em valores sociais, mas dando uma relevância secundária a ele, pois a danosidade social identificada pela prática do crime atinge o sistema, pela violação da norma, e não pela lesão ao bem jurídico.

Na concepção funcionalista de Winfried Hassemer, ao considerar o bem jurídico sob uma consciência cultural da sociedade no âmbito de proteção legal sob uma tutela de acordos decorrentes de experiências dos indivíduos e da sociedade, a verificação do bem jurídico no âmbito da estrutura típica de lavagem de capitais faz sentido se admitir que experiências sociais levaram a um acordo fruto da consciência cultural estarem sob proteção normativa, se houver a conduta proibitiva deste delito sido acordada como algo lesivo. Isso por que o sistema penal representa a formalização de proteção estatal de viés garantidor ao ser humano, uma vez que o bem jurídico é garantia do cidadão.

O Funcionalismo garantidor de Hassemer confere importância ao bem jurídico na estrutura do delito, mesmo que do ponto de vista de garantia por acordo social.

Nesse sentido, para ocorrer o crime para Hassemer, não basta que haja conduta que viole norma, pois é necessário a identificação de violação de bem jurídico, considerando este perante o aspecto valorativo social cultural de uma sociedade. Diante disso, é preciso que haja lesão de interesse indispensável da sociedade, de modo que se verifique com a prática do crime, dano ou colocação em perigo de interesse cultural social, e assim também na análise do processo de lavagem de dinheiro. Há uma essência de experiência cultural elencando interesse socialmente protegido no conceito de bem jurídico considerado pelo Legislador para tanto. O tipo de lavagem de dinheiro diante do Funcionalismo de Hassemer revela exigência de uma estrutura substancial do injusto penal alinhada ao princípio da lesividade, portanto.

No Funcionalismo teleológico, o bem jurídico tem relevância destacada na função do Direito penal, sobretudo na estrutura analítica do delito. A dogmática penal passa a incorporar, em termos valorativos, as finalidades que o Direito penal tenta atingir, permitindo que a solução de um caso se amolde às finalidades do sistema penal. Há uma busca pela aplicação de princípios garantistas e alcance de fins político-criminais, apresentando Roxin uma estrutura analítica de delito em que o bem jurídico encontra-se alocado na dimensão axiológica ao lado da dimensão naturalista.

Claus Roxin oferta proposta dogmática para abrir o sistema penal aos fins que o Direito penal procura atingir, protegendo bem jurídico, o que o caracteriza como teleológico-funcional. Essa proposta teleológico-funcional é vista como instrumento de valoração político-criminal, permitindo, desse modo, ocorrer uma direta repercussão na teoria geral do delito. O sistema é aberto, com aptidão para remodelar-se em função de eventuais consequências político-criminais. A finalidade é a geração de um modelo de conteúdo explicativo e racional da dogmática jurídico-penal para que seja alcançado, como ponto mais alto, a aplicação justa, segura e confiável do Direito, além de reduzir a intervenção das iras do Direito penal ao ponto estritamente necessário, diante dos princípios garantistas e as diretivas da Política Criminal.

Nesse sentido, Roxin busca revitalizar o conceito de bem jurídico a partir de uma base de política criminal, considerando além de tudo, os preceitos constitucionais como restrição ao poder estatal punitivo.

A política criminal representa utilidade no sistema jurídico penal, pois parte ela da finalidade do Direito penal, de proteger os bens jurídicos do indivíduo e da coletividade contra riscos socialmente intoleráveis. As ideias reitoras político-criminais adentram na matéria jurídico penal para a estruturar e encontrar resultados adequados à justiça. Considerando isso, o Funcionalismo teleológico exige presença de "ousía" no tipo do injusto, de forma que o tipo de lavagem de dinheiro, uma vez não delimitado bem jurídico a ser protegido, se encontra desestruturado por vício de matéria no injusto, revelando ser um tipo incongruente em relação ao Estado Democrático de Direito.

Aos moldes do Funcionalismo reducionista, na mesma linha de Roxin, há inconsistência do tipo de lavagem de dinheiro em relação à dogmática penal constitucional. A estrutura do tipo no sistema funcionalista de Zaffaroni revela presença de bem jurídico no âmbito da tipicidade conglobante, mais especificamente na análise da tipicidade material.

Eugenio Raul Zaffaroni, Alejandro Alagia e Alejandro Slokar apresentam uma dogmática em que procura justificar os elementos de formação do crime de acordo com a função do Direito penal. O bem jurídico encontra lugar como barreira redutora do avanço estatal contra a liberdade dos indivíduos.

Neste sistema houve inserção da teoria da tipicidade conglobante no fato típico para que no momento da adequação típica se examine todo o ordenamento jurídico, além da verificação do bem jurídico. Nesse âmbito, se uma norma do ordenamento jurídico fomenta, determina, permite eventual conduta, aquilo que está fomentado, determinado ou permitido, não poderá estar proibido. Nesse sentido, o princípio do *non olet* desestabiliza o tipo penal do branqueamento de capitais.

Ao considerar o conceito estratificado do crime, Zaffaroni constrói um filtro dogmático elencado pelo fato típico, antijurídico e culpável. No fato típico há a tipicidade penal como elemento de análise para configuração do delito. A tipicidade penal é desdobrada em tipicidade legal e tipicidade conglobante. A tipicidade legal é estritamente formalista, bastando a adequação do fato ao tipo, mas a tipicidade conglobante revela sentido material, exigindo uma análise conglobada de normas em que há o elemento da antinormatividade e da tipicidade material.

Ao analisar a conduta de branqueamento de capitais, verifica-se exigência de violação de bem jurídico, sendo necessário ainda, para ter tipicidade material, que a lavagem de dinheiro não seja realizada com valor ínfimo, reduzido, pois, se for, não haverá tipicidade material por ser insignificante a lesão ao bem jurídico, e, portanto, não haverá crime por ausência de tipicidade conglobante. Assim, pelo Funcionalismo reducionista, o tipo de lavagem de dinheiro somente seria alinhado à ordem constitucional, se houvesse efetiva lesão a bem jurídico. Não havendo, trata-se de tipo viciado por desestrutura de substancia no injusto penal.

O Funcionalismo de Silva Sánchez adota posição em que há identificação de fins ao Direito penal revelando direção para a prevenção e garantias, com o escopo de estruturar legitimidade à teoria do delito perante o ordenamento jurídico. Quanto aos elementos do crime, fixa escolha pelo sistema bipartido do crime em que as categorias ou elementos da antijuridicidade penal e sancionabilidade penal estão estritamente vinculadas à teoria das normas e às considerações teleológicas derivadas dos fins do Direito penal.

A tipicidade está subordinada à um segundo nível, em relação às demais categorias. A tipicidade não expressa um juízo de valor autônomo do mesmo nível que a antijuridicidade e culpabilidade. Contudo, não há eliminação do exame da tipicidade, em que pese ser em segundo plano, uma vez que não desencadeia consequência jurídica alguma, reduzindo-se a uma dimensão estritamente pragmática. Sánchez atribui um significado de menor respeito à tipicidade, em relação à antijuridicidade penal e a sancionabilidade penal.

Para este sistema, as condutas interessam ao Direito penal quando forem capazes de lesar um bem jurídico. A sanção penal decorrente da violação da norma primária representa uma decisão político-criminal, pois a limitação de liberdade nada mais é do que um corte nos direitos fundamentais. É a partir do elemento da sancionabilidade penal que se analisa outros pressupostos diferentes da violação da norma primária, tal como a culpabilidade e a lesividade penal. O bem jurídico é elemento de proteção do Direito penal, sendo valor materializado pela norma, que tem relevância na proteção e na garantia de liberdade ao livre desenvolvimento do ser humano em sociedade.

Desse modo, é possível concluir que este sistema exige a lesão ao bem jurídico como elemento para formatação do crime de lavagem de dinheiro. Se não houver lesão a bem jurídico na lavagem de dinheiro, a inconsistência persiste na estrutura do delito por ausência de sancionabilidade penal como elemento analítico do delito.

No sistema de Direito revelado pelo garantismo penal de Luigi Ferrajoli é exigido como limite ao *ius puniendi* e como garantia do indivíduo, no Estado Democrático de Direito, bem jurídico a ser tutelado pelo Estado, como fundamento de valor relevante para o Direito penal, em que a conduta lesiva, no âmbito do princípio da legalidade, confere alma material à dogmática penal. A "ousía" encontra parâmetro presencial na estrutura do delito. Nesse sentido, no Garantismo, para admitir uma conduta como criminosa, é preciso também que haja o que tutelar, ou seja, a matéria, a substância, um bem jurídico para proteger e justificar a aplicação de uma sanção penal após a passagem da análise do conteúdo da conduta penal pelo filtro constitucional da dogmática penal. Assim, o tipo de lavagem de dinheiro, como qualquer outro delito no sistema garantista, deverá representar moldura protetiva de bem jurídico penal, não podendo de modo algum ser vazio de conteúdo substancial na estrutura do injusto.

Tomás Salvador Vives Antón apresenta uma nova teoria do delito, pós-funcionalista, partindo da ação como expressão de sentido, dando relevância ao estudo de signos. Uma nova ordem de filtragem constitucional surge com Vives Antón. Um novo conteúdo de estrutura do crime é posto à disposição da sociedade acadêmica. De onde havia um fato típico, antijurídico e culpável, tem-se uma conduta com novos campos, quais sejam, a pretensão de relevância, a pretensão de ilicitude, a pretensão de reprovação e a pretensão de necessidade de pena, levando em conta uma essência de signos e sinais sociais de valoração de conduta. Nesta ordem que se verifica o valor do bem jurídico, sua essência e a relação com o crime de branqueamento de capitais. A exigência do conteúdo material da estrutura do delito significativo encontra-se no elemento da pretensão de relevância, de modo que sua ausência no tipo de lavagem de dinheiro, hipoteticamente inserido neste sistema para sua análise, revela inconsistência com o sistema dogmático penal.

A partir da análise dos sistemas penais, ficou registrado viabilidade da moldura do branqueamento apenas em Karl Binding, Knut Amelung e Günther Jakobs.

Foi possível adentrar ao aspecto doutrinário do bem jurídico nos crimes de lavagem de dinheiro, verificando críticas inerentes à consideração do bem jurídico do delito de branqueamento como sendo o mesmo do crime antecedente; o bem jurídico assim considerado a administração da justiça e o bem jurídico da lavagem de dinheiro como sendo a ordem econômico financeira, não representando, nenhum deles, bem jurídico que justifique a existência do crime de lavagem de dinheiro no Estado Democrático de Direito.

Existem inconsistências nas três vertentes de bem jurídico mencionadas. Assim considerando, na linha de bem jurídico do delito antecedente há revelação de desproporcionalidade da pena e deslocamento do eixo bem jurídico do fato antecedente para o posterior, onde se encontra lesão ao princípio do *non bis in idem*. Quanto ao bem jurídico administração da justiça, tem este um conceito aberto permitindo sua elasticidade, além de violar a essência antropocentrista do ordenamento. O bem jurídico ordem econômica revela conceito vago, sem relação prática e aproximando--se do positivismo estrito de Karl Binding. Considerando as críticas, tem-se que há indicação de que a doutrina veio buscar justificativas para a criação de bem jurídico no delito de lavagem de dinheiro ainda não legitimamente revelado.

Diante da análise da importância e necessidade do bem jurídico na dogmática penal, no Estado Democrático de Direito, fixamos a adoção do Finalismo como sistema de análise da lavagem de dinheiro como procedimento criminalizado do ponto de vista do Direito penal constitucionalizado.

Para identificar vício no tipo do delito de lavagem de dinheiro por ausência de estrutura substancial do injusto, restou verificar a relação procedimental de realização do comportamento tipificado e a lesão de ουσία, investigando a questão da tipicidade material e da antijuridicidade material, adentrando a partir daí nos sistemas penais e suas exigências dogmáticas.

Assim considerando, o crime de lavagem de capitais é geralmente realizado com a execução de três fases, *placement, layering* e *integration*, quando ao final, terá o agente inserido no sistema financeiro e econômico valores e bens obtidos de outra conduta anterior reputada criminosa. A análise quanto à consciência de antijuridicidade em cada fase, e ao final com o resultado destas fases, torna-se necessária para a consideração da formação do delito e para verificar a não ocorrência da lesão a bem jurídico. Nesse sentido, a consciência da antijuridicidade como elemento dogmático permite também a análise da reprovabilidade da conduta, possibilitando a realização de uma valorização em relação ao agente daquilo que é contrário ao ordenamento jurídico, sob o viés da ação finalística.

Vislumbrou-se a identificação da lavagem de dinheiro e a sua estreita relação como fruto do Direito penal da sociedade de risco, em conexão com o movimento de lei e ordem e o simbolismo empregado pelo expansionismo penal e o Direito penal máximo. Diante do expansionismo penal, decorrente do inflacionaria criação de leis penais como objeto instrumental da gerencia de riscos, numa sociedade considerada de risco, apresentando o Direito penal como *prima ratio* e não como *ultima ratio*, tem-se que há necessária observância à proteção de bens jurídicos como fator limite a esta expansão do Direito penal positivista, como de fato ocorreu com a moldura penal do branqueamento.

Ao anexar conexão do processo de lavagem de dinheiro com a técnica dos crimes abstratos, percebe-se que os crimes abstratos não revelem natureza jurídica do crime de lavagem de dinheiro, mas representam, assim como o branqueamento de capitais, exemplo prático e vivo do emergencialismo penal por tipos estruturados pela inconstitucionalidade, não devendo serem admitidos pelo intérprete para justificar a violência que o Estado pratica contra o indivíduo no processo penal, desestruturando o aspecto dogmático pela consideração de um comportamento como crime desativado de estrutura substancial do injusto.

O papel do princípio da legalidade material e do princípio da lesividade do ponto de vista do branqueamento de capitais foi categórico para afirmar a discrepância da consideração da lavagem de dinheiro como crime no sistema dogmático penal adotado, além da análise do *iter criminis,* e sobretudo, do exaurimento do delito – *post factum* impunível.

Quanto ao aspecto subjetivo, o agente do branqueamento de capitais deve ter noção da reprovabilidade de sua conduta ao realizar as fases *placement, layering e integration* e a ideia de que pode lesar bem jurídico, caso contrário, não seria possível a configuração do injusto reprovável por ausência de consciência de antijuridicidade, para além da ausência de lesão a bem jurídico, pois o bem jurídico está na matéria do tipo enquanto objeto de proteção.

Brandão[1] ensina que "Os conceitos penais de bem jurídico e relevância do dano são compreendidos através da comunicação. O consenso do grupo sobre esses conceitos penais faz com que eles sejam aceitos como verdadeiros, pois o consenso é um dos critérios de verdade." Considerando que uma das funções do Direito penal no Estado Democrático de Direito é proteger os mais importantes valores da sociedade, deve ser levado em conta a análise da consciência da antijuridicidade no âmbito do delito de lavagem de dinheiro e a consideração da lesão de bem jurídico, pois a consciência da antijuridicidade deve estar presente no delito, assim como o bem jurídico lesado, matéria do tipo enquanto objeto de proteção. Assim, o agente deve ter a consciência plena de que o capital e os bens que realizam a inserção no âmbito do mercado econômico financeiro decorrem originariamente de uma infração penal antecedente.

Perante o vício constitucional e dogmático penal da estrutura típica da lavagem de dinheiro, havendo ameaça ou lesão ao direito fundamental da liberdade, aplicam-se os fundamentos desta tese pela via do *Habeas Corpus* e pela via do instrumento de exceção do controle difuso de constitucionalidade.

Assim, diante dos registros da história da construção do tipo penal da lavagem de dinheiro; da investigação desta moldura penal perante a criminologia; perante a construção da teoria do bem jurídico nos sistemas penais desde o Positivismo ao Pós-Funcionalismo; da concepção procedimental do bem jurídico no contexto do Finalismo e sua relação com a atual linha constitucional; em razão do princípio da legalidade material; do princípio da lesividade; da tipicidade material; da consciência da antijuridicidade sob o viés finalista; quanto ao emergencialismo penal na atual

---

1. BRANDÃO, Cláudio. *Teoria jurídica do crime.* 4. ed. São Paulo: Atlas, 2015. p. 130.

sociedade de risco e o movimento de lei e ordem; em razão do bem jurídico como matéria do tipo enquanto objeto de proteção; diante das considerações da relação do *iter criminis* e o *post-factum* impunível; o *Leitbild* constitucional e a referência da *"ousía"* e o processo de lavagem de dinheiro, conclui-se que, no Estado Democrático de Direito e a presente ordem constitucional, o tipo de lavagem de dinheiro revela vício de constitucionalidade por inconsistência de estrutura substancial do injusto.

REFERÊNCIAS

ABAGGNANO, Nicola. *Dicionário de filosofia*. São Paulo: Martins Fontes, 2007.

AGRA, Walber de Moura. *Curso de direito constitucional*. 4. ed. Rio de Janeiro: Forense, 2008.

ALEMANHA. *Código Penal Alemán del 15 de mayo de 1871, con la última reforma del 31 de enero de 1998*. Tractora de Claudia López Diaz. [S. l.]: Universidad Externado de Colombia, 1998. Disponível em: file:///C:/Users/104637/Downloads/cp_de_es.pdf. Acesso em: 21 ago. 2017.

ALVES, Silvia. In: BRANDÃO, Cláudio (Coord.). *Fundamentos da extinção da punibilidade*: um estudo de história do direito penal luso-brasileiro. Belo Horizonte: Editora D'Plácido, 2016.

AMARO, Luciano. *Direito tributário brasileiro*. 13.ed. rev. São Paulo: Saraiva, 2007.

AMELUNG, Knut. El concepto 'bien jurídico' en la teoría de la protección penal de bienes jurídicos. In: HEFENDEHL, Roland (Ed.). *La teoría del bien jurídico*. ¿fundamento de legitimación del derecho penal o juego de abalorios dogmatico? Madrid: Marcial Pons, 2007.

BADARÓ, Gustavo Henrique; BOTTINI, Pierpaolo Cruz. *Lavagem de dinheiro*: aspectos penais e processuais penais. 3. ed. São Paulo: Ed. RT, 2016.

BADARÓ, Tatiana. *Bem jurídico penal supraindividual*. Belo Horizonte: Editora D'Plácido, 2017.

BARATTA, Alessandro. *Criminologia crítica e crítica do direito penal*: introdução à sociologia do direito penal. Trad. Juarez Cirino dos Santos. 6. ed. Rio de Janeiro: Editora Revan: Instituto Carioca de Criminologia, 2011.

BARCELLOS, Ana Paula de. Neoconstitucionalismo, direitos fundamentais e controle das políticas públicas. *Revista de Direito Administrativo*. n. 240. p. 83-103. Rio de Janeiro, abr./jun. 2005.

BARROS, Marco Antonio de. *Lavagem de capitais e obrigações civis correlatas*. 2. ed. São Paulo: Ed. RT, 2007.

BARROSO, Luis Roberto. Neoconstitucionalismo e constitucionalização do direito (o triunfo tardio do direito constitucional no Brasil). *Revista Forense*. v. 102. n.384. p.71-104. Rio de Janeiro, mar./abr. 2006.

BATISTA, Nilo; ZAFFARONI, Eugenio Raul. SLOKAR, Alejandro. ALAGIA, Alejandro. *Direito penal brasileiro*: teoria do delito. Rio de Janeiro: Revan, 2010.

BATISTA, Vera Malaguti. *Introdução crítica à criminologia brasileira*. Rio de Janeiro: Revan. 2011.

BECCARIA, Cesare. *Dos delitos e das penas*. São Paulo: Editora Hemus – Livraria Editora Ltda, 1971.

BECK, Ulrich. *La sociedade del riesgo global*. Traducción de Jesús Alborés Rey. Madrid: Siglo Veintiuno de España Editores, 2002.

BECK, Urich. *La sociedad de riesgo*: hacia una nueva modernidad. Traducción de Jorge Navarro, Daniel Jiménez, Mª Rosa Borrás. Barcelona: Ediciones Paidós Ibérica, S.A. 1998.

BECK, Ulrich. *Sociedade de risco*: rumo a uma outra modernidade. São Paulo: Editora 34, 2010.

BECK, Ulrich; GIDDENS, Anthony. LASH, Scott. *Modernización reflexiva*: política. Tradición y estética en el orden social modern. Madrid: Alianza Editorial S.A. 1997.

BECKER, Howard S. *Outsiders*: studies in the sociology of deviance. Nova York: Free Press. 1963.

BELING, Ernst von. *Esquema de derecho penal*: la doctrina del delito tipo. Trad. Carlos M. De Eliá. Buenos Aires: Libreria "El Foro", 2002.

BETTIOL, Giuseppe. *Diritto penale*. Padova: CEDAM, 1973.

BEVILÁQUA, Clóvis. *Teoria geral do direito civil*. São Paulo: RED Livros, 1999.

BEZERRA, Elton. Zaffaroni defende contenção do poder punitivo. *Consultor Jurídico*. 29 ago. 2012. Disponível em: https://www.conjur.com.br/2012-ago-29/raul-zaffaroni-defende-contencao--poder-punitivo-estado. Acesso em: 10 set. 2017.

BITENCOURT, Cezar Roberto. *Tratado de direito penal*: parte geral. 20. ed. rev. amp. atual. São Paulo: Saraiva, 2014.

BLANCO CORDERO, Isidoro. Criminalidad organizada y mercados ilegales. *Eguz-kilore*: cuaderno del Instituto Vasco de Criminología. n. 11, p.213-231. San Sebastián, 1997.

BLANCO CORDERO, Isidoro. *El delito de blanqueo de capitales*. 2. ed. Navarra: Aranzadi. 2002.

BLANCO CORDERO, Isidoro. *El delito de blanqueo de capitales*. 3. ed. Navarra: Thomson Reuters Arazandi, 2012.

BLANCO CORDERO, Isidoro. *El delito de blanqueo de capitales*. Navarra: Aranzadi, 1997.

BOBBIO, Norberto. Prefácio. In: FERRAJOLI, Luigi. *Direito e razão*: teoria do garantismo penal. 4. ed. Ed. RT, 2014.

BONACCORSI, Daniela Villani. *A atipicidade do crime de lavagem de dinheiro*: análise crítica da Lei 12.684/12 a partir do emergencialismo penal. Rio de Janeiro: Editora Lumen Juris, 2013.

BONAVIDES, Paulo. *Curso de direito constitucional*. São Paulo: Malheiros, 2001.

BONFIM, Edilson Mougenot; BONFIM, Marcia Monassi Mougenot. *Lavagem de dinheiro*. 2. ed. São Paulo: Malheiros. 2008.

BOTTINI, Pierpaolo Cruz. *Crimes de perigo abstrato*: direito pena da sociedade de risco, direito penal e gestão de risco, imputação objetiva e perigo abstrato, princípio da precaução. 3. ed. São Paulo: Ed. RT, 2013.

BRAGA, Romulo Rhemo Palitot. *Lavagem de dinheiro*: fenomenologia, bem jurídico protegido e aspectos penais relevantes. 2. ed. rev., atual. Curitiba: Juruá, 2013.

BRANDÃO, Cláudio. *Introdução ao direito penal*: análise do sistema penal à luz do princípio da legalidade. Rio de Janeiro: Forense, 2005.

BRANDÃO, Cláudio. *Lições de história do direito canônico e história do direito em perspectiva*. Belo Horizonte: Editora D'Plácido, 2017.

BRANDÃO, Cláudio (Coord.). *Teoria jurídica do crime*. 4. ed. São Paulo: Atlas, 2015. v. 1 (Coleção ciência criminal contemporânea).

BRANDÃO, Cláudio. *Tipicidade penal*: dos elementos da dogmática ao giro conceitual do método entimemático. 2. ed. Coimbra: Almedina, 2014.

BRASIL. Conselho de Controle de Atividades Financeiras. *Diário do Senado Federal*, Brasília, 25 nov. 1997. Disponível em: http://coaf.fazenda.gov.br/backup/legislacao-e-normas/legislacao-1/Exposicao%20de%20Motivos%20Lei%209613.pdf. Acesso em: 06 abr. 2017.

BRASIL. Decreto n. 154, de 26 de junho de 1991. Promulga a Convenção Contra o Tráfico Ilícito de Entorpecentes e Substâncias Psicotrópicas. *Diário Oficial da União*, Brasília, 27 jun. 1991. Disponível em: http://www.planalto.gov.br/ccivil_03/decreto/1990-1994/D0154.htm. Acesso em: 08 abr. 2017.

BRASIL. Decreto 5.015, de 12 de março de 2004. Promulga a Convenção das Nações Unidas contra o Crime Organizado Transnacional. *Diário Oficial da União*, Brasília, 15 mar. 2004. Disponível em: http://www.planalto.gov.br/ccivil_03/_ato2004-2006/2004/decreto/d5015.htm. Acesso em: 10 out. 2017.

BRASIL. Lei n. 12.683, de 9 de julho de 2012. Altera a Lei 9.613, de 3 de março de 1998, para tornar mais eficiente a persecução penal dos crimes de lavagem de dinheiro. *Diário Oficial da União*, Brasília,12 jul. 2012. Disponível em: http://www.planalto.gov.br/ccivil_03/_ato2011-2014/2012/lei/l12683.htm. Acesso em: 07 abr. 2017.

BRASIL. Lei 8.137, de 27 de dezembro de 1990. Define crimes contra a ordem tributária, econômica e contra as relações de consumo, e dá outras providências. *Diário Oficial da União*, Brasília, 28 dez. 1990. Disponível em: http://www.planalto.gov.br/ccivil_03/ leis/l8137.htm. Acesso em: 07 abr. 2017.

BRASIL. Lei 9.613, de 3 de março de 1998. Dispõe sobre os crimes de "lavagem" ou ocultação de bens, direitos e valores; a prevenção da utilização do sistema financeiro para os ilícitos previstos nesta Lei; cria o Conselho de Controle de Atividades Financeiras – COAF, e dá outras providências. *Diário Oficial da União*, Brasília, 4 mar. 1998. Disponível em: http://www.planalto. gov.br/ccivil_03/leis/L9613.htm. Acesso em: 08 abr. 2017.

BRASIL. Ministério da Fazenda. Conselho de Controle de Atividades Financeiras. *Grupo de Egmont*. Brasília: COAF, 10 mar. 2015. Disponível em: http://www.coaf.fazenda.gov.br/menu/atuacao-internacional/grupo-de-egmont. Acesso em: 23 ago. 2017.

BRASIL. Ministério Público Federal. *A Lava Jato em números*: resultados da operação Lava Jato no Paraná. Brasília: MPF, 2017. Disponível em: http://www.mpf.mp.br/para-o-cidadao/caso-lava-jato/atuacao-na-1a-instancia/resultado/a-lava-jato-em-numeros. Acesso em: 03 set. 2017.

BRODT, Luis Augusto. *O direito penal redutor*: a perspectiva funcional redutora do direito penal para Eugenio Raul Zaffaroni. [S. l.]: Escola Superior de Direito Público, 2017. Disponível em: http://esdp.net.br/author/luis-augusto-brodt/. Acesso em: 15 jun. 2017.

BULOS, Uadi Lammêgo. *Constituição Federal anotada*. São Paulo: Saraiva, 2000.

BUSATO, Paulo César. *Direito penal e ação significativa*: uma análise da função negativa do conceito de ação em direito penal a partir da filosofia da linguagem. Rio de Janeiro: Lumen Juris, 2010.

BUSATO, Paulo César. *Direito penal*: parte geral. São Paulo: Atlas, 2013.

BUSTOS RAMÍREZ, Juan. *Criminologia y evolución de las ideas sociales*: el pensamiento criminológico. Bogotá: Editorial Temis Libreria, 1983. v. 1.

BUSTOS RAMÍREZ, Juan. *Introducción al derecho penal*. 2. ed. Santa Fe de Bogotá: Temis, 1994.

CALHAU, Lélio Braga. *Resumo de criminologia*. 4. ed. Niterói: 2009.

CALLEGARI, André Luís. *Lavagem de dinheiro*. Porto Alegre: Livraria do Advogado, 2008.

CANADA. *Codigo Penal (Parte legislativa)* [S. l.]: Lois-Laws, 15 Sept. 2003. Disponível em: http://www.juareztavares.com/textos/codigofrances.pdf. Acesso em: 05 out. 2017.

CANAS, Vitalino. *O crime de branqueamento*: regime de prevenção e de repressão. Coimbra: Almedina, 2004.

CANOTILHO, José Joaquim Gomes. *Direito constitucional e teoria da Constituição*. 3. ed. Coimbra: Almedina, 1999.

CANOTILHO, José Joaquim Gomes. *Direito constitucional e teoria da Constituição*. 6. ed. Coimbra: Almedina, 1993.

CARRARA, Francesco. *Programa do curso de direito criminal*: parte geral. Trad. José Luiz V. de A. Francheschini e José Rubens Prestes Barra. São Paulo: Saraiva, 1956. v.1.

CARVALHO NETTO, Menelick de. Requisitos paradigmaticos da interpretação juridical sob o paradigma do Estado Democrático de Direito. *Revista de Direito Comparado*. v. 3. p. 473;486. Belo Horizonte, 1999.

CASTELLAR, João Carlos. *Lavagem de dinheiro:* uma questão do bem jurídico. Rio de Janeiro: Revan, 2004.

CEREZO MIR, José. *Curso de direito penal*. Madrid: Tecnos, 1993.

CHAUÍ, Marilena. *Cultura e democracia:* o discurso competente e outras falas. 7. ed. São Paulo: Cortez. 1997.

CHILE. *Declaração de Santiago*. Santiago: FTAA-ALCA, 19 abr. 1998. Disponível em: http://www.ftaa-alca.org/Summits/Santiago/declara_p.asp. Acesso em: 23 ago. 2017.

COHEN, Albert K. *Delinquent boys:* the culture of the gang. Nova York; Londres: The Free Press: Collier Macmillan Publischers. 1955.

COLEN, Guilherme. Dolo eventual e taxatividade penal. In: FILHO, Marco Aurélio Florêncio; FONSECA, Pedro Henrique Carneiro da (Org.) *Ciências penais e teoria do direito em perspectiva:* estudos em homenagem ao professor Cláudio Brandão. Belo Horizonte: D'Plácido, 2017.

COMISSÃO EUROPEIA, DIREÇÃO-GERAL DA MIGRAÇÃO E DOS ASSUNTOS INTERNOS. *Proposta de diretiva do Parlamento Europeu e do Conselho relativa ao combate ao branqueamento de capitais através do direito penal*. Bruxelas: COM, 2016. Disponível em? http://eur-lex.europa.eu/legal-content/PT/ALL/?uri=CELEX:52016PC0826. Acesso em: 23 ago. 2017.

CONSELHO DA UNIÃO EUROPEIA. Pacto de pré-adesão sobre criminalidade organizada entre os Estados-membros da União Europeia e os países candidatos da Europa central e oriental e Chipre. *Jornal Oficial*, n. C 220, 15 jul. p. 1-5, 1998. [Texto aprovado pelo Conselho JAI em 28 de Maio de 1998]. Disponível em: http://eur-lex.europa.eu/legal-content/PT/ALL/?uri=CELEX:41998D0715. Acesso em: 23 ago. 2017.

COOTER, Robert; ULEN, Thomas. *Direito e economia*. Trad. Luis Marcos Sander, Francisco Araújo da Costa. 5. ed. Porto Alegre: Bookman, 2010.

CORRÊA, Luiz Maria Pio. *O Grupo de Ação Financeira Internacional (GAFI):* organizações internacionais e crime transnacional. Brasília: FUNAG, 2013. Disponível em: http://funag.gov.br/loja/download/1042-Grupo_de_Acao_Financeira_Internacional_GAFI_O.pdf. Acesso em: 22 ago. 2017.

CUNHA JÚNIOR, Dirley da. *Curso de Direito Constitucional*. Salvador: Ed. Jus Podivm, 2008.

CUREAU, Sandra. Lavagem de dinheiro. *Revista da Procuradoria-Geral da República*. n. 6. p.187-210. 1995.

DAHRENDORF, Ralf. *A lei e a ordem*. Trad. Tamara D. Barile. Brasília: Instituto Tancredo Neves; Fundação Friedrich Naumann. 1987.

DALLAGNOL, Deltan. Tipologias de Lavagem. In: GRANDIS, Rodrigo de; CARLI, Carla Veríssimo De. (Org.). *Lavagem de dinheiro*: Prevenção e Controle Penal. Porto Alegre: verbo jurídico, 2011.

DE CARLI, Carla Veríssimo. *Lavagem de dinheiro:* ideologia da criminalização e análise do discurso. Porto Alegre: Verbo Jurídico. 2008.

DIAS, Jorge Figueiredo; ANDRADE, Manuel da Costa. *Criminologia:* o homem delinquente e a sociedade criminógena. Coimbra: Coimbra Ed. 1992.

DIAS, Jorge de Figueiredo; ANDRADE, Manuel da Costa. *Criminologia:* o homem delinquente e a sociedade criminógena. Coimbra: Coimbra Ed. 1997.

DIAS, Ronaldo Brêtas de Carvalho. *Processo constitucional e Estado Democrático de Direito*. 2. ed. Belo Horizonte: Del Rey, 2012.

DROMI, José Roberto. La reforma constitucional: el constitucionalismo del "por-venir". In: ENTERRÍA, Eduardo García de; ARÉVALO, Manuel Clavero (Coord.). *El derecho public de finales de siglo*: una perspectiva iberoamericana. Madrid: Fundación Banco Bilbao Vizcaya/Civitas, 1997.

DURKHEIM, Émile. *As regras do método sociológico*. Trad. Margarida Garrido Esteves. São Paulo: Abril, 1978.

ESPANHA. *Código penal*. Madri: [s. d.], 2003. Disponível em: http://www.juareztavares.com/textos/codigoespanhol.pdf. Acesso em: 21 ago. 2017.

FALCÃO, Amílcar de Araújo. *Fato gerador da obrigação tributária*. 2. ed. Anotada por Geraldo Ataliba. São Paulo: Ed. RT, 1971.

FERNANDES, Bernardo Gonçalves. *Curso de direito constitucional*. 3. ed. Rio de Janeiro: Lumen Jris. 2011.

FERRAJOLI, Luigi. *A democracia através dos direitos*: o constitucionalismo garantista como modelo teórico e como projeto político. Trad. Alexander Araújo de Souza et al. São Paulo: Ed. RT, 2015.

FERRAJOLI, Luigi. *Direito e razão*: teoria do garantismo penal. 4. ed. Ed. RT, 2014.

FEUERBACH, Anselm von. *Tratado de derecho penal*. Buenos Aires: Hammurabi, 1989.

FLORÊNCIO FILHO, Marco Aurélio. *Culpabilidade*: crítica à presunção absoluta do conhecimento da lei penal. São Paulo: Saraiva 2017.

FONSECA, Pedro Henrique Carneiro. In: BRANDÃO, Cláudio (Coord.). *Direito penal & ação significativa*: análise crítica. Belo Horizonte: Editora D'Plácido, 2017. v. 9.

FRANÇA, Ruben Limongi (Coord.). *Enciclopédia saraiva de direito*. São Paulo: Saraiva, 1977. [Edição comemorativa do Sesquicentenário da Fundação dos Cursos Jurídicos no Brasil, 1827-1977].

FRANCO, Alberto Silva. Prefácio. In: ZAFFARONI, Eugenio Raúl; PIERANGELI, José Henrique. *Manual de direito penal brasileiro*: parte geral. 7. ed. São Paulo: Ed. RT, 2007.

FREITAS, Ricardo de Brito A. P. *As razões do positivismo penal no Brasil*. Rio de Janeiro: Lumen Juris, 2002.

FREITAS, Ricardo. Enfoque biológico da criminalidade e orientação determinista: unilateralismo teórico e política criminal antiliberal no discurso dos estudiosos da biologia criminal (1930-1960). *Revista de Estudos Interdisciplinares sobre o Delito*. v. 1. n. 1. 2016. Disponível em: http://delictae.com.br/index.php/revista/article/view/11. Acesso em: 14 jun. 2016.

GALVÃO, Fernando. *Direito penal*: parte geral. 7. ed. Belo Horizonte: Editora D'Plácido, 2016.

GILMORE, William C. *Dirty money*: the evolution of money laundering. Bruxelas: Council of Europe Publishing, 1999.

GIORGI, Raffaele De. O risco na sociedade contemporânea. Trad. Cristiano Paixão, Samantha Dobrowolski, Daniela Nicola. Revista Sequência. *Revista do Curso de Pós-Graduação em Direito da Universidade Federal de Santa Catarina*. n. 28. p. 45-54. Florianópolis, jun. 1994.

GODINHO, Jorge Alexandre Fernandes. *Do crime de branqueamento de capitais*. Coimbra: Almedina. 2001.

GOMES, Luiz Flávio. *Princípio da ofensividade no direito penal*. São Paulo: Ed. RT, 2002.

GOMES, Luiz Flávio; MOLINA, Antonio García-Pablos de. *Direito penal*: parte geral. Coordenação de Luiz Flávio Gomes. São Paulo: Ed. RT, 2007.

GOMES, Luiz Flávio; MOLINA, Antonio García-Pablos de; BIANCHINI, Alice. *Direito penal*: introdução e princípios fundamentais. São Paulo: Ed. RT, 2007. v.1.

GONZÁLEZ, Carlos J. Suárez. Societá del rischio e diritto penale. In: STORTONI, Luigi; FOFFANI, Luigi. *Critica e giustificazione del diritto penale nel cambio di secolo*: l'analisi critica della scuola di Francoforte. Atti del Convegno di Toledo del 13-15 aprile 2000. Milano: Giuffré, 2004.

GRACIA MARTIN, Luis. *Fundamentos de dogmatica penal*: una introducción a la concepción finalist de la responsabilidad penal. Barcelona: Atelier, 2006.

GRANDIS, Rodrigo de. O exercício da advocacia e o crime de "lavagem" de dinheiro. In: CARLI, Carla Veríssimo de. (Org.). *Lavagem de dinheiro*: prevenção e controle penal. Porto Alegre: verbo jurídico, 2011.

GRECO, Luis. Introdução à dogmática funcionalista do delito: em comemoração aos trinta anos de "Política Criminal e Sistema Jurídico Penal", de Roxin. *Revista Brasileira de Direito Comparado*. v. 20. n. 13, 2000. Disponível em: http://idclb.com.br/revistas/20/revista20%20(13).pdf. Acesso em: 11 maio 2017.

GRECO, Rogério. *Curso de direito penal*. 6. ed. Rio de Janeiro: Impetus, 2006.

GRECO, Rogério. *Direito penal do equilíbrio*: uma visão minimalista do direito penal. Niterói: Impetus. 2005.

GRECO, Rogério. *Direito Penal do equilíbrio*: uma visão minimalista do direito penal. 4. ed. Niterói: Impetus. 2009.

HABERMAS, Jürgen. *Direito e democracia*: entre facticidade e validade. Trad. Flávio Beno Siebeneichler. Rio de Janeiro: Tempo Brasileiro, 1997.

HASSEMER, Winfried. *¿Puede haber delitos que no afecten a un bien jurídico penal?* In: HEFENDEHL, Roland (Org.). La teoría del bien jurídico:¿ fundamento de legitimación del derecho penal o juego de abalorios dogmatico? Madrid: Marcial Pons, 2007.

HASSEMER, Winfried. *Crítica al derecho penal de hoy*: norma, interpretacción, procedimento: límites de la prisión preventiva. Traducción de Patricia S. Ziffer. Buenos Aires: AD-HOC, 2003.

HASSEMER, Winfried. *Derecho penal simbolico y protección de bienes jurídicos*. Trad. Elena Larrauri. Santiago: Editorial Jurídica Conosur, 1995.

HASSEMER, Winfried. *Derecho penal y filosofía del derecho en la Republica Federal de Alemanha*. Trad. Francisco Muñoz Conde. DOYA, v. 8, 1990, p. 176-177. Disponível em: http://www.cervantesvirtual.com/descargaPdf/derecho-penal-y-filosofa-del-derecho-en-la-repblica-federal-de-alemania-0/. Acesso em: 10 maio 2017.

HASSEMER, Winfried. *Lineamentos de una teoría personal del bien jurídico*: doctrina penal - teoría y práctica en las ciencias penales. Buenos Aires: Depalma, 1989.

HASSEMER, Winfried; MUÑOZ CONDE, Francisco. *Introducción a la criminología y al Derecho Penal*. Valencia: Tirant lo Blanch, 1989.

HASSEMER, Winfried; MUÑOZ CONDE, Francisco. *Introducción a la criminologia*. Valencia: Tirant lo blanch, 2001.

HEFENDEHL, Roland. Las jornadas desde la perspectiva de un partidario del bien jurídico. In: HEFENDEHL, Roland (Org.). *La teoría del bien jurídico¿* fundamento de legitimación del derecho penal o juego de abalorios dogmatico? Madrid: Marcial Pons, 2007.

HERRERA, José Manuel Palma. *Los delitos de blanqueo de capitals*. Madrid: Edersa. 2000.

HULSMAN, Louk; CELIS, Jaqueline Bernat de. *Penas perdidas*: o sistema penal em questão. Trad. Maria Lúcia Karam. 2. ed. Rio de Janeiro: LUAM Editora, 1997.

ISHIDA, Válter Kenji. *Bem jurídico penal moderno*. Salvador: Jus Podivm, 2017.

JAKOBS, Günther. *Derecho penal*: parte general: fundamentos y teoría de la imputación. Madrid, Marcial Pons, 1995.

JAKOBS, Günther. *Dogmática de derecho penal y la configuración normativa de la sociedad*. Madrid: Thomson Civitas, 2004.

JAKOBS, Günther. *La imputaticón objetiva en derecho penal*. Madrid: Civitas, 1996.

JAKOBS, Günther. *Sociedad, norma y persona en una teoría de un Derecho penal functional*. Traducción de Manuel Cancio Meliá y Bernardo Feijóo Sánchez. Madrid: Civitas Ediciones, 1996.

JAKOBS, Günther. *Tratado de direito penal*: teoria do injusto penal e culpabilidade. Trad. Gercélia Batista de Oliveira Mendes e Geraldo de Carvalho. Belo Horizonte: Del Rey, 2009.

JAKOBS, Günther; MELIÁ, Manuel Cancio. *Derecho penal del enemigo*. Madrid: Civitas Ediciones, S.L. 2003.

JESCHECK, Hans-Heinrich. *Tratado de derecho penal*. Trad. Mir Puig e Francisco Muñoz Conde. Barcelona: Bosch, 1981. v. 1.

JESCHECK, Hans-Heinrich. *Tratado de derecho penal*: parte geral. Traducción de Miguel Olmedo Cardenete. 5. ed. Granada: Comares Editorial, 2005.

ITÁLIA. Código penal. *Revista Electrónica de Ciencia Penal y Criminología*, 10 out. 2002. Disponível em: http://www.juareztavares.com/textos/codigoitaliano.pdf. Acesso em: 21 ago. 2017.

KAUFMANN, A. *Teoria de las normas*. Trad. Erique Bacigalupo e Ernesto Garzón Valdés. Buenos Aires: Depalma, 1977.

LENZA, Pedro. *Direito constitucional esquematizado*. 14. ed. São Paulo: Saraiva, 2010.

LISZT, Franz von. *Tratado de derecho penal*. Trad. Luís Jimenez de Asúa. 3. ed. Madrid: Reus, [19- -]. t. 2.

LISZT, Franz von. *Tratado de derecho penal*. 3. ed. Madrid: Instituto Editorial Reus, [19--]. (Biblioteca Juridica de Autores Españoles y Extranjeros; 11). v. 2.

LISZT, Franz von. *Tratado de derecho penal*. Trad. Luis Jiménez de Asúa. Madri: Reus, s.d., v.2.

LISZT, Franz von. *Tratado de direito penal allemão*. Trad. José Hygino Duarte Pereira. Rio de Janeiro: F. BRIGUIET & C. Editores, 1899. t. 1.

LISZT, Franz von. *Tratado de direito penal alemão*. Trad. José Hygino Duarte Pereira. Ed. Fac-sim. Brasília: Senado Federal, Conselho Editorial: Superior Tribunal de Justiça, 2006.

LOPES, Miguel Maria de Serpa. *Curso de direito civil:* introdução, parte geral e teoria dos negócios jurídicos. 3. ed. Rio de Janeiro: Livraria Freitas Bastos, 1960. v. 1.

LUNA, Everardo da Cunha. *Capítulos de direito penal*: parte geral. São Paulo: Saraiva, 1985.

MACHADO, Érica Babini Lapa do Amaral. *Bens jurídico-penais*: da teoria dogmática à crítica criminological. Curitiba: Juruá, 2016.

MAIEROVITCH, Walter Fanganiello. As associações criminosas transnacionais. In: PENTEADO, Jaques de Camargo (Coord.). *Justiça penal 3:* o crime organizado. São Paulo: Ed. RT, 1995.

MARSHALL, John; 1755-1835. *Decisões constituintes de Marshall*. Reimpressão fac-similar. Brasília: Ministério da Justiça, 1997. Trad. Américo Logo; Apresentação de Nelson A. Jobim; Introdução de Josaphat Marinho. [Arquivos do Ministério da Justiça].

MARTÍNEZ, Luis Miguel Hinojosa. *La regulación de los movimientos internacionales de capital desde una perspectiva europea*. Madrid: McGraw-Hill.1997.

MASSON, Cleber. *Direito penal esquematizado:* parte geral. 6. ed. São Paulo: Método, 2012.

MAURACH, Reinhart. *Tratado de derecho penal*. Barcelona: Ariel, 1962.

MENDES, Gilmar Ferreira. *Direitos fundamentais e controle de constitucionalidade*: estudos de direito constitucional. 3. ed. São Paulo: Saraiva, 2004.

MENDRONI, Marcelo Batlouni. *Crime de lavagem de dinheiro*. São Paulo: Atlas, 2006.

MEZGER, Edmund. *Derecho penal*: libro de estudio parte general. Buenos Aires: Editorial Bibliografia Argentina. 1958.

MEZGER, Edmund. *Tratado de derecho penal*. Trad. José Arturo Rodriguez Munoz, Madrid: Reivista de Derecho Privado, 1955. t.1.

MEZGER, Edmund. *Tratado de derecho penal*. Madri: Revista de Derecho Privado, 1935. t. 2.

MERTON, Robert. *Social theory and social structure*. Nova York: The Free Press, 1968.

MEZGER, Edumund. *Derecho penal* – libro de estudio: parte general. 6. ed. Buenos Aires: Editorial Bibliografia Argentina, 1958.

MIR PUIG, Santiago. *El derecho penal en el estado social y democratico de derecho*. Barcelona: Editorial Ariel S.A. 1994.

MIR PUIG, Santiago. *Introducción a las bases de derecho penal*. 2. ed. Buenos Aires: IBdef, 2003. p. 110-124 [Coleção Maestros del Derecho Penal].

MIR PUIG, Santiago. *Derecho penal*: parte general. 8. ed. Barcelona: BdeF. 2010.

MOLINA, Antonio García-Pablos; GOMES, Luiz Flávio. *Criminologia*: introdução a seus fundamentos teóricos. 3. ed. São Paulo: Ed. RT, 2002.

MOMMSEN, Teodoro. *El derecho penal romano*. Traducción de P. Dorado. Madri: España Moderna, 1989. t. 1.

MONTEIRO, Washington de Barros. *Curso de direito civil*. 37. ed. São Paulo: Saraiva, 2000. v.1.

MORAIS, Alexandre de. *Direitos humanos fundamentais*: teoria geral. 8. ed. São Paulo: Atlas, 2007.

MOREIRA, Vital. *A ordem juridical do capitalismo*. Coimbra: Centelha, 1973.

MORO, Sérgio Fernando. *Crime de lavagem de dinheiro*. São Paulo: Saraiva, 2010.

MUÑOZ CONDE, Francisco. *Derecho penal*: parte especial. Duodécima edición, completamente revisada y puesta al día. Valencia: Tirant lo blanch, 1999.

MUÑOZ CONDE, Francisco. *Edmund Mezger y el derecho penal de su tiempo*. 4. ed. Valencia: Tirant lo blanch, 2003.

MUÑOZ CONDE, Francisco. *Introducción al derecho penal*. 2. ed. Buenos Aires: Bosch, 2001.

MUÑOZ CONDE, Francisco; GARCÍA ARÁN, Mercedes. *Derecho penal*: parte general. 3. ed. Valencia: Tirant lo Blanch, 1998.

MUÑOZ CONDE, Francisco; GARCÍA ARÁN, Mercedes. *Derecho penal*: parte general. 3. ed. Valencia: Tirant lo Blanch, 2010.

NACIONES UNIDAS. *Convencion de 20 de Diciembre de 1988 de Las Naciones Unidas Contra el Trafico Ilicito de Estupefacientes y Sustancias Sicotropicas*. Hecha En Viena: Iberred, 1988. Disponível em: https://iberred.org/sites/default/files/convencin-nnuu-contra-trfico-ilcito-de-estupefacientes-viena-20-dic-1988_0.pdf. Acesso em: 23 ago. 2017.

NATIONAL DEVIANCE CONFERENCE. Overview. In: A DICTIONARY of sociology. [S. l.]: Oxfordindex, 2017. Disponível em: http://oxfordindex.oup.com/view/10.1093/oi/authority.20110803100224106. Acesso em: 08 set. 2017.

NAVARRETE, Miguel Polaino. *El injusto típico en la teoría del delito*. Buenos Aires: Editora Mario A. Viera Editor, 2000.

NUCCI, Guilherme de Souza. *Manual de direito penal*. 4. ed. São Paulo: Ed. RT, 2008.

OLIVARES, Gonzalo Quintero; PRATS, Fermín Morales. *Comentarios a la parte especial del derecho penal*. 4. ed. rev. ampl. y puesta al día. Thomson: Aranzadi, 2004.

ORGANIZAÇÃO DAS NAÇÕES UNIDAS. *Convenção das Nações Unidas contra a corrupção*. [S. l.]: ONU, 2017. Disponível em: http://www.unodc.org/documents/lpo-brazil//Topics_corruption/Publicacoes/2007_UNCAC_Port.pdf. Acesso em: 22 ago. 2017.

ORGANIZATION OF AMERICAN STATES. Conselho Permanente da Organização dos Estados Americanos. *Comissão de Segurança Hemisférica*. [S. l.]: OAS, 2017. Disponível em? http://www.oas.org/csh/portuguese/Otrostemas.asp. Acesso em: 23 ago. 2017.

PARLAMENTO EUROPEU, CONSELHO DA UNIÃO EUROPEIA. Directive (EU) 2015/849 of The European Parliament and of the Council. *Official Journal of the European Union*, 20 Mayo 2015. Disponível em: http://eur-lex.europa.eu/legal-content/PT/TXT/?uri=CELEX%3A32015L0849. Acesso em: 23 ago. 2017.

PASTOR, Daniel Alvarez; PALACIOS, Fernando Eguidazu. *La prevención del blanqueo de capitales*. Pamplona: Aranzadi. 1998.

PELARIN, Evandro. *Bem jurídico-penal*: um debate sobre a descriminalização, São Paulo: Editora IBCCRIM, 2002.

PEREIRA, Henrique Viana. *A função social da empresa e as repercussões sobre a responsabilidade civil e penal dos empresários*. 2014. 214f. Tese (Doutorado) – Programa de Pós-Graduação em Direito, Pontifícia Universidade Católica de Minas Gerais, Belo Horizonte, 2014. p. 112.

PEREIRA, Henrique Viana; SALLES, Leonardo Guimarães. *Direito penal e processual penal*: tópicos especiais. Belo Horizonte: Arraes Editores, 2014.

PÉREZ, Carlos Martínez-Bujan. *Derecho penal económico y de la empresa*: parte especial. 2. ed. Valência: Tirant lo Blanch. 2005.

PIERANGELI, José Henrique. *Escritos jurídicos-penais*. 2. ed. São Paulo: Ed. RT, 2006.

PITOMBO, Antônio Sérgio A. de Moraes. *Lavagem de dinheiro*: a tipicidade do crime antecedente. São Paulo: Ed. RT. 2003.

PLANAS, Ricardo Robles. *Estudos de dogmatica jurídico-penal*: fundamentos, teoria do delito e direito penal econômico Coordenação de Cláudio Brandão. 2 ed. Belo Horizonte: Editora D'Plácido, 2016. (Coleção Ciência Criminal Contemporânea, 6).

PLATT, Tony. *Perspectivas para uma criminologia radical nos EUA*: criminologia crítica. Trad. Juarez Cirino dos Santos e Sérgio Tacredo. Rio de Janeiro: Graal, 1980.

PORTUGAL. Resolução da Assembleia da República 70/97, de 13 de dezembro. *Diário da República*, n. 287, Série I-A de 1997. Disponível em? https://dre.tretas.org/dre/88554/resolucao-da--assembleia-da-republica-70-97-de-13-de-dezembro. Acesso em: 23 ago. 2017

PRADO, Luiz Regis. *Bem jurídico-penal e Constituição*. 7. ed. rev. e ampl. São Paulo: Ed. RT, 2014.

PRADO, Luiz Regis. *Direito penal econômico*. 2. ed. São Paulo: Ed. RT, 2007.

QUEIROZ, Paulo de Souza. *Do caráter subsidiário do direito penal*: lineamentos para um direito penal mínimo. 2. ed. rev. e atual. Belo Horizonte: Del Rey, 2002.

REALE JÚNIOR, Miguel. *Instituições de direito penal*: parte geral. Rio de Janeiro: Forense, 2003. v.1.

RISSI MACEDO, Carlos Márcio. *Lavagem de dinheiro*: análise crítica das leis 9.619, de 03 de março de 1998 e 10.701/03. Curitiva: Juruá. 2009.

ROCCO, Arturo. *El objeto del delito y de la tutela juridical penal*. Trad. Gerónimo Seminara. Montevideo-Buenos Aires: Julio César Faria Editor, 2001.

ROCHA, Ronan. In: BRANDÃO, Cláudio (Coord.). *A relação de causalidade no direito penal*. Belo Horizonte: Editora D'Plácido, 2016. v.8.

RODRIGUES, Sílvio. *Direito civil*: parte geral. 32. ed. São Paulo: Saraiva, 2002. v. 1.

ROSAL, Manuel Cobo Del; GÓMEZ, Carlos Zabala Lopez. *Blanqueo de capitals*: aboagados, procuradores y notaries, inversores, bancarios y empresarios. Madrid: Cesej, 2005.

ROXIN, Claus. *Estudos de direito penal*. 2. ed. Trad. Luís Greco. Rio de Janeiro: Renovar, 2008.

ROXIN, Claus et al. *Sobre el estado de la teoría del delito*. Madrid: Civitas Edicionais, 2000.

ROXIN, Claus. *A concretização das decisões fundamentais político-criminais como ponderação entre necessidade interventiva estatal e liberdade individual.* In: Cézar BITENCOURT, Roberto. (Org.). Porto Alegre: [s. n.], 2004. Cap. 4, p. 8. [Texto distribuído aos inscritos no seminário ocorrido em Porto Alegre, nos dias 18 a 20 de marco de 2004, em homenagem ao Professor Claus Roxin de Direito penal econômico].

ROXIN, Claus. *A proteção dos bens jurídicos como função do direito penal.* Organização e Tradução de André Luís Callegari e Nereu José Giacomolli. Porto Alegre: Livraria do Advogado, 2006.

ROXIN, Claus. *A proteção dos bens jurídicos como função do direito penal.* Organização e Tradução de André Luís Callegari e Nereu José Giacomolli. 2. ed. Porto Alegre: Livraria do Advogado, 2009.

ROXIN, Claus. *Culpabilidad y prevencion en derecho penal.* Traductor de Francisco Muñoz Conde. Madrid: Instituto Editorial Reus, S.A., 1981.

ROXIN, Claus. *Derecho penal*: fundamentos. la estructura de la teoría del delito. Trad. Diego – Manuel Luzón Pena, Miguel Díaz y García Conlledo y Javier de Vicente Remensal. Madrid: Civitas, 1997.

ROXIN, Claus. *Derecho penal*: parte general. Fundamentos: la estructura de la teoria del delito. Primera edición (em Civitas), 1997. Reimpressión, 2008. Madrid: Thomson Civitas. 2008. t.1.

ROXIN, Claus. *Derecho penal*: parte general: fundamentos: la estructura de la teoría del delito. 2. ed. Traducción y notas de Diego Manuel Luzón Peña e Miguel Díaz y García Conlledo, Javier de Vicente Remesal. Madrid: Editorial Civitas, S.A., 1997. t. 1.

ROXIN, Claus. *La evolución de la política criminal, el derecho penal e el proceso penal.* Traducción de Carmen Gómez Rivero y María del Carmen Garcia Cantizano. Valencia: Tirant lo Blanch, 2000.

ROXIN, Claus. *Política criminal y sistema del derecho penal.* Traducción e introducción de Francisco Muñoz Conde. 2. ed. Buenos Aires: Hammurabi, 2002. (Colección Claves del derecho penal, v. 2).

ROXIN, Claus. *Sobre a fundamentação ontological do sistema jurídico-penal do finalismo.* In: BITENCOURT, Cézar Roberto. (Org.). Porto Alegre: [s. n.], 2004. Cap. 4, p. 1. [Texto distribuído aos inscritos no seminário ocorrido em Porto Alegre, nos dias 18 a 20 de marco de 2004, em homenagem ao Professor Claus Roxin de Direito penal econômico].

ROXIN, Claus. *Teoria del tipo penal*: tipos abiertos y elementos del deber jurídico. Versión castellana del Prof. Dr. Enrique Bacigalupo (Universidad de Madrid). Buenos Aires: Ediciones Depalma, 1979.

SABADELL, Ana Lúcia. *Manual de sociologia jurídica*: introdução a uma leitura externa do Direito. 3. ed. São Paulo: Ed. RT. 2005.

SALES, Sheila Jorge Selim de. *Escritos de direito penal.* 2. ed. Belo Horizonte: Del Rey, 2005.

SALES, Sheila Jorge Selim de. *O direito penal liberal em Montesquieu.* Belo Horizonte: Del Rey, 2017.

SAMPAIO, José Adércio Leite. *Teoria da Constituição e dos direitos fundamentais.* Belo Horizonte: Del Rey, 2013.

SÁNCHEZ, Carlos Aránguez. *El delito de blanqueo de capitals.* Barcelona: Marcial Pons. 2000.

SÁNCHEZ, Jesús María Silva. *Aproximación al derecho penal contemporáneo.* Barcelona: José Maria Bosch Editor, S.A., 1992.

SÁNCHEZ, Jesús-Maria Silva. *La expansión del derecho penal*: aspectos de la política criminal en las sociedades postindustriales. Madrid: Civitas. 2001.

SÁNCHEZ, Jesús-María Silva. *Política criminal y nuevo derecho penal (Libro Homenaje a Claus Roxin).* Barcelona: José María Bosch Editor, 1997.

SANDRONI, Paulo (Org.). *Novíssimo dicionário de economia.* São Paulo: Best Seller, 1999.

SANTOS, João Manuel de Carvalho. *Código civil brasileiro interpretado*: parte geral. 10. ed. Rio de Janeiro: Livraria Freitas Bastos S.A., 1977. v. 2.

SANTOS, Juarez Cirino dos. *A criminologia radical*. 3. ed. Curitiba: Lumen Juris. 2008.

SAPORI, Luís Flávio; SOARES, Gláucio Ary Dillon. *Por que cresce a violência no Brasil?* Belo Horizonte: Autêntica Editora: Editora PUC Minas, 2014.

SARRULE, Oscar Emilio. *La crisis de legitimidad del sistema jurídico penal*. Buenos Aires: Editorial Universidad. 1998.

SAUER, Guilhermo. *Derecho penal*. Barcelona: Bosch. 1956.

SCHOENBERG, Robert. J. Mr. *Capone*: The Real – and complete – Story of Al Capone. New York: Willian Morrow and Company, Inc. 1992.

SHAW, Clifford R.; MCKAY, Henry D. *Juvenile delinquency and urban areas*: a study of rates of delinquents in relation to differential characteristics of local communities in American cities. Chicago: The University of Chicago Press. 1942.

SHECAIRA, Sérgio Salomão. *Criminologia*. 3. ed. São Paulo: Ed. RT, 2011.

SILVA, César Antonio da. *Lavagem de dinheiro*: uma nova perspectiva penal. Porto Alegre: Livraria do Advogado, 2001.

SILVA, José Afonso da. *Curso de direito constitucional*. São Paulo: Ed. RT, 1989.

SILVEIRA, Renato de Mello Jorge. *Direito penal empresarial: a omissão do empresário como crime*. São Paulo: Editora D'Plácido, 2016. v. 5.

SILVEIRA, Renato de Mello Jorge. *Direito penal supra-individual*: interesses difusos. São Paulo: Ed. RT, 2003.

SIQUEIRA, Leonardo. Culpabilidade e pena: a trajetória do conceito material da culpabilidade e suas relações com a medida da pena. In: BRANDÃO, Cláudio (Coord.). Belo Horizonte: Editora D'Plácido, 2016. v.7. (Coleção Ciência Criminal Contemporânea).

SOUTO, Miguel Abel. *El blanqueo de dinero en la normative internacional*. Santiago de Compostela: Universidad de Santiago de Compostela. 2002.

STESSENS, Guy. *Money laudering*: a new international law enforcement model. Cambridge: Cambridge Studies in International and Comparative Law, 2000.

SUMMITS OF THE AMERICAS. [S. l.]: Do Autor, 2017. Disponível em: http://www.summit-americas.org/default_en.htm. Acesso em: 23 ago. 2017.

SUTHERLAND, Edwin H. *Crime de colarinho branco*: versão sem cortes. Trad. Clécio Lemos. Rio de Janeiro: Revan. 2015.

SUTHERLAND, Edwin H. *Princípios de criminologia*. Trad. Asdrúbal M. Gonçalves. São Paulo: Livraria Martins. 1949.

SWANSON, Charles R.; CHAMELIN, Neil C.; TERRITO, Leonard. *Criminal investigation*. New York, McGraw-Hill, 1996.

TARDE, Gabriel. *The laws of imitation*. Trad. E.C. Parsons. Nova York: Henry, Holt and Co.1903. Disponível em: http://www.summit-americas.org/default_en.htm. Acesso em: 04 set. 2017.

TAVARES, Juarez E.X. *Bien Jurídico y function en derecho penal*. Buenos Aires: Hammurabi, 2004.

TAVARES, Juarez. *Teoria do crime culposo*. 4. ed. Florianópolis: Empório do Direito, 2016.

TAVARES, Juarez. *Teoria do injusto penal*. Belo Horizonte: Del Rey, 2000.

THE FINANCIAL ACTION TASK FORCE. *Who we are*. [S. l.]: FATF, 2017. Disponível em: http://www.fatf-gafi.org/about/. Acesso em: 22 ago. 2017.

TORÍO LÓPEZ, Angel. Los delitos del peligro hipotético: contribución al studio diferencial de los delitos de peligro abstracto. *Anuario de Derecho Penal y Ciencias Penales*, Madrid, v. 34, fasc. 2/3, p. 825-847, maio/dez. 1981.

UNITED NATIONS OFFICE ON DRUGS AND CRIME. *Convenção das Nações Unidas contra a Corrupção*. [S. l.]: UNODC, 2017. Disponível em: https://www.unodc.org/lpo-brazil/pt/corrupcao/convencao.html. Acesso em: 23 ago. 2017.

UNITED NATIONS OFFICE ON DRUGS AND CRIME. *Prevenção ao crime e justiça criminal*: marco legal. [S. l.]: UNODC, 2017. Disponível em: https://www.unodc.org/lpo-brazil/pt/crime/marco-legal.html. Acesso em: 23 ago. 2017.

VIANNA, Túlio; MACHADO, Felipe. (Coord.). *Garantismo penal no Brasil*: estudos em homenagem a Luigi Ferrajoli. Belo Horizonte: Fórum, 2013.

VIEIRA, Oscar Vilhena. *Direitos fundamentais:* uma leitura da Jurisprudência do STF. São Paulo: Malheiros, 2006.

VIVES ANTÓN, Tomás Salvador. *Fundamentos del sistema penal*. Valencia: Tirant lo Blanch, 1996.

VIVES ANTÓN, Tomás Salvador. *Fundamentos del sistema penal*. Valencia: Tirant lo Blanch, 2011.

VIVIANI, Ana Karina. Combate à lavagem de dinheiro. *Revista Jus Navigandi*. Teresina, ano 10, n. 684, 20 maio 2005. Disponível em: https://jus.com.br/artigos/6739. Acesso em: 22 ago. 2017.

WELTER, Antônio Carlos. Dos crimes: dogmática básica. In: GRANDIS, Rodrigo de; CARLI, Carla Veríssimo De. (Org.). *Lavagem de dinheiro*: prevenção e controle penal. Porto Alegre: verbo jurídico, 2011.

WELZEL, Hans. *Derecho penal alemán*. Trad. Juan Bustos Ramirez e Sergio Yáñez Pérez. Santiago, Ed. Jurídica de Chile, 1970.

WELZEL, Hans. *Derecho penal alemán*: parte general. 11. ed. Santiago: Editorial Jurídica de Chile, 1997.

WELZEL, Hans. *Derecho penal alemán*: parte general. 11. ed. Trad. Juan Bustos Ramirez e Sergio Yañez Pérez. Santiago: Jurídica de Chile, 1993.

WELZEL, Hans. *Derecho penal*: parte geral. Traducción de Carlos Fontán Balestra. Buenos Aires: Roque Depalma Editor. 1956.

WELZEL, Hans. *El nuevo sistema del derecho penal*. Montevideo: BdF, 2002.

WELZEL, Hans. *O novo sistema jurídico-penal:* uma introdução à doutrina da ação finalista. Trad. Luiz Regis Prado. 4. ed. São Paulo: Ed. RT, 2015.

WELZEL, Hans. *Teoría de la acción finalista*. Buenos Aires: Editorial Depalma, 1951.

WESSELS, Johannes. *Direito penal*: parte geral. Porto Alegre: Fabris, 1976.

WITTGENSTEIN, Ludwig. *Investigações filosóficas*. Trad. Marcos G. Montagnoli; revisão da tradução e apresentação Emmanuel Carneiro Leão. 6. ed. Petrópolis: Vozes, 2009.

ZAFFARONI, Eugenio Raúl et al. *Criminologia critica y control social*: el poder punitivo del Estado. Rosario: Editorial Juris, 2000.

ZAFFARONI, Eugenio Raul. *O inimigo no direito penal*. Trad. Sérgio Lamarão. Rio de Janeiro: Revan, 2007.

ZAFFARONI, Eugenio Raul. *Tratado de derecho penal*. Buenos Aires: Ediar, 1981.

ZAFFARONI, Eugenio Raul; ALAGIA, Alejandro. SLOKAR, Alejandro. *Derecho penal*: parte general. 2. ed. Buenos Aires: Ediar, 2002.

ZAFFARONI, Eugenio Raul; PIERANGELI, José Henrique. *Manual de direito penal brasileiro*: parte geral. 7. ed. São Paulo: Ed. RT, 2007. v.1.